Dina Nayeri · Wem geglaubt wird

DINA NAYERI

WEM GEGLAUBT WIRD

WARUM DIE WAHRHEIT NICHT GENUG IST

Aus dem Englischen von
Yamin von Rauch

KEIN & ABER

Dieses Buch beruht auf Tatsachen. Einige Namen und Details wurden jedoch geändert, um die Privatsphäre der erwähnten Personen zu wahren, Korrespondenzen wurden gekürzt wiedergegeben und Dialoge aus der Erinnerung rekonstruiert.

Die Originalausgabe erschien 2023 unter dem Titel
Who Gets Believed? When the Truth Isn't Enough bei Catapult, New York.

Deutsche Erstausgabe

Cover: Maurice Ettlin
Satz: Dörlemann Satz, Lemförde
Druck und Bindung: GGP Media GmbH, Pößneck
ISBN 978-3-0369-5005-1
Auch als eBook erhältlich

www.keinundaber.ch

Für Sam, der merkwürdige Geschichten liebt,
und für Elena, die sie immer glaubt.

Und für Madame Moti, meine rätselhafte Londoner
Großmutter, für die ich bereit war, an alles zu glauben.
Ruhe in Frieden,
Widerstand und Kraft.

Die Besten haben keine Überzeugung mehr,
die Schlimmsten sind von der Kraft der Leidenschaft erfüllt.
W.B. Yeats, *Die Wiederkunft*

In letzter Zeit habe ich damit begonnen, die Rücken von Fremden nach Narben abzusuchen, wenn sich die Gelegenheit dazu bietet. Oder nach Kratzern, Schorf. Rücken sind wie eine raue, unbehandelte Oberfläche, eine naturbelassene Landschaft. Manchmal deuten tiefere Narben auf eine Geschichte hin. Mein Partner Sam hat eine Narbe von seiner Bandscheibenoperation. Ich bin diejenige, die sie am häufigsten zu sehen bekommt, die sich am öftesten an diesen Tag erinnert. Für ihn ist sie unsichtbar. Und ich habe einen dunklen Streifen über meinen Schlüsselbeinen, der von all den Sonnenbränden und dem ständigen Kratzen herrührt. Sam nennt ihn »die Lederhaut«.

Versehrtes Fleisch ist ein Beweis. Jede verblasste alte Narbe erklärt ein Zurückschrecken, einen Tick, einen Albtraum. Wir können diese demütigenden alten Wunden nicht kategorisieren. Oder wir tun es nicht. Häufig erledigen andere das für uns. Als Kind war es nichts Besonderes für mich, von öffentlichen Auspeitschungen zu hören, die Körper der Bürger schienen ganz selbstverständlich in den Zuständigkeitsbereich der staatlichen Autoritäten zu gehören. Schließlich lebten wir in der Islamischen Republik Iran und es war Krieg. Es gab Schlimmeres als einen zerfetzten Rücken.

Dann flüchteten wir. Jahre vergingen. Ich wuchs zu einer wachsamen, zynischen Erwachsenen heran. Ich fragte, warum mein Körper nicht mir gehörte, warum ich mich weiterhin den Autoritäten beugte und neue Götter erschuf. Ich verwarf sie und wurde zu einer sozialen Abtrünnigen. Heute, wenn ich über die Geflüchteten spreche, die ihre Geschichten an unseren Pforten niederlegen, nennen amerikanische Mütter in bunten Schals mich eine Idealistin. Ich lache. In welchem Universum würde ich als Idealistin durchgehen? Ich lehne Autoritäten und Geburtsrechte ab. Ich habe eine Todesangst vor dem eisigen Blick der Bürokraten. Ich glaube nicht an Worte, nicht an eure und häufig noch nicht einmal an meine eigenen. Ich glaube an Fachwissen und daran, was ich beobachten kann – was meine Erfahrungen mir gezeigt haben. Ich bin selten konsequent, aber auch nicht dogmatisch; ich kann erahnen, was ich alles nicht weiß. Ich glaube an Geschichten, die in die Haut eingeritzt sind. Könnte ich noch einmal an den Türhütern aus meiner Vergangenheit vorbeischlüpfen? Ich habe düstere Nächte, eine eingetrübte Linse, ein angegriffenes Herz. Ich will überleben. Ich liebe mein Kind mehr als andere Kinder. Der Schmerz anderer schließt meine Vorstellungskraft kurz. Ich sehne mich danach, ihm zu entkommen. Ich bin ihm entkommen, als er das letzte Mal auftauchte.

Ich bin eine Ungläubige. Aber zumindest weiß ich das jetzt.

Die Beherrschung der Welt

Eine Fehlerziehung

Sprechen

1

Hin und wieder öffnete sich die schwere Tür, ein Mann wurde hineingestoßen – oder herausgezerrt, und man sah ihn nie wieder. Es waren immer ungefähr zehn Männer im Raum, alles Tamilen, wie K. Die Gefangenen im Militärgefängnis von Pambaimadu schliefen auf dem Betonboden, es gab weder Matratzen noch Bettzeug. Der Raum stank nach Schweiß, Urin und den Körperausdünstungen der vielen Männer, die hier zusammengepfercht waren. Wenn sie das Glück hatten, zur Toilette geführt zu werden, wuschen sie sich in einem Fass. Wenn man ihnen erlaubte, zu baden, benutzten sie alle dasselbe Wasser. Für die Letzten in der Reihe ergab es kaum mehr einen Sinn. Wenn die Soldaten K Essen brachten, stießen sie es mit den Füßen weg und lachten. »Sogar die Hunde werden besser behandelt als ihr«, sagten sie. Doch es spielte keine Rolle, denn Ks Hals war so angeschwollen, dass er nichts essen konnte. Oft pinkelten die Soldaten auf den Boden, bevor sie gingen. Und oft wurde K in einen anderen Raum gebracht, wo man ihn mit Gewehrkolben und Holzknüppeln schlug, bis er sein rechtes Knie nicht mehr beugen konnte.

Es war seltsam, dachte er, denn er und der andere junge Mann, der mit ihm unterwegs war, hatten sich am 10. Mai freiwillig von den Soldaten gefangen nehmen lassen. Sie hatten eine weiße Fahne dabeigehabt und sich als Zivilisten ausgewiesen. Doch K wurde einer anderen Gruppe von Männern zugeteilt, die man verdächtigte, zu den Tamil Tigers zu gehören. Seine Gruppe wurde in ein Militärlager gebracht, nicht in eines für Zivilisten.

Zunächst war die Folter wie eine Routine, die jeden Tag ein paar Stunden lang stattfand, mit anderen Gefangenen. Sie wurden geschlagen, anschließend fotografiert und dazu gezwungen, Geständnisse zu unterschreiben, dass sie die LTTE (die Liberation Tigers of Tamil Eelam, oder kurz Tamil Tigers) unterstützt hatten. K unterschrieb sein Geständnis am fünften Tag seiner Inhaftierung, im Mai 2009. Danach, so dachte er, würden seine Verhöre leichter werden. Doch schon bald wurde er von den Mitgliedern anderer politischer Parteien wie der EPDP (Eelam People's Democratic Party) oder PLOTE (People's Liberation Organisation of Tamil Eelam) erkannt, die behaupteten, er habe den Tamil Tigers dabei geholfen, Gold zu verstecken.

Eines Tages im August wurde K in den Verhörraum gebracht, in dem zehn Männer warteten, die wissen wollten, wo die Tamil Tigers ihr Gold versteckten. Während er sich keuchend hinkniete und versuchte, sie davon zu überzeugen, dass er nichts wusste, bekam er einen Schlag auf die Schulter. Als er sich umdrehte, sah er, dass ein Soldat mit einer Eisenstange herangetreten war. Das Ende der Stange war rot glühend, was sogar durch den grauen Schleier seiner Furcht deutlich wahrnehmbar war. Bevor K einen Gedanken fassen konnte, wurde ihm die Eisenstange gegen den rechten Arm gestoßen, eine brennende Hitze schoss durch seinen Körper und er hörte sich selbst wie aus weiter Ferne schreien, bevor er in Ohnmacht fiel. Als er wieder zu sich kam, wurde er weiter zum Gold der Tamil Tigers befragt, er spürte neue Brandwunden an seinem Körper: Auch sein Rücken war inzwischen schwer verbrannt – er konnte sich nicht daran erinnern, wann dies geschehen war.

Dann hielt der Pulk von Männern ihn fest und goss ihm Benzin über das Gesicht und die frischen Wunden auf seinem Rücken. Sie drohten, sie würden ihn anzünden, wenn er das Goldversteck nicht preisgebe. »Ich schwöre, dass ich es nicht weiß«, sagte er zum hundertsten Mal. »Ich bin nicht bei den LTTE. Ich arbeite bei einem Juwelier.« Während K würgte, kroch ein Jucken sein Rückgrat und seine Arme hinauf und lenkte ihn von dem widerwärtigen Geschmack des Benzins in seinem Mund und dem Gestank ab. Dann wurde das Jucken zu einem Brennen, und wieder hörte er sich schreien. Er blickte auf seinen Arm – seltsam, an welche Details man sich erinnert – und sah, dass die ausgetrocknete Haut, die seiner langen Haft geschuldet war, nun feucht und schleimig war und sich ablöste.

Die anderen Männer in der Betonzelle starrten ihn an, als K wieder hineingeworfen wurde. Das war die übliche Reaktion, wenn jemand zur Folter abgeholt worden war und wieder zurückkehrte: eine schweigende Begrüßung, eine Mischung aus Freude, dass derjenige noch am Leben war (und sie vielleicht alle überleben konnten), und Furcht davor, was man ihm angetan hatte. Dann folgten einige Minuten, in denen sie daran dachten, dass sie alle auf diese Weise sterben konnten – in diesem Moment teilte jeder im Raum diese Befürchtung.

K rollte sich auf seine linke Seite, auf der er keine Verbrennungen hatte. Er zog seine Knie an die Brust und betete darum, schlafen zu können. Doch der Schmerz war zu stechend und der Benzingeruch zu widerwärtig. Allein in seiner Ecke wartete er zitternd darauf, dass sich seine schmerzenden Muskeln durch sein Schluchzen entspannen würden. Doch er hatte keine Kraft und keine Tränen mehr, und er döste ein, ohne Erleichterung zu finden.

»Morgen«, flüsterte eine freundliche Stimme neben ihm, »wenn sie uns baden lassen, kommst du als Erster dran.«

Am nächsten Morgen verkündete ein Offizier, sie dürften baden, und alle waren sich einig, dass K als Erster gehen sollte. Der Mann, der direkt neben K schlief, half ihm, sein Hemd auszuziehen. »Sei vorsichtig«, flüsterte ein dritter Mann schaudernd, als der Rand einer Wunde zum Vorschein kam. »Halt still«, sagte der Helfer, während er Ks unversehrten linken Arm aus dem Ärmel zog. K ächzte. Der Stoff klebte an den feuchten Partien seiner Wunden, und als sein Freund das Hemd ganz nach oben zog, stöhnte K und drückte sich an die Wand. Er sah, dass Hautfetzen, Blut, Wasser und Reste von verbranntem

Fleisch an seinem Hemd klebten. »Wie schlimm ist es?«, fragte er den dritten Mann, der sich schnell abgewendet hatte.

In diesem Moment ging die Tür auf. Sie erstarrten. K drückte sich wieder an die Wand. Ein Offizier kam herein und warf K ein frisches Hemd vor die Füße. »Zieh das an, nachdem du dich gewaschen hast.« Dann ging er hinaus.

»Es ist sauber«, sagte einer der Männer. »Du solltest es anziehen, damit die Wunden geschützt sind.«

K spritzte sich etwas Wasser über seinen Körper und zog das Hemd an. Die Schmerzen waren unerträglich. Das Hemd sollte er viele Monate lang tragen, bis es ganz mit Blut vollgesogen war.

Tagelang hatte K hohes Fieber und fürchtete, dass sich seine Wunden infiziert hatten. Doch er hatte keine Möglichkeit, sie sich anzusehen. Die Schläge hörten nicht auf. Hin und wieder wurde er zum Verhör gezerrt. Er wurde getreten, sein Essen wurde auf den Boden geworfen. Es wurden ihm keine weiteren Verbrennungen zugefügt, doch wegen des Benzins und der schmutzigen Umgebung heilten seine Wunden auch nach drei Monaten noch nicht. Jeden Morgen bat K seine Zellengenossen, sich die Wunden anzusehen. »Schon etwas besser? Beschreib mir, wie sie aussehen.« Die anderen taten ihm den Gefallen.

Als die Monate vergingen, brannten seine Wunden weniger, und wenn er sich auf seine Arme und auf den Rücken rollte, verspürte er nur noch einen dumpfen Schmerz oder ein Jucken, das ihn an sie erinnerte. Nach einer Weile begann er sich besser zu fühlen. Auf der Toilette unterhielt er sich gelegentlich mit einem EPDP-Mitglied namens Sasi, der mit ihm zusammen die Armee-Lieferwagen ablud. K fiel auf, dass Gefangene verschwanden, ohne dass sie von den Wachen abgeholt worden waren. Gerüchte verbreiteten sich. Eines Nachts im November 2010, als er auf dem Betonboden lag, flüsterte ein Zellengenosse ihm zu, dass die EPDP einem gegen Geld dabei half, auszubrechen.

Am nächsten Tag wagte K es, Sasi in den Toiletten darauf anzusprechen. Sasi starrte ihn einen Moment lang an. Dann sagte er: »Gib mir die Nummer deiner Eltern.« Ks Vater war ein äußerst talentierter Juwelier, der Gold für die Tamil Tigers eingeschmolzen hatte. Aus Angst um seine Familie hatte K sie seit vielen Monaten nicht kontaktiert. Doch hatte er noch eine Wahl? Sasi war ein Freund, und K gab ihm die Nummer.

Eines Tages im Dezember kam Sasi zu den Toiletten. »Ich habe mit deiner Familie gesprochen«, sagte er. »Ich brauche Geld, um dich hier rauszuholen.« Dann ging er, um die Fässer mit Proviant und Wasser vom Laster abzuladen. Erst am 3. Februar sprach er wieder mit K und sagte ihm, er solle sich für den nächsten Tag bereit machen.

Am 4. Februar war Sasi dabei, die leeren Proviant- und Wasserfässer wieder auf dem Laster zu verstauen. Als K ihm zu Hilfe kommen wollte, befahl Sasi ihm, sich flach auf den Rücken zu legen, und stapelte rasch die Fässer über ihm auf. Dann verschwand er, der Laster schnaufte und schlingerte vorwärts. Passiert das wirklich *jetzt*?, dachte K. Als der Laster beschleunigte, versuchte K ruhiger zu atmen. Doch sein Herz schlug zu unregelmäßig, also hielt er den Atem an.

Der Laster hielt am Eingang des Camps, alles schien vorüber zu sein. K hörte, wie Sasi mit dem Offizier sprach, dann wurde die Stimme des Offiziers lauter, und K konnte spüren, dass er direkt vor der Ladefläche stand. Er schloss die Augen, presste seine Lippen aufeinander. Seine Narben brannten, die Angst rief das Gedächtnis seines Körpers wach. Er dachte an seine Mutter, seinen Vater, seine Brüder, um seinen Herzschlag zu beruhigen. Doch einen Moment später war der Offizier verschwunden und der Laster nahm wieder Fahrt auf. Eine Minute verstrich, dann fünf Minuten, und als der Laster wieder anhielt, waren 90 Minuten vergangen und das Camp lag weit hinter ihm.

Ich bin frei!, dachte K. Der Laster fuhr davon, und seine Feinde blieben hinter ihm zurück. Er atmete einen glückseligen Augenblick lang ein, unfähig, sich die Torturen vorzustellen, die erst noch beginnen würden, den mächtigen, unbarmherzigen Feind, der ihm gegenüberstehen würde.

Als ich zwölf Jahre alt war, versteckte ich mich gerne zwischen den Regalen der öffentlichen Bibliothek und las Gruselgeschichten, die meine dogmatische Migrantenmutter geängstigt hätten. Geschichten von Sekten, Hexenverbrennungen und den Ritualen der amerikanischen Ureinwohner – alles Dinge, die meine Mutter vermutlich als »satanistisch« bezeichnet hätte. Ihre Angst vor jeglicher nicht-protestantischer Spiritualität enttäuschte mich. Diese Frau hatte sich gegen die Furcht einflößendsten Menschen auf der ganzen Welt aufgelehnt: die Mullahs der Islamischen Republik Iran. Sie hatte ihre Konvertierung zum Christentum offen gezeigt, obwohl die Mullahs sie dafür ohne Weiteres an einem Kran hätten aufhängen können. Noch Tage bevor sie von der Sittenpolizei aus ihrer Arztpraxis gezerrt wurde, hatte sie Mullah Nasrudeen ungerührt Witze erzählt. Und da war sie nun, die tapfere Geflüchtete, und hatte Angst vor einem alten Taschenbuch aus der Bibliothek, weil darin einheimische Beschwörungsformeln und Geschichten von Schlachtfeldern und Skalpierungen vorkamen? Die alten Perser spielten Polo mit den Köpfen ihrer Feinde. Heute verwenden sie Kräne, um Menschen daran aufzuhängen. Iraner sind nicht zimperlich; wir sind einfallsreich, was erniedrigendes Morden angeht. Solche Dinge sprach ich schockierenderweise laut und trotzig aus. Eigentlich fand ich sie nur faszinierend. Meine Mutter wäre beinahe hingerichtet worden, deshalb war ich besessen von Exekutionen, besonders von den grausamen.

Nicht nur ihre Angst, sondern auch das Nachlassen ihrer Vorstellungskraft beunruhigte mich. Meine Mutter sah nicht, wie sehr die Pfarrer in Oklahoma, unserem neuen Zuhause, den Mullahs von früher ähnelten: in ihren Ansichten über Frauen und ihrer engstirnigen Auffassung von Gott.

In der Highschool begeisterte ich mich für seltsame Geschichten. Ich mochte Sünden, vertrackte moralische Verwicklungen, verstörende sinnliche Details. Ich vertiefte mich in William Goldings *Herr der Fliegen*, mit den wilden Jungen, dem unrettbar verlorenen Kind. Jack war schlecht (vielleicht sogar böse), und ich wollte wissen, wie er auf die andere Seite gelangt war. Meine Vorfahren waren schlecht, so viel wusste ich. Mein Blut war schlecht. Obwohl ich Christin war, fühlte ich mich der Grenze des Guten immer sehr nah, als würde ich in rutschigen Plastikschuhen an einem Abgrund entlangbalancieren. Es gab einen Grund dafür, dass ich nicht in Zungen sprechen konnte wie die anderen Mädchen in der Sonntagsschule, warum mein Rock immer wieder in meiner Strumpfhose feststeckte, während sie wie makellose kleine Engel aussahen. Jacks unheimliche Getriebenheit, der Kopf des Wildschweins, den er auf einen Pfahl spießte, all das waren wichtige Anhaltspunkte. Wenn ich meine eigene chronische Fehlerhaftigkeit in den Griff bekam, würde es mir gelingen, den Code zu knacken und zu jemandem heranzuwachsen, der respektabel und glaubwürdig wirkte. Dann würde ich eines Tages – im Körper einer erfolgreichen erwachsenen Amerikanerin, mit einem westlichen Pass, Diplomen und Bankkonten (ich stellte mir vor, dass ich immer noch elf Jahre alt sein und im Inneren meines erwachsenen Kopfes wie in einem Kontrollraum sitzen würde) – Zugang zu einem einfacheren Leben bekommen.

Ich entdeckte Kafkas Erzählung *In der Strafkolonie* in einer Bibliothek in Oklahoma, als ich in der Middle School war, Monate nachdem ein geduldiger Englischlehrer es aufgegeben hatte, mir *Die Verwandlung* nahezubringen (vielleicht, weil ich als Flüchtlingskind das Thema Transformation nicht sonderlich mysteriös oder merkwürdig fand.) Doch für ein traumatisiertes Mädchen, das erst vor Kurzem einem Krieg entkommen war und sich nun zwischen den dunklen und staubigen Bücherstapeln zusammenkauerte, war Kafkas albtraumhafte Strafkolonie, seine blutige Foltergeschichte vom Offizier und der Egge einfach nur faszinierend.

»Es ist ein eigentümlicher Apparat«, sagte der Offizier zu dem Forschungsreisenden …

Diese Eröffnung lässt mich immer noch schaudern.

Ein Reisender besucht eine Strafkolonie in einem fremden Land und wird eingeladen, einer Exekution beizuwohnen. Ein Offizier, der bedingungslos an das Rechtssystem seines Landes glaubt, zeigt ihm eine Maschine, mit der die Hinrichtungen ausgeführt werden. Der Verurteilte wird nackt und bäuchlings auf eine Unterlage aus Watte gelegt, man steckt ihm einen Filzstumpf in den Mund. Das Geld sei knapp, sagt der Offizier, und der Filzstumpf sei noch derselbe, an dem schon alle vormals Verurteilten erstickt seien. Außerdem gebe es eine Egge, die an den Körper des Verurteilten angepasst wird und mit einem Räderwerk verbunden ist. Die Egge wird hinuntergelassen, und die zahlreichen Glasnadeln, mit denen sie bestückt ist, schreiben das Urteil in das Fleisch des Verurteilten ein. Die großen Nadeln dienen dem Schreiben, aus den kleinen dringt Wasser, damit das Blut nicht die Beschriftung verdirbt. Die einzelnen Sätze bleiben dem Verurteilten verborgen, werden aber in den Apparat eingegeben. Selbst wenn der Verurteilte einen Blick darauf erhaschen könnte, ist die Schriftart so verschnörkelt, dass die ganze Seite schwarz erscheint, und der Reisende kann sie nicht entziffern.

»Ja«, sagte der Offizier, »es ist keine Schönschrift für Schulkinder.«

Die vielen Schnörkel sollen dazu dienen, den gesamten Körper abzudecken. Die Liege fängt an zu zittern und die Nadeln beginnen ihr Werk. Die Watteschicht wälzt den Körper zur Seite und dreht ihn herum, damit weitere Teile beschrieben werden können, und sie stillt die blutenden Wunden, die dabei entstehen, sodass der Vorgang fortgesetzt werden kann. Die benutzte Watte wird in eine Grube geworfen, in der auch das Blut und das Wasser gesammelt werden. Die Beschriftung solle ja nicht sofort töten, erklärt der Offizier, es dauere etwa zwölf Stunden, bis der Verurteilte tot sei; nach etwa sechs Stunden sei er in der Lage, das Urteil zu entziffern, indem er anhand seiner Wunden lese, was er mit den Augen nicht entziffern konnte, es akzeptiere und sich ihm unterwerfe. Nun ist er ruhig und der Filzstumpf wird entfernt. Er ist physisch nicht mehr in der Lage, zu schreien.

In der sechsten Stunde kniet sich der Offizier hin, um einen Blick in das Gesicht des Verurteilten zu werfen. Stunden später stirbt der

Verurteilte, und die Maschine wirft ihn in die Grube, wo er hastig verscharrt wird.

Selbst heute – während ich bequem im Kontrollraum meines zukünftigen Ichs sitze – habe ich noch immer eine Obsession für seltsame Geschichten. Mittlerweile verstecke ich sie nicht mehr vor meiner Mutter, sondern vor meiner Tochter Elena. Ich bin immer noch die Außenseiterin mit einem Hang zum Grotesken: Hier in meinem abgelegenen französischen Dorf, in dem es meist sehr ruhig zugeht, lese ich über Mordprozesse und sehe mir unscharfe Fotos von grausigen Beweisstücken an. Heute handelt es sich um das Transkript eines Polizeiverhörs aus dem Jahr 1999; das vierstündige Video dazu läuft gleichzeitig auf meinem Bildschirm. Ich sehe mir an, wie Kafkas Egge in der Realität arbeitet, jeder Muskel in meinem Körper ist aufmerksam gespannt. Ich stelle mir mein jüngeres Ich vor, ungelenk, verschroben, sozial unbeholfen, das von einer unsichtbaren Macht an diesen Stuhl, diese Maschine gefesselt ist.

Im vergangenen Jahr habe ich unzählige Seiten aus Prozess- und Polizeiakten durchgelesen, Transkripte, Vernehmungen, Berufungen, Expertenaussagen. Ich habe Fotos von Beweisstücken und Schaubilder durchgeblättert. Die meisten davon habe ich von Strafverteidigern oder Rechtshilfeorganisationen wie The Innocence Project und Freedom from Torture (FFT) zugeschickt bekommen.

Wenn man sich permanent Videos von Vernehmungen ansieht, stellt sich ein überraschender Nebeneffekt ein: Egal, wie schlecht die Filmqualität ist, wie viele Pixel und Schlieren die Aufnahmen haben, man übernimmt immer die Perspektive von jemandem: Entweder die des Polizeibeamten, der versucht, jemandem ein Geständnis abzuringen, oder die des fast noch kindlich wirkenden Unschuldigen, der ohne einen Anwalt in der Falle sitzt und sich nicht bewusst darüber ist, dass all das müßige Gerede über Fernsehsendungen, Kinderbetreuung oder schlampige Schreinerarbeiten nur dazu dienen soll, ihn aufs Glatteis zu führen. Ich sage »Unschuldiger«, weil diese Fälle bereits abgeschlossen sind, wenn sie mich erreichen – es sind belegte Fehlurteile, die manchmal erst nach Jahrzehnten korrigiert worden sind.

Während ich mir diese Videos ansehe, stelle ich mir vor, ich wäre die Angeklagte: Ich bin immer die unbeholfene Verdächtige auf dem Stuhl, die sich vor dem wölfischen Grinsen des Polizisten wegduckt und nach Worten ringt. Ich spreche. Es geht jedes Mal daneben. Der Querschläger verwundet mich selbst. Gab es überhaupt eine Chance, dass ich über die richtigen Worte stolpern würde, die mich hätten retten können?

In meiner Familie ist das Asperger-Syndrom sehr verbreitet. Vor einigen Jahren rief meine Mutter an, um mir mitzuteilen, dass ich der schwerste undiagnostizierte Fall bin – ich bin paranoid, obsessiv, ich zähle alles an meinen Fingern ab. Ich kann nicht schlafen, bevor ich nicht meine Rituale absolviert habe. Ich fürchte mich vor Geld und den meisten nummerierten Dingen. Ich kann mir jede Schorfstelle an Sams Körper merken und ich habe akzeptiert, dass ich nicht daran herumpulen darf, auch dann nicht, wenn er schläft, dass es fies und gegen die Regeln ist. Alle drei Wochen fixiere ich mich auf ein bestimmtes Nahrungsmittel – zurzeit ist es Pitabrot. Letzten Monat waren es Bananen ohne Druckstellen, davor Rotkohl.

Bei einem Polizeiverhör würde ich ganz bestimmt zusammenbrechen und jede Lüge glauben, die sie im Repertoire haben. Manchmal, wenn ich mich in Gesellschaft befinde, muss ich mich selbst daran erinnern, dass die anderen nicht meine Gedanken lesen können. Vielleicht befinde ich mich innerhalb des autistischen Spektrums, vielleicht auch nicht. Mir liegt nichts mehr daran, ein Label zu bekommen, denn ich habe meine Familie und meine Bewältigungsstrategien. Sam passt auf mich auf. Er sagt mir, wenn es Zeit ist, nach draußen zu gehen, oder wenn ich mich um die »einsiedlerische Dina« kümmern soll – eine Version von mir, die meine Collegefreunde »ökonomische Dina« nannten.

Vor etwa einem Jahr rief ich eine dieser Freundinnen an, Frances Kim Walters, die damals Anwältin beim Mid-Atlantic Innocence Project war. Ich hatte mir Gedanken darüber gemacht, wie viele Möglichkeiten es gab, sich in dem zynischen Justizapparat von heute selbst zugrunde zu richten. Frances hatte viele Jahre damit verbracht, sich durch Fehlurteile zu arbeiten, bei denen es meistens um eine *Person of Color* ging, die zu arm war, um sich einen eigenen Anwalt leisten zu können, und bereits Jahrzehnte im Gefängnis verbracht hatte. »Ach, Dina, du würdest nicht glauben, was in den Vereinigten Staaten als Gerechtigkeit durchgeht«, sagte sie.

Frances erzählte mir zwei Geschichten:

Zwei Männer wurden wegen Brandstiftung angeklagt, man beschuldigte sie, sie hätten geplant, ihre Ehefrauen umzubringen. Der eine hatte vor seinem brennenden Haus gestanden, in dem sich seine Familie befand, und nicht entschlossen genug reagiert. Der zweite machte sich verdächtig, weil er überreagiert hatte und unbedingt zurück in sein Haus laufen wollte. Der erste, ein bescheidener Mann ohne Collegeabschluss und mit einer undiagnostizierten psychischen Erkrankung, wurde zu einer Falschaussage überredet. Der zweite Mann hatte einen Collegeabschluss. Beide verbrachten zwanzig Jahre im Gefängnis.

Michael Ledford, der stoische Mensch, rannte nicht in das Haus zurück. Er war bei der freiwilligen Feuerwehr, und dennoch blieb er draußen stehen, wie paralysiert. In der Gemeinde war er nicht sonderlich beliebt. Er war kurz angebunden, kühl, ruhig. Er wirkte merkwürdig und war ungeschickt im Umgang mit anderen. Seine Lehrer vermuteten, er könne an einer Form von Autismus leiden, später bestätigten die forensischen Psychiater diese Annahme anhand seines Verhaltens. Gelegentlich war er schlecht gelaunt, dann wieder verfiel er in Schwermut. Die Leute sagten, er sei einfach »komisch« und äußerst ruhig. Später stritten Anwälte und Polizisten hitzig über sein Verhalten: Natürlich sei er nicht zurück ins Haus gelaufen, er wusste, dass zusätzlicher Sauerstoff das Feuer anfachen würde; warum sollte er ein Fenster aufbrechen und noch weitere Menschen gefährden?

Michael Ledfords Verhör war zermürbend. Mit 23 hatte er seinen erst ein Jahr alten Sohn verloren. Seine Frau hatte furchtbare Verbrennungen und schwebte in Lebensgefahr. Trotz seiner undiagnostizierten Autismus-Spektrum-Störung (ASS) und seiner Traumatisierung wurde er ganze vier Stunden lang verhört, ohne einen Anwalt.

Der andere, tatkräftigere Mann (nennen wir ihn Dru) schlief mit seinen Kindern im ersten Stock, während seine Frau sich unten hingelegt hatte. Als er Rauch roch, kletterte er mitsamt den Kindern auf das Dach. Er ließ sie mit einem Seil hinunter und schickte den Ältesten los, um die Polizei zu alarmieren. Als er schließlich vor dem Haus stand, seine Kinder in Sicherheit waren und die Einsatzhelfer herumliefen, schrie er plötzlich: »O Gott, meine Frau!« Um ihn daran zu hindern, ins Haus zurückzulaufen, nahmen die Feuerwehrleute ihn in den Schwitzkasten, bis er ohnmächtig wurde. Sie sahen sich an: Drus Anstrengung, wieder ins Haus hineinzugelangen, war unangemessen. Für einen gebildeten Mann hatte er übertrieben reagiert, was ihn verdächtig machte. Obgleich es keinerlei sonstige Indizien gab, die gegen ihn sprachen, beauftragte die Familie seiner Frau (und die Versicherungsgesellschaft, für die Brandstiftung von Vorteil war) einige Sachverständige damit, den Fall zu prüfen.

Beide Männer hatten ihre Trauer schlecht dargeboten. Manchmal entspringen die Handlungen eines Menschen einfach nur seinem speziellen Charakter. Warum scheint dieser Faktor nie für die Wehrlosen zu sprechen, sondern immer nur gegen sie, fragte ich. Frances lachte das müde Lachen von jemandem, der diese Frage schon so oft gehört hat, dass sie ihren Sinn verloren hat.

Frances konnte mir nicht mehr über Dru erzählen – sein Kampf dauert noch an. Aber sie bat Michael Ledfords Anwälte, mir seine Akte zu schicken, in der sich auch die Videoaufzeichnung der zermürbenden Verhöre von 1999 befand. Obwohl die Aufnahme körnig und die Tonspur teilweise unverständlich ist und ich sein Gesicht unter der Baseballkappe kaum ausmachen kann, fällt mir sofort der zynische Ton auf, der die Szene beherrscht: Die Ermittler suchen gar nicht nach der Wahrheit. Die Frage, was sie *glauben*, ist irrelevant. Sie versuchen nur, dem Mann eine bestimmte Abfolge von Wörtern, ein Geständnis abzuringen – das ist ihre Aufgabe. Nur das, und daran messen sie ihren Erfolg. Hin und wieder tun sie so, als seien sie Michaels Freunde. Dann wieder distanzieren sie sich von dem Verhör und zeigen sich frustriert, dass Michael sich nicht von ihnen *helfen* lassen will. Sie wissen von Anfang an, dass Michael an einer undiagnostizierten mentalen Störung leidet. Später werten die forensischen Psychiater diesen Dialog als erstes deutliches Zeichen:

Vernehmungsbeamter: Haben Sie irgendwelche Spitznamen oder Pseudonyme, unter denen Sie bekannt sind?

Mike: *Na ja, bei der freiwilligen Feuerwehr haben sie mich einmal als Kamikaze bezeichnet. Meine Frau nennt mich ihren großen Kuschelbär. Das ist schon alles.*

Okay.

Die meisten nennen mich einfach Mike oder Michael.

Okay. Ist Ihnen Michael lieber?

Ich ziehe Mike vor.

Mike?

Ja. Wenn das Gesetz besagt, dass Sie mich Michael nennen müssen, dann ist das auch in Ordnung.

Michael hat Mühe, sich auf die Situation einzustellen. Erst erzählt er zu viel Persönliches, dann erinnert er sich an die gelernten Umgangsformen und benutzt sie wie eine Krücke. Dieser Austausch zeigt bereits seinen kindlichen Glauben an das Gesetz. Doch die Polizeibeamten lassen deshalb nicht mehr Umsicht walten – stattdessen stellen sie immer drängendere Fragen. Michaels Autismus ist nicht etwa ein Stolperstein auf dem Weg zur Wahrheit, er ist vielmehr das Instrument, mit dem sie aus ihrem Verdächtigen die Worte herauspressen, die sie brauchen. Später versprechen sie ihm, dass er eine ärztliche Behandlung erhalten wird, die Hilfe, nach der er sich seit Jahren sehnt. Sie sagen, das Geständnis sei Teil der »Rehabilitation«.

Ohne spezielles Training wird jeder mit autistischen Symptomen bei einer Befragung, in der die Reid-Methode angewandt wird, zusammenbrechen. Diese Furcht einflößende Verhörtechnik ist in amerikanischen Polizeivernehmungszimmern weit verbreitet. Man kann sie sich in Serien wie *Law & Order SVU* anschauen, gemeinhin wird sie auch als »Verhör dritten Grades« bezeichnet. Viele schlecht ausgebildete Polizisten haben frühere Einschränkungen und Sicherheitsmaßnahmen längst aufgegeben, weil sie die Arbeitsmethoden übernehmen, die auf ihrem Revier gang und gäbe sind.

Die Reid-Methode geht von einer Schuldvermutung aus. Ursprünglich sollte sie nur angewendet werden, wenn der Vernehmungsbeamte von der Schuld des Verdächtigen absolut überzeugt ist, und auch dann sollte sie nicht dazu dienen, den Verdächtigen nur aufgrund seines eigenen Geständnisses zu überführen (die Methode ist allerdings so zermürbend, dass ihre Erfinder, die zwar nicht daran glaubten, dass sie damit einen Unschuldigen zu einem Geständnis bewegen könnten, sich dennoch dieses Risikos bewusst waren). Vielmehr sollte sie den Zweck erfüllen, neue und unbekannte Details ans Licht zu bringen – Täterwissen über das Warum und Wie –, die anschließend verifiziert werden könnten. Anhand unterstützender konkreter Beweise – eine Leiche, eine Waffe – sollte der Schuldige anschließend überführt werden.

Die Reid-Methode funktioniert folgendermaßen: Der Vernehmungsbeamte geht offensiv auf den Verdächtigen zu und verkündet ihm, dass seine Schuld bestätigt sei, alle Beweismittel gesichert worden seien und dass diese Tatsache nicht zu widerlegen sei (was häufig eine Lüge ist). »Heute will ich nur eins wissen«, sagt der Vernehmungsbeamte, »warum haben Sie es getan?« Damit erstickt er jeden Versuch seitens des Verdächtigen, seine Unschuld zu beteuern, im Keim. (»Ich will ganz offen zu Ihnen sein, die Frage, wer das Feuer gelegt hat, steht nicht länger zur Debatte«, sagte der Vernehmungsbeamte zu Michael.)

Der Verdächtige ist in einer Zwickmühle: Entweder er gesteht, oder er wird wegen Mordes angeklagt. Angesichts der überwältigenden Beweislast, die sich angeblich direkt vor der Tür befindet, kann er nur schuldig gesprochen werden. Dann bietet ihm der Vernehmungsbeamte eine »Alternative« an – einen akzeptableren Grund für die Tat, eine bessere Story. Der Verdächtige soll glauben, wenn er diese Alternative wählt, anstatt des verabscheuungswürdigen Motivs, an das mittlerweile jeder zu glauben scheint, kann der Vernehmungsbeamte ihm helfen. Michaels Vernehmungsbeamter gibt sich freundlich und hilfsbereit: »Die einzige Option, die Sie mir lassen, ist zu glauben, dass Sie entweder das Ganze von langer Hand geplant haben, in der Absicht, entweder Ihre Frau oder Ihr Kind zu verletzen, oder dass es einfach ein unglücklicher Zufall war … Sie haben das Feuer gelegt, Sie haben das Haus verlassen, vielleicht wollten Sie zurückkommen und den Helden spielen. Das ist okay und ich respektiere Sie dafür.« Dann wird er milder: »Ich verstehe, warum Sie es getan haben.«

Obgleich Michael bei diesem Kräftespiel nicht gewinnen kann, bleibt er in den ersten Stunden unnachgiebig:

Ich sage Ihnen die Wahrheit. Ich habe das Feuer nicht gelegt … wenn ich aus Spaß ein Feuer legen würde, dann doch nicht in dem Haus, in dem ich lebe. Wenn ich ein Feuer legen würde, um jemandem zu schaden, dann doch nicht bei meiner eigenen Familie.

Ich denke nicht, dass Sie Ihrer Familie schaden wollten. Ich denke, dass Sie Ihre Familie retten wollten.

Warum hätte ich in meiner eigenen Wohnung ein Feuer legen sollen?

Diese Frage sollen Sie mir beantworten.

Ich sage Ihnen doch, ich habe das Feuer nicht gelegt.

Menschen tun es, weil sie es eben tun. Und warum sie es tun, das ist eine Frage, die nur Sie beantworten können.

Ich habe das Feuer nicht gelegt.

Wer dann?

Das weiß ich nicht, aber ich war es nicht.

Die Reid-Methode ähnelt Kafkas Egge. Sie tötet langsam, gräbt das Urteil in das Fleisch seines Opfers, bis das Opfer letztendlich das Ergebnis hinnimmt. Es nimmt sein Urteil an, begreift, dass sein

Leben vorüber ist, und gibt auf, dankt dem Vernehmungsbeamten sogar noch dafür, dass er erlöst wurde. Der Maschinerie kann sich niemand entziehen, und derjenige, der an den Hebeln sitzt, hält das Ganze für Gerechtigkeit. Um seine Arbeit auszuführen, muss der Vernehmungsbeamte sich selbst davon überzeugen, dass der Verdächtige schuldig ist. Zum Schluss gibt es immer einen Moment der Freundlichkeit, der menschlichen Verbindung, wie Kafkas Offizier, der sich hinunterbeugt, um einen Blick in das Gesicht des Opfers zu werfen. Der Vernehmungsbeamte bringt dem Verdächtigen, der nach seinem Geständnis noch ganz benommen ist, eine Cola oder ein Sandwich. Er hält sich keinen Moment lang damit auf, darüber nachzudenken, warum die Reid-Methode nur bei den Armen und Ungebildeten angewendet wird, denjenigen, die an das System glauben. Die Verletzlichsten wissen nicht, dass sie die Egge mit nur vier Worten aufhalten können: *Ich will einen Anwalt.*

Michaels Vernehmungsbeamter spielt ständig eine Rolle, er klagt händeringend darüber, wie überwältigend die Beweislast sei (das ist eine Lüge), dass Michael im Lügendetektortest versagt habe (er war ergebnislos) und sich nicht helfen lassen wolle. Dann, in einem ergreifenden Moment, antwortet Michael mit geradezu religiöser Überzeugung:

Was soll ich sagen, Sir, Sie müssen tun, was Sie tun müssen, aber ich werde darauf bestehen, dass ich unschuldig bin, bis zu dem Tag, an dem ich sterbe. Ich habe das Feuer nicht gelegt, das meinem Sohn und beinahe auch meiner Frau das Leben raubte. Nie im Leben hätte ich so etwas tun können.

(Beim Lesen des Transkripts wusste ich gleich, was als Nächstes kommen würde. Die Krallen werden eingezogen, Mitgefühl wird vorgetäuscht):

Das würde ich gerne glauben, wirklich, nur zu gerne.

Wenn ich dieses Feuer absichtlich gelegt habe, dann soll Gott mich hier und jetzt tot umfallen lassen. Ich habe es nicht getan.

(Der Vernehmungsbeamte ändert geschmeidig seine Taktik und verwandelt sich vom Helfer in einen freundlichen Priester):

Nun, Sie wissen sehr gut, dass ER die Macht dazu hat.

Richtig, sagt Michael.

(Michael ist verblüfft. Vielleicht nimmt er all das für bare Münze, wie schon zuvor, und fürchtet um seine unsterbliche Seele. Vielleicht hofft er, dass Gott eingreifen wird. Der Vernehmungsbeamte sagt):

ER hat zwar die Macht dazu, aber normalerweise wendet er sie nicht an.

Eine Vernehmung dauert im Durchschnitt dreißig Minuten bis zwei Stunden. Wie Kafkas Egge braucht die Reid-Methode genau sechs Stunden, um jemanden zu brechen. Eine Vernehmung, die länger als sechs Stunden andauert, gilt laut Gesetz als Zwangsmaßnahme. Die Videoaufzeichnung von Michaels Verhör zeigt, dass die Beamten diese Richtlinie nicht etwa dazu verwenden, sich zu zügeln, sondern sie vielmehr als rechtliche Stoppuhr benutzen. Obgleich Michaels Schuld mehr als fraglich ist, bedrängen sie ihn, bis er erschöpft ist. Nachdem er ihren Nötigungen stundenlang ausgesetzt war, gibt Michael auf. Er schreibt ein Geständnis nieder, das der Fantasie entspringt und mit den tatsächlichen Beweisen nicht übereinstimmt. Doch ein Motiv für seine Tat will ihm einfach nicht einfallen, deshalb helfen die Vernehmungsbeamten nach. Er liebe seine Frau, sagt er, doch er vertraut den Beamten an, dass ihre Familie hohe Erwartungen an ihn stellt. Er sagt ihnen, dass er nichts über die Versicherungspolice wusste und erst lange nach dem Feuer davon erfahren hat. Also, fragen sie, lag es an der ganzen aufgestauten Frustration? War es nur aus Spaß? Dachte er, er könne seine Frau retten und als Held dastehen?

Haben Sie die Wohnung in Brand gesetzt, um aus dem Mietvertrag rauszukommen?

Nein, der Mietvertrag war bereits abgelaufen.

Sie hatten also bereits geplant, in eine andere Wohnung umzuziehen [unverständlich], richtig? Also dachten Sie sich, gut, wenn ich etwas unternehme [unverständlich], dann bin ich raus …

(Ein zweiter Beamter): Oder ging es Ihnen um die Aufmerksamkeit?

Nein.

Sie verlegen sich auf die Heldengeschichte. Mit Suggestivfragen wird Michael dazu gebracht, einzugestehen, dass er nicht vorhatte, jemanden zu töten, er habe nur eine Kerze in einen Sessel geworfen, um seine Frau anschließend retten zu können und den übertriebenen Ansprüchen seiner Schwiegereltern zu genügen. Nachdem das Geständnis aufgezeichnet ist, lehnen sich die Beamten zurück. Sie haben ihren Job erledigt. Nun plaudern sie mit Michael über feuerfeste Sofakissen, das Fernsehen und Rehabilitation. Als er auf das Angebot zurückkommen will, in eine psychiatrische Einrichtung geschickt zu werden, sagen sie, dass sie sich für ihn einsetzen würden, obwohl sie (ganz plötzlich) nicht mehr die Befugnis dazu haben, ihm irgendetwas zu versprechen. »Ich lehne mich hier etwas aus dem Fenster und sage Ihnen ganz offen, dass das nicht ganz so einfach ist.« Michael hakt nach, ob er in einem anderen Bundesstaat therapeutische Hilfe bekommen könnte, und obgleich er den Beamten eben erzählt hat, dass er das Feuer absichtlich gelegt hat, spricht er nun davon, ins Krankenhaus fahren zu wollen, um seine sterbende Frau zu sehen. Er hat gar nicht verstanden, welchen Handel er soeben abgeschlossen hat.

Die dubiosen Details (wie die Kerze), die Michael abgepresst wurden, werden sogleich im Polizeibericht vermerkt. Jetzt stimmt er mit dem Geständnis überein. Es gibt keine weitere Vernehmung, um diese Indizien zu erhärten, wie es die Reid-Methode eigentlich vorsieht. Stattdessen wird das Geständnis selbst dazu verwendet, Michael zu überführen, was einen klaren Regelverstoß darstellt. Bei der Verhandlung sind das Geständnis und der geänderte Polizeibericht (das psychiatrische Gutachten wird nicht erwähnt) die einzigen Beweismittel der Anklage. Da es keine konkreten Beweise gibt, wird Michaels autistische Störung als etwas Bedrohliches dargestellt. Er wird zu einer Haftstrafe von 50 Jahren verurteilt.

Gegen Ende der Videoaufzeichnung fragt der Vernehmungsbeamte in einem Anflug von Freundlichkeit, ob Michael eine Limonade wolle.

»Mike, geht es Ihnen jetzt besser?«

»Ja«, murmelt Michael.

»Schön«, sagt der Vernehmungsbeamte.

Ein anderer Polizist schaltet sich ein: »Ja, er sieht erleichtert aus. Ganz so, als sei ihm eine Last von den Schultern genommen worden.«

»Das habe ich ihm ja gleich gesagt«, sagt der erste Mann. »Mike, ich bin neugierig, können Sie mir sagen, warum Sie mir die Wahrheit gesagt haben?«

Michael murmelt leise, wie ein guter Schüler: »Ich hatte es satt, mich selbst zu belügen.«

In den Vereinigten Staaten darf ein Vernehmungsbeamter behaupten, Beweise zu besitzen, auch wenn sie gar nicht existieren. Er darf Milde vorgaukeln und sogar falsche Beweismittel vorlegen – fiktive Schaubilder, Scans und Lügendetektortests. Er darf dem Verdächtigen suggerieren, ein Geständnis sei die beste Option, weil die ganze Welt auf einmal auf dem Kopf steht. Warum sollte er diese Chance nicht wahrnehmen? Für jemanden, der alles wörtlich nimmt – für den die Obrigkeiten nicht lügen können, sondern einem nur helfen wollen und wahre Macht besitzen –, ist es unvorstellbar, dass ein Polizeibeamter gefälschte Beweismittel verwendet.

Befürworter der Reid-Methode sind der Auffassung, dass eine unschuldige Person niemals ein Verbrechen zugeben würde, das sie nicht begangen hat, nicht einmal unter derartigen Bedingungen. Und dennoch geschieht es ständig. Wenn man alles glaubt, was einem gesagt wird, ist es die einzig vernünftige Reaktion. Die Reid-Methode beruht auf dieser Logik. Im Iran gestehen viele politische Gefangene kleinere Straftaten, weil sie wissen, dass sie sich in den Händen einer absurden Macht befinden, eines kafkaesken Bösewichts, der ihren Familien schaden kann. Wenn man sicher weiß, dass man ins Gefängnis geht, egal, ob man schuldig oder unschuldig ist, dann wird man sich für die etwas bessere Möglichkeit entscheiden.

Wer mit der Reid-Methode konfrontiert wird, muss alles daransetzen, das Verhör zu überstehen, ohne zu gestehen. Das Problem ist nur, dass man das nicht wissen kann. Es erscheint unfair, um sein Leben spielen zu müssen, ohne die Regeln des Spiels zu kennen.

Wie konnte ich nur annehmen, dass alle Geschichten auf dieselbe Weise gehört werden? Dass jede Geschichte, die in die Öffentlichkeit gelangt, neutral, wohlmeinend, sachgerecht und in allen Einzelheiten verifiziert ist? Wie konnte ich annehmen, dass die Spielregeln eingehalten und jede wahre Geschichte dieselbe Chance hat, geglaubt zu werden? Die Welt hat mir immer wieder gezeigt, dass wir alle nach völlig unterschiedlichen und sich ständig ändernden Regeln leben, die von den Privilegierten zum Wohl ihrer eigenen Kinder gestaltet werden. Das habe ich immer gewusst. Das oberste Ziel meines Erwachsenenlebens, meiner Jugend als Asylsuchende, war immer, die Amerikaner davon zu überzeugen, dass ich (die ich von Ärzten abstamme, aber leider im falschen Teil der Welt geboren wurde) wertvoll und dazu geeignet bin, eine hoch qualifizierte Kandidatin für ihre angebliche Leistungsgesellschaft darzustellen.

Als wir in die Vereinigten Staaten kamen, assimilierte sich mein jüngerer Bruder Khosrou schon bald und war bei seinen Klassenkameraden und in der ganzen Gemeinde sehr beliebt. Er wurde als »Daniel« wiedergeboren und passte sich an, er lernte, wie man American Football und Videospiele spielt, er lernte den Slang und die Poesie. Er legte seinen Akzent ebenso mühelos ab, wie Elena es in dem französischen Dorf tat, in dem wir während der Pandemie überwinterten. Doch als wir auf die Flucht gingen, hatte ich bereits drei Jahre in einer iranischen Mädchenschule verbracht. Diese drei Jahre hatten mich verhärtet, und die kleinste Anpassung erschien mir unmöglich. Oder lag es nur daran, dass Daniel jünger war? Dass ich bereits gelernt hatte, Farsi zu schreiben, und die iranischen Schulhofregeln kannte? Dass ich auf dem Schulweg an einem Wandbild mit einer blutigen Faust vorbeigehen musste? Oder war es eine Frage des Charakters? Einmal, als wir schon erwachsen waren, fragte mein Bruder: »Bist du sicher, dass dir all der Mist in der Schule nur deshalb passiert ist, weil du aus dem Iran kommst? Vielleicht lag es ja nur daran, dass du *du* bist.« Da könnte etwas dran sein.

Es gibt verschiedene Möglichkeiten, ein Außenseiter zu sein, und mehr als eine Sorte von Sonderlingen. Michael und ich haben eine Menge gemeinsam. Ohne meine westliche Ausbildung wäre auch ich nur ein überempfindlicher Querkopf, der alles zu wörtlich nimmt. Eine Geflüchtete, die sich ständig selbst im Weg steht und es einfach nicht hinbekommt, sich an die »normale« Gesellschaft anzupassen. Aber ich hatte Glück. Wie können wir die Verletzlichsten, die keine Übung in sozialen Umgangsformen haben, dazu ermutigen, uns von ihren Traumata zu erzählen? Wie kommen sie mit Autoritätspersonen klar, mit Betreuern, Polizisten, Justizbeamten? Wie weit ist die Gesellschaft bereit zu gehen, um die Insider vor denjenigen zu beschützen, die scheinbar nicht dazupassen?

2019 stolperte ich über den erstaunlichen Fall von KV (oder K), dessen Martyrium 2009 begann und ein Jahrzehnt später vor dem Obersten Gerichtshof des Vereinigten Königreichs endete. KVs Identität soll geschützt bleiben, aber ich habe ihn getroffen, und er hat mir in allen Einzelheiten von seinem Fall berichtet. Als wir im Londoner Büro seines Anwalts zusammensaßen, wirkte er unruhig und ängstlich und suchte nach Worten. Ich wusste, dass dieses nervöse Verhalten nichts mit dem Mann zu tun hatte, der er zu Hause in Sri Lanka gewesen war: ein ganz normaler Juwelier mit einer Familie. Als ich mir hinterher den Mitschnitt unseres Gesprächs anhörte, musste ich an Kafkas Egge denken. Ich hörte sie knarren und ächzen und stellte mir vor, wie sie über meinen Rücken kratzte. Dieses Bild grub sich tief ein und ließ sich nicht mehr abschütteln. Die Übereinstimmungen waren geradezu lächerlich. KV hat so viele böswillige Verhöre ertragen müssen, sein ganzer Rücken ist von tiefen, furchtbaren Narben bedeckt.

Am 24. Februar 2011 kam ein fünfundzwanzigjähriger Tamile aus Sri Lanka nach Großbritannien, er war der Sohn eines Juweliers und konnte seine erschütternde Geschichte mit den entsprechenden Narben belegen. Er beantragte Asyl und erklärte, er sei in Sri Lanka von den Regierungsbehörden gefoltert worden, weil er unter dem Verdacht stand, den Tamil Tigers anzugehören. KV gestand, dass er und sein Vater zwischen 2003 und 2008 von den Tamil Tigers dazu gezwungen worden waren, Edelsteine zu begutachten und Gold einzuschmelzen. Die Regierungsbehörden verhafteten ihn im Mai 2009. Im Internierungslager schlug man ihn mit Gewehrkolben und Holzknüppeln, brandmarkte ihn und verlangte die Preisgabe der Wertsachen. Zwanzig Tage vor seiner Ankunft in Großbritannien half ihm ein Freund dabei, auf der Ladefläche eines Lasters aus dem Internierungslager zu entkommen. Nachdem seine Familie eine große Summe Schmiergeld gezahlt hatte, wurde KV einem Schieber namens Dean übergeben, der ihn in seinem Haus in Negombo bei seiner Frau und seinen Kindern unterbrachte. KVs zerschundener Rücken schmerzte ihn seit 18 Monaten. Die meiste Zeit hatte er dasselbe blutgetränkte Hemd getragen, um seine Wunden zu bedecken. In jener Nacht versorgte Dean ihn mit frischer Kleidung und Schmerztabletten. Und mit einem Pass, der auf einen neuen Namen ausgestellt war. In Begleitung eines dritten Mannes reiste KV über Frankreich nach Großbritannien, wo er um Asyl bat.

Während der Befragung bei der Ausländerbehörde legte KV Fotografien seiner Versehrungen vor: Fünf lange Narben, die sich über seinen Rücken zogen, sowie zwei kürzere auf seinem rechten Arm. Er sagte, dass sie von den Verbrennungen herrührten, die man ihm im August 2009 mit einer glühend heißen Eisenstange beigebracht hatte. Er hatte die Hitze gespürt, sich umgedreht und die glühende Stange gesehen. Die Hitze sei immer stärker geworden, sodass er nach vorne gefallen und ohnmächtig geworden sei. Seine Wärter hatten ihm den ganzen Rücken verbrannt, während er bewusstlos war. Als er erwachte, gossen sie Benzin über seine Wunden, um ihm noch mehr Schmerzen zuzufügen. Seine versehrte Haut fing erst nach drei Monaten an zu heilen.

Als KV 2011 nach Großbritannien kam und einen Asylantrag stellte, war bereits allgemein bekannt, dass die Polizei und das Militär in Sri Lanka Folter anwendeten, vor allem in Gefängnissen. Ihre Brutalität (Verbrennen und Brandmarken mit Löteisen, Aufhängen an den Daumen) war ausreichend dokumentiert und von der UN scharf verurteilt worden. Für den Fall, dass die Ausländerbehörde sich dazu entschließen sollte, all dies zu ignorieren, hatte KVs Anwalt einen vollständigen Bericht über die Geschichte und die politische Situation in Sri Lanka erstellt, in dem ebenfalls vermerkt war, welche Folgen es haben konnte, wenn man in Verdacht geriet, die Tamil Tigers zu unterstützen.

KV zweifelte keinen Augenblick daran, dass man ihm Glauben schenken würde. Seine Folterer waren berüchtigt. Er konnte seine Narben vorweisen. Endlich war er frei. Doch im März 2011 lehnte die Ausländerbehörde KVs Asylantrag ab. »Sie sind ein gesunder junger Mann, der in Sri Lanka keinerlei Probleme hatte.« Weiter hieß es, KVs Bericht enthielte Ungereimtheiten, es gebe keine Anhaltspunkte dafür, dass er in Sri Lanka gefährdet sei, und er habe keine eindeutigen medizinischen Belege für seine Folter vorgelegt. Sie zitierten einen Absatz aus der amtlichen Herkunftsländeranalyse für Sri Lanka – als ob damit irgendetwas zu beweisen wäre –, in der ein stabiles Gesundheitssystem beschrieben wurde, das KV eine Behandlung ermöglichen würde. Daher seien sie zu dem Schluss gekommen, dass KV in Sri Lanka ein ganz normales Leben führen könne, zumindest »nach den Maßstäben, die in Ihrem Herkunftsland gemeinhin vorherrschen«. Mit diesem Schreiben entledigte sich die Ausländerbehörde jeglicher humanitären Verantwortung für KV und forderte ihn unmissverständlich auf, nach Hause zu fahren.

Obgleich KV sich sehr nach der Heimat sehnte, war eine Rückkehr unmöglich. Wenn er nur an die glühende Eisenstange dachte, zogen sich seine Muskeln unwillkürlich zusammen. Hinzu kam, dass das Schmiergeld, das seine Familie den Schiebern und anderen Kontaktpersonen bezahlt hatte, die Regierungsbehörden nicht gerade besänftigt hatte. Bei einer Rückkehr würde er sich innerhalb weniger Wochen oder sogar Tage erneut im Internierungslager wiederfinden.

»Natürlich legen wir Berufung ein«, flüsterte der Anwalt. »Es gibt noch andere Möglichkeiten, Asyl zu bekommen.«

Mit dieser Ablehnung begann für KV ein zermürbender achtjähriger Kampf um Anerkennung. Obgleich sein Anwalt ihm erklärt hatte, dass er vonseiten der Ausländerbehörde weder Freundlichkeit noch Mitgefühl zu erwarten hatte (»So klingt die Bürokratie eben. Es ist nichts Persönliches«), war KV verwirrt. Wie erklärten sie sich seine Narben? Er war mit einer Eisenstange gebrandmarkt worden – eine übliche Praktik der Regierungsbehörden von Sri Lanka, in einem bekannten Internierungslager des Militärs – das war doch mehr als offensichtlich. Wer bestimmte die Regeln dieser Welt?

Kafka war besessen vom Gesetz und den darin eingeschriebenen Lügen. Er entwarf eine albtraumhafte Bürokratie und rechtliche Verstrickungen mit einem kalten, indifferenten Feind. KV schien direkt aus einem von Kafkas Notizbüchern zu stammen, und das nicht nur aufgrund seiner Narben oder des sonderbar bekannt anmutenden Namenskürzels. Dieser K hatte ebenfalls einen mächtigen Gegner, der die Schwachen zerstörte, nur den Glücklichen Glauben schenkte und die Wahrheit nach Belieben verdrehte. Die Ausländerbehörde, so schien es, behauptete, dass KV in Kafkas Maschinerie geklettert war und sich freiwillig unter die Egge gelegt hatte.

Aktivisten beziehen sich häufig auf Kafka, wenn sie den Asylprozess beschreiben: Jahrelanges Zähneknirschen, während man hilflos dabei zusieht, wie die Umgebung immer absurder erscheint, und einem all die falschen Worte von selbst aus dem Mund krabbeln wie Ungeziefer, auch wenn man sich bemüht, sie zurückzuhalten.

Ich muss an die Asylanhörung meiner eigenen Familie denken – jenen Moment, seitdem ich davon besessen bin, durch verschlossene Türen zu stürmen. Ich erinnere mich an das Zimmer, die Beamtin und die ein oder zwei Fragen, die sie mir stellte. Sie klangen nach Small Talk, doch nach zwei Minuten begann die Beamtin, mich nach dem Glauben meiner Mutter zu befragen: Hatte sie ihren Kindern die Bibel nahegebracht? »Was ist deine Lieblingsgeschichte in der Bibel? Kennst du die Geschichte von Jonas? Und von Hiob?«

Ich glaube, ich habe nicht gepatzt. Von der Aussage meiner Mutter hing sehr viel mehr ab, von ihren Worten, ihren Gesten. Erzählte sie die richtige Geschichte, verwendete sie die glaubwürdigsten Worte? War sie bescheiden? Hart arbeitend? War sie demütig und dankbar, eine wahre christliche Konvertitin? Oder eine Opportunistin, die einem amerikanischen Arbeiter den Job stehlen und beim Einkaufen einen Hidschab tragen würde?

Mussten amerikanische Kinder beweisen, dass sie gute Christen sind und all den Wohlstand, die Chancen und die Bildungsmöglichkeiten verdienen? Wahrscheinlich, dachte ich damals. Wahrscheinlich gibt es Tests für alle.

»Ich glaube, dein schlimmster Albtraum sind verschlossene Türen«, sagt Sam zu mir.

»Nein«, antworte ich, »es sind nicht die Türen, sondern irrationale Türhüter, die Bürokratie und Doppelmoral.«

Seit Jahrzehnten beschäftigt mich die große Diskrepanz, die Lüge, die ich im Kern der Welt spüren kann. Ich kann die Überzeugung nicht abschütteln, dass sie existiert. Sie werden es ebenfalls schon bemerkt haben: die Worte und Gesten, die glücklichen Kindern, die von Geburt an darin geübt sind, dabei helfen, Hürden zu überwinden, glaubwürdig zu wirken, ohne etwas beweisen zu müssen, Unterstützung zu erhalten, ohne sie zu verdienen. Ich kann ihn in jeder Sensationsmeldung und in jeder übersehenen Geschichte ausmachen – den Code, der den Bann von Skeptizismus und Zweifel bricht. Was lässt verhärtete Herzen glauben?

Eines Abends stelle ich diese Frage laut, während Sam Bücher sortiert und mir dabei zusieht, wie ich mich durch Aussageprotokolle von fälschlich Verurteilten arbeite, die mir das Innocence Project geschickt hat, und Asylanhörungen, die von Freedom from Torture stammen.

»Du kannst darauf keine Antwort finden, wenn du nicht auf dein Innerstes hörst«, sagt er.

Ich höre ihm nur mit halbem Ohr zu und frage: »Meinst du, weil ich eine Geflüchtete war?«

»Nein.« Er zögert. »Weil du heute eine Skeptikerin bist. Du verdächtigst jeden, du musst alle überprüfen«, sagt er. »Und trotzdem erwartest du, dass man dir uneingeschränkt Glauben schenkt.«

Ich starre betroffen auf meine Akten. *Nein, ich glaube den Verletzlichen.* Bin ich, mit meinem Herz aus Leder, etwa das falsche Publikum?

Susan Sontag schreibt, während wir danach verlangen, authentisches Leid zu sehen (auf Fotografien oder in Filmen), seien »moderne Weltbürger geübte Zyniker, wenn es um die Frage geht, ob Aufrichtigkeit möglich ist. Manche versuchen, innere Bewegung um jeden Preis zu vermeiden.« Und der rohe, unverfälschte Schmerz, den wir angeblich respektieren, lässt uns nur schaudern. Um ein anspruchsvolles Publikum zu überzeugen, braucht es weitaus mehr Kalkül: subtilere Geschichten, ein besseres Handwerk, eine ausgefeiltere Routine – ebenjene Täuschungsmanöver, die wir gelernt haben, zu durchschauen.

Wie sieht die Anatomie einer glaubhaften Performance aus, wenn das Herz sich einen Panzer gegen den Schmerz anderer zugelegt hat? Es ist schwer, objektiv zu sein, wenn man nur einen schwachen menschlichen Geist besitzt.

2

Mein Verhältnis zum Glauben hat sich verändert, seit ich mehr Macht über mich selbst habe. Heute untersuche ich ständig, wie ich glaube – wem und welchen Geschichten; welche Mythen mich faszinieren. Doch als ich ein armes iranisches Kind in Oklahoma war, mit kohlrabenschwarzem Haar und einer riesigen Nase, war die Angelegenheit für mich entschieden (von meiner Mutter und meiner Gemeinde). Mich interessierte nur, was die Amerikaner glaubten, was sie mit ihrer unglaublichen Meinungsmacht bewirken konnten. Ich wollte verstehen, wie ich sie beeinflussen könnte: Wie konnte ich neutral und glaubwürdig klingen, hier und heute, *diesen* Menschen gegenüber? Ich wollte verschwinden, wie ein Chamäleon mit meiner jeweiligen Umgebung verschmelzen. Ich entwickelte eine Obsession für die Menschen, die an mir vorüberglitten, die das Glück hatten, unsichtbar zu sein, die in diesem Land geboren wurden. Wie bewerkstelligten sie das?

Wo immer ich auch hinging, spürte ich, dass ich auffiel, wie die eine Erbse, die zufällig in einen Teller Rosinenreis geraten ist. Die Leute starrten mich an. In der Schule machten sich die anderen lustig über meine schäbigen Kleider, mein iranisches Essen, meine Bücher über Hexen und mein Wörterbuch, meine nervösen Ticks. »Sind das etwa Jungssocken?«, »Hast du gestern nicht dasselbe angehabt?«, »Ach, du trägst Pink mit Rot?« Ich sagte zu meiner Mutter:

»Ich wünschte, es gäbe ein Handbuch darüber, wie man Amerikaner wird.«

Eine Regel der westlichen Welt kannte ich schon: Wenn man Geld hatte, konnte man mehr man selbst sein. Aber wir waren arm. Schon bald wollte ich nur noch eins: in Harvard aufgenommen zu werden, dem Ort, an dem die Handbücher geschrieben werden, dem Ort, der mich zu einer herausragenden Amerikanerin machen konnte. Doch wie sollte ich es fertigbringen, derartige Ambitionen zu verwirklichen, wenn ich so viel Zeit damit verbrachte, winzige Kleinigkeiten zu korrigieren, über die niemand außer mir auch nur einen Moment nachdachte?

Noah war in meiner Geometrieklasse. Er war der erste amerikanische Junge, der mir auffiel. Im Kindergarten war ich ganz offen verliebt in Ali Mansouri, einen älteren Jungen, dem ich ständig auf dem Spielplatz hinterherlief und den ich immer bei seinem vollen Namen rief: »Ali Mansouri, willst du saure Pflaumen? Ali Mansouri, kommst du jetzt spielen?« Ich kannte noch nicht sehr viele Worte, und drei oder vier Fragen mussten ausreichen, um meine kindlichen Emotionen zu äußern. Er tat so, als sei ich ihm lästig, wenn seine Freunde dabei waren, doch als ich eines Tages krank war und zu Hause bleiben musste, kam eine Frau an unsere Tür. Hinter ihrem langen Tschador lugte Ali Mansouri hervor, er wollte sichergehen, dass ich nicht fortgezogen war. Danach scheuchte er mich auf dem Spielplatz zwar immer noch weg, aber er vergewisserte sich stets, ob ich ihm auch weiterhin hinterherlief.

Nach unserer Ankunft in Oklahoma war ich mit den alltäglichen Anforderungen, Englisch zu lernen, arm und in einer fremden Umgebung zu sein, vollauf beschäftigt. Mein Herz war verschlossen gewesen, bis ich, eine verwirrte Zwölfjährige, in der siebten Klasse einem Jungen mit dunklem Haar und freundlichen Augen begegnete.

Noah war das netteste Kind in der Schule. Er machte sich niemals über meinen Akzent oder über meine Kleider lustig. Er hatte nichts dagegen, in der Mathestunde neben mir zu sitzen. »Gut für mich, dass du hier die Beste bist!«, sagte er nur. Er lachte über meine Witze und nahm Rolos an, die ich ihm auf der Hand hinhielt, und sorgte sich nicht um die iranischen Bakterien, die seit meiner Ankunft umgingen. Während der gesamten siebten Klasse trug ich die kleinen Schokoscheibchen in der Federtasche mit mir herum, obwohl sie körniges Karamell enthielten. Ich zog Crunch-Riegel vor, doch bei jedem Supermarktbesuch bettelte ich meine Mutter um Rolos an, jammerte laut, dass sie nur 50 Cents kosten würden (Sozialscham ist das Kryptonit persischer Mütter) und ich doch immer gute Noten bekäme.

Noah und ich unterhielten uns nie lange. Ich machte mir Sorgen wegen meines Englisch – nicht so sehr wegen der Sprache selbst, denn ich hatte Vokabeln gelernt und mithilfe eines Kassettenrekorders an meinem Akzent gefeilt. Doch beinahe jeden Tag stolperte ich über die Abkürzungen, den Slang, die Popkultur und die Witze. Jedes Mal, wenn Noah »Hi«, sagte, vergaß ich meine unmodischen Jeans, meinen Akzent oder meine Wortwahl. Was mir Sorgen machte, waren die angesagten Phrasen: fett und krass, chillig und ätzend. »Fetzig« war gut, aber »schräg« war schlecht. (»Aber warum«, flüsterte ich meinen einzigen beiden Freunden zu.) Eine Tüte Chips war gut, aber »so ein Käse« war schlecht (»Käse schmeckt doch viel besser!«) Und die vielen Anspielungen aus dem Fernsehen, das meine Mutter uns verboten hatte.

Doch mit Noah war es unkompliziert – er verwendete keinen Slang. Er redete einfach und langsam. Er lächelte viel. Er erklärte mir die Witze aus seinen Lieblingssendungen. Als er das erste Mal ein Rolo von mir annahm, sagte er: »Mmm, lecker«, während er mit verklebten Zähnen kaute. Eine halbe Sekunde lang kam ich mir ganz normal vor – als sei ich ein Teil dieser neuen Kindheit, so wie ich mich gefühlt hatte, als Ali Mansouri sich die sauerste Pflaume aus meiner hohlen Hand ausgesucht hatte.

Ich sagte Noah nie, dass ich ihn mochte, so wie ich es bei Ali Mansouri getan hatte, jedenfalls nicht mit Worten. Jugendliche Schwärmerei hat ihre eigene Sprache, die Kinder benutzen, um ihre Herzen zu schützen. Im Iran heißt das *bahal.* In Amerika sagt man: *You're dope. You rock.* Aber diese Worte gehörten nicht zu mir. Meine eigenen Worte waren immer die falschen. Doch eines Tages, als es zur Stunde klingelte, sagte ich: »Ich vermisse dich schon, wenn ich die Klingel höre.«

Noah warf mir einen befremdeten Blick zu. Er nahm seine Bücher, nickte mir zum Abschied kurz zu, und dann war mein einziger Freund verschwunden. Wie konnte ich nur so schmachvoll versagen?

Vor einigen Jahren traf ich eine Dramaturgin, die nebenbei als Ghostwriterin für College-Bewerbungsessays arbeitet. Zuerst war ich empört: Wenn Zugehörigkeit eine Performance mit einem Drehbuch ist, dann ist eine Dramaturgin ein ungeheurer Vorteil, und ich hatte niemals derartige Hilfe. Doch ihre Kunden sind größtenteils ausländische Kinder, die keinen Zugang zu den amerikanischen Werkzeugen des Erzählens haben. Ihre Schüler sagen oft: »Mein Leben ist nicht besonders interessant«, obwohl sie Kriege, Armut, verrückte Großmütter oder die Einnahme ihrer Dörfer überlebt haben. Sie wollen die wunderbaren Merkwürdigkeiten ihrer Stimmen tilgen, die auch die Ausdrucksweise meiner Mutter würzen. »Klingt das nach richtigem Englisch«, fragen sie, denn sie wollen alles ausmerzen, worüber andere sich lustig machen könnten oder was missverstanden werden könnte. Die Dramaturgin hindert sie daran, ihre eigenen Persönlichkeiten aus den Essays zu verbannen, und verwendet ihre Theatererfahrung dazu, ihnen dabei zu helfen, jede ihrer Entscheidungen und deren Folgen lebensnah zu Papier zu bringen. Sie sorgt dafür, dass ihre Stimmen an überraschenden Stellen gebrochen klingen und ihre Gefühlswelt intakt bleibt. Niemand außer meiner hitzköpfigen iranischen Mutter ist jemals in Hundekot getreten und hat anschließend (über ganz Amerika) gesagt: »Hier sind überall Pupse!« Niemand sonst hat in den Telefonhörer geschrien: »Ich habe keine Welle!«

Die Dramaturgin weiß auch, dass die Rivalen ihrer Studenten, die Kinder aus den Privatschulen und den Country Clubs, ein gutes Drehbuch haben. Während meiner kurzen Tätigkeit an der American School of London schrieben meine Literaturstudentinnen mit dem Instinkt, dass ihre Geschichten zählten. Sie ließen sich über jede Erfahrung aus, als sei unsere Aufmerksamkeit ihr Geburtsrecht. Und sie wurden von den besten Universitäten angenommen. Viele ersetzten Verletzlichkeit durch Geschwafel und kamen trotzdem damit durch. Doch während die Muttersprache für ausländische Bewerber ihren Stellenwert hat, können sie niemals völlig sie selbst sein: Nur ein kurzes kontrolliertes Aufblühen, das den westlichen Sitten entspricht und Würde und Anmut signalisiert, ist ihnen gestattet. Sie sollen interessant und neuartig sein, aber nicht bis zur Unkenntlichkeit oder aus einer völlig anderen Welt. Die Türhüter kennen sich aus mit westlichen Macken und Fehlern. Die Eigenarten eines ausländischen Jugendlichen könnten sie beunruhigen.

In seinem Essay *Über Wahrheit und Lüge im außermoralischen Sinne* (1873) schreibt Nietzsche: »... wahrhaft zu sein, das heißt die usuellen Metaphern zu brauchen, also moralisch ausgedrückt: [die] Verpflichtung, nach einer festen Konvention zu lügen, herdenweise in einem für alle verbindlichen Stile zu lügen.«

Was wir als Wahrheit ansehen, ist demnach nur eine Herdenwahrheit, die Wahrheit einer bestimmten gesellschaftlichen Gruppe oder Sprache, die akzeptierte Wahrheit. Es kann nicht anders sein, denn Wörter sind erfunden und Metaphern können der Essenz der Dinge weder entsprechen noch sie einfangen. Diese Essenzen sind kurz, flüchtig und verändern sich durch die Wahrnehmung.

Was bedeutet Wahrheit also für die meisten Menschen? Was macht diese beiläufige Aufrichtigkeit und Vertrauenswürdigkeit aus? Nur die

Verwendung von »usuellen Metaphern«, von vertrauten, tröstlichen Bildern, die wir bereits in uns aufgesogen haben. Im vergangenen Jahr beobachtete ich Elena dabei, wie sie Französisch lernte. Nach und nach ersetzte sie die Laute für jeden Gegenstand, jede Handlung. Jede Sprache, sagt Nietzsche, ist ein Code, »ein bewegliches Heer von Metaphern, Metonymien, Anthropomorphismen«, und alles, was wir für wahr und verbindlich in zwischenmenschlichen Beziehungen halten, sind abgenutzte Metaphern, die wir vor langer Zeit akzeptiert haben, »Münzen, die ihr Bild verloren haben, und nun als Metall, nicht mehr als Münzen, in Betracht kommen«.

Selbst bestimmte Wörter sind nicht genau. Ein Blatt, schreibt Nietzsche, repräsentiert zahlreiche Objekte mit ähnlichen Eigenschaften und ebenso vielen Unterschieden. Wer weiß schon, ob eine Urform des Blattes überhaupt existiert? Wo hört das »Blatt-Sein« auf? Weder Größe, Form, Farbe oder Textur bestimmen es. An einem Baum können auch andere Dinge wachsen. Wie lernen wir als Kleinkinder die Grenzen des Blatt-Seins? Als meine Tochter noch klein war, teilte sie mir mit, dass ein dicker Grashalm kein Blatt sei. Ich hätte das falsche Wort verwendet. Woher wusste sie das? »Mami, du hast gelogen!« Wir lernen die akzeptierten Metaphern bereits als Kinder, doch diese Metaphern verändern sich ständig.

»Weißt du, mit wem du mal sprechen solltest?«, sagte ein Freund zu mir. »Wenn du wissen willst, wie man als Blatt durchgeht, wenn jeder nach einem Grashalm Ausschau hält? Mit einem verdeckten Ermittler.«

Woran erkennt man, dass der Neue in der Runde ein verdeckter Ermittler ist? Ich schaue mich in einer Chatgruppe um, in der diese Frage häufig gestellt wird. Für verdeckte Ermittler ist es überlebenswichtig, auf vulnerable Insider, die darauf trainiert sind, Neulingen zu misstrauen, glaubwürdig zu wirken. Wie machen sie das? Welchen Trick benutzen sie? Der Chat quillt über vor bestechenden (geradezu volkstümlichen) Weisheiten und anschaulichen Details:

Man kann einen verdeckten Ermittler an seinen Schuhsohlen erkennen – seine Schuhe können abgetragen wirken, doch ein echter Drogendealer geht über viele Glasscherben und Nadeln.

Nein, nein, das beste Indiz sind seine Hände – man kann seine Hände schmutzig aussehen lassen, aber man braucht eingerissene Nägel und alte Schwielen.

Ach bitte, es sind ihre Zähne – man kann einige Wochen lang aufs Zähneputzen verzichten, aber jahrelange Vernachlässigung lässt sich nicht simulieren. Und überhaupt, wer würde das schon auf sich nehmen?

Dann sind da noch sein selbstsicheres, beinahe arrogantes Auftreten, sein durchdringender Blick, das ständige Piepsen eines Trackingsenders. Die Haare. Mit den Haaren stimmt immer irgendetwas nicht.

Man sollte auf den bemühten Junkie-Look achten: Der Schmutz, die langen Haare, das ausgemergelte Aussehen können eine Zeit lang überzeugen, doch warum ist seine Haut so klar und sind seine Zähne so weiß? Und wenn man sich kurzzeitig nicht gewaschen hat, riecht man immer noch anders als jemand, der sich lange nicht gewaschen hat. Solche Details bemerkt man unbewusst, und die eine Sache, die den verdeckten Ermittler verrät, ist nicht viel mehr als das Gefühl, dass »irgendetwas nicht stimmt«. Manche Ermittler halten ihre Arme weit vom Körper weg, weil sie daran gewöhnt sind, einen breiten Ausrüstungsgürtel zu tragen. Wenn sie etwas aufheben wollen, beugen sie sich nicht hinunter, sondern hocken sich hin, weil sie meist eine Waffe im Holster tragen. Derartiges gilt für Anfänger oder nur schlecht getarnte Ermittler. Die Profis verwandeln sich in ihre Zielpersonen, mitsamt den kaputten Zähnen und allem anderen. Sie werden zu Schatten, zu einer Person aus einem anderen Reich.

»Das ist so, als würde man sich in Lumpen kleiden, um zu vermeiden, dass man unterwegs ausgeraubt wird«, sagt ein Freund aus Südafrika. »Man kann es nicht vortäuschen. Man muss ausgemergelt sein. Man muss der Vierte sein, der diese Kleider trägt.«

Es kommt häufig vor, dass selbst die besten Ermittler enttarnt werden, nur weil sie einen kleinen Fehler bei der Kleidung oder im Sprachgebrauch machen. Beides ist abhängig von Zeit und Ort und dient dazu, Insider von Outsidern zu unterscheiden, und beides hat eine starke metaphorische Bedeutung. Wenn man ein Outsider ist (etwa ein Polizist, der zum ersten Mal an einer verdeckten Ermittlung teilnimmt, oder ein Flüchtlingsmädchen, das sich verliebt hat), kann man leicht in die falsche Jeans steigen und sich überflüssige Sorgen über eine Sonnenbrille oder ein Handy (oder über eine Packung Rolos machen), weil es die Jeans ist, die einen am Ende verraten wird.

Gruppensprache kann einfach eine Generationsfrage sein (»groovy« und »lit« sind beides idiomatische Ausdrücke, sie beziehen sich auf die Grooves einer Vinylplatte oder auf ein Feuer), eine ausgeformte subversive Antisprache, die dabei hilft, die Geheimnisse vulnerabler Subkulturen zu schützen. Polari, die codierte Sprache der Schwulenszene im England der 1960er-Jahre, war zunächst eine Möglichkeit, sich gegenseitig zu erkennen, ohne Verdacht zu erregen. Das konnte ein Kompliment über die »batts« (Schuhe) des anderen sein, oder ein Witz über die »lilly« (Polizei). Polari war voller lebendiger Bilder (die Polizei hieß auch »Betty Bracelets«, »Hilda Handcuffs« und vieles mehr).

Lange Zeit kannten die eingeschleusten Ermittler diese Wörter nicht, obgleich man nur etwa zwanzig oder dreißig brauchte, um sich seinen Freunden in feindlicher Umgebung zu erkennen zu geben. Zu einer Zeit, in der Homosexualität kriminalisiert wurde, war ein Annäherungsversuch ohne die nötigen Sprachkenntnisse riskant und außerdem kaum glaubwürdig. Später verbreiteten sich diese zwanzig oder dreißig Wörter schnell, weil schwule Künstler ihren Einfluss in der Kreativindustrie und dem Fernsehen ausweiten konnten. Plötzlich wusste jeder, was »ein Freund von Dorothy« heißen sollte, und die Geheimsprache Polari verlor nach und nach an Bedeutung, bis sie schließlich dank der gesellschaftlichen Entwicklungen nicht länger gebraucht wurde.

Die private Sprache einer Gemeinschaft verleiht den Vulnerablen ein Quäntchen Macht. Wenn neue christliche Geflüchtete aus Iran eintreffen, bohrt meine Mutter stets nach, bis die üblichen Erkennungszeichen sichtbar werden. Wenn man ein »wahrer Gläubiger« ist, hat man eine »Herde«, man kennt die Lieder, die Bibelstellen, die Bilder, welche anderen Mitgliedern der Untergrundkirche in der Islamischen Republik signalisieren, dass man ein Bruder oder eine Schwester im Geiste ist. Wenn eine Gemeinschaft an Einfluss, Respektabilität und Zulauf gewinnt, wird der Code elaborierter, exklusiver und subtiler. Dennoch ist es für einen mächtigeren Outsider nicht allzu schwierig, eine solche Gemeinschaft zu schwächen und sie ihres Reizes und ihrer Vitalität zu berauben. Polari verschwand, sobald der Mainstream die Sprache ihrer Schutzfunktion beraubt hatte. Danach wurden viele Wörter Teil des englischen Slangs und dienten nur noch dazu, Hipness zu suggerieren. Der feindliche Blick durchdringt die Metapher und wirft ein Schlaglicht auf die Sache selbst – machtlos, gefährdet. Wenn der verdeckte Ermittler sich irgendwann zu erkennen gibt, zerstört er gleichzeitig jede Metapher, die er benutzt hat, um eine vulnerable Gruppe zu infiltrieren, und diese muss sich infolgedessen einen neuen Satz von Erkennungszeichen zulegen.

Im Internet kursiert ein berühmter Brief, der unter Iranern weitergegeben wird. Er wurde angeblich in den 1950er- oder 60er-Jahren von einem Angestellten der National Iranian Oil Company an seinen britischen Chef Mr. Hamilton geschrieben. In diesem Brief bittet der Angestellte seinen Chef mehrfach um Hilfe. »Meine Hände greifen nach Ihrem Mantelsaum«, sagt er, und er fleht »zu den 14 Unschuldigen«. Ein hinterlistiger Kollege stecke »Wassermelonen unter seine Arme«, sagt er. »Ich habe sechs Brotesser.«

In Farsi ist es eine herzerweichende Lektüre: Ein armer, überarbeiteter, frustrierter Mann fleht um Hilfe. Doch als der Brief online verfügbar war, erntete er zunächst nur Hohn und Spott. All die iranischen Redensarten klingen albern, wenn man sie direkt ins Englische übersetzt – Mr. Hamilton hat sich bestimmt gut amüsiert, bevor er den

Brief weiterleitete. Vor einigen Jahren bekam ich von meiner Freundin und Agentin ein Buch geschenkt: *The American Women's Club of Tehran Handbook*, erschienen in den vorrevolutionären 1960er-Jahren. Es ist ein Relikt aus dem Iran des Schah, ein Land, das den westlichen Kolonialmächten verbunden war. Dort sind gebräuchliche Phrasen aufgeführt, die von einheimischen Angestellten verwendet werden, wenn sie eine Bitte äußern wollen, ohne gegen die iranischen Umgangsformen zu verstoßen. Die amerikanischen Frauen bekommen Ratschläge, wie sie reagieren sollen. Es wird erklärt, was die gesichtswahrenden Metaphern bedeuten, wie man die zugrundeliegenden Bitten erkennt und anschließend ignoriert.

Welche Magie hätte die Dramaturgin diesen merkwürdigen iranischen Redewendungen entlocken können, indem sie aus einer Tirade etwas Bewegendes und Profundes gemacht hätte? Wie viele Iranerinnen und Iraner versuchen ihre Geschichte auf genau dieselbe Weise zu erzählen und treffen dabei auf ungerührte Mitarbeiter der Asylbehörde, denen man seit ihrer Kindheit ganz andere Erzählmuster eingebläut hat? (»Das klingt überzeugend«; »Das ist zu übertrieben«.)

Doch so, wie die Dinge stehen, ist die Reaktion der Westler auf diesen Brief beschämend. Ich kann mir nicht erklären, warum Iranerinnen und Iraner mit ihnen über den armen Mann lachen. Wenn ein Code nicht explizit gegen eine real existierende Macht gerichtet ist, dann verstärkt er diese Macht noch. Und wenn genügend Zeit vergeht, wird es nicht der Outsider sein, der im Nachteil ist, sondern derjenige, der grundsätzlich schwächer ist. Der verdeckte Ermittler muss vielleicht den Slang und die üblichen Redewendungen lernen, für die kurze Zeit, bis er seine Maske fallen lässt und seine Macht wieder einfordert, doch der Chef von Iranian Oil hat es gar nicht erst nötig, sich mit einzelnen Wörtern abzugeben.

Ich begrub meinen Kummer über Noah und stürzte mich auf mein Wissenschaftsprojekt: Ich wollte einen Persönlichkeitstest entwickeln. Am folgenden Tag zeigte ich ihn meinem Lieblingslehrer, einem freundlichen, mittelalten Mann mit einer pockennarbigen Glatze und einem gedankenverlorenen Lächeln. Ich erzählte ihm, mein Ziel sei es, einen Test zu erstellen, anhand dessen man das Potenzial einer Person mit einem einzigen Messwert erkennen könnte. Er würde ihre Begabungen, Bildung und – ich wollte sagen »Kultiviertheit« messen, aber ich kannte das Wort noch nicht, also sagte ich: »Ihre Talente und ihre Bildung und auch den Teil von ihnen, der dadurch geprägt wird, was sie jeden Tag so tun. Also, dass sie ein schlechtes Stück Fleisch erkennen, wenn sie es vorgesetzt bekommen, oder wissen, wie man einen Taco isst, oder wenn sie im Haus eines Amerikaners zum Abendessen eingeladen sind und jemand etwas erwähnt, über das sie nichts gelesen haben, ob ihnen dann eine Antwort einfällt. Und ob sie so blöd wären, Pink und Rot zusammen zu tragen. Sie wissen schon, solche Sachen eben.«

Mein Lehrer nickte geduldig während meiner umständlichen Erklärung. »So etwas wie ein Kulturtest?«, fragte er.

»Nicht ganz«, sagte ich. »Mehr ein Test, wie man sich durchschlägt, wenn man mit höherstehenden Leuten zu tun hat. Ob man Geschmack hat und so.« Ich machte eine Pause, es war mir peinlich. »Aber das habe ich dann doch nicht gemacht. Bei diesem Projekt hier ging es um etwas anderes. Ich wollte nur überprüfen, ob der Myers-Briggs-Typenindikator-Test zutreffend ist. Sehen Sie, ich habe Fragen für jede Kategorie, und ich habe ihn selbst gemacht, und er stimmt mit meinen Resultaten überein. Extrovertiert, intuitiv … sehen Sie?«

»Na ja, der Myers-Briggs-Test würde wohl eher deinen Test verifizieren«, sagte er. Ich starrte ihn an. Er fuhr fort: »Denn der wurde von Fachleuten entwickelt. Du hast da ein tolles Projekt, aber du solltest es andersherum machen und schauen, ob deren Test deinen verifiziert oder nicht. Verstehst du?«

»Richtig«, sagte ich. »Denn ich bin ja kein Experte.«

»Genau«, sagte er. Er wendete sich ab, weil er dachte, ich hätte nun verstanden, wie ich mein Referat angehen sollte.

»Aber«, rief ich ihm nach, »wenn ich ein Experte für irgendetwas bin, und jemand sagt, ich liege falsch, ist es dann immer meine Arbeit, die der Test für deren Arbeit ist? Glaubt man mir nur so lange, bis jemand kommt, der besser in Expertentum ist als ich?«

»*Expertise*«, verbesserte er und lachte in sich hinein. »Und ich will verdammt sein, wenn du nicht eben das ganze Übel des akademischen Hamsterrads erklärt hast.«

Ich verstand den Hamsterwitz nicht, ich war zu sehr damit beschäftigt, einen jugendlichen Geistesblitz zu haben. Ich hatte gerade erfahren, dass man als Experte sicher auf einer hohen Stufe stand und niemand, der unter einem stand, einen vernünftigerweise herausfordern konnte. Man konnte sich also einen respektablen Platz in der amerikanischen Gesellschaft verschaffen, wenn man sich mit einer Sache gut auskannte. Ich konnte ruhig meine alten Jeans im Labor tragen, denn wenn ich ein Heilmittel gegen Krebs erfand, mussten die Leute mir zuhören. Ich konnte ein Katzen-T-Shirt vor Gericht tragen, denn wenn meine Argumente den Richter überzeugten, würde ich gewinnen. Im Flüchtlingslager hatten die Anwälte und Dolmetscher so wichtig auf mich gewirkt. Sie hatten die Fähigkeit, schwere Türen aufzustoßen. Vielleicht war dies ein kleiner Teil des elaborierten Codes, dem ich seit meinem ersten Tag in den Vereinigten Staaten auf der Spur war – und er entsprach allem, an das ich sowieso schon glaubte: echte, hart erarbeitete Expertise.

»Vielleicht mache ich einen Test mit etwa zwanzig Prototypen«, murmelte ich, während ich meinem Lehrer zu seinem Tisch folgte. »Also einem Küchenchef aus Kalifornien, einem Arzt oder einem sportlichen Müllmann oder einem schicken Anwalt aus Harvard. Und dann teste ich die ganze Klasse und erfahre, was aus ihnen werden wird. Zur Kontrolle teste ich mich selbst im Vergleich zu dem Harvard-Anwalt …«

»Großartig, das machen wir, und dann werde ich gefeuert«, sagte er.

»Prima! Das werde ich aufschreiben«, antwortete ich und hüpfte davon.

Für eine Weile vergaß ich die Sache mit Noah und beschäftigte mich nur noch mit Harvard und einem diffusen und kostbaren »Expertentum«.

Dumm war nur, dass ich mein Herz bereits Jesus geschenkt hatte.

Als ich sechs Jahre alt war, besuchten wir meine Großmutter in London, und ich wiederholte ihre Worte, um Jesus in mein Herz einzuladen.

»War das gut so?«, fragte ich. »Bin ich jetzt erlöst?« Ich war im Iran aufgewachsen, von Jesus hatte ich noch nie gehört.

Sie sagte Ja.

»Kann ich jemals wieder unerlöst sein?«

Sie sagte Nein, denn der einzige Sünder, der keine Vergebung erlangen könnte, sei derjenige, der sich von Jesus lossagte, doch kein wahrer Gläubiger würde das jemals tun. Es war also ein barmherziges Paradox; das Unverzeihliche war demnach logisch unmöglich, wie Gott, der einen Stein erschuf, den er selbst nicht aufheben kann.

»Wenn jemand sich von Jesus lossagt, dann hat er also nie wirklich an ihn geglaubt?«

Ja, so sei es, versicherte sie mir, und Jesus würde demjenigen vergeben, sobald er sich zum wahren Glauben bekannte, selbst wenn seine erste Erlösung sich als falsch herausgestellt hatte.

»Bin ich eine wahre Gläubige?«

Meine Großmutter schien das anzunehmen.

»Aber zählt das denn gar nicht, wenn ich *jetzt* glaube, und wie können wir sicher sein, dass ich, bis ich sterbe, zwischendurch nicht damit aufgehört habe?«

Nichts sei entschieden, bis die Trompeten des Jüngsten Gerichts erschallten, sagte meine Großmutter.

»Aber ich bin mir sicher, dass ich glaube …«

Es kam mir ungerecht vor, dass ein Nachlassen meines Glaubens in der Zukunft meinen jetzigen Glauben ungültig machen könnte. Wenn ich heute Elena frage, was sie denkt, dann schreit sie: »Du kennst meine Welt nicht!«

Nach diesem Gespräch mit meiner Großmutter bemühte ich mich viele Jahre lang ängstlich, Jesus zu gefallen.

Das Bibellesen und das gewissenhafte Auslegen des Textes war einfach. Die guten Taten waren schon schwieriger, bis wir zu Geflüchteten wurden und nur noch wenig hatten, was wir weggeben konnten. Ich wurde in einem See in der Nähe unserer Flüchtlingsunterkunft in Italien getauft. Der See war von Bäumen umgeben, es war friedlich und still. Auf den Fotos trage ich einen schwarzen Badeanzug und Shorts, und ein Pastor beugt sich zu mir hinunter, um mich etwas zu fragen. Dieser Schritt war auch einfach. Nur ein Wunder des Glaubens erwies sich als unmöglich: Obgleich ich es mir sehnlichst wünschte und wie sehr ich mich auch bemühte, ich konnte nicht in Zungen sprechen.

»Warum klappt das nicht?«, beklagte ich mich jeden Sonntagnachmittag und jeden Mittwochabend bei meiner Mutter und warf mich auf mein Bett. »Was stimmt nicht mit mir? Warum kann ich das nicht?«

Ich hatte es so lange versucht, doch diese eine Bestätigung meines Glaubens blieb mir verwehrt. Zuerst als Konvertitin im Iran, als Tochter einer angesehenen Familie, dann in einem Hostel in Scharjah, als wir wegen Jesus zu Migranten ohne Papiere geworden waren, und später inmitten anderer christlicher Geflüchteter in einem Lager außerhalb Roms. Und auch in einer Kirche voller amerikanischer Gläubiger in Oklahoma, wo ich manchmal nach dem Gottesdienst in einem Kreis andächtiger Mütter stand, die überzeugt davon waren, dass sie mir mit ihren Gebeten »das Geschenk der Zungen« verschaffen konnten. Schließlich war es ihnen schon bei so vielen anderen jungen

Menschen gelungen, diesen Segen des heiligen Geistes heraufzubeschwören.

Sie beobachteten mich erwartungsvoll, und ich dachte: Soll ich jetzt etwa so tun, als ob?

Manchmal war auch meine Mutter dabei. Sie drängte mich nicht – und jedes Mal, wenn ich versagte, meinte sie, es ginge nicht um meine Erlösung, es sei einfach nicht der richtige Zeitpunkt. Oder es sollte nicht sein. Oder – und diese letzte Erklärung, die immer nur angedeutet wurde, obgleich ich wusste, dass einige der anderen Mütter darüber tuschelten – vielleicht war ich im Grunde ja doch keine wahre Gläubige.

Wie konnte es sein, dass jeder sonst diese Gabe besaß? Den unreifsten und albernsten Mädchen in unserer Kirche schien es am leichtesten zu fallen. Und dennoch kniff ich die Augen zusammen, griff nach den Händen von Fremden (Pastoren, Jungpfarrern, Sonntagsschullehrern, Diakonsgattinnen) und flehte Jesus an. Ich erinnerte ihn daran, dass ich seinetwegen viel durchgemacht hatte, dass ich das Leben in einer wohlhabenden Arztfamilie gegen ein Flüchtlingslager und einen schmutzigen Wohnblock in Oklahoma eingetauscht hatte. Dass ich meinen Vater zurücklassen musste. Nicht, dass ich undankbar wäre.

Lieber Jesus, mein Glaube ist stärker als jeder andere. Wenn Du willst, lese ich keine Bücher über Hexenverbrennung mehr in der Bibliothek. Bitte lass mich in Zungen sprechen, oder gib mir ein Zeichen, dass Lindsay es nur vortäuscht.

Warum konnte ich nicht in Zungen sprechen wie Lindsay, die sonntagnachmittags hinter der Kirche mit Jungs rummachte (und ihre spirituelle Ekstase, die sie den stolzen Müttern vorführte, mit leisem Stöhnen und Seufzen garnierte, als würde sie einen echten Liebesakt mit einem realen Jesus vollziehen)?

Oder Ashley, die fluchte, auch wenn ihre Mutter in Hörweite war? Oder Suzanne, die immer einen Kaugummi im Mund hatte, wenn sie in ekstatisches Gestammel verfiel? Ich konnte darin keinen Sinn erkennen.

»Jesus offenbart sich nicht jedem auf dieselbe Weise«, erklärte der Pastor mir. Diese Logik habe ich seither häufig gehört:

Wenn ich dieses Feuer gelegt habe, dann soll Gott mich jetzt und hier tot umfallen lassen.

Aus irgendeinem Grund tut er es aber nicht.

Zweifel regten sich in mir. Ich hatte diese Zweifel nie genährt, jedenfalls nicht bewusst. Ein Teil von mir spürte, dass die ganze Sache auf einer Lüge basierte. Es gab einen einfachen Weg, um in die Reihen der Gerechten aufzusteigen: Man musste nur die Augen schließen, die Lippen bewegen und es vortäuschen.

Damals behielt ich meine Zweifel für mich, doch ich gab niemals vor, in Zungen zu sprechen, und erwog es nicht einmal – obgleich ich mit meinem Farsi und all den alten Kinderreimen, die ich auswendig kannte, diese Sonntagsschule in Oklahoma sehr viel besser hätte täuschen können als irgendeine Lindsay mit ihrem abgedroschenen »Schambalalala«. Wie schafften es diese Mädchen, in ihrer Rolle zu bleiben? Nicht ein Kichern oder ein Seitenblick. Nie ein Geflüster im Betkreis. Sie waren so verdammt gut. Wie kam es, dass sie sich so gar nicht schämten – vor sich selbst, oder zumindest vor dem Teil, tief im Innersten, dem ständig alles peinlich ist? Ich hörte sein gemeines Geflüster die ganze Zeit. Ging es ihnen etwa nicht so?

Doch das größte Rätsel, das sich mir stellte, nachdem ich die Echtheit dieser ekstatischen Episoden anzuzweifeln begann, war die Frage, ob meine Mutter an die Zungenrede glaubte, sie vortäuschte – oder ob es irgendetwas dazwischen gab. Einmal klopfte ich an ihre Zimmertür, als sie gerade für eine medizinische Prüfung lernte.

»Weißt du, was du sagst, wenn du in Zungen sprichst?«, fragte ich.

Sie sah von ihrem Buch auf. »Es ist nicht mein Gebet«, sagte sie. »Manchmal ist es eine Nachricht von Gott an jemand anderen.«

»Denkst du, dass jeder, der in Zungen spricht, es auch wirklich tut?«

»Es ist nicht an uns, das zu beurteilen«, sagte sie. Doch dann fügte sie noch hinzu: »Wenn es nicht echt sein sollte, dann wissen wir (die Gläubigen) es.«

Moment mal. Meinte sie etwa, dass sie wüsste, wer etwas vortäuscht, und es dennoch für sich behielt?

»Glaubst du diesen Mädchen?«, fragte ich. »Denkst du, sie sind gläubiger als ich?«

»Wir wissen nicht, wie es in ihren Herzen aussieht«, sagte meine Mutter. Dann erklärte sie mir, dass ich aufhören solle, mich innerlich dagegen zu sträuben. Es sei unnötig, daraus ein solches Mysterium zu machen. Es sei eine ganz normale Sache, eine alltägliche (aber wundersame) Kommunion mit Gott. Und es sei auch kein Kontrollverlust. Man entscheide selbst, die Lippen zu bewegen, und auch, wann man aufhören will. Doch der Drang dazu komme aus tiefstem Inneren und sei wahrhaftig. Man müsse nur dazu bereit sein und Gott sprechen lassen.

»Das ist so verwirrend«, sagte ich. »Sag mir einfach, was ich tun soll, und ich machs.«

Diese Art von Widersinnigkeit war genau der Grund, warum ich Mathematik bevorzugte. Mathe war einfach, selbst wenn es schwierig war. Es gab richtige und falsche Antworten, richtige und falsche Folgerungen. Man musste dabei nicht auf eine unsichtbare Macht vertrauen. Alles war sichtbar, greifbar, unwiderlegbar und jedem zugänglich, egal, welche Sprache derjenige sprach oder aus welcher Gesellschaftsschicht er oder sie kam. Es ging um Objektivität und Vertrauen: Wenn ich ein Matheproblem richtig löste und jemand diese Lösung anzweifelte oder mich beschämen wollte oder mir befahl, mich einer unbekannten Macht zu unterwerfen (Gott, der Staat oder ein Kreis von Kirchenfrauen), dann musste ich nur meine Arbeit vorlegen, um zu beweisen, dass ich im Recht war.

Als sie sah, wie frustriert ich war, hatte meine Mutter Mitleid mit mir. Es stellte sich heraus, dass sie ein Tonband besaß. Als versierte Zungenrednerin konnte sie jederzeit bei einem Gebet in Trance fallen, und sie hatte sich selbst dabei aufgenommen. Für mich taten sich damit unzählige Fragen auf: Jedes Mal, wenn ich gescheitert war, hatte man mir gesagt, ich würde mich nicht genügend konzentrieren oder meine Gedanken nicht vollständig Gott überlassen. Wie konnte es dann sein, dass jemand, der all seine irdischen Gedanken losgelassen hatte, dennoch daran denken konnte, die Aufnahmetaste zu drücken? Auf diese Frage entgegnete meine Mutter (wiederum), dass man nach einer gewissen Zeit mehr Kontrolle darüber habe. Beim ersten Mal täte Gott es für einen, durch einen. Danach könne man selbst dorthin gelangen. Dieser Mythos klingt zugegebenerweise hochgradig sexuell, aber seis drum.

»Macht Ashley deswegen manchmal die Augen auf?«, fragte ich und dachte daran, dass die Mädchen oft relativ plötzlich entschieden, dass die Ekstase vorüber war, und sich dabei an der Stimmung der Umstehenden zu orientieren schienen. »Kann sie deshalb dabei Kaugummi kauen?«

Meine Mutter ließ diese Frage unbeantwortet. Sie sagte mir wie immer, ich solle stärker glauben, wenn ich dieses Geschenk erhalten wolle. Also hörte ich zu.

Das Gebet meiner Mutter begann in Farsi. Es wurde lauter, dann leiser, als sie das Aufnahmegerät vergaß und sich in ihrer Meditation verlor. Ich war kurz berührt von ihrem Gebet, ihrem tiefen Glauben, ihrer verletzlichen, kindlichen Stimme. Es war dieselbe Stimme wie auf dem Tonband, das wir als einen der wenigen Schätze meiner Kindheit aus dem Iran geschmuggelt hatten: eine Aufnahme von mir als Kleinkind und meiner Mutter, die damals erst 25 war, wie wir singen, Gedichte aufsagen und über die schwierigen Wörter kichern.

Dann veränderte sich das Gebet auf dem Band. Es verwandelte sich in vier oder fünf seltsame Silben, die sich in einem Singsang wiederholten. Ich spitzte die Ohren. Was war das? Immer noch die Stimme meiner Mutter, doch die Worte waren unverständlich. Sie machte keine komischen Geräusche – kein Zungenschnalzen oder Ächzen, wie ich es bei anderen gehört hatte –, nur immer neue Lautkombinationen. Ich spürte, wie mir die Schamröte ins Gesicht stieg – sie saß nur da, auf der Bettkante, und sah mir dabei zu, wie ich es aufnahm, so wie manche Eltern dabei zusehen, wie ihr Kind eine Geldkassette öffnet, in der Großvaters alte Uhren liegen. Dies war meine sonderbare Erbschaft, und sie hoffte, dass ich sie zu schätzen wusste. Ich bemühte mich, einen Sinn darin zu erkennen. Handelte es sich um ein wirres Farsi? Oder um Verse aus einem Gebetbuch in Hebräisch oder Latein? Vielleicht hatte der betäubende Nebel tiefer Einkehr dazu geführt, dass sie die Worte vernuschelte?

Ich sah weg. Die Silben klangen falsch, überflüssig, fantasielos. Meine Brust verengte sich, ein dumpfer, drückender Schmerz setzte ein. Ein Teil von mir, ein Wesen, das tief in meinem Inneren eingeschlossen war, grauste sich vor der Person, die ich am meisten auf der Welt liebte – meiner mutigen, schönen, rebellischen Mutter, die ihren Tschador abgeworfen hatte und mit mir nach Amerika entflohen war. Es ist unmöglich, zu beschreiben, wie sehr ich sie bisher verehrt hatte; wie ich, als mein eigener Intellekt erwachte, es kaum erwarten konnte, ihr in einen Kreis von aufgeklärten, belesenen Erwachsenen zu folgen, denen es um einen vernünftigen Dialog und wissenschaftliche Präzision ging und die sich nicht mit Unfug abgaben. Schließlich hatte sie mir ihr Christentum so verkauft: Es sei weder ein Dogma noch eine Religion, sondern eine Beziehung zu Gott. Als ich ein Kind war, hatte sie mich dazu ermutigt, jede Zeile der Bibel infrage zu stellen. Es ginge darum, seinen Grips zu benutzen, nicht darum, ihn auszuschalten.

Und dennoch.

Sie spielte mir nur etwa 30 Sekunden des Tonbands vor. In Echtzeit war es eine nebensächliche Szene, kaum eine Minute ihres Lebens. Sie spielte mir ihr Gebet vor, und dann widmete sie sich wieder ihrem Medizinbuch, ihrem komplexen Innenleben, in dem Glaube und Gelehrsamkeit entsprechend ihrer Bedürfnisse ausbalanciert waren und sie ihr Herz und ihren Geist mit ihren eigenen Mythen und wissenschaftlichen Erkenntnissen zufriedenstellte.

Der freundlichste Gedanke, den ich aufbringen konnte, war der, dass sie sich selbst etwas vormachte. Vielleicht war das Pfingstwunder tatsächlich passiert und suchte die Frömmsten immer noch heim, aber die meisten machten sich etwas vor. Sie werden von Emotionen überwältigt, sie fühlen sich unter Druck und haben das Bedürfnis, anderen zu gefallen. Vielleicht bestand der grundlegende Unterschied zwischen mir und meiner Mutter darin, dass irgendwo in meinem tiefsten Innersten, jenseits all meines Strebens und meiner Bemühungen um Anerkennung, diese andere Dina lebte, die daran glaubte, was sie wahrnehmen und begreifen konnte, und sich nicht darum kümmerte, was andere dachten. In diesen entscheidenden Momenten, in denen ich mit zugekniffenen Augen die mit Juwelen beringten Finger einer Pastorengattin umklammerte, hätte ich dem Druck nachgeben und zulassen können, dass unsinniges Gebrabbel aus meinem Mund kommt, während ich das Wissen unterdrückte, dass ich all das nur erfinde – in diesen Momenten hat die andere Dina meine Zunge im Zaum gehalten.

Ich wollte nicht länger die Sprache der Engel sprechen. Und ich ließ das Mysterium eine Zeit lang ruhen. Ich hatte noch so viele Hausaufgaben zu erledigen, so viele Turnübungen zu machen, bevor Harvard überhaupt Notiz von mir nehmen würde.

Als ich 15 oder 16 war, sollte in unserer kleinen Stadt in Oklahoma eine Erweckungsversammlung stattfinden. Die Gemeinde war voller Vorfreude. Die Versammlung versprach Transformation, Erneuerung, Kommunion mit Gott. Einen spirituellen Aufbruch. Ich war erschöpft von den vielen Hausaufgaben, dem Sport und all meinen anderen Aktivitäten und beschloss, mich in meinem Gebet auf Harvard zu konzentrieren.

Lieber Jesus, bitte hilf mir dabei, eine Expertin zu werden, nach Harvard zu gehen und jemand zu werden, der über etwas (egal was) wirklich Bescheid weiß.

Seit unserer Konvertierung hatten wir uns Benny Hinn und Kenneth Copeland und sogar alte Videos von Oral Roberts angesehen, einem Evangelistenprediger aus dem Oklahoma der 1950er-Jahre mit zurückgekämmtem Haar und einer freundlichen Stimme, der stotternde Kinder heilte. Diese Vertreter des Wohlstandsevangeliums riefen verzweifelte alte Leute dazu auf, all das zu benennen und einzufordern, was sie von Gott wollten: Gesundheit, Reichtum, Liebe. Dafür mussten sie nur ihren Glauben beweisen, indem sie dem Prediger eine kleine Summe Geld zukommen ließen. Mit der Zeit wurden diese Betrüger immer unverschämter und theatralischer, sie schrien und sprangen herum, legten ihre schwitzigen Hände auf alte Männer und Frauen, die daraufhin gehorsam zu Boden sanken (»Hingestreckt im Geiste!«) und behaupteten, sie seien geheilt. Benny Hinn lullte sein Publikum mit geflüstertem Singsang zu sanfter Musik ein. *Lasst die Körper zu Boden fallen. Lasst die Körper zu Boden fallen.* Dann hob er die Hände und brüllte in die Stille hinein, mit der Stimme eines Besessenen, während die Leute reihenweise wie in einer Welle zu Boden gingen.

Benny Hinn, einen olivhäutigen Mann aus Israel, der wie wir aussah und einer unserer Väter hätte sein können, mochten wir besonders.

Für die Erweckungsversammlung in unserer Heimatstadt zog ich einen Rock an. Ich betete im Stillen und lauschte ergriffen der Ekstase um mich herum. *Lieber Jesus, bitte mach, dass eine gute Universität mich annimmt. Bitte lass es Harvard sein.* Ich sah hinüber zu meiner Mutter, die leise betete. Was wollte sie wohl von Gott?

Gelegentlich fand ich eine besonders schwierige Matheaufgabe oder ein so kniffliges Logikrätsel, dass auch meine Mutter sich dafür interessierte. Einmal legte ich ihr eines vor, bevor sie zu Bett ging, und am nächsten Tag wachte sie erschöpft auf und murmelte: »Als ob irgendjemand da noch ruhig schlafen könnte!« Sie nippte an ihrer Kaffeetasse und fügte hinzu: »Aber ich habe es gelöst … Gib mir ein Stück Papier.« Ich sah ihr dabei zu, wie sie die Lösung aufschrieb, Tabellen und Raster skizzierte, in ihrer unleserlichen Arztschrift, in der die Ls und Ts immer großgeschrieben waren. Wenn wir uns mit Logikspielen beschäftigten, ließ meine Anspannung nach. Ich dachte:

Bestimmt werde ich meine Ticks überwinden, ich werde überleben, weil ich von logisch denkenden, analytischen Menschen abstamme.

Der Prediger hatte sich warmgelaufen, seine Stimme begann zu dröhnen, seine Energie erreichte einen Höhepunkt.

Er schwitzte stark. »Benennt eure Wünsche und sie werden erfüllt werden!«, bellte er. Diese Worte hatte ich schon oft gehört: »Sprich es an und nimm es dann«, lautete der Slogan. Inmitten der schweißüberströmten Menschenmenge bekamen diese Worte Macht über mich. Sie waren vertraut, tröstlich, die Triggerworte meiner Familie – der bei uns übliche Ausdruck – für Selbstermächtigung, dafür, die Kontrolle über sein Schicksal zu übernehmen. Der Prediger sprach weiter über Opferbereitschaft, harte Arbeit und dass man seinen Worten Taten folgen lassen müsse.

Mein Herz begann wie wild zu schlagen. Ich beschloss, Gott gegenüber einen anderen Kurs einzuschlagen. Ich betete: »Jesus, damit du weißt, dass ich es ernst meine, werde ich ein Jahr lang auf Schokolade und Eiscreme verzichten.«

Plötzlich spürte ich, wie mir eine Last von den Schultern fiel. Das also hatte Gott von mir gewollt, einen Preis. Der Drang meines Herzens war Überzeugung gewesen, und diese neue Leichtigkeit war die Bestätigung, dass ich richtiglag. Ich konnte es kaum abwarten, meiner Mutter zu erzählen, was Gott mir gesagt hatte. Ich würde einen Platz in Harvard bekommen, dafür musste ich nur das Opfer bringen, ein Jahr lang auf Schokolade und Eiscreme zu verzichten.

Dann Stille, wie ein Dröhnen: Der Prediger warf seine Hände in die Luft. Er spürte etwas. Jemand hatte eine Nachricht von Gott bekommen – wer war es? Irgendwo weiter hinten durchbrach das Schluchzen einer Frau die Stille. Die Menge wogte. Die Frau begann, in Zungen zu sprechen und den Herrn anzuflehen, sie begann zu kreischen und zu schreien. Ein junger Mann lief mit einem Mikrofon zu ihr.

Schau mal, er stand schon ganz in ihrer Nähe, flüsterte die andere Dina, *bereit, loszulaufen.*

»Wer kann uns die Nachricht übersetzen?«, fragte der Prediger, der mit fest geschlossenen Augen über die Bühne stolzierte. (*Mal ehrlich, wie oft haben sie das vorher geübt?*) Ein oder zwei Minuten Schweigen, dann empfing jemand Gottes Übertragung. Die Nachricht war wunderschön und beruhigend. Ich wollte so gerne daran glauben.

Nein. Inmitten der wogenden Menge stolperte ich immer wieder über kleine Aussetzer, klare Momente, in denen sich diese Choreografie der Trickbetrüger beschämend, dumm und grotesk anfühlte.

Das ist doch peinlich, flüsterte die andere Dina erbost in mein Ohr.

Diese Gauner können dir nicht dabei helfen, eine Expertin zu werden oder auch nur einen Abschluss zu bekommen. Die Leute hier in diesem Raum, und ganz besonders du, verdienen es nicht, in Harvard zu studieren. Und wenn wir durch ein Teleskop auf die Harvard-Abschlussklasse von 2001 schauen könnten, dann rate mal, wie viele von denen jemals an einer Kleinstadt-Erweckungsversammlung in einem Zelt teilgenommen haben? Ja, genau.

Von mir selbst gedemütigt schüttelte ich all die Stimmen ab, meine eigene und die des Predigers. Ich blendete alle Gebete aus. Den Rest des Gottesdienstes verbrachte ich damit, mich endlos zu langweilen, ich war verwirrt und befremdet. Ich fühlte mich hier derart fehl am Platz, dennoch würde ich den Geruch dieser Kultstätte niemals wieder loswerden können. Ich oder sie, flüsterte die andere Dina, und ich wusste bereits, wer sie war. Ich brauchte sie, denn sie war mein eigentliches Ich.

Wenn ich an meiner Schule im Iran dazu gezwungen war, mich in einer Reihe mit den anderen Mädchen aufzustellen und »Tod den Amerikanern« zu skandieren, hatte meine Mutter mir geraten, die Worte niemals auszusprechen und nicht mitzumachen. *Worte sind gefährlich, sage niemals etwas Einstudiertes oder Gehässiges. Sei nicht dumm.* Während den täglichen Wiederholungen der Mantras der Islamischen Republik sollte ich zu Jesus beten. *Blende es einfach aus.*

Auf der Erweckungsversammlung tat ich genau das. Obgleich ich im folgenden Jahr tatsächlich auf Schokolade und Eiscreme verzichtete (nur um sicherzugehen), an diesem Abend im Gottesdienst, als meine

Ohren schon brannten von den lautstarken Ohnmachtsanfällen und den schrillen Zungen der Engel, hörte ich auf, nach der Bedeutung der Worte zu suchen. Ich schämte mich so sehr. Ich schloss die Augen und dachte an eine Rechenaufgabe.

Damals begriff ich, dass ein Prediger es nicht wagen konnte, einen Betenden öffentlich der Täuschung zu bezichtigen, selbst wenn er ihn verdächtigte. Ich begriff, dass das Ganze ein Geschäftsmodell war, das für die Gemeinde enorm wichtig war, und dass die Prediger, die angeblich die Kontrolle aufhoben, absolute Kontrolle hatten. Doch was war mit meiner Mutter? Ich dachte oft an das Tonband in ihrem Schrank. Seit ich es gehört hatte, hatte für mich eine Phase verwirrter Enttäuschung und Scham begonnen, obwohl ich wusste, dass sie es mir vorgespielt hatte, um unsere Bindung zu festigen. In ihrem Schlafzimmer hatte ich ein dürftiges Lächeln aufgesetzt.

»Das ist …«, murmelte ich. »Ich glaube kaum, dass ich jemals dazu fähig sein werde.«

»Wir alle haben unsere Gaben«, versicherte sie mir. Damals verstand ich es so, dass die Zungenrede nicht meine Gabe war. Heute wünschte ich, meine Mutter hätte gemeint: Deine Skepsis ist deine Gabe.

Für die meisten Menschen ist es unvorstellbar, sich vor sich selbst zu blamieren. Sie sind sich ihrer selbst zu sicher. Sie können Dinge vortäuschen und vergessen. Ich dagegen schäme mich ständig vor einem schlaueren, stärkeren, fähigeren Selbst, das nur seinen Kopf schüttelt. Ich glaube, die Obsession meiner Tochter für Fäkalsprache hat ihren Ursprung in derselben Neigung. Sie ekelt sich vor sich selbst. Es ist beruhigend zu wissen, dass meine Tochter nicht leicht dazu zu bringen sein wird, es anderen recht zu machen. Und dennoch weiß ich, dass der Gedanke, dass es jemanden gibt, der einen ständig beobachtet, der Verlust der Grenze zwischen privat und öffentlich, ein Zeichen von Autismus ist. Ich weiß auch, dass andere das Vertrauen in mich verlieren, wenn sie spüren, dass die erbarmungslose andere Dina die Kontrolle übernimmt und Entscheidungen trifft. Die Mädchen in meiner Kirche hatten ebenfalls ihre berechnenden inneren Stimmen. Vielleicht verleiteten die sie dazu, ihre Rolle anzunehmen, sich dem Ritual zu unterwerfen und es an die nächste Generation weiterzugeben.

Viele Jahre später erzählte ich Sam von den entrückten Lindsays beim Sonntagsgottesdienst. Ich witzelte, er solle auf meinen Grabstein schreiben: HIER RUHT DINA, SIE HAT NIE ETWAS VORGETÄUSCHT. Er lachte. »Ich glaube kaum, dass das zu deinem McKinsey-Begräbnis passen wird«, sagte er.

»Was soll das denn heißen?«, sagte ich gekränkt. Ich hatte kürzlich einige Reden für meine alte Consultingfirma verfasst, aber nur (wiederholte ich immer wieder laut) für die feministischen Managerinnen mit sozialem Bewusstsein.

»Auch du hast gelegentlich etwas vorgetäuscht. Jeder tut das.« Er schwieg. »Nur dass du darin sogar ausgebildet wurdest.«

Na gut, vielleicht spiele ich manchmal etwas vor, wie Begeisterung, Geduld oder Verständnis – vielleicht sogar Expertise –, aber keine spirituellen Dinge. Ich täusche keine Ekstasen vor. Wie konnte ich ihm verständlich machen, dass gespielte Begeisterung sich von gespieltem Schmerz unterscheidet, dass es besser ist, Zuneigung zu simulieren als physische oder spirituelle Wunden? Dass es am schlimmsten ist, Glauben vorzutäuschen. Selbst – und besonders dann – wenn man allein mit seiner inneren Stimme oder mit seinem Gott ist.

Stattdessen sagte ich: »Das gilt auch für dich! Es gibt nicht nur eine Art von professioneller Täuschung. Wir sind beide ausgebildete Geschichtenerzähler.« Er lachte. Ich dachte: Oje, ich habe zwei Masterabschlüsse im Lügen.

In meiner Jugend verbrachte ich sehr viele hungrige Sonntagmorgen damit, mir zu wünschen, ich könnte die Zungenredner entlarven. Wäre ich im Zeitalter des Internets aufgewachsen, hätte ich sie aufgenommen, um ihr Gebrabbel mit verschiedenen modernen Sprachen abzugleichen. Beim Pfingstwunder, so wurde es in unserer Kirche gelehrt, sprachen die Apostel in »geteilten Zungen wie vom Feuer«. Es gibt zahlreiche Geschichten von Reisenden in fremden Ländern, die auf einmal Worte ihrer eigenen Sprache im Gebet eines Fremden vernehmen. Uns sagte man, das Kauderwelsch sei eine andere irdische Sprache – statistisch gesehen würde das bedeuten: Wenn eine weitgereiste, mehrsprachige Person es sich oft genug anhörte, könnte man durchaus erwarten, dass sie einige der Wörter verstünde. Hätte ich die Möglichkeit, Ashleys, Suzannes oder Lindsays ehrgeiziges Geheul und Gewimmer mit den Sprachen dieser Welt abzugleichen, hätte ich vermutlich schon vier oder fünf Jahre früher erkannt, dass das Ganze ein Schwindel war.

Heute beschäftige ich mich mit der wissenschaftlichen Forschung zum Zungenreden. Ich habe Hunderte von Fragen, die alle von Wissenschaftlern bereits gestellt wurden. Gibt es Menschen, die es vortäuschen, wenn sie unter Druck stehen? War meine Mutter in Trance? Hat sie eine echte Sprache benutzt? Ich finde eine Arbeit über die Statussymbole der Frühkirchen, über die Engelssprachen als soziale Hierarchie. In jeder Kirche, die meine Familie besuchte, galt es nicht etwa als verdächtig, sondern als Auszeichnung, mit einer unverständlichen Sprache gesegnet zu sein: Gott benutzte nur die reinsten Gefäße für die Sprache der Engel. Nachdem sie ihre Taufe im Geiste erhalten hatten, begegnete man den jungen Pfingstlern mit mehr Respekt und Vertrauen. Sie wurden nicht länger als Kinder angesehen, nun galten sie als Mitglieder der Glaubensgemeinschaft.

In Ron Hansens Roman *Mariette in Ekstase* übergibt ein hübsches, reiches Mädchen in einem Kloster ihren Körper an Gott, fällt in Trance und weist blutende Stigmata auf. Die anderen Nonnen, die genau dafür gebetet hatten, sollten eigentlich frohlocken. Stattdessen erweisen sie sich als engstirnig und voreingenommen. Mariette ist eine Sünderin und eine Novizin, die zu frivolen Äußerungen neigt. Warum sollte Gott ausgerechnet sie auswählen? Sie bekommt zu viel Aufmerksamkeit. Täuscht sie alles nur vor?

Hansens Beschreibungen sind plastisch, sinnlich und präzise, sie erinnern die Leser daran, wie merkwürdig die physischen religiösen Phänomene sind, die wir aus einer verschwommenen Distanz wahrnehmen. Wenn sie sich manifestieren, sind Stigmata etwas Scheußliches. Sie verströmen einen unangenehmen Geruch. Wenn sie vorgetäuscht wird, ist die Zungenrede abstoßend und erniedrigend. Keine der Nonnen glaubt Mariette. Warum auch? Haben sie im tiefsten Inneren nicht gewusst, dass das Ganze nur eine Meditation war, eine Möglichkeit, sich selbst in Einsamkeit und Stille zurückzuziehen und gleichzeitig ein Teil der Gesellschaft zu bleiben? Glaubten sie etwa an die physische Wahrheit der Mysterien, mit denen sie hausieren gingen?

In den Erweckungskirchen in ganz Amerika wird gemeinsam gebetet, die rhythmischen Gesänge wechseln von Englisch in die heiligen Zungen und wieder zurück. Und gelegentlich, während Stille herrscht, erhebt sich eine Stimme in einer fremden Sprache, die nicht länger ein persönliches Gebet ist, sondern eine Nachricht an die Gemeinde verkündet. Wenn das geschieht, fragt der Prediger, ob der Herr jemandem eine Auslegung hat zukommen lassen. Meist handelt es sich um Prophezeiungen, die einzelne Personen, oder die Gemeinde, das Land oder die ganze Welt betreffen. Glossolalie oder Zungenrede, lese ich, wird häufig mit Prophezeiungen assoziiert.

Anscheinend haben Linguisten bereits das erledigt, was ich mir gewünscht habe: Sie haben viele Stunden Zungenrede aufgezeichnet und versucht, die einzelnen Silben zu analysieren. Warum verwenden die Menschen dabei immer dieselben Silben? Warum hat jede Person einen eigenen Satz von sechs oder sieben Silben? (Die Mütter in meiner Kirche sagen, es liege daran, dass jeder Mensch eine eigene Sprache habe. Aber dieselben Wörter? Beten sie etwa immer zum gleichen Thema?) Und warum benutzt kein amerikanischer Glossolalist jemals Laute, die in Farsi vorkommen, wie *kh* oder *gh*? Umgekehrt verwendete keiner in unserer Kirche im Iran jemals einen Laut wie *w* oder *th*.

Außerdem: Wenn es sich um eine echte und heilige Sache handelt, warum wird dann niemals jemals der Täuschung bezichtigt? Kostbare Dinge verleiten immer dazu, sie zu fälschen, wenn sie denn echt sind. Lindsay war eine Betrügerin und dabei nicht halb so gut wie Mariette in Hansens Roman. Warum hat nie jemand gewagt, sie infrage zu stellen? War der ganze Betrieb so fragil? Oder glaubte die Kirche einfach nur daran, dass das Ritual an sich etwas Gutes sei, selbst wenn es auf Täuschung beruhte?

Oder liegt es vielleicht daran, dass echt von falsch an dieser Stelle so schwer zu unterscheiden ist? Ein Pastor hat mir einmal erzählt, beides könne sich gleich anfühlen und nur man selbst könne wissen, ob Gott durch einen spreche oder das eigene Ego. ER nimmt einem nicht die Kontrolle; man entscheidet selbst, wann man anfängt und wieder aufhört. Und daran liegt es, dass wir Menschen wie Lindsay nicht verurteilen können, weil wir dann den frommen alten Schwestern mit dem unstrittigen Glauben dieselbe Frage stellen müssten, und dem Pastor oder den Pfingstlern und jedem Heiligen und Büßer, der nach ihnen kam.

Im Jahr 2006 berichtete die *New York Times* über eine Studie der University of Pennsylvania, in der fünf Frauen einem Gehirnscan unterzogen wurden, währen sie in Zungen sprachen. Ihre Frontallappen, die für das Denken und Entscheidungen zuständig sind, blieben relativ ruhig, ebenso wie die Sprachareale. Doch die Regionen, in denen das eigene Bewusstsein kontrolliert wird, waren aktiv. Diese Frauen waren nicht in Trance oder Meditation, doch die Studie vermerkte, dass sie »ein gewisses Maß an Kontrolle über ihre Körper und Emotionen abgegeben hatten«. An wen? Man gibt auch die Kontrolle ab, während man etwas Bekanntes aufsagt. Ich frage mich, was auf einem Gehirnscan einer Person zu sehen wäre, die zum ersten Mal in Zungen spricht. Beim ersten Mal, wenn man unter Druck steht und die ersten Silben, die man »empfängt«, einem auf der Zunge liegen. Ich wette, dass das Entscheidungszentrum des Gehirns einer empfänglichen Person dann aufleuchten würde wie eine Lichterkette. Nach und nach würde das Ganze dann zur Routine werden, wie ein Song oder ein

Gedicht, das man bereits Hunderte Male rezitiert hat. Wenn mir ein solcher Song wie von selbst über die Lippen kommen würde und ich nicht nach den Worten suchen müsste, würde mein Gehirnscan dann nicht genauso aussehen wie der dieser Frauen?

Im Archiv der *New York Times* findet sich ein Artikel von 1971, in dem eine kleine Studie aus Brooklyn von 1965 zitiert wird, die vom National Institute of Mental Health in Auftrag gegeben wurde und die zu dem Schluss kommt, dass die geistige Gesundheit von Glossolalisten der von anderen Menschen entspricht, sie jedoch in ihrer Persönlichkeit Unterschiede aufweisen, vor allem in dem Bedürfnis, sich einer Autorität zu unterwerfen. »Die Glossolalisten sind dazu fähig, ein tiefes Vertrauen sowie ein untergeordnetes Verhältnis zu der Autoritätsfigur zu entwickeln, die sie in die Praxis der Zungenrede eingeführt hat«, sagt Dr. Kildahl, der die Studie leitete. »Ohne diese vollständige Unterwerfung könnten sie nicht mit der Zungenrede beginnen.« Diese Fähigkeit, sein eigenes Ego in Anwesenheit der Autoritätsfigur zurückzustellen, ähnelt einem Hypnosezustand und »tritt bei allen Persönlichkeitstypen auf«, was nahelegt, dass man »die Zungenrede ›lernen‹ kann«.

Und warum auch nicht? Schließlich ist die Zungenrede ein Ritual unter Eingeweihten, das einen mit der Gemeinde verbindet. Hinterher fühlt sich der Glossolalist glücklicher und ist sich Gottes Liebe sicherer, sagt der Artikel. Die Praktik verbessert seine Ehe und sogar sein Sexleben. »Wenn man glaubt, alles, was einen glücklich macht, sei ein Geschenk Gottes, dann gilt das auch für die Glossolalie.«

Ich konnte keine Studie auftreiben, die belegt, dass ein Gläubiger unbewusst eine fremde Sprache verwendete. Doch die Untersuchungsergebnisse von Dr. Felicitas Goodman, die zu Glossolalie und religiöser Ekstase bei Gläubigen aus Mexiko, den Vereinigten Staaten und anderenorts forscht, bringen es für mich auf den Punkt: »Das Kauderwelsch weist dieselben Intonationsmuster und Betonungen auf wie die Muttersprache des Sprechenden. Auch wenn einzelne Wortkombinationen, Pausen und Silben auftreten, gibt es keine Verbindung zwischen Laut und Bedeutung, und die Glossolalie von Christen unterscheidet sich kaum von der anderer religiöser Gruppen. Obgleich es zahlreiche Variationen gibt, haben die Wissenschaftler keine Sprache ausmachen können, die dem Glossolalisten unbekannt war. Dr. Goodman kam daher zu dem Schluss, dass Glossolalie eine Form der Vokalisierung in einfachen Mustern ist, die weder Inhalt noch Bedeutung hat. Das heißt nicht, dass sie vorgetäuscht ist – Trancen, seien sie nun religiös oder nicht, sind psychologisch kompliziert. Doch es handelt sich dabei nicht um eine Sprache, schon gar nicht um die der Engel.

Ich brütete tagelang über diesem Artikel, mein Herz war schwer, doch ich konnte den Internetbrowser nicht schließen. *Ach, Mutter, wie sehr habe ich dich respektiert und an deine beeindruckende Intelligenz geglaubt.*

Doch wie steht es mit der Auslegung? Wie kommt es, dass eine Nachricht an eine englischsprachige Gemeinde zuerst in Holländisch oder Hindi übermittelt wird? Das interessiert niemanden. Wenn Gläubige von ihrer spirituellen Taufe sprechen, reden sie von großen Emotionen: Sie sind von Freude erfüllt, werden eins mit der Gemeinde, fühlen sich umfangen von Liebe und Frieden. Die Wiederholungen werden zur kollektiven Erinnerung: *Hier bei uns gab es schon viele Erweckungen.* Gemeinden brauchen gemeinsame Rituale.

Dennoch ließ ein Aspekt des Mysteriums der spirituellen Taufe mich neugierig und zweifelnd zurück: Ob es sich nun um Ekstase, Meditation oder Trance handelte, wie gelang es den Glossolalisten, wenn sie hinterher mit ihrem Über-Ich konfrontiert wurden, nicht vor Scham im Boden zu versinken? Die Antwort lautet: Sie können sich häufig an nichts erinnern.

Wäre es beschämend, wenn man sich an den Moment erinnern könnte, in dem man beschlossen hat, solch seltsame Laute von sich zu geben?

Primo Levi schreibt in *Die Untergegangenen und die Geretteten*, als er ins Konzentrationslager kam, sei er kein Gläubiger gewesen. Dabei blieb es bis zu seiner Befreiung; das Lager hatte ihn in seinem Zweifel nur bestärkt. »Es hat mich daran gehindert und hindert mich noch immer daran, an irgendeine Form von Vorsehung oder transzendenter Gerechtigkeit zu denken: Warum wurden die Sterbenden in Viehwaggons gepackt? Warum wurden die Kinder ins Gas geschickt?« In seiner Einsamkeit fühlte Levi sich in Versuchung, sich selbst zu täuschen: »Für einen Moment hatte ich das Bedürfnis, um Hilfe und Schutz zu bitten. Dann aber hat, trotz meiner Angst, der Gleichmut gesiegt, man ändert nicht die Spielregeln am Ende der Partie und auch nicht, wenn man dabei ist, zu verlieren. Ein Gebet wäre in dieser Situation nicht nur absurd gewesen [...], sondern auch blasphemisch, obszön und erfüllt von der größten Frevelhaftigkeit, zu der ein Nichtgläubiger imstande wäre. Ich wehrte diese Versuchung ab; ich wusste, dass ich mich ihrer, wenn ich überleben würde, schämen müsste.«

In Mariettes Beharrlichkeit liegt etwas Heroisches. Mag sein, dass sie allen etwas vortäuscht, aber nicht sich selbst. Levi würde wohl eine Ausnahme für die Machtlosen machen, die die Gesellschaft auf die Probe stellen.

Ich bezweifele nicht, dass meine Mutter an Christus glaubt. Vielleicht waren ihr Leid und die Verfolgung im Iran der Auslöser dafür, dass ihr Herz versteinerte, ihre Zunge trocken wurde und sie in Kauderwelsch verfiel. Nur für einen kurzen Moment, wie der Kratzer auf einer Schallplatte oder ein Taktaussetzer. Doch sie wurde von sich selbst überrascht: *Fremde Zungen!* Die Erinnerung daran, nachdem sie überlebt hatte, könnte sich so angefühlt haben, wie Primo Levi es vorhersah – der Intellekt flüsterte, dass das Gebet ein Ausdruck tierischer Schwäche sei. Konnte es nicht dennoch wahrhaftig sein, selbst wenn es aus Furcht geschah? Vielleicht schämte sie sich für ihre ängstliche Zunge oder ihren schwachen Körper angesichts eines Galgens, oder vielleicht war sie stattdessen so mutig, es anzunehmen, zu wiederholen, es auswendig zu lernen und es als ihre Gabe zu bezeichnen. Ein Mensch kann vollkommen falschliegen und dennoch völlig aufrichtig sein. Und ja, meine Mutter hat die Regeln geändert, wenn sie am

Verlieren war. Aber hatte die Welt ihre Regeln nicht ebenfalls zig Mal verändert? Vielleicht wollte sie, dass ein launischer und grausamer Gott nur ein einziges Mal sein Gesicht zeigt? Und wenn er es tat, würde sie bei einem neuen, fremden Volk leben und diesen fremden, neuen Code lernen.

Erscheint das nicht, aus einem bestimmten Blickwinkel, als die mutigere Wahl?

3

Am 15. Dezember 1941 trieben die Nazis fast 16000 Juden aus der ukrainischen Stadt Charkiw in die Schlucht von Drobyzkyj Jar. Bei minus fünfzehn Grad Celsius zwangen sie die Männer, Frauen und Kinder, ihre Kleider abzulegen und Gräben auszuheben. Dann wurden sie in Reihen aufgestellt und erschossen, ihre Körper fielen nacheinander in die Gräben. Um Munition zu sparen, wurden die Kinder lebend hineingeworfen, weil man wusste, dass sie von den Leichen der Erwachsenen erdrückt werden würden. Etwa drei Monate zuvor hatten die Nazis innerhalb von zwei Tagen über 33000 Zivilisten in der gewundenen, über einen Kilometer langen Schlucht von Babi Jar erschossen und begraben. Dies war das größte einzelne Massaker an der jüdischen Bevölkerung. Die Nazis verwendeten die Schlucht zwei Jahre lang als Exekutionsplatz und Massengrab für weitere 100000 bis 150000 Menschen.

Da sie sich im Klaren darüber waren, dass es sich hierbei um Kriegsverbrechen handelte, versuchten die Nazis, die Beweise zu beseitigen. Doch zwei Jahre später, als die sowjetische Armee die Deutschen von Stalingrad zurück nach Berlin getrieben hatte, wurden die Massengräber entdeckt. Kameraleute, die die sowjetischen Truppen begleiteten, um mit Kurbelkameras Bilder für die Heimatfront festzuhalten, dokumentierten die Gräueltaten der Nazis in einer Qualität, die für Wochenschauen geeignet war.

Der Historiker Dr. Jeremy Hicks, der sich mit russischer Kultur und Film beschäftigt, entdeckte 2006 im Staatlichen Russischen Filmarchiv in Krasnogorsk eine Truhe mit bislang unbekannten Filmaufnahmen. Er erkannte, dass es sich hierbei um die ersten Aufnahmen des Holocaust handelte, aus der Frühphase der Massentötungen, die den Gaskammern vorausging und mit Erschießungen und Massengräbern an der Ostfront begann.

In einem Film mit dem Titel *The Unseen Holocaust* (2014) teilt Dr. Hicks sein Entsetzen über diesen Fund und betont, wie wichtig er für unser Verständnis des Holocaust ist. Die Erschießungen waren keine Fußnote zu der sogenannten »Endlösung«, die in den Gaskammern stattfand. Vielmehr begann der Völkermord der Nazis bereits an der Ostfront, wo Hunderttausende Menschen exekutiert und in Massengräbern verscharrt wurden. Warum sind diese Aufnahmen so lange unentdeckt geblieben? Dr. Hicks sagt, er habe eine Woche gebraucht, um eine Stunde Filmmaterial zu sichten. Auch ich habe mir den Film nur nach und nach in fünfminütigen Sequenzen ansehen können. Er ist eines der schrecklichsten Dokumente des Holocaust, das ich jemals gesehen habe. Sachliche Ermittler untersuchen die Überreste von Tausenden Menschen nach den exakten Todesursachen, um sie in Kriegsverbrechertribunalen als Beweise verwenden zu können. Sie stecken Stäbe in die Einschusslöcher der Schädel, um die Geschossbahn der Kugeln zu vermessen. Diese Szenen sind noch am leichtesten zu verkraften.

Und dennoch, sagt Dr. Hicks, wurden diese verheerenden Filmaufnahmen der russischen Armee zunächst von den internationalen Medien ignoriert, bis die US-Amerikaner und die Briten Bergen-Belsen und Dachau erreichten. Bis dahin hatten sie noch angenommen, die sowjetischen Aufnahmen seien inszenierte Propaganda (die Sowjets hatten zuvor Aufnahmen fingiert), doch nun mussten sie einsehen, dass die Russen die Wahrheit über die Massenmorde der Nazis gesagt hatten. Und nachdem die sowjetische Armee mit den Aufnahmen des Völkermords einen Präzedenzfall geschaffen hatte, handelten die

Briten und Amerikaner entsprechend. »Hätten sie gewagt, das zu tun«, fragt Dr. Hicks mich bei unserem Interview, »wenn die Sowjets es nicht bereits vorgemacht hätten? Ich bezweifele es.« Die Filmcrews der Alliierten bereiteten ihre Szenen geschickt vor, luden Einheimische und Autoritäten wie den Erzbischof von Canterbury und General Eisenhower als Zeugen ein – und filmten ihre Reaktionen.

Selbst nachdem die Briten und Amerikaner die Lager entdeckt hatten, sorgte das dem Kalten Krieg geschuldete Misstrauen dafür, dass die sowjetischen Aufnahmen unter den Tisch fielen. Ihre Herkunft war ein Makel, und einige Rundfunksender machten sich Sorgen, dass dies Auswirkungen auf die Rezeption des Holocaust haben könnte. Hinzu kam, dass die Briten es schon immer als geschmacklos befunden hatten, den Kinobesuchern stundenlang Aufnahmen von realen Toten und ihren Überresten zu zeigen; für sie diente das Kino der Unterhaltung, nicht der Aufklärung, wie die Russen glaubten. Obgleich einige Teile der russischen Filmaufnahmen bei den Nürnberger Prozessen gezeigt wurden, um die Toten zu identifizieren, wurden diese Aufnahmen mit der Zeit zu einem vergessenen Teil des Schoah-Nachlasses – im Nachgang des Holocaust bekam die Weltöffentlichkeit vor allem Bilder der Konzentrationslager, der Duschräume und der Krematorien zu sehen. Der Völkermord an der Ostfront geriet in Vergessenheit.

Vor Kriegsende wurden die Filmaufnahmen zwei Mal wöchentlich in Kinos überall in der Sowjetunion gezeigt. Mit diesen Aufnahmen und den Artefakten, die die Dokumentarfilmer der Roten Armee gesammelt hatten, startete die sowjetische Regierung ein öffentliches Aufklärungsprogramm über die Nazis – ich nenne es Aufklärung, weil die Aufnahmen der Wahrheit entsprachen, auch wenn Dr. Hicks der Ansicht ist, dass diese Kampagne zur Stärkung der Heimatfront deutliche Anzeichen von Propaganda trägt (beispielsweise wie die Filme aufgenommen, geschnitten und gezeigt wurden). Und es gab noch einen weiteren Grund, warum die russischen Aufnahmen aus dem Blick gerieten: Film war ein neues Medium, und man ging davon aus, dass das unvorbereitete russische Publikum es noch nicht völlig verstand, deshalb wurden die Menschen, die dabei gefilmt wurden, wie sie nach Toten suchen, grauenhafte Überreste finden und schließlich auf ihre massakrierten Angehörigen stoßen, dazu aufgefordert, ihren Schmerz *darzustellen.*

»Sie begannen also damit, diese Filmaufnahmen öffentlich zu zeigen, aber das war noch nicht alles«, sagt Dr. Hicks zu mir. »Sie mussten auch sicherstellen, dass sie richtig verstanden wurden. Die Frauen, die Verwandten der Toten, spielten eine Rolle. Sie stellten zwar sich selbst dar, aber es war eben auch eine Rolle, in der sie zunächst dem sowjetischen, später auch dem internationalen Publikum zeigten, wie es reagieren sollte: Hier liegen unsere niedergemetzelten Landsleute. Diese ermordeten Menschen sind wie wir. Das Bild, das am meisten verwendet wurde, waren ältere Frauen, Mütter von erwachsenen Söhnen, die sich die Haare rauften, sich die Kleider zerrissen und dabei ein Klagegeheul anstimmten.« Für das sowjetische Publikum war das ein bekanntes Bild der Trauer.

Diese Darstellungen sind nicht gut gealtert, und vielleicht liegt es daran, dass die Aufnahmen in Vergessenheit gerieten: Man kann sich leicht vorstellen, wie sie Holocaustleugnern in die Hände spielen würden. Für mich sind diese Bilder einfach nur herzzerreißend. Ich habe viele machtlose Frauen erlebt, die gesehen werden wollten: Trauernde in iranischen Dörfern oder Bittstellerinnen vor Gericht, geflüchtete Mütter, junge Frauen in der Finanzwelt, verlassene Ex-Frauen einflussreicher Männer.

»Es ist unstrittig, dass vieles davon für die Kameras inszeniert wurde«, hält Dr. Hicks in *The Unseen Holocaust* fest, und das stimmt offensichtlich. Gruppen von Frauen und Kindern werden zu der Schlucht eskortiert, wo in Reihen ausgelegte Leichen auf sie warten. Sie machen sich auf die Suche. Professionelle Kameraleute filmen die Szene aus verschiedenen Blickwinkeln. Mütter und Ehefrauen weinen direkt in die Kamera. Eine von ihnen sieht genauso aus wie eine Großmutter aus Ardestan bei einem Begräbnisritual. Bei Begräbnissen im ländlichen Iran erwartet man von den Trauernden, dass sie überdramatisieren, denn ihr Schmerz steht in proportionalem Verhältnis zu ihrer Wertschätzung des Verstorbenen. In der tonlosen Szene ballt die russische Großmutter ihre Hände zornig zu Fäusten, schüttelt sie gen Himmel, verschränkt die Arme und umfasst ihre Schultern, dann fleht sie zum Himmel und schlägt sich auf die Brust. Ich kenne diese Gesten. Auf dem Land müssen die Frauen mit zunehmendem Alter auch nachdrücklicher auftreten. Dieses Insistieren nimmt physische Formen an, es breitet sich über ihre Glieder bis zu ihren Fingerspitzen und ihren Köpfen aus und macht sie unglaubwürdiger. Also insistieren sie noch mehr, bis es geradezu lächerlich wird. Der raue, frische Schmerz ist melodramatisch, und dennoch bringt man uns bei, dass Melodrama das Gegenteil von Kunst, von Wahrheit ist.

Ich frage mich: Wie wäre es, wenn diese Frauen daran gewöhnt wären, dass man ihnen einfach glaubt? Wenn man ihren Worten von Jugend an Gehör geschenkt hätte und sie mit den Jahren ehrwürdig geworden wären? Dann würden sie sich vielleicht wie kultivierte westliche Matriarchinnen benehmen, bewundernswert zurückhaltend und voller stiller Würde.

In einer verblüffenden Szene schaut eine der klagenden Frauen plötzlich einen Sekundenbruchteil lang in die Kamera und ihr Blick fragt: *Seht ihr mir zu?* Dr. Hicks erklärt, die Russen wollten Frauen mit Kopftüchern zeigen, um eine Verbindung zu den sowjetischen Familien in den Kinos herzustellen – dies waren ihre Töchter, ihre Mütter. Die Filmemacher hielten es für nötig, derartige Kniffe zu verwenden, um direkt auf den Punkt zu kommen, denn sie vertrauten nicht darauf, dass die Menschen das Gewicht dessen erkennen oder verstehen würden, was sie sahen. Ohne es zu bemerken, brachten sie damit ein absurdes Element in einen überaus tragischen Moment in der Geschichte der Menschheit ein.

Dr. Hicks schreibt in *First Films of the Holocaust*, Augenzeugen hätten berichtet, dass »sowjetische Kameraleute sich absichtlich darauf konzentriert haben, besonders heftig weinende Menschen zu filmen, und Umstehende sogar aufgefordert haben, ebenfalls zu weinen«. Ihnen lag daran, dass die Opfer zuerst als russisch und nicht als jüdisch angesehen wurden. »Die *Prawda* schrieb in ihrem Bericht über die Befreiung von Rostow: ›Für die Deutschen spielte es keine Rolle, wen sie umbrachten.‹« Eine lächerliche Behauptung.

Besonders irritierend für mich ist die Diskrepanz zwischen dem, was ein russisches Publikum in den 1940er-Jahren womöglich in diesen Aufnahmen gesehen hat, und dem, was einem heutigen Betrachter sofort auffällt. Die Filmemacher haben grauenhafte Überreste aufgetürmt – gefrorene Leichen mit zerschlagenen Gliedmaßen, Kleider, sogar Knochen –, vor denen sie die wild gestikulierenden, schwankenden und sich gegenseitig in die Arme fallenden Frauen positionierten. »Sie stellten sicher, dass die Aufnahmen überzeugend waren«, sagt Dr. Hicks. Und dennoch waren die Toten real. Ein Kapitel aus der größten Tragödie der Geschichte. Heilige Relikte. Die Frauen wollten die Toten ehren, ihr Gedenken für die Ewigkeit festhalten. Sicherlich wurde ihnen gesagt (von den Kameraleuten, die tatsächlich daran glaubten), dass dies die einzige Möglichkeit war, um sicherzustellen, dass diese Gräuel niemals vergessen werden würden, dass die Zuschauer es begreifen würden.

Oft wird gesagt, man solle eine Geschichte nicht unmittelbar nachdem sie sich ereignet hat erzählen, weil man sonst riskiert, dass sie zu melodramatisch ausfällt, sondern auf Ausschmückungen besser verzichten, sich zurücknehmen und die plastischen Details für sich sprechen lassen. Doch welche Chance hatten diese Frauen damals, einen authentischen Ton zu treffen, der auch die Nachwelt noch erreichen würde? Es wäre für jeden Kameramann eine Herausforderung gewesen, wie geschickt und versiert er auch sein mochte, ihren Abscheu und ihre Trauer zu regulieren. Und 1940 war es durchaus üblich, dass sogar professionelle Schauspieler übertrieben agierten; die ikonischen Filmszenen von damals bringen heutige Zuschauer oft zum Lachen. Dennoch sind die Kamerawinkel oder die Filter nicht veraltet, das Problem liegt in der Regieführung und in der floskelhaften Erzählweise. Die Täuschung wird sichtbar, und man wünscht sich, sie hätten die Frauen allein gelassen und die Kamera in der Nähe versteckt, anstatt sie in dieser brutalen Situation dazu zu bringen, eine Rolle zu spielen.

Was haben die Kameraleute von diesen Frauen erwartet, während sie die Aufnahmen drehten? *Die Zuschauer werden es nicht begreifen, wenn wir es ihnen nicht deutlich zeigen. Die Kamera mildert die Dinge ab. Ihr müsst insistieren.* Heute legen Regisseure Wert darauf, dass die Kamera sogar die winzigste Handbewegung sieht. Subtilität ist alles; nur ein Seitenblick in die Kameralinse, und die Szene ist verbrannt. Doch die Kameraleute, die die russischen Truppen begleiteten, wurden mit Kanonen beschossen und erlebten andere reale Gefahren, sie filmten nicht aus einer künstlerischen Distanz, sondern waren Teil der Geschichte. Das Adrenalin der Kampfhandlungen befeuerte die Dramatik ihrer Aufnahmen. Vertrauten sie darauf, dass man ihnen glauben würde? Zu diesem Zeitpunkt wusste kaum jemand etwas von der sogenannten »Endlösung«. Was für eine enorme, unfassbare Geschichte sie der Welt enthüllen mussten – würde irgendjemand ihnen glauben wollen? Sie müssen gewusst haben, dass sie ihre Geschichte *beweisen* mussten, anstatt sie nur zu erzählen. Und sie mussten sie nicht nur dem wohlwollenden russischen Publikum beweisen, sondern der ganzen Welt. Wenn Kassandra nicht geglaubt wurde, weil sie eine Außenseiterin war, deren unverständliche Geschichten niemand hören wollte, welche Chance bestand dann für diese Dokumentarfilmer, den ungläubigen Massen die Geschichte des Holocaust zu vermitteln?

Sogar nach fast einem Jahrhundert berührt einen das gelegentliche Aufflackern ungeschönter Realität schmerzvoll: Eine Familie geht an einer Reihe von Toten vorbei. Während ihrer Suche vergessen sie die Kameras. Sie betrachten die einzelnen Gesichter, sie konzentrieren sich auf ihre trostlose Aufgabe. Ein Junge kniet neben seiner toten Mutter und seinen Schwestern. Nachdem die Nazis ihr Haus angezündet hatten, flüchtete der Junge in den Wald und entkam so dem

Tod. Und nun liegt dort seine leblose kleine Schwester im Arm seiner Mutter, ihr Kopftuch ist verrutscht, sie ballt die Faust auf ihrer Brust. Die große Schwester liegt daneben, mit zusammengepressten Lippen und fest geschlossenen Augen. Der Junge weint über ihren Körpern, er nimmt seine Umgebung nicht länger wahr, sein Mund ist weit geöffnet und verströmt eine Wolke heißen Atems, die Tränen laufen ihm in den Kragen. Er befindet sich in einer anderen Dimension, einem anderen Universum.

Ein älterer Junge starrt auf die gefrorenen Leichen, er ist unfähig zu reagieren oder das Ganze zu erfassen. Anwohner treffen ein, um Zeugenaussagen zu unterschreiben. Frauen mit Kleinkindern suchen nach ihren Männern, ihr Blick ist nüchtern, prüfend. Sobald sie ihre Männer entdecken, brechen sie zusammen, ihre Beine geben nach wie Gummi. Leichen werden ausgegraben, Bierflaschen der Nazis liegen zwischen ihnen verstreut. Eine Frau schluchzt und ringt nach Luft, ihre Stimme versagt, während sie erklärt, ihr Sohn sei aus einer Fabrik abgeholt worden. Diese Szenen sind nicht gestellt, sagt Dr. Hicks. »Die Nazis haben diese Verbrechen begangen, und die Sowjets haben sie dokumentiert, und das ist das Entscheidende.«

»Es ist eigentlich nicht verwunderlich, dass so viele eindringliche Reportagefotos der Geschichte, darunter auch einige aus dem Zweiten Weltkrieg, offenbar gestellt waren«, schreibt Susan Sontag in ihrem Essay *Das Leiden anderer betrachten* (2003). »Merkwürdig ist vielmehr, dass wir, wenn wir davon erfahren, überrascht und immer enttäuscht sind.« Dr. Hicks erzählt mir, dass es Leute gibt, die die Ansicht vertreten, die Sowjets hätten alles inszeniert, daher könne nichts von dem, was sie dokumentiert haben, der Wahrheit entsprechen. »Sie gelten nicht als glaubwürdige Vermittlerinstanz.« Doch einige Ereignisse sind zu wichtig, als dass sie in Vergessenheit geraten dürften. Sie müssen festgehalten werden (»Erzählungen können uns etwas verständlich machen«, schreibt Sonntag. »Fotos tun etwas anderes: Sie suchen uns heim und lassen uns nicht mehr los«), und harsche Bedingungen können journalistische Unvoreingenommenheit unmöglich machen.

Dr. Hicks ist es gelungen, Telegramme von Kameraleuten zu finden, die in den Baracken von Auschwitz gefilmt haben. Sie hatten draußen bei Tageslicht gedreht und nicht die richtige Ausrüstung für die Aufnahmen in den Baracken. Die Scheinwerfer, die sie bestellt hatten, kamen erst Monate später an. Als sie bereit waren, um in den Baracken zu filmen, waren die Gefangenen schon weggebracht worden. »Also baten sie einige einheimische polnische Frauen, sich die gestreiften Häftlingsuniformen überzuziehen, und filmten sie in den Baracken, als seien sie Todgeweihte.« War das eine Täuschung? »Sie hatten die Gefangenen selbst gesehen, aber sie mussten auf ihre Ausrüstung warten.« Es gab nur zwei Möglichkeiten: Sie mussten das, was sie gesehen hatten, nachstellen, oder ganz auf die Aufnahmen verzichten. Und in den 1940er-Jahren war es üblich, für Dokumentationen Szenen nachzustellen.

Wir wollen glauben, eine Fotografie sei ein verlässliches Zeitdokument, ein uninszeniertes Abbild, sagt Sonntag. Doch jedes Foto ist in gewisser Weise gestellt. Wir wollen es nur nicht wahrhaben.

Dr. Hicks erinnerte mich an den Fotografen Joe Rosenthal, der mit seinem Bild von US-Soldaten, die nach der Einnahme der japanischen Pazifikinsel Iwo Jima auf einem Hügel die amerikanische Flagge hissen, den Pulitzerpreis gewann. Er wurde häufig beschuldigt, er hätte dieses Foto nachgestellt, aber die eigentliche Inszenierung war das Hissen der Flagge selbst. Wir wollen glauben, es habe sich um einen rauschhaften Triumph, einen euphorischen Siegesmoment gehandelt. Doch die Zeremonie fand vier Tage nach der Invasion der Insel statt, und es dauerte noch einen Monat, bevor die Insel ganz eingenommen war. Und die Flagge wurde zwei Mal gehisst. Das ikonische Foto entstand bei der zweiten Zeremonie. Die Soldaten kamen nicht aus dem letzten Gefecht, als sie mit pochenden Herzen den Hügel hinaufrannten, um die Flagge auf der eroberten Insel zu hissen. Sie taten es während einer Zeremonie, einer Darbietung für Historiker und Fotografen. Rosenthal hat sein Foto nicht gestellt, sie alle taten es – und wir tun es auch, für die Geschichte, und für unsere

Kinder und Enkel, die sich vielleicht gar nicht erinnern wollen oder denen es gleichgültig ist.

Bei unserem Gespräch sagte Dr. Hicks, er sei enttäuscht darüber, wie seine Reaktion auf die Entdeckung der russischen Filmaufnahmen in dem Dokumentarfilm *The Unseen Holocaust* dargestellt wird, die Filmemacher hätten sich ihrem Sujet gegenüber genauso verhalten wie die russischen Kameraleute: Sie baten Hicks darum, die Szene und sein Entsetzen nachzuspielen, und konzentrierten sich dabei auf die grässlichsten Details. (Hicks schüttelt den Kopf: »Ich dachte, wir würden verschiedene Takes von einer Einstellung machen, und sie würden dann die beste verwenden. Aber sie haben sie alle gezeigt!«) Der Dokumentarfilm präsentiert Hicks' erste Reaktion auf die russischen Aufnahmen als Entsetzen (das echt ist, aber für einen Experten wie ihn kaum etwas Neues sein dürfte). Für Hicks zählt vor allem die historische Tragweite seiner Entdeckung, der Beweis, wie früh der Völkermord an der Ostfront begann.

Ich muss lachen: »Ich kann Ihnen gar nicht sagen, wie oft ich für Fernsehinterviews Theater spielen musste«, sage ich. »Ich sollte alte Fotos an eine Wäscheleine hängen, Zügen nachschauen, fünfzig Mal über einen Platz gehen, nur um anschließend über Vertreibung und Asyl sprechen zu dürfen. Man spielt mit, weil man hofft, dass die Zuschauer dadurch auf die eigene Arbeit aufmerksam werden.«

Doch ich mache mir auch Sorgen. Könnten diese Videos instrumentalisiert werden? »Ich habe überlebt, ich muss Zeugnis ablegen«, sagt Primo Levi. Doch wessen Worte sind gut genug, wessen Beschreibung elegant genug, wessen Darbietung kunstvoll genug? Nicht alle Zeugen sind willkommen. Noch heute werden Frauen wie diese, die ihre Geschichten anbieten, der Lüge und der Täuschung bezichtigt. Kritiker, Künstler und Intellektuelle sagen, sie seien inszeniert, banal, offensiv, melodramatisch, der Stoff für schlechte Filme. Warum sollten diese trauernden Mütter, die alles verloren haben, darauf zählen, dass wohlhabende Familien in sichereren Ländern Mitgefühl zeigen und ihnen glauben? Auf der anderen Seite eines kulturellen Grabens, der mit jeder Dekade größer wird, fehlt ihnen der Zugang zu unseren Gesellschaftsritualen, und es bleibt ihnen keine andere Möglichkeit außer der, ihr Leid als hysterisches Theater, als ein Schauerstück darzubieten. Wie kann man einem westlichen Publikum ihre instinktiven Reaktionen erklären? Einer kultivierten Zuhörerschaft, die sich, von gelegentlichen Erniedrigungen abgesehen, immer ein kleines Körnchen Würde bewahrt hat?

Vielleicht ist es gar nicht so verrückt, wenn man nach einem fatalen Ereignis etwas davon zum Ausdruck bringen will und dabei eine Extraportion von Beschämung auf sich nimmt, wie in den Begräbnisritualen der Alten Welt. Ich kann darin das Wispern der Vernunft hören. Es könnte sogar hilfreich sein, wenn die Trauernden so in eine andere Wirklichkeit transportiert werden: Ein Dorf, in dem das Leid körperlich wird und ausgetrieben werden kann, wie die Schlange, die sich um den Stab eines Heilers ringelt und in ein ewig brennendes Feuer geworfen wird; wo einfache Leben unbeachtet bleiben, die hochfliegenden Träume der Jugend friedlich vergehen, sodass es den Großmüttern obliegt, die Geschichten mit ihrer Weisheit wieder zum Leben zu erwecken. Ein Ort, an dem jeder Kummer eine Farce ist, an dem immer ein Hähnchen im Ofen brät und jedes Leid ertragen wird von denjenigen, die weiterleben.

4

Im November meines letzten Highschooljahrs fiel meiner Englischlehrerin zufällig mein Bewerbungsaufsatz fürs College in die Hände. »Ach, Dina, das ist ja furchtbar. Du solltest deinen Thesaurus wegwerfen und eine gute Geschichte erzählen!« Sie gab mir Tipps, doch ich hatte meine Bewerbung für Harvard bereits abgeschickt. Monatelang dachte ich: Es wird schon gut gehen. Jesus wird dafür sorgen, dass sie mich trotzdem nehmen.

Ich kam nicht nach Harvard, all meine Gebete hatten nicht geholfen.

Meine Lehrerin tröstete mich: »Schatz, es gibt so viele gute Colleges. Und was haben wir daraus gelernt?«

»Nicht anzugeben?«

»Auch das, aber vor allem: Zeig deine Arbeit anderen Leuten.«

Ich erinnerte mich an das Gespräch, das ich vor Jahren mit meinem Mittelschullehrer über Expertise geführt hatte und darüber, dass man seine Arbeit Leuten zeigen solle, die sich auskennen. »Ich komme mir so blöd vor«, murmelte ich. »Wie konnte ich nur glauben, ich könnte Harvard mit schwierigen Wörtern beeindrucken?«

»Nun ja«, sagte meine Lehrerin. »Das kannst du schon, nur nicht mit den Wörtern aus dem Hochschul-Zulassungstest. Der springende Punkt ist: Frag nach Hilfe. Merk dir das.«

Ich versuchte meine Tränen zu unterdrücken. Zu dieser Zeit kam es mir so vor, als würde ich ständig vor wohlmeinenden Amerikanern in Tränen ausbrechen. Sechs Monate später wurde ich dank dieser Lehrerin von allen (anderen) Universitäten angenommen. Die Leute in der Kirche sagten: »Jesus hat deinen Glauben gesehen, weil du so lange auf Eiscreme verzichtet hast.«

Ich ging sofort in die nächste Eisdiele und bestellte eine dreifache Portion Schokoladeneis. Was für ein vergeudetes Jahr, dachte ich.

In Princeton setzte ich alles daran, mich neu zu erfinden. Ich war immer noch nicht gut darin, etwas vorzutäuschen, aber keine meiner Identitäten fühlte sich realer als die anderen an. Es wurde leichter, sich immer wieder zu verwandeln. Während meiner Studienzeit färbte ich mir die Haare, wechselte mein Parfum und den Schnitt meiner Jeans. Ich tauschte Klamotten mit anderen. Ich kam mir immer mehr wie eine Amerikanerin vor, doch nichts fühlte sich richtig an. Ein Teil von mir fühlte sich immer befangen.

Mein letztes Jahr in Princeton verbrachte ich hauptsächlich damit, mich auf Vorstellungsgespräche vorzubereiten. Nach vier Jahren Studium hatte ich beschlossen, dass die Armut und Wurzellosigkeit meiner Kindheit für immer Vergangenheit sein sollten und es daher am besten wäre, einen Job bei einer der großen Consultingfirmen in New York zu ergattern.

Ich hoffte auf McKinsey, denn sie waren die Besten und die Anspruchsvollsten. Ich steckte all meine Energie und mein Talent in dieses Ziel. Ich verglich Ledermappen, Anzugjacken und Frisuren mit Haarspangen. Meine E-Mails an enge Freunde unterschrieb ich mit: »Geschliffen und aufpoliert, die ökonomische Dina.«

Gelegentlich sagten meine Professoren, ich sollte meine Jobsuche breiter anlegen. »Ich bewerbe mich auch bei Investmentbanken«, sagte ich dann. Doch ich benutzte diese Vorstellungsgespräche nur als Generalproben. Mitten in dieser hektischen Phase verbrachte ich einmal ein ganzes Wochenende damit, alte Ausgaben des *Wall Street Journals* durchzulesen, um die Markttrends zu verstehen. Der Ausdruck »Spekulationsblase« blieb bei mir hängen, und meine Zwangsneurose trieb mich dazu, ihn immer wieder laut auszusprechen. Eines schönen Tages saß ich in einem Bewerbungsgespräch für einen Job als Trader, den ich zwar nicht haben, aber unbedingt bekommen wollte, und wiederholte das Wort.

»Wollen Sie damit sagen, dass Sie glauben, die Blase existiert?«, fragte der Personalentwickler, ein älterer Princeton-Absolvent.

»Ja«, sagte ich. »Es gibt eine Blase, und Blasen platzen.«

»Und das ist alles?«, fragte er mich weiter.

»Das bedeutet es«, sagte ich, denn ich war mir sicher.

Er machte weiter, doch ich hatte meine Konzentration verloren und überlegte fieberhaft, warum ich den Ausdruck falsch angewendet hatte. (Wenn man mit einem Insider über Insider-Phrasen diskutieren muss, hat man sie ganz sicher falsch angewendet. Wenn alle Parteien sie korrekt verwenden, bleiben sie unsichtbar.) Für Aktienhändler ist es unerheblich, ob sie an die Blase glauben oder nicht, es ist dasselbe, als würde man sagen: Der Himmel ist blau. Na und? Die eigentliche Frage ist, wie man Geld machen kann, indem man die Eigenschaften der Blase erkennt. Ich ging nach Hause und schrieb in mein Notizbuch: »Benutze keine ihrer Phrasen, wenn du nicht ganz sicher bist.«

Monatelang übte ich strategisches Storytelling für Führungskräfte, meine überzeugende Stimme, meine Case-Interviews zu einem praktischen Fall – meine Favoriten, denn dabei handelte es sich eigentlich um Denksportaufgaben, also musste ich nichts vortäuschen. Bei einem Case-Interview konnte ich ganz ich selbst sein, was eventuell dafür sprechen würde, dass ich die Richtige für meinen zukünftigen Job war. Außerdem waren sie ein Beleg dafür, dass die Welt der Erwachsenen gar nicht so kompliziert war (oder zumindest einfacher gemacht werden konnte). Der Mensch ist rational, so hatte ich es in meinen Wirtschaftskursen gelernt, und verhält sich analog zu der simplen Logik von Rätseln.

Ich bekam den Job bei McKinsey. Ich dachte: Jetzt kann nichts mehr schiefgehen. Bei McKinsey lernte man, wie man glaubwürdig erscheint, und das war damals für mich (noch) die Hauptsache. Obwohl die Firma nach allen möglichen Maßstäben der Goldstandard war, machte vor allem eins sie so begehrenswert: Es gab nur sehr wenige Stellenausschreibungen (Wenn die Chancen gut stehen, sagten wir damals über Männer und Jobs, dann hat die Sache sicher einen Haken). Außerdem wurden bei McKinsey riesige Summen ausgegeben, um uns fortzubilden, und das zeigte doch, wie wertvoll wir für sie waren.

»Was ist Ihre Meinung wert?«, fragte einer der Geschäftsführer gleich zu Beginn. »Alles, was Sie tun und sagen, ist eine unbewusste Antwort auf diese Frage.« Klienten fragen sich immer, ob man ein hochqualifizierter Mitarbeiter ist, dem sie ihre Finanzen anvertrauen können. Man kann ein geniales Modell voller Makros und toller Daten präsentieren, aber wenn man es wie eine Annahme präsentiert, ist es wertlos. »Sie zahlen Millionen für Ihre Zeit. Deshalb müssen Sie es auch wert sein. Sie müssen unserem Rat noch Jahre später folgen, wenn wir schon längst wieder weg sind, oder das Ganze ist Makulatur.«

Genau. Also sollte man beeindrucken. Nur wie?

In langen Nächten und Wochenenden lernte ich die *Trust Signals* oder Vertrauenssignale: Wie man systematisch denkt, wie man einen Workstream entwickelt, wie man dieselben Folien innerhalb von fünf Minuten, dreißig Minuten oder einer Stunde präsentiert. Ich lernte, wie man zuhört und ruhig verhandelt, versunkene Kosten aufdeckt, eine vernünftige Voicemail hinterlässt, einem sechzigjährigen CEO in die Augen schaut, die Vorgesetzte von einem Dutzend Fünfunddreißigjähriger wird (die mich hassten), und ich lernte, meine Jugend hinter einer Brille mit ungeschliffenen Gläsern, schmal geschnittenen Hosenanzügen und Fassonschnitten zu verstecken, und meine Stimme, meine Augenbrauen, meine Emotionen, meine Reaktionen auf Erschöpfung und Stress zu kontrollieren. Ich lernte, warum wir hohe Preise forderten und niemals Vergünstigungen gaben, wie man ein Restaurant für einen Klienten oder für eine Betriebsfeier aussucht, wie man Wein bestellt. Man gab mir umsichtige Ratschläge zum

Schnitt meiner Kleidung, erklärte mir, wie man ein Kompliment annimmt, Fragen nach dem eigenen Alter ausweicht, wann man Daten teilt und in welcher Reihenfolge. Mc Kinsey besaß sogar einen Vorrat an Kunstwerken, mit denen wir unsere Büros schmücken konnten.

An einem stressigen Morgen noch vor dem ersten Kaffee musterte einer der Manager mich von Kopf bis Fuß, bis es aus ihm herausbrach: »Meine Güte, Dina, ist das Haarspray, was ich rieche? Sind wir hier etwa auf einer beschissenen Abschlussfeier?« Ich trat einen Schritt zurück. Ich hatte am Morgen Haarspray verwendet, weil ich keine Zeit gehabt hatte, um zu duschen, und meine Haare nicht saßen. »Und wenn wir schon dabei sind, lass dich mal ansehen … Das ist ein schlechtes Pink. Es gibt nur wenige gute Pinks, also lass es lieber ganz.« Ich murmelte etwas. Er machte weiter. »Die sind falsch. Entweder echte Perlen oder gar keine. Deine Haare sind zu lang. Und deine Hosen haben eine permanente Bügelfalte. Das ist kein Kompliment.« In einer seltsamen väterlichen Geste kniete er sich hin und befühlte das Material meines Anzugs. Seine Stimme wurde sanfter. »Also, unter deinem Mantel solltest du nur Naturfasern tragen. Außer du gehst Skifahren. Fasern von Raupen, Schafen, Kühen, Pflanzen – daraus sollte deine Bürokleidung bestehen. Nicht aus diesem verdammten Plastik.« Als er wieder aufstand, entdeckte er die Sonnenbrille, die im Ausschnitt zwischen meinen Brüsten steckte. Ich beeilte mich, sie herauszuziehen, doch darum ging es ihm nicht. Er drehte sie herum und sah sich das große verschnörkelte Logo mit den beiden Cs an, auf das ich so stolz war (und mir nur hatte leisten können, weil sie heruntergesetzt war). »Bezahlt Chanel dich dafür, dass du Werbung für sie machst, oder tust du es *pro bono*?«

Nach einer peinlichen Pause lächelte er. »Du wirst es schon noch lernen.« Er konnte es sich nicht verkneifen, noch hinzuzufügen: »Und außerdem solltest du diesen Absolventenring loswerden.«

Wie ich später erfuhr, war dieser Ring ein dreifacher Regelverstoß, denn er war erstens eine Marke, zweitens hatte jeder hier einen derartigen Abschluss, und drittens konnte er die Frage nach meinem

Abschlussjahr aufwerfen und damit mein Alter preisgeben. Ich zog ihn rasch vom Finger und steckte ihn in meine Hosentasche.

Diese Rüge ist mir auch zwanzig Jahre später noch gut in Erinnerung geblieben. In einem missmutigen Rundumschlag hatte dieser Kerl mein Pink-Dilemma gelöst, die Frage nach den richtigen Stoffen beantwortet, Marken und Modetrends als Unsinn abgetan und so vieles mehr. Die meisten Instruktionen bei McKinsey waren nur Ausdruck von Weltläufigkeit, wie ich heute begreife, ein Schnellkurs, in dem einer Zweiundzwanzigjährigen das Wissen eines Vierzigjährigen eingebläut wurde. Als ich einmal einen Kellner, der einen französischen Akzent hatte, mit einem überschwänglichen *Bonsoir* grüßte, legte mein Manager mir die Hand auf den Arm. Ich verstummte. Der Kellner lächelte verkniffen. Später sagte der Manager zu mir, der Mann sei wahrscheinlich ein nicht-europäischer Immigrant, so wie ich. Vermutlich hatte er den Akzent nur unseretwegen angenommen. »Ich bin in New York noch nie einem französischen Kellner begegnet. Na ja, vielleicht einmal bei Daniel.«

Als ich endlich meinen ersten Klienten zugewiesen bekam, platzte ich fast vor Freude und Energie. Ich konnte es kaum abwarten, zu zeigen, wozu ich fähig war. Als wir uns dem Team des Klienten vorstellten, sprudelte ich hervor: »Ich bin Dina! Ich habe letztes Jahr meinen BA in Princeton gemacht. Ich freue mich so, hier sein zu können!«

Neben mir saß mein ehemaliger Kommilitone Rich. Er hatte ebenfalls 2001 seinen Abschluss gemacht und im Sommer bei McKinsey angefangen. Wir sollten das Projekt gemeinsam betreuen. Seine Vorstellung schien eine direkte Reaktion auf meine zu sein. Er sagte: »Hallo, ich bin Richard, der Businessanalyst bei diesem Projekt.« Das wars. Er sagte nichts von »letztes Jahr« oder »Princeton«. Und der Mistkerl ließ nicht durchblicken, wie aufgeregt er (ganz bestimmt) war. Über einen Monat lang dachten alle, er sei mein Chef, bis ich es unauffällig richtigstellte.

Bei meinem ersten Klientenmeeting fing ich an zu stottern. Daraufhin bekam ich eine teure Sprechtrainerin zugeteilt, die sich jede

Woche neue Kontrollübungen für mich ausdachte, wie beispielsweise: »Vermeide eine Stunde lang, den Buchstaben E auszusprechen« oder »Zähle mit, wie oft du ›ähm‹ sagst, wenn du das nächste Mal mit deiner Mutter telefonierst«. Sie brachte mir bei, meine Energie nicht zu verbergen, sondern sie wie eine ältere Energie wirken zu lassen: Tief einatmen und Freude und Aufregung mit den Augen signalisieren, nicht mit Gesten. Blickkontakt halten, einen festen Händedruck. Und ich lernte, dass die Augenbrauen von Respektspersonen sich anders bewegten als meine.

Über zehn Jahre später rufe ich mir immer noch mein McKinsey-Training ins Gedächtnis, wenn ich Vorträge halte oder unter Stress leide. Während meines Kaiserschnitts besänftigte ich meine Zwangsstörung, indem ich eine Liste der messbaren Ergebnisse erstellte. Immer, wenn ich auf dem Weg zum Flughafen spät dran bin, denke ich an den Manager, der sagte: »Die optimale Zahl aller im Leben verpasster Flüge ist nicht null, nicht einmal annähernd. Wenn du null Flüge verpasst hast, dann hast du zu viel Zeit auf Flughäfen verschwendet.« Gelegentlich, wenn sich Elena schlecht benimmt, ziehe ich eine Augenbraue drohend hoch, wie bei McKinsey, doch sie durchschaut mich: »Hör auf, schön aussehen zu wollen, Mammi.«

Dann gab es noch die interne Firmensprache. Ich lernte schnell, dass »ein freier Abend« bedeutete, um neun Uhr abends nach Hause zu gehen anstatt um Mitternacht. Wenn ein Manager sagte: »Übernehmt euch nicht, ihr braucht nicht das Rad neu zu erfinden«, dann meinte er eigentlich, dass seine Analysten die ganze Nacht durcharbeiten sollten, aber es vor ihren Partnern verbergen sollten. Wenn man um acht Uhr abends einen Termin hatte, sagten sie: »Gut, dann geh eben früher.« »Tolle Arbeit!« ohne ein weiteres Feedback hieß: »Ganz okay.« Nach einem Jahr war ich bereits darauf konditioniert, zu gähnen, sobald jemand »Ab nach Chennai!« sagte (der Vorgänger der E-Mail war ein Set handbeschriebener Karten, die per Overnight-Express an die PowerPoint-Spezialisten in Chennai geschickt wurden.) In unserer Firma wurden Angestellte nicht etwa gefeuert, ihnen wurde eine »Exitplanung« angeboten. Das war so abwegig, dass es bei meinen Kommilitonen und Managern zu einem stehenden Begriff wurde. Einmal sagte ein Kollege über seine Trennung: »Ich habe meiner Freundin eine Exitplanung angeboten, um sie aus unserer Wohnung zu kriegen.«

Dennoch fand ich diese vorgefertigte Sprache beruhigend. Ich war 22 und dachte, ich würde niemals gefeuert werden. Außerdem kümmerte sich meine Firma gut um mich. Sie hatten die Doppeldeutigkeit nicht erfunden, und wir alle lernten sie mit der Zeit zu entschlüsseln, wie die iranische Sitte des *taarof* (die besagt, dass man ein Angebot drei Mal ablehnen muss, selbst wenn es sich um die Bezahlung für eine Dienstleistung handelt. In den Vereinigten Staaten bringt *taarof* viele Immigranten in Schwierigkeiten). Dennoch hat diese Doppeldeutigkeit es so einfach gemacht, jegliche Form von Verantwortung zu umgehen, dass viele in der Finanzindustrie, wo Hunderte meiner Kommilitonen mittlerweile arbeiteten, zu fragwürdigem Geschäftsgebaren verleitet wurden. Es war leicht für einen schwachen, gestressten Investor, einem Insider ein paar Drinks zu spendieren, einige Informationen zu viel zu erhalten und diese Tatsache anschließend so zu verschleiern: »Ich habe eine Vermutung, die auf einem ›Mosaik‹ von Informationen basiert, die ich mittels einer Standardanalyse zusammengetragen habe.«

Die Mosaik-Theorie ist eine probate Verteidigung gegenüber dem Vorwurf des Insiderhandels – eine gut klingende Phrase, die Investoren signalisiert, auf welche Weise sie tricksen können, eine Metapher für das Vermischen von Metaphern: Je weniger das eigene Mosaik bei näherer Betrachtung der Realität ähnelt, desto glaubwürdiger ist die Behauptung, es bestehe aus öffentlich zugänglichen Informationen, und man selbst läuft kaum Gefahr, strafrechtlich verfolgt zu werden.

Mir fiel auf, dass die Firmenchefs, die uns engagierten, ebenfalls eine merkwürdige Sprache verwendeten. In Kundengesprächen passten die erfahrenen Berater von McKinsey sich diesem beruhigenden Jargon an. Zuerst hörte ich nur zu. Berater verkaufen ihren Intellekt, keine spezifischen Branchenkenntnisse, deshalb versteckten wir Anfänger unsere Wissenslücken (zunächst) nicht. Währenddessen bemühten sich unsere Klienten, uns mit ihren Fachkenntnissen zu blenden. Im Rückblick bin ich überzeugt, dass die eine Gemeinsamkeit, die die Firmenleiter teilten, weder darin bestand, dass sie Mathegenies waren oder sich verständlich ausdrücken und Vertrauen aufbauen konnten; ihr wahres Talent bestand darin, willkürliche Metaphern aneinanderzureihen, um ein lückenhaftes, aber schillerndes Bild zu kreieren, eine Expertise vorzugeben, die zu umfassend war, um sie hinterfragen zu können. Die geistige Anstrengung, die nötig wäre, um die zusammenhangslosen Metaphern zu entschlüsseln, wurde auf die Zuhörer abgeschoben, die dabei sicherlich den einen oder anderen störenden, aber wesentlichen Fakt übersehen würden. Dies ist eine übliche Ablenkungstaktik, ein kurzer Moment der Verwirrung, der eintritt, während die Zuhörer versuchen, ein verworrenes Bild zu deuten, anstatt auf die dahinter verborgene Information zu achten.

Dann gibt es noch die unaufrichtige Metapher. In seiner öffentlichen Entschuldigung für einen Achterbahnunfall sprach der CEO eines Vergnügungsparks 2015 beispielsweise von »Kinderkrankheiten« anstatt von technischen Problemen. Er wollte den Eindruck erwecken, die Maschine, für die er verantwortlich war, sei etwas Organisches und Kindliches, ein natürliches Wesen, dessen Entwicklung sich seiner Kontrolle entzog.

Heute weiß ich, dass eine gute Metapher ein einzelnes, überzeugendes Bild hervorruft; je öfter man sie liest, desto besser wird sie. Der Lügner möchte nicht wiedergelesen werden. Er stückelt unstimmige Bilder zusammen und verlässt sich darauf, dass das Publikum darüber hinwegliest und nichts zurückbleibt außer dem Eindruck, dass irgendetwas gesagt wurde. Unaufrichtige und faule Autoren werden überleben, sagt Orwell, indem sie »lange Wortfolgen zusammenkleben, die bereits von jemand anderem verwendet wurden, und das Resultat wirkt präsentabel, obgleich es der reinste Unsinn ist«. Auf diese Weise zu schreiben ist einfach, belanglos und hinterlässt keine Spuren. Deshalb sei ein Autor »ständig in Versuchung«, nach diesen praktischen Wortbündeln zu greifen, wie nach »einer Packung Aspirin, die man stets zur Hand hat«.

Bereits zu Beginn unserer Laufbahn lernten wir frischgebackenen Collegeabsolventen den Jargon zu imitieren, den wir in Kundengesprächen aufschnappten. Die bombastischen Formulierungen signalisierten, wo wir herkamen, und sollten uns letztlich an das Ziel bringen, das wir alle anstrebten: die Harvard Business School (HBS). Wir wurden für Millionenprojekte angeheuert, man erwartete von uns, brillant zu sein, also sollten wir auch so klingen, und zwar besser heute als morgen. In Trainingsprogrammen der besten Consultingfirmen von New York lernten wir, wie man leere Phrasen offensiv und gezielt strategisch einsetzt (»eine Richtungskorrektur vornehmen«, »eine höhere Datengranularität erzielen«, »das Wachstumspotenzial ausschöpfen«), um glaubwürdig und selbstbewusst zu klingen, wie erfahrene Berater. In einem Blog mit dem Titel »How to Sound Like an Expert« rät ein ehemaliger Berater und CEO von einer Business-to-Business-Marketing-Agentur, sich »über den aktuellen Expertenjargon auf dem Laufenden zu halten – ob es sich nun um ›Benchmarking‹, ›Elevator Pitch‹, ›Quick Wins‹ oder andere angesagte Phrasen handelte, die die cleveren Leute gerade verwenden. Wenn es für sie funktioniert, dann kann es auch bei Ihnen funktionieren.«

Für uns Anfänger war diese scheußliche Sprache wie ein Sonntagsgebet: beruhigend, anspruchslos und nur im Kontext verständlich, aus der Nähe betrachtet aber meist nur Unfug. Auf elegante Weise Unsinn erzählen zu können ist eine sehr nützliche Fähigkeit. In jedem Meeting spielten wir unsere Rollen mit leidenschaftlicher Intensität – ein wesentliches Merkmal unserer jungen Karrieren –, und hinterher lachten wir über unsere Geschichten. Einmal hatte einer der Businessanalysten versehentlich den Satz »Quelle: PCOMA« in der Fußzeile seiner Folie stehen gelassen. Als der Kunde fragte, worum es sich dabei handele, wurde der Seniorpartner rot und schob die Frage schnell beiseite. Hinterher schrie er den Analysten eine Stunde lang an, denn viel zu viele Leute wissen, was POOMA bedeutet: *Pulled out of my ass.* Glücklicherweise hat der Kunde seiner Neugier nicht weiter nachgegeben und nach einer Erklärung geforscht. Er war, wie wir es ausdrückten, nicht die Art Kunde, der seine Hausaufgaben machte.

Wie hätten wir dieser Unternehmenskultur widerstehen können, diesem faszinierenden Kult der Intensität und des Selbstvertrauens? Hätten wir auf diesen schnellen Zugang zu Macht, Reichtum und Unantastbarkeit verzichten sollen? Und wozu? Aus Liebe zur Sprache, zur Wahrheit? Um härter zu arbeiten, ehrlichere Ergebnisse zu erzielen, mehr Verantwortung zu tragen? Das System bietet keinerlei Mechanismus oder Anreiz zur Veränderung. Wir waren das Fußvolk, das es an der Basis verteidigte und befestigte.

Heute ermahne ich meine Studenten, sich vor Lügen in Acht zu nehmen, die in vereinfachten Sätzen daherkommen. Es ist wie bei der Bruchrechnung: Um den Wert zu erkennen, muss man den kleinsten gemeinsamen Nenner finden: 5000/1000 sind neun Zeichen, doch nur eines davon ist von Bedeutung. Wenn man einen Satz auf das Wesentliche reduziert, findet man dann einen einzelnen wesentlichen Gedanken, der sich in dem ganzen Drumherum versteckt? Wenn man sich nicht die Zeit dafür nimmt, wird einem gar nicht auffallen, dass man belogen wird, obgleich man vielleicht spüren wird, dass irgendetwas fehlt, wie bei dem vermeintlichen Drogendealer, dessen Schuhsohlen nie mit Glasscherben in Berührung gekommen sind.

»Die Wahrheit ist nackt am schönsten«, schreibt Arthur Schopenhauer. Die alte Ausgabe mit seinem Essay *Über Schriftstellerei und Stil* (1851), die ich in der Bibliothek gefunden habe, ist voller geisterhafter Bleistiftnotizen eines früheren Lesers. Ein guter Autor könne auf »rhetorischen Schmuck« verzichten, sagt er. Doch es sei riskant, etwas einfach und konkret auszudrücken, sodass es nach seinem Inhalt beurteilt und als eigene Aussage erinnert wird. Schopenhauer vergleicht »Affektion im Stil mit dem Gesichterschneiden« oder dem Aufsetzen einer Maske und wütet gegen »ineinander geschachtelte Zwischensätze«, die sich lesen wie »gebratene Gänse mit Äpfeln ausgestopft«, durch die »eigentlich das Gedächtnis in Anspruch genommen [wird], wenn vielmehr Verstand und Urteilskraft aufgerufen werden sollten«. Solche Kunstgriffe haben nur den Zweck, zu verschleiern, dass nichts Neues oder Originelles gesagt wird. Am Ende seines Essays klingt Schopenhauer erschöpft und entmutigt.

Ich fange an, mir ebenfalls Sätze zu unterstreichen. Schopenhauer erwähnt auch die Kraft von Volksliedern und wie bewegend die simpelsten Wahrheiten sein können. Nur die Tiefsinnigen können einen Zusammenstoß mit dem Naiven riskieren.

Daneben hat mein unbekannter Leser in einer kleinen, sauberen Schrift geschrieben: »Den Kindern sagen.«

Als fremdes Kind wusste ich, dass Amerikaner zu sein eine Rolle ist. Genauso wie Flüchtling, gute Mutter, Topmanager. Wissenschaftler ist schon schwieriger zu spielen, doch es ist ebenfalls eine ererbte oder erlernte Rolle. Mal ist großer schauspielerischer Einsatz gefragt, mal genügen schon kleine Gesten.

Dort, wo es schwieriger und strapaziöser ist, ein Experte zu werden, und mehr auf dem Spiel steht, fallen die archetypischen Erwartungen weg – man performt die Rolle eines Gehirnchirurgen ebenso wie die eines CEOs, doch nur, wenn man auch Gehirnoperationen vornehmen kann. Wenn man es gut kann, hat man die Freiheit, nach Kaugummi zu riechen und Segelschuhe bei der Arbeit zu tragen. Ein CEO zu sein ist nur Theater, nachgeäfft und perfektioniert im Privaten, dann in der Öffentlichkeit vorgeführt, mit mehr oder weniger Erfolg. Es gibt eine Menge guter Simulanten dort draußen.

Vor einigen Monaten googelte ich den Namen meines Schulschwarms. Noah hatte einen örtlichen Unternehmerpreis gewonnen. Er war gesund, hatte noch volles Haar, eine Frau und Kinder. Er sah glücklich aus. Ich hatte mir Noah als Künstler oder Arzt vorgestellt, oder nein, als Cowboy. Stattdessen war er leitender Angestellter bei einer kleinen Investmentfirma.

Ich wollte gerade den Browser schließen, als – Moment mal, was war das? Oben auf der Seite seiner Firma war das World Trade Center Oculus abgebildet. Ich klickte einige Seiten weiter: Das Flatiron Building, Brooklyn Bridge, London Bridge. Das war merkwürdig. Ich klickte die Kontaktseite an. Die Adresse war ein Postfach in einem Einkaufszentrum in Oklahoma. War mein netter Freund etwa ein Schwindler? Nein, es war eine echte Firma. Die Großstadtbilder waren … nur Dekoration?

Die CEO, eine schnell sprechende Mittdreißigerin aus Harvard, erregte meine Aufmerksamkeit. Sie war die typische präsentable Absolventin einer Eliteuni mit ehrgeizigem Blick und sie hatte viel zu sagen. In einem Video pries sie ihre Firmenphilosophie folgendermaßen an: »Wir investieren mit Umsicht und mittels datengesteuerter Analyse, um Ihre Anlagen bestmöglich zu sichern.« Anhand von Bildmaterial, das aus rasch ansteigenden Firmenstatistiken (ein Zeitrahmen fehlte, sie wurden nur schnell vorgespult) und Leuten bestand, die um Hochhäuser herumliefen, prahlte die Geschäftsführerin mit »komplexen Konsolidierungsstrategien«, »innovativen Herangehensweisen« und »gründlichen Analysen«. Sie wiederholte immer wieder, ihre Firma würde nur »in Kerngeschäftsfelder« investieren. Kurz dachte ich, das sei ein spezieller Begriff aus der Branche, aber dem ist nicht so. Er ist nur ein Ausdruck für Unternehmen, deren Arbeit grundlegender wirken soll – für einen Ölkonzern können Bohrungen beispielsweise eher als »Kerngeschäft« gelten als die damit verbundenen Zulieferunternehmen. Große Erträge »sind nur möglich bei einer niedrigen Kostenbasis«, fuhr sie fort. »Daran orientieren wir uns und dafür setzen wir uns leidenschaftlich ein.« Ich schauderte und dachte an meinen Fauxpas mit der Spekulationsblase.

Jetzt wollte ich unbedingt mehr über diese Harvard-Dame mit der flotten Rhetorik erfahren. Ich hätte wie sie werden können, als eifrige Wirtschaftsstudentin, die Fallbeispiele studierte. Ihr schnelles Sprechen, die zusammenhanglosen Metaphern, wie gekonnt sie sich ihren Zuschauern entzog und blitzschnell das Thema wechselte, in der Hoffnung, dabei die Aufmerksamen und die Mitdenkenden abzuhängen. Sie schien unter Strom zu stehen. Ihr Auftritt wirkte eilig, geschäftig, wichtig. In nur einer Minute gelang es ihr, Bilder von Kriegen, amerikanischen Einwanderern und aus der Forensik aneinanderzureihen wie Perlen an einer bunten Kette. »Wir haben die Expansion der Anbauflächen, den Landraub und die schicksalshafte Ära des Schieferabbaus hinter uns gelassen und sind in eine Phase des Öl- und Gas-Investments eingetreten, die sich mehr auf die Renditen fokussiert, und das bezeichnen wir als smartes Bombardement anstelle einer Flächenbombardements.« Eine unbändige Locke hing ihr ins Gesicht.

Um glaubwürdig zu sein, muss man die Signale kennen. »Wir operieren, investieren, kreieren und konzentrieren uns dabei auf die wesentlichen Schlüsselbranchen. Wir sind keine Poser. Wir sind wesentlich und unverzichtbar.« Ich würde gern sagen, dass ich Noah gegoogelt habe und wie aufschlussreich das für mich war – ein Rückblick in die hässliche Welt, die mich geprägt hat. Aber ich fühlte mich nur überlegen, bestätigt – und dankbar.

Papa McKinsey hat mir beigebracht, wie man es anstellt, als ahnungslose Zweiundzwanzigjährige wie eine Erlöserin behandelt zu werden, die alle Antworten hat: Man muss selbstbewusst auftreten, teure Kleidung tragen, in seinen Arbeitsplatz investieren, niemals Rabatte geben, denn dein Preis ist der Maßstab für dein Talent. Man muss wissen, wann es Zeit für Namedropping ist, ergebnisorientiert sein, Prioritäten setzen. Die eigene Stimme, das Umfeld, die Daten unter Kontrolle haben. Keine unsinnigen Diagramme erstellen (oder Statistiken vorspulen). Und auf keinen Fall POOMA in die Fußzeile schreiben. Ich schloss den Browser. Mein nächster Gedanke war vermutlich typisch für die älteren Anhänger jeder Glaubenslehre: Überlegenheit, Erleichterung, etwas Schadenfreude. *Ich bin auserwählt, ich bin nicht wie sie. Keine Sorge, ich bin die Urform des Blattes, das verdammte Original.*

Ein Jahr nachdem ich in Princeton meinen Abschluss gemacht hatte, wurde einem unserer Professoren der Nobelpreis verliehen, weil er eine der grundlegenden Voraussetzungen meines Wirtschaftsstudiums infrage gestellt hatte: die menschliche Vernunft. Menschen sind nicht irrational, sagt Daniel Kahneman, aber Rationalität beschreibt uns auch nicht vollständig. Wir haben viele Vorurteile und gehen Problemen gern aus dem Weg. Wir operieren in einem dualen Denksystem, einerseits automatisch, andererseits bewusst. System 1 basiert auf Faustregeln: kleinere, einfachere Beobachtungen dienen als gedankliche Abkürzungen für die Lösung von größeren und komplexeren Fragen. In System 2 wird kognitive Arbeit geleistet. System 1 bietet schnelle, intuitive Antworten an und System 2 überwacht die Qualität dieser Vorschläge und lässt sie zu, unterdrückt oder modifiziert sie.

Wissenschaftler haben einen kognitiven Leistungstest entwickelt, um herauszufinden, ob sich ein Proband eher auf sein Bauchgefühl verlässt oder ob die rationale Überlegung überwiegt. In diesem Test werden drei Fragen gestellt, die den Denkaufgaben in einem Bewerbungsgespräch ähneln:

1. Ein Schläger und ein Ball kosten zusammen 1,10 Dollar, Der Schläger kostet 1,00 Dollar mehr als der Ball. Wie viel kostet der Ball?
2. Wenn fünf Maschinen fünf Minuten brauchen, um fünf Gegenstände herzustellen, wie lange brauchen dann 100 Maschinen für 100 Gegenstände?
3. Ein Seerosenfeld verdoppelt seine Größe jeden Tag. Wenn es 48 Tage dazu braucht, um den gesamten See zu bedecken, wie lange braucht es dann, um den halben See zu bedecken?

Die meisten Menschen würden intuitiv antworten (indem sie nur System 1 anwenden): 10 Cents, 100 Minuten und 24 Tage.

Das Gehirn ersetzt die Aufgaben durch leichtere Fragen, bei denen die Antworten naheliegen (wie 2 + 2). Um die richtigen Antworten zu finden, muss man System 2 aktivieren, das auch für die Lösung einer Aufgabe wie 124 × 342 benutzt wird. Die korrekten Lösungen lauten: 5 Cent, 5 Minuten und 47 Tage.

Meine erste Reaktion auf diesen Test war: Meine Mutter hätte alle Fragen richtig gelöst. Sogar im Schlaf. Auf einen Test mit Trickfragen hereinfallen? Niemals. Wenn es um Mathematik geht, liegt sie immer richtig.

Ich habe den Test an ein paar Freunden ausprobiert. Da sie alle völlig ahnungslos sind, was Wissenschaft angeht, waren die Resultate aufschlussreich – mein Partner Sam beantwortete die erste Frage, indem er System 1 benutzte, aber bei der zweiten Frage wurde er plötzlich vorsichtig: »He, ist das etwa so ein McKinsey-Trick?« Die zweite und die dritte Frage beantwortete er sofort richtig – es war keine Frage von Intelligenz, sondern sein Gehirn hatte ihm signalisiert, dass sein Instinkt ihn irreführen würde. Ich habe ihm die alten McKinsey-Übungsblätter gezeigt: Wie viel Grad beträgt der Abstand zwischen dem Stunden- und Minutenzeiger um 12.00, 6.00 und 3.15 Uhr? Ohne nachzudenken würde man bei der letzten Zahl in die Falle tappen und instinktiv 0 anstatt 7,5 Grad sagen.

Kahnemans Befunde erschütterten mich. Wenn die Erwachsenenwelt nicht rational ist, wie ich mein ganzes Leben lang glauben wollte (und musste), was kommt dann als Nächstes? Keine Leistungsgesellschaft oder Expertise mehr? Chaos? Wie sollen wir dann Entscheidungen fällen? Wer wird die Entscheidungen fällen? Und dennoch war es tröstlich, etwas mehr über mein Gehirn zu erfahren: Als Geflüchtete hatte ich System 2 viel öfter angewendet als andere in meinem Alter. Jahrelang hatte ich meinen Instinkten ständig misstraut, in dem Wissen, dass meine Worte und meine gedanklichen Abkürzungen mich zu dem machten, was ich am wenigsten sein wollte. Dass sie andere verwirrten und mich selbst demütigten. Wie anstrengend war meine wachsame Jugendzeit gewesen, und doch: welche Rigorosität – eine nützliche Fähigkeit, die ich entwickelt hatte. Wenn man versucht, in einem fremden Land heimisch zu werden, vertraut man nicht einmal mehr seinen fünf Sinnen. Sind Rolos eine qualitativ hochwertige Schokolade? Ist dieses unbekannte Fleischprodukt noch genießbar? Man sucht ständig nach Orientierung, stellt jede Beobachtung auf den Prüfstand. Man ist eine pulsierende hautlose Kreatur, doch mit der Zeit wächst einem eine zweite Haut. Man wird zu einem Chamäleon, das sich unbewusst seiner Umgebung anpasst. Ich finde es erstaunlich, dass so viele Menschen ihr Leben lang Instinkt mit Überlegung verwechseln. Ich vermute, dass die meisten von ihnen niemals entwurzelt wurden. Als Einheimischer kann man den Signalen und den Institutionen vertrauen. Man kann sich dafür entscheiden, sich niemals unwohl zu fühlen, indem man die Nachrichten schaut und die Bücher liest, die die eigenen Instinkte bestätigen.

Kann System 2 so schwerfällig werden, dass es nicht länger arbeitet? Kahneman schreibt, dass unsere täglichen Beobachtungen, unsere Kultur und unsere grundlegenden Überzeugungen zu unseren gedanklichen Abkürzungen werden; sie sind nützlich, um schnell zu entscheiden, und lebenswichtig für unsere Selbsterhaltung oder Homöostase. »Für einige unserer wichtigsten Überzeugungen haben wir keinerlei Belege«, schreibt Kahneman, »außer dass Menschen, die wir mögen und denen wir vertrauen, diese Überzeugung ebenfalls teilen. In Anbetracht dessen, wie wenig wir wissen, ist es absurd, wie fest wir an unsere Überzeugung glauben – aber es ist auch unerlässlich.«

Wir brauchen unsere Instinkte. Deshalb ist es bedauerlich, wenn sie durch Entwurzelung geschwächt werden. Und manchmal entscheiden wir uns dennoch für den Mythos und verhalten uns wie Gläubige. Gemäß der alten Anekdote, in der einem Besucher das Hufeisen auffiel, das über der Tür des Physikers und Nobelpreisträgers Niels Bohr hing. Auf die Frage, ob er denn abergläubisch sei, antwortete Bohr: »Natürlich nicht, aber soviel ich weiß, soll es Glück bringen, egal, ob man daran glaubt oder nicht.«

Eines Morgens im Jahr 2016, in einer ländlichen Region von Pakistan, saß Mohammad im Futtermittelgeschäft seines Vaters und wartete auf seinen Gehilfen. Als er nicht kam, nahm Mohammad an, er sei krank geworden. Am folgenden Tag tauchte der junge Suleiman wieder nicht auf. Kurz darauf bekam Mohammad eine Textnachricht, die besagte, dass Suleiman mit der Tochter einer bekannten Familie durchgebrannt war und Geld brauchte. Bald begannen die Männer besagter Familie Mohammad zu drangsalieren. Sie wollten wissen, wo sich das Paar aufhielt. Mohammad machte sich Sorgen um sie. Was, wenn sie einem Ehrenmord zum Opfer fielen? Er schickte ihnen etwas Geld. Eines Nachts kamen die Männer zurück. Sie schlugen ihn und drohten, ihn zu töten. Sie brachen ihm den Oberschenkelknochen. Die Polizei unternahm nichts. Der Vater des Mädchens, der in der Gegend eine einflussreiche Position einnahm, hatte die Männer geschickt, daher musste Mohammad die Strafe verdient haben. Nachdem er monatelangen Schikanen ausgesetzt war, machte sich Mohammad 2017 mit einer Stahlschiene in seinem Bein auf die Flucht.

Die Gerichte in den Vereinigten Staaten setzten alles daran, ihm Asyl zu verweigern. »Sie könnten doch in einer anderen Stadt sicher leben«, sagten sie, obwohl Mohammads Verfolger ihn anhand der Geldüberweisung leicht überall in Pakistan hätten aufspüren können. »Die Polizei wird sich um Sie kümmern«, sagten sie, obwohl der einflussreiche Mann die Polizei in der Tasche hatte. Diese Widersinnigkeit verblüffte Mohammad genauso wie viele andere vor ihm: Anscheinend waren die Einwanderungsbehörden in den Vereinigten Staaten und Europa, die lautstark von Gerechtigkeit und Rechtsstaatlichkeit tönten, die einzigen auf der Welt, bei denen das Wort der pakistanischen Polizei noch Gültigkeit hatte. Letztlich kam das US-amerikanische Department of Homeland Security (DHS) zu dem Schluss, Mohammad werde wegen des Besitzes von Informationen verfolgt, was kein zulässiger Grund für ein Asylverfahren ist. Wenn er den Aufenthaltsort des Paares preisgebe, würden die Männer ihn nicht länger belästigen.

Sie räumten ein, dass Mohammad bei der Rückkehr in seine Heimat getötet werden könne – nur nicht aus den richtigen Gründen.

Maleeha Haq, die Anwältin für Asylrecht aus San Francisco, die ihn vertrat, drängte ihren Mandanten zu einer Aussage: »Was genau wurde von den Beteiligten gesagt?«

»Warum ist das wichtig?«, unterbrach ich Haqs Bericht. Die meisten Migranten würden nicht daran scheitern, dass sie nicht glaubwürdig seien, erklärte sie mir. Vielmehr würde das Thema geschickt umgangen, indem man die Unkenntnis des Antragsstellers über die Definition eines Wortes ausnutze. Was ist ein »Flüchtling«? Bevor man ihm glaubt, muss der Asylsuchende die eine richtige Geschichte von vielen auswählen, den relevanten Teil eines komplizierten Lebens. Es ist, als ob man aus einem Zylinder eine kreisförmige Scheibe schneiden soll. Wenn man im falschen Winkel ansetzt, erhält man ein Oval. Man ist daran gescheitert, das erwünschte Ergebnis zu präsentieren.

Ahilan Arulanantham, leitender Anwalt bei der American Civil Liberties Union (ACLU), einer Bürgerrechtsvereinigung, erklärt diese Vorgehensweise anhand eines »klassischen Falls aus Zentralamerika«: Stellen Sie sich vor, Sie sind ein ganz normaler Bürger in El Salvador. Eine Gang droht Ihnen, Sie zu töten, wenn Sie nicht zahlen. Sie flüchten. An der US-Grenze will der Sicherheitsbeamte wissen, warum Sie nicht bezahlen wollten. Wenn Sie nicht vertraut mit dem Asylrecht sind, werden Sie wahrscheinlich antworten: »Ich hatte das Geld nicht.« Diese Antwort ist fatal, denn nicht jede gewaltsam vertriebene Person, die sich in Gefahr befindet, gilt als Flüchtling. Gemäß der Genfer Flüchtlingskonvention von 1951 (einem multilateralen UN-Abkommen, das die USA 1967 unterzeichnete), gilt nur derjenige als Flüchtling, der in seinem Heimatland nicht sicher ist, weil die realistische Gefahr besteht, dass er weiterhin einer Verfolgung ausgesetzt sein wird, und zwar aufgrund seiner Ethnie, Religion, Nationalität, politischer Überzeugung oder Zugehörigkeit zu einer sozialen Gruppe.

Die Vereinigten Staaten (wie auch Großbritannien und viele europäische Länder) legen die Genfer Flüchtlingskonvention dahingehend aus, dass die Beweggründe des Verfolgers ebenfalls in Betracht gezogen werden müssen. Asylsuchende müssen einen Zusammenhang zwischen der Verfolgung und einem der fünf ausschlaggebenden Gründe herstellen. Nehmen wir den Fall meiner Mutter. Sie war eine christliche Konvertitin im Iran. Wenn die Agenten der Islamischen Republik sie um Geld erpresst hätten, so korrupt das auch wäre, hätte ihre Verfolgung ein ökonomisches Motiv gehabt, kein religiöses. Das wäre sogar zutreffend gewesen, wenn das Gericht anerkannt hätte, dass meine Mutter als Konvertitin im Iran verfolgt wurde. Ihre spezifische Verfolgung musste aber aufgrund ihres christlichen Glaubens stattgefunden haben. In einem Land, in dem LGBT-Bürger gehängt werden, weil sie fälschlicherweise des Drogenbesitzes beschuldigt wurden, ist das nur schwer zu beweisen; das Gastland kann sich dafür entscheiden, dem fingierten Drogenurteil zu glauben. Selbst wenn das Gastland nur die Absicht verfolgt, zu zeigen, dass es seinen rechtlichen Pflichten nachkommt, würde das Drogenurteil unter »plausible Leugnung« fallen.

Deshalb sind Zeugenaussagen besonders wichtig. Das Schicksal hängt von einem einzigen Moment der Erinnerung ab.

Sagten die Gangster: »Du Verräter, du kriegst schon noch, was du verdienst«, dann handelt es sich um etwas Politisches.

Sagten sie: »Du Muslim, du kriegst schon noch, was du verdienst«, dann hat es mit der Zugehörigkeit zu einer religiösen Gruppe zu tun.

Sagten sie: »Du Geizkragen, du kriegst schon noch, was du verdienst«, dann sind Sie kein Flüchtling, sondern nur ein Migrant. Sie werden höchstwahrscheinlich zurück nach Hause geschickt.

Viele Anwälte und Menschenrechtsverbände sind der Ansicht, dass diese Haarspalterei gegen einen der Grundsätze der Genfer Flüchtlingskonvention verstößt: Das Non-Refoulement-Prinzip besagt, niemand dürfe in ein Land ausgewiesen werden, in dem sein Leben gefährdet ist. Die amerikanischen Behörden scheinen nur eine bestimmte Art von Gefahr anzuerkennen. Aber wie können wir so komplexen Dingen wie Widerstand, Flucht, Angst ein einzelnes Motiv zuschreiben? Familien, die vor den Gangs in Zentralamerika flüchten, können die unterschiedlichsten Motive haben. Doch an der Grenze werden sie dazu gedrängt, ihrer Geschichte eine simple, allgemeine, nicht qualifizierte Motivation hinzuzufügen, bevor sie mit einem Anwalt sprechen, damit sie als Wirtschaftsmigranten abgelehnt werden können. Wenn Sie um Asyl bitten, an der Grenze oder in einer Botschaft (oft bevor Sie überhaupt vorgelassen werden), wird geprüft, ob bei Ihnen eine »begründete Furcht« vorliegt. »Warum haben Sie die Gang nicht bezahlt?« Viele wählen eine einfache Begründung. Wenn Sie sagen: »Ich hatte das Geld nicht«, qualifizieren Sie sich nicht für den Flüchtlingsstatus.

Auch die Angst, von der Gang rekrutiert zu werden, ist keine ausreichende Qualifikation. Sie müssen beweisen, dass Ihre Überzeugungen den Ausschlag gegeben haben – und die richtigen Codewörter verwenden: »Weil ich dagegen bin, dass die Gangs mein Land kontrollieren«, oder »Mein Glaube erlaubt es mir nicht, für die Gang zu töten.« Die Zulassungsbestimmungen sind kompliziert. Sie erfordern mehr Selbsterkenntnis und Mut, als den Beamten daran zu erinnern, dass man nicht genug Geld hat oder dass man nicht von einer Gang rekrutiert werden will – selbst wenn diese Gründe ebenfalls zutreffen, zusammen mit anderen Gründen, die geltend gemacht werden könnten. Gute Asylanwälte forschen in den Erstbefragungen nach Hinweisen auf ein politisches Motiv – und eine begründete Furcht vor zukünftiger Verfolgung –, weil sie hoffen, einen geeigneten Grund zu finden, den sie mit ihren eigenen Recherchen innerhalb des Landes oder der Familie untermauern können.

Ich muss an die Erstbefragung meiner Familie denken. Unser christlicher Glaube war unsere Familienlegende. Es war sowohl die Wahrheit als auch die Geschichte, die wir unbedingt erzählen wollten. Wir verspürten deswegen keine Scham, wie ein LGBT-Geflüchteter oder ein Folteropfer es eventuell täten. Doch was wäre geschehen, wenn wir ebenfalls über unsere finanzielle Misere oder die ewigen

Streitereien meiner Eltern geklagt hätten? Hätten sie dann die vielen Bibelgeschichten ignoriert, die ich auswendig konnte, und gesagt, meine Mutter sei aus persönlichen Gründen geflüchtet? Wäre ich dann heute eine Amerikanerin?

2017 hörte Haq sich stundenlang Mohammads Geschichte an und fragte ihn nach den kleinsten Details aus. Wohin war das junge Paar durchgebrannt? Was genau haben die Männer gefragt? Wusste Mohammad, wo Suleiman und seine Braut waren? Wenn ja, hätte er es unter Folter preisgegeben? Schließlich fiel Haq ein kurzes Gespräch auf: In einem Moment der Frustration hatte Mohammad zu den Männern gesagt: »Was habt ihr für ein Problem? Wenn sie sich lieben und volljährig sind, warum sollen sie dann nicht heiraten? Ihr solltet euch nicht so aufregen.« Das hatte die Männer nur noch mehr in Rage gebracht.

Haq knüpfte dort an. »Was er sagte, ist sowohl eine religiöse als auch eine politische Meinung«, argumentierte sie. Danach hatten die Männer es erst recht auf ihn abgesehen. »Es war ein dürftiges Argument«, sagte sie. »Man hätte genauso gut das Gegenteil behaupten können. Und das Department of Homeland Security versuchte es auch, aber nicht so geschickt, wie ich vermutet hätte.« Der Richter ließ Haqs Argument gelten. »Es ist alles so willkürlich und erfordert so viel Fingerspitzengefühl«, sagte Haq. »Ohne einen Anwalt würde sich ein Ladenbesitzer, der um sein Leben fürchtet, kaum daran erinnern, dass er gesagt hat: ›Lasst sie doch selbst entscheiden‹.«

»Ob Sie die Eignung für einen Asylantrag haben, hängt von Kleinigkeiten ab, die nebensächlich erscheinen mögen, oder von relevanten Dingen, die nicht verifizierbar sind«, sagt Arulanantham. »Wenn Sie beweisen können, dass Sie aus einer Stadt in El Salvador kommen, in der Gewalt an der Tagesordnung ist, weil die Gangs im Konflikt mit den staatlichen Institutionen stehen, und ein fünfzehnjähriger Junge sind, dann sind diese Tatsachen noch nicht ausreichend. Sie müssen nachweisen, dass Sie bereits in der Vergangenheit einer Verfolgung ausgesetzt waren und eine begründete Furcht vor zukünftiger Verfolgung haben. Für das Gericht reicht es nicht aus, dass Sie zu einer relevanten Zielgruppe gehören. Sie selbst müssen bereits das Ziel von Verfolgung gewesen sein.«

Das erinnert mich an eine Geschichte von Ahmed Pouri, dem Gründer von PRIME, einer niederländischen NGO, über eine Kurdin, die vergewaltigt wurde, als Soldaten in ihr Dorf in der Türkei kamen. In dem Dorf lebten viele Kurden, eine Zielgruppe. Doch die Asylbeamten in den Niederlanden wollten wissen, ob die Soldaten sie in einen Raum gesperrt, sie konkret bedroht und gesagt hätten, sie kämen wieder, um sie zu holen. Dann entschieden sie, es sei nur eine willkürliche Gruppenvergewaltigung gewesen. Sie sei leider zur falschen Zeit am falschen Ort gewesen, sei aber kein Flüchtling. »Aber wäre das alles überhaupt passiert, wenn sie keine Kurdin gewesen wäre?«, fragt Pouri. »Natürlich nicht.«

Die Sache wird noch komplizierter, wenn man sich den letzten Punkt der fünf Voraussetzungen für einen Asylantrag ansieht: Die Zugehörigkeit zu einer sozialen Gruppe – eine vage Differenzierung, die nach dem Holocaust geschaffen wurde, als große Gruppen mit bestimmten Merkmalen eben aufgrund dieser Zugehörigkeit ermordet wurden. Mit einer so breit angelegten Kategorie wollten die Initiatoren der Genfer Flüchtlingskonvention 1951 vermutlich dafür sorgen, dass diese Zielgruppen vor weiterer Verfolgung geschützt wurden. Doch das soziale Gefüge der 2020er-Jahre ist weitaus komplexer – heute gehören die Menschen allen möglichen Gruppen an, einige davon sind identitätsstiftend, mit anderen sind sie nur lose und vorübergehend verbunden. Und dennoch hat sich die Definition der »sozialen Gruppe« seit dem Zweiten Weltkrieg immer stärker verengt. 2018 stellte der damalige US-Justizminister Jeff Sessions die Einstufung von misshandelten Frauen und Opfern von Bandenkriminalität als soziale Gruppe infrage, da sie außer ihrer Verfolgung keine Gemeinsamkeiten teilten. (Das UNHCR-Flüchtlingskommissariat der Vereinten Nationen hat unmissverständlich klargestellt, dass allein die Geschlechtszugehörigkeit qualifizierend ist.) 2019 entschied der nächste US-Justizminister William Barr, eine Kleinfamilie stelle nicht länger eine soziale Gruppe dar, da die Mitglieder einer Familie keine inhärenten sozialen Unterschiede zu anderen Familien aufwiesen.

»Aber durch das Neunte und Vierte US-Bundesberufungsgericht sind Familien bereits als soziale Gruppe etabliert. Daran kann eine Behörde nichts ändern, indem sie sagt, es sei nicht so«, sagt Maleeha Haq. Vor einigen Jahren hat sie einen Prozess für einen Jugendlichen aus Honduras gewonnen. Sein Vater besaß einen Friseurladen und wurde von Gangs erpresst, die damit drohten, seinen Sohn zu entführen und zu töten. »Du wirst ihn tot sehen«, sagten sie. Der Junge floh nach Amerika und fand seinen Weg zu Haq. »Wir konnten geltend machen, dass der Junge aufgrund seiner Familienzugehörigkeit zum Vater in Gefahr war. Diese Familie ist in der Gegend bekannt, sie stellt eine soziale Gruppe dar. Doch mittlerweile hat das Justizministerium Wind davon bekommen, dass die Leute damit Erfolg haben, also werden sie mit aller Härte dagegen vorgehen. Was sollen wir nur mit diesen Kindern machen?« Und was ist mit dem Vater des Jungen, der allein in Honduras blieb, von einer blutrünstigen Gang bedroht, die sich hereingelegt fühlt und immer noch sein Geld will? Wenn er ermordet wird, werden die Behörden ihre Hände in Unschuld waschen, was hätten sie auch dagegen tun können? Es handelte sich schließlich um Erpressung und nicht um eine Asylangelegenheit.

Für viele hispanische Mandanten, sagt Haq, laute das Urteil: »Wir glauben, dass Sie getötet werden können, aber nicht aus den richtigen Gründen.« Gelegentlich sind es auch die richtigen Gründe, aber da die Genfer Flüchtlingskommission einen Flüchtling als jemanden definiert, der in seinem Heimatland nicht sicher ist, behaupten sie, die dortige Polizei könne einen beschützen, sogar in Fällen, in denen allgemein bekannt ist, dass die Polizei korrupt ist. So werden die Kommunisten aus dem Iran häufig von europäischen Ländern abgewiesen, mit der Behauptung, der Iran verfolge keine Kommunisten, obgleich es kein Geheimnis ist, dass man ihnen häufig Drogendelikte anhängt und sie anschließend hingerichtet werden. »Man hört furchtbare Geschichten von Massenvergewaltigungen, verschleppten Kindern, ermordeten Familien«, sagt Haq. »Jeder hat eine ähnliche Geschichte zu erzählen. Sie sind glaubwürdig. Aber die Behörden sagen: ›Die Gangs wollen Sie rekrutieren – das ist eine persönliche Angelegenheit, kein Asylgrund.‹ Ein Anwalt muss dann versuchen, die Rekrutierung in einer der fünf Kategorien unterzubringen. Ohne einen Anwalt hat man überhaupt keine Chance.«

Feine rechtliche Unterschiede können für die Armen und Ungebildeten zum Nachteil werden – für Menschen, die nicht wissen, wie man Informationen zur Flüchtlingskonvention googelt oder nach Anwälten sucht, bevor man im Gastland angekommen ist, oder zumindest, bevor man etwas Falsches sagt. Gebildete Asylsuchende sind besser darin, schlüssige Geschichten zu erzählen, sie können jemanden aus einer anderen Kultur auch besser einschätzen. Sie können erkennen, dass es hilfreich sein kann, Straftaten zuzugeben, die sie in der Heimat begangen haben, wenn diese sie zu politisch oder religiös Verfolgten machen. Ana Reyes, eine Asylanwältin, die mit einem Preis ausgezeichnet wurde, war nicht die Erste, die mir erzählte, dass der Erfolg in einer Asylanhörung davon abhängt, ob man einen rechtlichen Beistand hat. Das ist teilweise ein Auswahlprozess: Die Anwälte prüfen ihre Mandanten eingehend auf ihre Glaubwürdigkeit, bevor sie ihren Fall annehmen. Doch größtenteils geht es darum, eine Geschichte zu präzisieren – sie immer und immer zu wiederholen, bis die Erinnerung wiederkehrt, die Widersprüche ausgeräumt, die Daten überprüft sind. »Wenn wir jemanden haben, der glaubwürdig ist«, sagt Reyes, »dann gelingt es mir immer, Belege dafür zu finden: einen Zeitungsartikel, ein Gutachten, einen Zeugen aus der Heimat. Im Grunde geht es aber nicht um Glaubwürdigkeit, sondern darum, ob man einen Anwalt hat. Das ist meiner Ansicht nach ausschlaggebend dafür, ob man Asyl gewährt bekommt oder nicht.«

Doch rechtlicher Beistand kann nicht immer gewährleistet werden. Rechtshilfe- und Wohltätigkeitsorganisationen allein können den Bedarf nicht decken. Von ärmeren und weniger gebildeten Geflüchteten erwartet man, dass sie sich allein in einem komplizierten System zurechtfinden, das auf einer Vereinbarung aus der Mitte des letzten Jahrhunderts beruht und auf einer Gesetzgebung, die ständigen Veränderungen unterworfen ist. Ohne einen Anwalt können sie kaum erfolgreich sein. Asylanwälte und Aktivisten haben das Anrecht auf einen Rechtsbeistand zu einem ihrer wichtigsten Reformziele gemacht.

Arulanantham zufolge sind die dringlichsten Änderungen im Asylrecht der Zugang zu rechtlichem Beistand, die Anpassung von Beurteilungsrichtlinien sowie die schnellere Vergabe von vorübergehenden Aufenthaltsgenehmigungen als Hilfsmittel für den Fall, dass ein gesamter Staat zusammenbricht. »Von der individuellen Glaubwürdigkeit wird zu viel abhängig gemacht. Wenn es wieder so etwas wie Nazideutschland geben würde, könnte man die Leute doch nicht fragen: ›Klopften die Nazis direkt an Ihre Tür, oder nur an die Ihres Nachbarn?‹«

Es kommt vor, dass Kriege, Hungersnöte und Gewalttaten derart überhandnehmen, dass die individuelle Gefährdung für die Richter nebensächlicher wird. Eine Geflüchtete aus Ruanda musste 1994 nicht beweisen, dass die Milizen nach ihr suchten, nur dass sie eine Tutsi war – sie suchten nach jedem Tutsi, und demnach bestand eine begründete Furcht vor zukünftiger Verfolgung. Fehleinschätzungen kommen dennoch vor. 1999 wurde eine junge Frau namens Sabine in einem provisorischen Gefangenenlager von kongolesischen Soldaten vergewaltigt. Sie war eine Tutsi. Die Vergewaltigung war medizinisch belegt und die Vergewaltiger konnten identifiziert werden, dennoch wurde sie von der britischen Einwanderungsbehörde abgelehnt, weil sie nicht nachweisen konnte, dass sie vergewaltigt wurde, weil sie eine Tutsi war. Das Urteil wurde später aufgehoben, weil die Verfolgung der Tutsis umfangreich dokumentiert wurde.

Bis der offene Krieg auf den Straßen den Westen dazu zwingt, pauschalen Schutz anzubieten, ist die eigene Aussage alles, was zählt. Wem wird geglaubt? Was passiert, wenn Ihre Geschichte überzeugend ist und dennoch als Lüge abgetan wird? Wenn möglich, ziehen Richter und Beamte der Einwanderungsbehörde eine Ablehnung wegen mangelnder Glaubwürdigkeit vor, weil dieses Urteil bei einer Berufung in der Regel nicht wieder aufgehoben wird. Ob Ihre Geschichte der Wahrheit entspricht, ist eine faktische Feststellung, deshalb sind die Richter des Berufungsgerichts vorsichtig, das Urteil einer unteren Instanz aufzuheben. Ob Ihre glaubhafte Geschichte der Definition eines »Flüchtlings« entspricht, kommt wiederum auf die Rechtsauslegung an, und dafür sind die Berufungsgerichte zuständig. Um einen Fall abzuweisen, ist es einfacher, zu sagen: »Ich glaube ihr nicht«, als nach den tatsächlichen Motiven zu suchen.

Und so werden Asylsuchende unmittelbar nach ihrer Ankunft Glaubwürdigkeitstests unterzogen, bevor sie überhaupt mit einem Anwalt sprechen und ihre Geschichte verfeinern und einüben können. Jeder, der seine Geschichte zum ersten Mal erzählt, wird ins Straucheln kommen. Und sobald die Geflüchtete das Falsche gesagt hat, wird es für sie deutlich schwieriger, einen Anwalt zu bekommen, denn Anwälte gewinnen gern, und sie überprüfen Motive und Glaubwürdigkeit, bevor sie einen Fall annehmen.

Aus der Sicht des Asylbeamten, dessen Hauptaufgabe darin besteht, die Fallzahlen zu reduzieren, ist diese Methode hilfreich. Der Geflüchtete wird innerhalb von Minuten diskreditiert und von potenzieller Hilfe abgeschnitten. Und dennoch ist diese Hürde – »Wird man mir glauben?« – überwindbar, wenn man informiert ist und das Glück hat, einen Anwalt zu finden. Auch wenn wahre Geschichten lückenhaft, unstimmig und voller zufälliger Details sind, kann ein Anwalt dafür sorgen, dass sie der dürftigen Vorstellung von Wahrheit des Asylbeamten entsprechen: Stimmigkeit, keine irrelevanten Details, keine Abweichungen beim mehrfachen Erzählen. Ich frage mich, ob es viele unwidersprochene Asylfälle gibt – wenn wir uns an die Bestimmungen der Genfer Konvention halten sollen, warum stellt unsere Regierung dann nahezu alle davon infrage?

Reyes erzählt mir, es komme zwar selten vor, doch sie habe schon erlebt, dass ein Asylbeamter beim ersten Versuch überzeugt wurde.

Eine Mandantin machte eine nachteilige Aussage über sich selbst, und der Beamte glaubte ihr. Sonst hätte sie ihre Glaubwürdigkeit beweisen müssen – was nicht schwierig ist, wenn man einen Abschluss von der Harvard Law School hat, wie Reyes. »Ich habe noch nie einen Fall aufgrund mangelnder Glaubwürdigkeit verloren«, sagt sie.

Noch nie einen Fall aufgrund mangelnder Glaubwürdigkeit verloren. Die Art und Weise, wie sie das sagte, warf mich zehn Jahre zurück. Sie gab mir nicht nur zu verstehen, dass sie eine gute Anwältin war – das wusste ich bereits. Bei McKinsey und in der Wirtschaftsausbildung haben wir gelernt, wie man sich genau so präsentiert: direkt, bescheiden, aber nicht allzu bescheiden. *Ich bin die Beste. Wenn Sie das bezweifeln, haben Sie Ihre Hausaufgaben nicht gemacht.* Ich stelle mir Reyes im Gerichtssaal vor, welchen Effekt ihre Reputation auslöst. Die Richter sehen sie an und denken: Sie ist keine von diesen rührseligen Aktivisten-Anwälten, die Türen aufstoßen wollen. Ihr geht es nur um ihre Gewinnquote, um die juristischen Details. Deshalb vertritt sie nur glaubwürdige Mandanten. Sie übernimmt deren Überprüfung. Der Richter braucht dem nur noch zuzustimmen. Sie verliert nie aufgrund von mangelnder Glaubwürdigkeit, daher hat sie genug Zeit, um sich mit den juristischen Spitzfindigkeiten zu beschäftigen: Ist dieser Geburtsjahrgang eine soziale Gruppe? Gilt diese Überzeugung als religiös?

Ich denke über die Mandantin nach, die die nachteilige Aussage über sich selbst gemacht und den eisernen Panzer des Beamten durchdrungen hatte. Hatte sie sein Mitleid geweckt? Vielleicht. Gegen sich selbst zu argumentieren ist ebenfalls ein Business-School-Trick. Im Rahmen des westlichen Dogmas von persönlicher Macht (der Glaube, dass das Potenzial anderer bereichernd, ihre Bedürftigkeit jedoch toxisch ist) ist das Argumentieren gegen sich selbst ein Signal, dass man zum Überleben nichts von der anderen Person braucht, selbst wenn diese über das eigene Leben entscheiden könnte.

Ein Geflüchteter, der für die Wohltätigkeitsorganisation Freedom from Torture arbeitet, schrieb einige Zeilen, die mich schaudern ließen. Auch er hatte verstanden, was man von den bequemen Westlern erwarten kann, deren Füße nie die heimische Scholle verlassen haben. »Eins wusste ich gleich«, schrieb er, »als ich im Lastwagen saß und über die Wahrheit nachdachte. Wenn du ein guter Geschichtenerzähler bist, wird man dir vertrauen, du bekommst ein Leben und kannst aus der Hölle entfliehen. Aber was musst du tun, damit man dir vertraut, wenn es nicht ausreicht, die Wahrheit zu sagen?«

Die Wahrheit *ist* nicht genug. Die meisten Leute wollen sie nicht einmal hören. Sie achten auf etwas anderes. Ich habe lange gebraucht, um mir einzugestehen, dass auch ich anders zuhöre. Als ich noch ein Kind war, hörte ich mit dem Herzen und voller Neugier zu, ich sehnte mich danach, ergriffen und überrascht zu werden. Als ich zehn Jahre alt war, lebten wir in einer Flüchtlingsunterkunft außerhalb von Rom und verbrachten die meiste Zeit damit, uns Geschichten zu erzählen, billigen Tee zu trinken und die tröstliche Verbundenheit zu genießen, die eine geteilte Lebensgeschichte mit sich bringt. Damit übten wir auch, wie wir unsere Geschichte dem Asylbeamten darbieten würden, denn wir wussten, dass unsere Leben davon abhingen, ob er uns für glaubwürdig hielt.

Irgendwann habe ich jedoch den Instinkt entwickelt, auf der Hut vor anderer Leute Verzweiflung, ihrer Bedürftigkeit zu sein und nur ihr Potenzial zu sehen. Wo habe ich das gelernt?

Zusammen mit vielen meiner McKinsey-Kollegen wurde ich schließlich in das MBA-Programm von Harvard aufgenommen. Ich hörte zu, wie meine Kollegen ihre Business-Pitches mit Geschichten verwoben, überzeugt davon, dass man ihnen glauben würde, dass ihr Publikum geradezu danach gierte, ihnen zu glauben. Nachdem wir monatelang Fallstudien analysiert und uns mit den Kernpunkten Integrität, Leadership und Verhandlungsführung vertraut gemacht hatten, war ich tief betroffen. Wieso hatte ich das nicht vorher gewusst? Die Geflüchtete in mir schäumte vor Wut: Es gab dieses Wissen, es war schon lange verfügbar, und es wurde an diejenigen weitergegeben, die es am wenigsten brauchten. Die Regeln waren für die Kinder der (einheimischen und kolonialisierenden) Reichen gemacht worden. Ich war nur zufällig mit im Raum.

Mit der Zeit lernte ich, wie man am Verhandlungstisch zuhört. Einmal saß ich einem Freund gegenüber, der ein fiktives Businessmodell beschrieb. Es war eine Verhandlungsübung, jeder von uns hatte Informationen, die er oder sie entweder teilen oder verschweigen konnte, dazu konnten wir uns eine Hintergrundgeschichte ausdenken, wenn wir wollten. Ich hörte gespannt zu und suchte nach Anzeichen, die ihn verraten könnten. Wie viel war er bereit aufzugeben? Welche Vertragspunkte waren für ihn unverzichtbar, aber nicht für mich? Wo stimmten unsere Ziele überein? Als der Professor später unsere Verhandlungserfolge bewertete, fühlte ich mich überlegen, mein Freund fühlte sich betrogen. Nicht weil er verloren hatte, sondern weil ich seiner Geschichte auf die unfreundlichste Weise überhaupt zugehört und nur nach seinen wunden Punkten gesucht hatte. Ich hatte ihn dabei gar nicht beachtet.

Abgesehen von dem ganzen Gerede über Leadership und Innovatives Management ist das, was man tatsächlich an der Harvard Business School lernt, Glaubwürdigkeit – wie man zu jemandem wird, dem die Leute Glauben schenken wollen, bei dem sie sich sicher fühlen. Vieles davon, so lernten wir, erzielt man, indem man sich eine Reputation aufbaut, die für Ehrlichkeit und Detailkenntnis steht. Einiges wird mittels Signalen und Codes kommuniziert, so wie in jedem anderen Metier auch. Meine Kommilitonen und ich waren privilegiert: Nicht alle waren wohlhabend, aber aus gebildeten Familien (meine Eltern waren beide Ärzte), oder sie waren in renommierten Firmen oder Universitäten gewesen. Wir wussten, wie man sich kleidet, und hatten die Sprache der respektablen Mittelschicht verinnerlicht. In unzähligen Diskussionen über Fallstudien hatten wir uns diese Sprache gegenseitig beigebracht.

Bevor wir entscheiden, einer Geschichte zuzuhören, stufen wir den

Sprechenden ein. Ist es jemand, der etwas von uns will, oder hat er Potenzial? Sollten wir ihm mit Vorbehalt zuhören oder mit Fantasie? Wenn wir uns auf diese Person einlassen, wird uns das nützen oder schaden? Wie signalisiert der Erzähler, noch vor der ersten Interaktion, dass er es wert ist, dass man ihm unvoreingenommen und mit Vorstellungskraft zuhört?

Jeder, der einen Chef hat, kennt die Grundregeln: Augenkontakt herstellen, ein fester Händedruck, nicht zu viel versprechen, aber mehr abliefern, als verlangt wird. An der Harvard Business School lernten wir noch andere Methoden, um Bedarf und Potenzial eines Kunden zu beeinflussen:

Zweifel löst man auf, indem man gegen sich selbst argumentiert.

Wenn ein Narrativ nicht komplex genug ist, stellt man es in einen intellektuell anspruchsvollen Rahmen.

Man sollte es der Gegenseite überlassen, die wesentlichen Argumente anzusprechen.

Sagen Sie es mit Grafiken! Grafiken sind vertraut und beruhigend. Und sie können lügen. Wenn man die falschen verwendet, stiftet man Verwirrung. Ein Balkendiagramm anstelle eines Streudiagramms lässt die Zuhörer zurückschrecken, sie beginnen, die Daten zu hinterfragen und das Haar in der Suppe zu suchen.

Präzision suggeriert Sorgfalt, runden Sie auf 89 oder 91 Prozent auf, nie auf 90 Prozent.

Finden Sie heraus, welche Alternative für den anderen infrage kommt, und benennen Sie jedes einzelne Ihrer Zugeständnisse. Lassen sie kleine Zugeständnisse groß aussehen.

Diese Taktiken beruhen auf einem Selbstbewusstsein, das nur dann funktioniert, wenn es unbewusst und tief verwurzelt ist, nicht vorgespielt: Sie brauchen die anderen nicht, die anderen brauchen Sie. Ihr Wert verdankt sich ihrem großen Potenzial, also zeigen Sie es, sobald Sie den Raum betreten.

Als ich diese Liste später noch einmal durchlas, versuchte ich mir vorzustellen, wie es wäre, wenn ein Geflüchteter in einer Asylanhörung dieselbe Ausbildung mitbrächte. Die meisten Geflüchteten versuchen, die Sympathie des Beamten zu gewinnen, indem sie das Gastland in den höchsten Tönen loben. Doch was geschieht, wenn ein Geflüchteter gegen sich selbst argumentiert und deutlich macht, dass er oder sie gar nicht hier sein will und lieber wieder nach Hause zurückkehren würde? Asylanwälte haben mir gesagt, dass das funktioniert: Die Beamten kennen die genaue Definition von »Flüchtling«: Und jeder echte Flüchtling hat keine Wahl.

Eine Rechtsvertreterin des britischen Innenministeriums hat mir von einem Iraner erzählt, der sich mit der Beweispflicht auskannte. Er versuchte nicht, einen guten Eindruck zu machen. Er kannte sein Publikum – und den Code. Er hatte die Regeln verstanden. »Er formulierte seine Antworten dementsprechend: ›Wenn auch nur das kleinste Risiko besteht, müssen Sie mir Asyl gewähren.‹ Er hatte sich die Voraussetzungen genau angesehen und alles bedacht.« Die Rechtsvertreterin war beeindruckt. Dieser Mann verkaufte sich nicht, er signalisierte, dass er über die Rechtslage Bescheid wusste. Der Richter glaubte seine Geschichte.

Der Code funktioniert, doch nur wenige sind dazu in der Lage, ihn zu benutzen.

»Wenn Sie in einer Situation sind, die von Ihnen verlangt, Leistungen in einem Bereich zu erbringen, der Ihnen nicht liegt«, sagt Herminia Ibarra (Professorin für Organisational Behavior und Leadership-Guru an der Harvard Business School, McKinsey, London Business School und anderenorts) in einer Ansprache an aufstrebende Geschäftsfrauen, »reicht es nicht, wenn Sie einfach nur Sie selbst sind. Sie müssen Verhaltensweisen ausprobieren, die für Sie untypisch sind.« Im Westen lehren Experten wie Ibarra unsere Kinder, wie man glaubwürdig wirkt – wir codieren die Wahrheit für sie. Wir erzählen ihnen, dass sie versagen und es wieder versuchen können, wie sie ihre Unzulänglichkeiten ausgleichen und überzeugend wirken können. Geflüchtete kommen mit einem Anliegen, also erzählen wir ihnen, dass für menschliches Versagen oder Fehler kein Platz ist. Ihre Geschichten werden von den kleinsten Kuriositäten bereinigt, ihrer Farbigkeit beraubt und einer absurden Beweispflicht untergeordnet.

»Diejenigen, die am stärksten verwirrt und am wenigsten kooperativ sind, sind für mich am glaubwürdigsten, denn es sind die Verletzlichsten«, sagt Dr. Elizabeth Clark, die in den vergangenen fünf Jahren über hundert medizinische Gutachten für Geflüchtete ausgestellt hat. »Diese widersprüchlichen Menschen, die keine schlüssigen Antworten haben und sich damit verdächtig machen … brauchen unsere Hilfe am meisten. Indem wir sie im Ungewissen lassen, tun wir den Menschen so viel an.«

In Primo Levis Buch *Die Untergegangenen und die Geretteten* sagt ein SS-Offizier zu einem Gefangenen: »Keiner von euch wird übrig bleiben, um Zeugnis abzulegen, aber selbst wenn einer davonkommen sollte, würde ihm die Welt nicht glauben. […] Und selbst wenn irgendein Beweis übrig bleiben und einer von euch überleben sollte, werden die Leute sagen, dass die Dinge, von denen ihr da berichtet, zu ungeheuerlich sind, als dass man sie glauben könnte. Die Geschichte der Lager werden wir diktieren.«

Die Worte des SS-Offiziers rührten an die schlimmsten Befürchtungen der Überlebenden; dass ihr Trauma mit den unantastbaren Mythen, den grundlegenden Überzeugungen und der Denkfaulheit anderer kollidieren wird. Levi schreibt über einen wiederkehrenden Traum, den beinahe alle Überlebenden aus der Zeit ihrer Gefangenschaft kennen: »Sie seien nach Hause zurückgekehrt, erzählten mit Leidenschaft und Erleichterung einer ihnen nahestehenden Person von den vergangenen Leiden und sähen, dass ihnen nicht geglaubt, ja nicht einmal zugehört würde. In der typischen und grausamsten Version wandte sich der Angesprochene ab und ging schweigend davon.«

Die bekannte Welt ist zu kostbar; deshalb widmen wir uns ganz der Aufgabe, sie zu schützen. Wir versuchen mit aller Kraft, unsere

Mythen mit einer Ranke an die Realität zu binden, und kämpfen uns mühsam zurück in den Status quo. Wenn man ein Leben im Glauben an Gott, Vaterland und das Gute im Menschen geführt hat, kommt es einer Herkulesaufgabe gleich, den Zigtausenden ausgemergelten Gefangenen zu glauben, die aus den Gettos stolpern und behaupten, sie hätten unmenschliche Gräuel durchlitten – der Verstand versucht, das Offensichtliche wegzuerklären.

Und deshalb ist der Überlebende ständig in Angst, dass die Narben auf seinem Körper nicht ausreichen und sein Bericht aus der Geschichte getilgt wird; dass selbst wenn der Zuhörer jedes schreckliche Detail in sich aufnimmt, er dabei überschlägt, wie wahrscheinlich es ist, dass dieser Bericht ausgeschmückt wurde. Und wenn es zu schwierig ist, dem Überlebenden zu glauben, und der Zuhörer seine eigenen Überzeugungen dadurch gefährdet sieht, wird sein Unterbewusstsein dafür sorgen, dass er das Ganze verdrängt.

Levis Beschreibung des wiederkehrenden Traums erinnert mich an Elif, eine Türkin, die Opfer von Vergewaltigungen wurde und neun Jahre in einem Foltergefängnis verbrachte, bevor sie nach Großbritannien flüchten konnte. »Ich fühlte mich, als sei ich aus der Welt gefallen«, sagte sie. Doch damit meinte sie nicht, dass sie ihre Heimat verlassen musste. Sie beschrieb damit ihre Asylanhörung, bei der zwei Männer sie nötigten, ihre Vergewaltigungen in allen Details erneut zu durchleben.

»Sie fragten, wie die Polizei mich vergewaltigt hat, wie viele Männer es waren. Konnte ich dafür Beweise liefern? Konnte ich beweisen, dass ich gefoltert wurde? Es war, als würde mir die Haut abgezogen. Ich wollte schreien: ›Halt, ich kann es nicht mehr ertragen, ich kann es einfach nicht.‹ Warum wurde ich nicht von Frauen befragt?«

Elif griff nach ihren Papieren, die bewiesen, dass sie jahrelang im Gefängnis war. Als ihr klar wurde, dass das nicht ausreichen würde, verstummte sie. Sie lief auf die Toilette und wusch sich das Gesicht. »Ich wusste damals noch nicht, dass diese Männer wie Roboter waren … ich wollte sterben. Und dann war die Anhörung beendet.«

Ich sprach mit Marc, einem Freund aus meiner Zeit bei McKinsey, der heute als Business Angel kleine Unternehmen fördert, und fragte ihn, wie er den Unternehmern zuhört. Er erzählte von dem großspurigen CEO eines Schlachtbetriebs, dem Fitnesscenter-Betrüger, dem visionären Broadway-Produzenten, der ihm zwei Shows verkaufte, von Freunden und Familienmitgliedern, die ihm vertrauten, als er sie dazu einlud, sich zu beteiligen. Während er sprach, fiel mir auf, dass jede seiner Investment-Entscheidungen davon abhing, ob er an die jeweilige Person glaubte, nicht an die Geschichte oder den Businessplan. Auf den Menschen kam es an. Warum kam mir das absolut richtig vor? Als Autorin weiß ich, dass es für eine gute Geschichte komplexe Figuren braucht, die einen überraschen können. Womöglich gilt das auch für gute Investitionen.

»Ja, das und Diversifizierung«, sagt Marc. »Egal, um welche Summen es geht, man muss bereit sein, sein ganzes Geld zu verlieren.«

Auch das klingt richtig. Bei einer guten Investition geht es darum, eine Gelegenheit am Schopf zu packen, bevor alle anderen sie erkennen. Also wettet man auf ein Dutzend und hofft, dass sich eine davon auszahlt und einen davon befreit, ständig zu kalkulieren, wo auf dem Spektrum sich eine Person befindet: Potenzial oder Bedarf? Wenn man ein breit gefächertes Portfolio hat, kann man auch auf einen Außenseiter setzen.

Höre ich voller Hoffnung und Begeisterung zu? Oder bin ich ständig auf der Hut, weil ich Angst davor habe, das falsche Signal zu übermitteln? Neige auch ich dazu, nur an hochfliegende Pläne und spektakuläre Visionen zu glauben? Wenn meine Tochter mir Geschichten erzählt, suche ich darin nach Hinweisen, was in der Schule passiert ist. Ich habe Angst davor, auch nur eine einzige schlechte Entscheidung bei ihrer Erziehung zu treffen, und diese Angst wiegt momentan schwerer als meine Hoffnung.

Als junge Beraterin achtete ich in den Geschichten der Klienten auf Schwachstellen, die ich verbessern könnte, um selbst zu glänzen. Ich konnte über keinen einzigen Fehler hinwegsehen. Wenn ich Romane lese, bin ich großzügig, suche nach dem Subtext und kunstvoller Sprache. Ich will ergriffen und überrascht werden. Obgleich ich sensibel auf Unsinn reagiere, sehne ich mich letztlich danach, an etwas zu glauben. Beim Lesen geht es mir um Empathie. Ich bin aufmerksam, versetze mich in andere hinein, lasse mich auf ihren Kummer, ihre Erniedrigung, ihre Bedürfnisse ein. Ich akzeptiere, dass ein Buch mich niederschmettert und das nächste mich aufheitern wird.

Ich erwarte nicht, dass eine Geschichte alle meine literarischen Bedürfnisse stillen kann. Weil ich an meinen Erfahrungen wachsen will, lese ich Literatur genau so, wie Marc sein Kapital verteilt: mit Vorstellungskraft, bereit, jedes Versprechen zu glauben und mir dabei im Klaren zu sein, dass die Hälfte nicht eingelöst wird. Er konzentriert seinen prüfenden Blick auf die Portfolios. Mir sind meine geistigen Ressourcen genauso wichtig wie ihm seine finanziellen. Unsere Risikobereitschaft ist für uns beide bereichernd.

Warum können wir dieses Wissen nicht auch außerhalb unserer Wohlfühlzone anwenden?

2019 erklärte ich in einer Fernsehsendung den Unterschied zwischen einem Geflüchteten und einem Migranten – mit der simplen Definition der Genfer Flüchtlingskommission. Ich verwendete dazu Arulananthams »klassisches Beispiel aus Lateinamerika«. Als ich mich auf die nächste Aufnahme vorbereitete, flüsterte einer der Beleuchter seinem Nebenmann zu: »Sollen wir das wirklich senden? Sagen wir ihnen damit nicht, wie sie durch die Tür schlüpfen können?«

Als ich nach Hause kam, brach ich auf dem Bett zusammen. »Was ist denn los?«, fragte Sam. Ich warf einen wütenden Blick auf die Bettlaken. Er hatte sie nicht richtig glatt gezogen.

»Diese Arschlöcher«, sagte ich. »Ich meine … in Filmen tun sie immer so, als würden sie Außenseiter, Sonderlinge und skurrile Typen mögen. Das ist gelogen! Wenn du auch nur ein kleines bisschen nach Pech oder nach Versagen riechst, wenn du nicht mindestens ein Visionär bist, dann hast du überhaupt keine Chance.« Ich dachte an

Dr. Clarks wunderbare Worte: »Diese widersprüchlichen Menschen, die keine schlüssigen Antworten haben …«

»Aber Dina«, sagte Sam und griff nach seinem Buch, während ich wie wild an den Bettlaken zerrte, um sie glatt zu ziehen. »Haben diese widersprüchlichen Menschen denn bei dir eine Chance?«

Darstellen

5

Das Bergdorf in Südfrankreich, in dem wir während der Pandemie Schutz suchten, liegt gut versteckt abseits der Touristenströme, das Leben ist hier noch günstig. Wir wohnen in einem gemütlichen alten Haus, das Sams Eltern gehört, früher lebte dort seine Großmutter. Gelegentlich läuft ein angriffslustiges Huhn über den Dorfplatz. Die meisten Dorfbewohner haben ihr ganzes Leben hier verbracht, ihre Kinder besuchen die örtliche Schule. Wie viele es sind, hängt von der Geburtenrate ab: In einem Jahr sind es sieben oder acht Kinder, im nächsten 14 oder 15, alle werden gemeinsam in den zwei Zimmern des Bürgermeisters unterrichtet. Wir haben einen Trödelladen, ein Restaurant, und vier der Einwohner über sechzig sind Sams Onkel und Tanten. Sam ist in seiner Kindheit jeden Sommer hier gewesen. Ich habe hier die letzten Monate meiner Schwangerschaft verbracht, den verbotenen Rohmilchkäse gegessen und mich hinterher reuevoll auf Toxoplasmose testen lassen. Elena hat auf diesem Marktplatz ihren ersten reifen Pfirsich probiert, ihren weichen, warmen kleinen Bauch gegen ihr Laufgestell gedrückt und zum Gesang der Nachbarmädchen in die Hände geklatscht. Alle unsere Schuhe sind mit Schafdung beschmiert.

Über die Jahre haben viele unserer Freunde uns an diesem geheimen Ort besucht. Zuerst sind sie irritiert und müssen sich an die heißen Nächte und die kratzigen Laken gewöhnen, an die Spinnen, die an den Ölleitungen hinaufklettern, die vielen unerklärlichen Insektenbisse (weil ich auf der Seite schlafe, ist mein rechter Knöchel ganz vernarbt, wie ein Baumstumpf), die Sitzdusche in der Küche, die harten Betten. Ständig gibt es etwas zu tun: Holz besorgen, tote Insekten wegfegen, Wasser von der Quelle holen, Gasflaschen hineintragen. Doch in der Erinnerung verblassen diese kleinen Unannehmlichkeiten und entwickeln ihre eigene Magie, und die Freunde kommen wieder: Um an dem großen Holztisch, umgeben von kühlen Steinwänden und tief hängenden Holzbalken über Bücher zu sprechen und dabei unzählige Karaffen des örtlichen Weins zu trinken, der direkt vom Fuß des Hügels stammt, um Kirschen am Straßenrand zu pflücken, um selbst gemachte Ratatouille aus schweren Töpfen, Hühnchen in Rotwein oder Schmorbraten mit Lorbeerblättern aus dem Garten zu verspeisen, die das Steinhaus mit dem Geruch des Winters erfüllen.

Hier im Dorf kann ich mich entspannen. Es hat ewig gebraucht, bis ich erkannt habe, dass ich, trotz meiner Migrantensehnsucht nach Sicherheit, Geld eigentlich nicht mag und nicht viel davon brauche. Ich kann einen alten Jeansrock tragen, eine Flasche Shampoo über einen Monat strecken und nur alle sechs Monate zum Friseur gehen, denn solange ich gute Kaffeebohnen, gelegentlich ein Brathähnchen, einen Ausblick und genug Geld für Bücher und Laptopreparaturen habe, bin ich glücklich. Und Sam kocht üppige Gerichte, baut, gärtnert, streicht und repariert alles. Eine Unterhaltung mit ihm ist so unterhaltsam wie ein Theaterbesuch. Mit ihm ist ein erfülltes Leben günstig zu haben. Mir gefällt das.

Ich brauche das Dorfleben: Ältere und Kinder, die mir nahestehen, wohnen nur einen Katzensprung entfernt, gehen in meinem Haus ein und aus, klopfen niemals an, leihen Töpfe aus und bringen sie gefüllt zurück, stibitzen Feuerholz, setzen Kinder ab, von denen man gar nicht wusste, dass sie draußen waren. Dieses Bedürfnis ist nicht die Sehnsucht nach Zugehörigkeit, die man auch in einer Siedlung oder in einer Gemeinde finden könnte. Derartige Arrangements sind vergänglich; es sind schwache Bindungen, die ledige Erwachsene eingehen, und sie können sich im Nullkommanichts wieder auflösen, selbst wenn man sich Mühe gibt. Dies hier ist etwas Fundamentaleres, Blutsverwandtschaften, die vor langer Zeit entstanden sind. Es ist eine Art zu leben, die Kindern den ganzen Lauf des Lebens und ihren eigenen Platz darin ständig vor Augen führt.

Auch im Iran hatte ich ein Dorf. Nachdem ich ein Leben lang den Lichtern der Großstadt nachgejagt bin, dachte ich, diese Pandemie könnte mir die mit Mist und Schlamm beschmierten Schuhe meiner Kindheit zurückbringen. Und hier war ein Ort, der von Sams Geschichte erfüllt ist, eine Gemeinschaft widerständiger Dorfbewohner, wie die Familie meines Vaters in Ardestan, Schafhirten und Lavendelbauern, die von Covid weitgehend verschont geblieben sind. Als Präsident Emmanuel Macron im Oktober 2020 ganz Frankreich aufrief, sich mit der Familie zu Hause zu verbarrikadieren, nickten die Nachbarn nur, denn für sie bestand die »Familie« aus dem gesamten Dorf.

In dieser Woche hatten wir fünf Besucher aus Paris – gebildete Leute, die mich nervös machten, denn sie hatten im College all die richtigen Bücher gelesen, während ich versuchte, mich aus einer imaginären Grube herauszuarbeiten und mich vor Armut fürchtete. Wir hatten alle nur wenig Gepäck mitgebracht, eine Tasche mit genug Kleidung für ein paar kalte Tage auf dem Land, wir wanderten zum Markt, über knirschende Piniennadeln auf steinigen Waldpfaden, und dachten uns vegetarische Gerichte aus. Nach einer Woche würden wir in die Stadt zurückkehren.

Doch ein paar Tage später, nach dem Abendessen, als Aleks (eine Mathematikerin) und Jennifer (eine Autorin) gerade den Boden fegten, kam die Nachricht, dass Macron einen zweiten Lockdown angekündigt hatte. Der Präsident gab allen Urlaubern zwei Tage, um in ihre Heimatstadt zurückzukehren oder am Ort zu bleiben und sich darauf vorzubereiten, den Lockdown vom Frühling zu wiederholen. Wir klappten den Laptop zu und saßen ein oder zwei Minuten schweigend da. Wir wollten den düsteren April nicht noch einmal erleben, in einem toten Paris, in dem es kalt und still war.

»Lasst uns hierbleiben«, sagte ich. »Im Ernst, bleibt doch alle hier.«

Am nächsten Tag ging Sam Elena in der Dorfschule anmelden, und als er zurückkam, wirkte er verblüfft. »Dina, das glaubst du nicht. Eine iranische Familie war da, aus dem nächsten Dorf. Sie sind Geflüchtete.«

»Nein«, sagte ich. Dann kam mir ein erschreckender Gedanke. »In einer Klasse mit sieben Kindern? Wie lange sind sie schon …«

»Weiß ich nicht«, sagte Sam und seine linke Augenbraue ging bereits in die Höhe.

»Sind sie einfach so aufgetaucht, wie aus dem Nichts?«, fragte ich. »Waren sie schon letztes Jahr in der Schule?«

Die Augenbraue senkte sich. »Meinst du das ernst?«

Ja, ich weiß. Die Islamische Republik Iran hat momentan viel um die Ohren, mit einem größenwahnsinnigen Präsidenten und einer Pandemie, die die Landbevölkerung unvorbereitet trifft, darunter auch meinen Vater und unser geliebtes Dorf. Der Iran ist zu beschäftigt, um Spione in ein französisches Dorf zu schicken, nur wegen mir. Doch diese Ängste sind unbewusst und sitzen tief – sie sind in meine DNS und mein Gewebe eingeschrieben. Ich kann ihnen nicht einfach sagen, sie sollen verschwinden.

»Gut«, sagte ich. Die toughe McKinsey-Dina war bereits am Analysieren (»Kann ich ihnen trauen?«), wollte unbedingt wissen, wie die Frau aussah und wie sie sich verhielt. Berührte sie ständig ihre Schläfen, als hätte sie bis vor Kurzem noch streng darauf geachtet, dass keine Haarsträhne aus ihrem Kopftuch herauslugte? Hatte sie gut entwickelte Armmuskeln, wie man sie von einem harten Training bekommt, oder war ihr oberer Rücken gekrümmt, wie bei einer Bäuerin? Trug sie riesigen Schmuck, groß genug, um eine Kamera zu verdecken? Klang sie, als würde sie westliche Bücher lesen? Welche Haarfarbe hatte sie? Sollte man mit einer Ausgabe der *Satanischen Verse* vor ihr herumwedeln, um zu sehen, wie sie reagierte?

Die Pandemie hatte alles verdunkelt. Ich hatte Albträume. Mein Vater schickte schlechte Nachrichten aus dem Iran, von Dörfern, in denen das Virus wütete. »Sie türmen so viel Steine und Zement über die Toten«, schrieb er über eine Beerdigung, »man könnte meinen, keine Seele käme daran vorbei, und auch kein Virus.«

Sams Verwandte liebten unsere Freunde. Wenn sie vorbeikamen, sprachen wir Französisch und wurden zu Einwohnern von Luberon, unsere Verbundenheit mit diesem Land, dieser Nation, wuchs mit jedem einzelnen Tag. Dann verschwanden sie wieder und wir kehrten zu unserem bequemen Kulturmix zurück, wie Chamäleons, die sich im Schatten ausruhen: Laleh und Aleks sangen und tanzten mit Elena und spielten Elefanten und Giraffen. Charlie versuchte uns von seinem Morgentee mit Ingwer und Kurkuma zu überzeugen. Jennifer und ihre Freundin, eine französische Filmemacherin namens Manu, sangen *A Lady of a Certain Age*, von der britischen Popband The Divine Comedy und Manu spielte dazu Gitarre.

Wir kauften massenhaft Feuerholz und erstellten einen Haushaltsplan. Da wir alle nur zwei leichte Pullover dabeihatten, gingen uns bald die frischen Sachen aus. Wir durchsuchten das Untergeschoss vom Keller bis zum Badezimmer und den Schrank unter der Treppe, in dem Sams Mutter Flo ihre Sachen aufbewahrte, nach Kleidung, die die Familie vergessen hatte. Sams jüngster Bruder Josh hatte eine Weile im nahe gelegenen Manosque gelebt und einige schöne Mäntel im Haus gelassen. Wir fanden Winterkleider, Röcke und einige gefütterte Westen und Jacken von Flo. In den Tagen darauf entdeckte ich immer weitere verkrustete Vitamintabletten in meinen Rocktaschen und sechs Euro in Zehn-Cent-Stücken zwischen den Schals im Nähkorb. Wir gingen spazieren. Während die anderen endlose literarische Debatten führten, verleitete Aleks mich dazu, Rätsel zu lösen oder Sendungen anzuschauen, die die anderen als oberflächlichen TV-Schund bezeichneten.

Manchmal, wenn wir mitten beim Essen oder beim Fernsehen waren, schlich Sam hinaus, um einen verzweifelten Anruf von Josh anzunehmen, der in England mit dem Lockdown kämpfte. Die meiste Zeit seines Lebens hatte Josh an manischen und wahnhaften Episoden gelitten. Selbst in seinen stabilen Phasen, in denen er Medikamente nahm, war Josh immer auf der Suche nach einer Heilmethode, sei es nun Achtsamkeit, Drogen oder der jüdische Glaube. Gelegentlich buchte er einen Billigflug irgendwohin, ohne es jemandem zu sagen. Er wanderte durch die Straßen, rief einen Freund aus längst vergangenen Zeiten an, der ihn nicht aufnahm, und kehrte nach einem Tag der Heimatlosigkeit geknickt zurück. Einmal flog er nach Israel, wo er lauthals verkündete, er habe seine spirituelle Heimat gefunden. Die israelische Polizei wurde alarmiert, befragte ihn und setzte ihn in das nächste Flugzeug zurück nach London. Vor Jahren musste Sam ihn aus Peru heimholen, wo er sich in einem Ayahuasca-Retreat versteckt hatte. Er hatte gehofft, dort seinen Geist zu öffnen, bewusstes Denken auszuschalten und in ein wundervolles Vergessen zu entfliehen, eine ekstatische Trance; bei seiner Rückkehr würde ihm vielleicht klar werden, was in seinem Körper vorging.

Nach Joshs Anrufen setzte sich Sam leise auf seinen Stuhl, kaute auf seiner Lippe und sah blass aus.

»Alles in Ordnung?«, fragte ich dann. Wir hatten diese Unterhaltung schon zig Mal geführt

»Er sagt komische Sachen«, flüsterte Sam.

Dann seufzte ich oder schüttelte den Kopf: »Er braucht eine Arbeit, nicht dieses ganze Gehätschel.«

Sam nickte.

Sams Schlafstörungen verschlimmerten sich. Häufig wachte er um drei Uhr morgens auf, ging herum, las und schrieb, als warte er auf ein unmittelbar bevorstehendes Desaster. Und er kümmerte sich rührend um all unsere Freunde, ging einkaufen, kochte. Er wurde zu einer Stütze der Gemeinschaft und verteilte seine Hilfe ebenso großzügig wie seinen Eintopf.

Schon bald nachdem wir uns in der MacDowell-Künstlerresidenz kennengelernt hatten, erzählte Sam mir von Josh. Einer rätselhaften verlorenen Seele, die davonrannte, Freunde verprellte und nur unregelmäßig im Leben seines zweijährigen Sohns auftauchte. »Er hat eine schizoide Persönlichkeitsstörung«, sagte Sam. »Ich warte immer darauf, dass ein Fremder aus Israel anruft. Er findet einen Last-Minute-Flug für hundert Euro und fliegt ohne Gepäck los.«

Sam zeigte mir ein Foto von Joshs Sohn Raffa, der bereits Sams breites Grinsen und seine Ringellocken hatte. Josh sah auch wie Sam aus, mit etwas feineren und weniger markanten Gesichtszügen.

In der ersten Zeit in der MacDowell-Künstlerresidenz sprachen Sam und ich häufig über Obsessionen. Josh sei besessen von seinem Körper und seinem Glauben, erzählte Sam mir. Er sorge sich ständig, ob sich in seiner DNS etwas Fremdes befand, das ihn zerstörte. War es eine Krankheit? Konnte der jüdische Glaube seiner Großeltern ihn retten? Konnte er irgendwie mit ihrer tragischen Geschichte in Verbindung treten? Er las die Thora und Bücher über den Holocaust. Er suchte Rat bei einem Rabbi, der ihn als reflektiert und voller spiritueller Einsichten bezeichnete.

Als ich von Josh erfuhr, war mein erster Gedanke, ich sollte besser Abstand von Sam halten. »Er ist nicht der Richtige für mich. Er trägt eine zu große und sperrige Last mit sich herum und ist zu sehr an andere Menschen gebunden.«

Dennoch wollte ich mehr über seine Familie erfahren. Sams Vater Sheldon, ein Anwalt für Menschenrechte, stammte ursprünglich aus Südafrika, wo er sich gegen die Apartheid eingesetzt hatte. Mittlerweile war er Professor, er gab gern Kalauer zum Besten und diskutierte beim Abendessen über moralische Dilemmata. Sams Mutter Flo, eine Künstlerin, die beinahe den großen Durchbruch geschafft hätte, spendete ihr bekanntestes Bild einer kleinen christlichen Wohltätigkeitsorganisation und gab ihre eben erst begonnene Karriere auf, um sich um ihre Familie zu kümmern. Sams älterer Bruder Ilan war ebenfalls Anwalt für Menschenrechte, seine Frau eine Menschenrechtsbeauftragte, die ihr halbes Leben damit verbracht hatte, mit Warlords zu verhandeln und unternehmerischen Missbrauch an afrikanischen

Arbeitern aufzudecken. »In Annekes Handy sind die Nummern aller kongolesischen Warlords gespeichert«, sagte Sam. »Sie könnte ihnen jederzeit eine Textnachricht schicken.« Er erzählte mir, dass Ilan seinen Namen in Daniel geändert hatte, weil seine Schule in Suffolk so konformistisch war.

»Mein Bruder hat seinen Namen auch in Daniel geändert!«, rief ich. Sam dachte, ich mache Witze. »Im Ernst! Als wir auf der Flucht waren, weil ›Khosrou‹ für die Anglophonen zu schwierig auszusprechen ist.«

»Das ist eine merkwürdige Gemeinsamkeit«, sagte Sam.

Ich hatte keine Familie. Ich war gerade frisch geschieden, ich hatte nur meine Mutter, und ihr zuzuhören, wie sie sich über meinen Ex-Mann, ihren Glauben oder ihre Pläne für ihren Biogarten ausließ, verursachte bei mir Nesselausschlag. Zwei Ärzte hatten mir gesagt: »Wenn bestimmte Dinge bei Ihnen Ausschlag auslösen, halten Sie sich von ihnen fern.«

Sams Familie schien sich sehr nahezustehen. Ein gebildeter Vater, der zum Abendessen nach Hause kam. Eine Mutter, die wie meine eine Evangelikale war, ihre Kinder aber nicht zum Glauben drängte oder ihre eigene Geschichte mythologisierte. Brüder und Schwestern, die sich liebten und um den geplagten Jüngsten sorgten. In MacDowell hatte Sam eine seiner Arbeiten vorgelesen, einen Text über seine Großmutter, die kürzlich verstorben war. 25 Künstler brachen in Tränen aus.

Eines Tages kam Sam in die Küche, als ich gerade Kräuter für ein persisches Gericht wusch. »Kann ich helfen?«, fragte er. Er rollte sich die Ärmel hoch, schrubbte seine Hände und fing an, Gemüse zu schneiden.

»Du hast schon mal in einer Küche gearbeitet«, sagte der Koch. Sam grinste.

An diesem Abend steckte eine Nachricht in meinem Postfach, zusammen mit einer kleinen Skulptur, die er aus dem Metallverschluss der Weinflasche geformt hatte, die wir getrunken hatten – eine nervöse Angewohnheit. Bis heute habe ich ihn Hunderte von Spinnen, Blumen, Marienkäfer, kleine Kleiderbügel und vieles mehr aus Weinverschlüssen formen sehen.

»Ich liebe diesen Mann«, erzählte ich jedem in der Künstlerresidenz. »Er ist der Richtige.« Als er davon erfuhr, murmelte er etwas Unverbindliches, doch ein kleines Lächeln blieb eine ganze Weile lang auf seinem Gesicht stehen. Manchmal, wenn er sich beim Abendessen mit jemand anderem unterhielt, legte er seine riesige, raue Hand auf meine. Ich war noch nie jemandem so unverblümt nachgelaufen, nicht seit Ali Mansouri auf dem Spielplatz, und nicht nach Noah. Vielleicht war damals, bei den Freundschaften oder Lieben, die mir entglitten sind, das eigentliche Problem, dass ich nicht daran glaubte. Ich kletterte nicht auf Dächer und rief: »Er gehört zu mir!« Man muss dem Universum sagen, was man will, und dann mit ihm darum kämpfen, oder nicht?

Doch jeden Abend nach dem Essen stand Sam bald vom Tisch auf, um eine Frau in New York anzurufen – eine Malerin mit hohen Wangenknochen, die auf Fotos niemals lächelte. Einmal waren Sam und ich ausgebüxt, um in der Stadt zu essen, und er zeigte mir ein Foto von ihr. Sie habe einen exquisiten Geschmack, erzählte er mir, und ich antwortete, den Typ würde ich kennen. »Sam gehört nicht zu mir«, sagte ich zu mir selbst, und es liegt nicht an seinem kranken Bruder oder an seiner Beziehung, sondern weil er diese Überheblichkeit, diese Eleganz, diese Aura von künstlerischer Exklusivität bewundert. Ich bin ungeschickt, habe immer irgendwo einen komischen Fleck oder Krümel im Haar, ich bin offenherzig und leicht zu durchschauen. Abends im Bett machte ich eine Liste von all dem, was diese mysteriöse andere Frau an mir durchschnittlich, gewöhnlich und unbedeutend finden würde: meine Strähnchen, meine panische Angst vor dem Iran, meine Jeans aus dem Kaufhaus, meine Geschichten, die einen Anfang, eine Mitte und ein hoffnungsvolles Ende haben, meine Angewohnheit, bei schlechten Filmen zu heulen. Aber am meisten würde sie mich wohl wegen der zwei großen Dogmen verurteilen, die mein früheres Leben geprägt haben und die von Künstlern so verachtet werden: die evangelikale Kirche und McKinsey. Ich bin das Mädchen, das nach einem zweiten Stück Kuchen greift. Ich lache zu laut, rede zu viel, sage komische Sachen.

Ich bildete mir ein, ich würde Sams Eltern besser verstehen als Sams strenge, anspruchsvolle Künstlerfreundin. Dass sie bei den abendlichen Logikrätseln gähnen würde und dass ich Sams Eltern vor ihrem strengen Urteil in Schutz nehmen müsste. Sams Vater Sheldon schien zu meinem Stamm zu gehören, ich würde seine Sprache verstehen. Sheldon, dachte ich, würde auch mich verstehen.

Ich schmollte tagelang. Warum konnte ich nicht lässig und elegant sein, jemand, den man ernst nimmt? Warum waren meine Worte nicht Gold wert, meine Liebe schwer zu erringen und kostbar? Warum war ich diese Außenseiterin, eine Großmutter vom Land, nur dass ich dazu noch nicht alt genug war? Schon damals liebte ich Sam mit einer riesigen, dummen Liebe.

In einer dieser traurigen Nächte in MacDowell wanderte ich durch den Wald zur Bibliothek und verbrachte eine Stunde damit, den Fernseher zum Laufen zu bringen. Dann sah ich mir alte Folgen der *Gilmore Girls* an. Sam kam vorbei und kicherte. »Aber du schreibst doch so gute Kurzgeschichten«, sagte er, als hätte das eine irgendetwas mit dem anderen zu tun. An unserem letzten Tag kaufte Sam für seine Künstlerin im Andenkenladen einen Korb. Nach zwei Monaten Hin und Her hatten wir uns endgültig Lebewohl gesagt. Ich stellte mir vor, wie er Weihnachten nach Hause zu seiner riesigen Familie flog – sein merkwürdiger Bruder würde sich von seiner besten Seite zeigen, seine kontinentalen Eltern würden in zusammenpassenden Pullovern den traditionellen Schokoladenkuchen zu kitschiger Weihnachtsmusik anschneiden, während seine hungrige Freundin mit ihrem spitzen Kinn, ihrem strengen Dutt und den manikürten Fingernägeln schweigend zusah.

Sobald eine Geflüchtete unter all ihren Geschichten die richtige gefunden hat, wendet sich das Blatt. Während die Heimat immer mehr verblasst, muss sie nun überzeugen, auch wenn die Darstellung ihrer Geschichte, ihres Kummers und ihrer Ängste von unzähligen kulturellen und traumatischen Faktoren beeinflusst wird. Sontag hat recht: Das abgeklärte moderne Publikum wird dagegen ankämpfen, sich bewegen zu lassen. Als meine Familie in den Vereinigten Staaten eintraf, glaubte ich, die westlichen Asylbeamten würden ihre Pflicht tun und die Menschenrechte verteidigen. Unterstützt von der Genfer Flüchtlingskommission und der weltweit geteilten Überzeugung, dass sich eine Tragödie wie der Holocaust niemals wiederholen dürfe, hörten diese Türhüter zu, um zu verstehen, zu retten, ein historisches Mandat zu erfüllen – sie hörten uns mit derselben Sorgfalt und Entsetzen zu, wie sie Mitte des 20. Jahrhunderts den russischen Müttern zugehört hatten, die aus dem versehrten Europa stolperten und nach einer helfenden Hand griffen. Als ich aufwuchs, teilte ich diese Naivität, doch auch die Beamten haben sich seither verändert. Ihre Motivation, ihre Ausbildung, ihre Überzeugungen wandelten sich mit den Regierungen, denen sie dienten. Sie wurden zu zynischen Minenarbeitern, die nach winzigen Widersprüchen gruben.

Die heutigen Asylbeamten sind angehalten, Unstimmigkeiten festzuhalten. Sie sind dazu ausgebildet, misstrauisch zu sein, sie verlangen eine perfekte Vorstellung und beschuldigen Überlebende, Details zu erfinden, irrelevante Verletzungen vorzuzeigen oder sogar sich selbst verletzt zu haben. In Großbritannien wurde einer fünfzigjährigen Asylbewerberin vor einigen Jahren gesagt, sie sei zu alt, um vergewaltigt worden zu sein. Stellen Sie sich vor, Sie würden an einer Aufführung teilnehmen, in der Ihr Leben auf dem Spiel steht. Stellen Sie sich weiterhin vor, ein ungebildeter, ungeduldiger Zwischenrufer säße in der ersten Reihe, und diese Person wäre Ihr Richter.

Aus einem Bericht mit dem Titel *Proving Torture* aus dem Jahr 2016, den Ärzte und Wissenschaftler im Auftrag von Freedom from Torture erstellten, ist ersichtlich, dass es Fälle gegeben hat, in denen die

Asylbeamten die Gutachten von Sachverständigen ignoriert und nach eigener Einschätzung entschieden haben: Die Folteropfer schienen ihnen nicht depressiv oder krank genug zu sein, oder sie hatten keine Knochenbrüche erlitten. Ein Sachbearbeiter kam zu der abwegigen Schlussfolgerung, wenn ein Asylsuchender gesundheitlich derartig beeinträchtigt sei, wäre er bereits am Flughafen identifiziert worden. Ein anderer sagte, die Schutzgelder, die das Opfer angeblich zahlen sollte, seien ihm zu hoch vorgekommen. In einem Ablehnungsbescheid widersprach sich die Asylbehörde selbst, indem sie zunächst feststellte, es sei unmöglich, dass ein Algerier, der Hassverbrechen ausgesetzt war, die Polizei verständigte, ohne wegen seiner sexuellen Orientierung verhaftet zu werden, und dann hinzufügte, Algerien sei ein sicheres Land für einen homosexuellen Mann.

Die Studie belegte, dass die Sachbearbeiter in einigen Fällen Expertenmeinungen durch ihre eigenen »klinischen« Interpretationen ersetzten, obwohl sie dafür weder ausgebildet noch kompetent genug waren: »In jedem anderen Gerichtsverfahren wären derartige Praktiken ein Skandal.« Weitaus beunruhigender ist die Tatsache, dass die Sachbearbeiter wenig oder gar keine Kenntnis des Istanbul-Protokolls von 1999 hatten, das der internationale Standard für die Beurteilung von Folterverletzungen ist, und eine ganze Reihe von Asylanträgen aufgrund unzureichender Beweislast ablehnten. Obgleich das Gesetz nur »hinreichend wahrscheinliche« Beweise verlangt, folgten die Asylbeamten eher einem Grundsatz aus der Kriminalistik: »nicht zweifelsfrei nachweisbar«, und lehnten überzeugende Asylanträge aufgrund von nur gering wahrscheinlichen anderen Möglichkeiten ab. Sabine, das junge Vergewaltigungsopfer aus dem Kongo, konnte zwar beweisen, dass sie eine Tutsi und ihre Vergewaltiger Soldaten waren, dennoch wurde sie abgelehnt.

In einem Fall wurde ein Überlebender verhaftet und gefoltert, konnte fliehen, wurde wieder gefangen genommen und erneut gefoltert. Ein Beamter der britischen Asylbehörde schreibt dazu: »Wenn man davon ausgeht, dass Ihre Verletzungen so schwerwiegend waren, dass Sie daran hätten sterben können, ist es nicht schlüssig, dass Sie trotz dieser Verletzungen über eine Mauer springen konnten, um aus dem Gefängnis zu entkommen.«

Na schön, denkt man. Ihr glaubt die Sache mit der Mauer nicht. Na und? Der Mann war mindestens einmal in Haft und hat Folterwunden vorzuweisen, die typisch für dieses Gefängnis sind. Doch der Ablehnungsbescheid macht einen logischen Fehler nach dem anderen: »Da es nicht glaubwürdig ist, dass Sie aus der Haft entkommen sind, ist es ebenfalls unglaubwürdig, dass Sie ein zweites Mal verhaftet worden sind … Daher kommen wir zu dem Schluss, dass die Narben, die im Bericht der Rechtsmedizin aufgeführt sind, in keinerlei Zusammenhang mit den Ereignissen stehen, die Sie beschrieben haben.«

Erst ein Richter vom Berufungsgericht erkannte, wie abwegig diese Argumentation war. Von der Expertenmeinung des Gerichtsmediziners einmal abgesehen, ließen die zahlreichen Narben des Überlebenden »nur den einen Schluss zu, dass der Kläger dauerhafter Folter oder akuten Misshandlungen ausgesetzt gewesen ist … Es ist theoretisch vielleicht denkbar, dass eine solche Misshandlung ihm auch von anderen Menschen als den Behörden seines Landes zugefügt worden sein könnte, doch wer waren sie – niemand sonst wurde verdächtigt oder identifiziert; und warum sollte der Kläger selbst sie nicht benennen, wenn das Ergebnis wohl dasselbe wäre?«

Die Asylanwältin Ana Reyes schrieb ein Memo mit ähnlichen Ergebnissen wie die aus dem FFT-Bericht aus Amerika. Zu den typischen Fehlern, die zur Ablehnung eines Asylantrags wegen mangelnder Glaubwürdigkeit führen, gehören: wiederholte falsche Auslegungen der Aussagen der Opfer, Ablehnung aufgrund von reinen Spekulationen und aufgrund von Fakten, die nicht ausdrücklich angefordert wurden. In einem Fall wurden die Asylbewerber als »religiöse Eiferer« bezeichnet, deren Religionsausübung »die Mehrheit als anstößig empfindet«. Das könnte eben der Grund sein, warum sie Asyl brauchen, wie die christlichen Konvertiten aus der islamischen Welt, doch wenn sie abgewiesen werden, weil ihr Glaube den Amerikanern nicht gefällt, dann handelt es sich um eine grobe Fehlauslegung der Genfer Flüchtlingskonvention. In einem weiteren Fall waren die Befrager unzufrieden, dass der Bewerber nicht beschreiben konnte, wie tief die blutenden Wunden an seinem Kopf waren. Reyes zitiert Fälle, in denen Bewerber abgelehnt wurden, weil sie keine Krankenakte bei sich hatten, oder aber weil »es nicht plausibel ist, dass der Bewerber, der aus China in die Vereinigten Staaten immigriert ist, aus keinem ersichtlichen Grund seine Krankenakte bei sich führt«.

2020 hat Freedom from Torture einen weiteren Bericht mit dem Titel *Beyond Belief: How the Home Office Fails Survivors of Torture at the Asylum Interview* veröffentlicht, mit Auszügen aus den Befragungen:

Antragsteller: Ich habe Angst vor den Regierungstruppen, weil ich misshandelt und diskriminiert worden bin. Ich denke dabei an meine Kindheit und Jugend, besonders meine Schulzeit. Soll ich Ihnen erzählen, was geschehen ist?

Sachbearbeiter: Ich möchte wissen, warum genau Sie Asyl beantragen wollen, nicht, was vor 190 Jahren passiert ist.

Oder in einem anderen Fall, als die Antragstellerin bei der Erinnerung an ihre Vergewaltigung zu weinen beginnt:

Sachbearbeiter: Wurden Sie während dieser fünf Tage vergewaltigt?

Antragstellerin: Ja, geschlagen, vergewaltigt und nackt zurückgelassen. Ich will gar nicht daran denken.

Sachbearbeiter: Wie oft wurden Sie während dieser fünf Tage geschlagen und vergewaltigt?

Immer wieder beschreiben Folteropfer in diesem Bericht, wie sie unterbrochen wurden, während sie ihre erschütternden Geschichten erzählten, wie sie angewiesen wurden, kurze Antworten zu geben, wie man ihnen sagte, ihre Antworten seien irrelevant, nur um später zu erfahren, dass sie abgelehnt wurden, weil sie nicht genügend Informationen geliefert hätten. »Ich hatte keine Chance, zu erklären, warum, wo und wie ich verhaftet wurde«, sagt ein Geflüchteter. Ein Sachbearbeiter sagte zu einer Geflüchteten, die Mühe hatte, ihre Geschichte zu erzählen: »Sie müssen sich meine Fragen anhören und sie korrekt beantworten, denn wenn Sie nicht dazu fähig sind, die Fragen zu beantworten, die ich Ihnen stelle, verzögert sich die ganze Sache nur. Verstehen Sie das?«

In *Vita activa oder vom tätigen Leben* schreibt Hannah Arendt, der öffentliche Raum diene dazu, die Realität zu konsolidieren. Die eigene Geschichte zu Gehör zu bringen und in die Öffentlichkeit zu tragen macht sie real, und damit ist das Geschichtenerzählen ein notwendiges Bindeglied zwischen dem Öffentlichen und dem Privaten.

»Verglichen mit der Realität, die sich im Gehört- und Gesehenwerden konstituiert, führen selbst die stärksten Kräfte unseres Innenlebens – die Leidenschaften des Herzens, die Gedanken des Geistes, die Lust der Sinne – ein ungewisses, schattenhaftes Dasein, es sei denn, sie werden verwandelt, gleichsam entprivatisiert und entindividualisiert, und so umgestaltet, dass sie eine für öffentliches Erscheinen geeignete Form finden. Solche verwandelnden Urformen finden bereits bei dem einfachsten Erzählen einer Geschichte statt.«

An die Tür einer neuen Nation zu stolpern, mit nichts weiter als einer Geschichte, einer grausamen, verworrenen Geschichte, die dich verändert hat, und dann gesagt zu bekommen: »Sie haben meine Fragen nicht korrekt beantwortet«, ist eine Form von Gewalt, ein Ausschluss aus der öffentlichen Sphäre, das Ende einer Wirklichkeit und eine Art von Tod.

Vier Monate später, die Zeit in MacDowell war lange vorbei und Sam war weg. Ich war verletzt, aber nicht länger die ängstliche Ehefrau, die ich gewesen war. Ich brauchte niemanden, der meine Liebe akzeptierte oder erwiderte, meine Geschichte mit Sam mochte vorbei sein, aber sie gehörte immer noch mir. Ich lebte frei und ungebunden in New York, einer Stadt voller Ablenkungen.

Sam kam im Frühjahr zu mir zurück, nach unserem gemeinsamen Herbst in MacDowell. Seine Beziehung mit der eleganten Frau war zu Ende. Er sagte, es hätte ihm gefehlt, wie ich jeden Gedanken laut aussprach, zu meinen Vorlieben stand und meine Liebe zu ihm so offen bekannt und keine Angst davor gehabt hatte, damit alleine dazustehen.

Wenn ich nur einen Monat später schwanger geworden wäre, hätten wir Nägel mit Köpfen gemacht, und ich hätte nie wieder daran zweifeln müssen, dass er mich genauso sehr liebt wie ich ihn. Sam fiel es zuerst auf, weil ich meine Pille gewechselt hatte und meine Wangen runder und meine Brüste größer wurden. Er drängte mich, einen Test zu machen, den ich im Badezimmer liegen ließ. Ich rannte zurück ins Bett und versteckte mich unter der Decke, während er sich den Test ansah.

»Du bist schwanger«, sagte er erstaunt. Ich wollte ihm gerade versichern, dass das ganz allein mein Problem sei, als es aus ihm herausbrach: »Das ist ja großartig! In einem Jahr wäre es sowieso passiert.« Wir waren beide geschieden und Mitte dreißig. Wir wussten, was wir wollten – und dass wir *wir* waren –, und sollten uns diese Chance, eine Familie zu gründen, nicht entgehen lassen. »Kannst du dir vorstellen, was für ein Kind wir haben werden?«, fragte er.

Wir zogen uns blitzschnell an und rannten hinunter in mein Stammcafé an der Lower East Side. Sam holte mir einen koffeinfreien Cappuccino und sagte: »Lass uns meine Eltern anrufen.« Einfach so. Sie waren gerade mit ihren beiden Enkelkindern beim Wandern in den englischen Wäldern.

»Mutter«, sagte Sam, »wir bekommen ein Baby.« Flo reagierte erfreut.

Sheldon rief Hurra. Keiner von ihnen war auch nur einen Augenblick lang schockiert, entsetzt oder verwirrt. In einer Nanosekunde stellten sie sich nahtlos auf uns ein, auf mich und Elena.

Fragten sie sich nicht, ob ich Geld hatte? Oder einen Pass? Hinterfragten sie nicht die Motive dieser Fremden, die in ihr Leben getreten war? Wo war ihr Misstrauen, ihr Überlebensinstinkt? Jetzt machte ich mir um sie Sorgen. Wer würde dieses unschuldige Paar davor beschützen, von Betrügern hereingelegt zu werden?

Später errieten meine vernünftigen Freundinnen aus der Geschäftswelt, dass ich schwanger war. Ich schrieb an dreißig Leute, um meine Geburtstagsparty von einer russischen Wodka-Bar in den Central Park zu verlegen und dort zu picknicken. Die Leute horchten auf. »Lass uns doch zum Hot Yoga gehen«, schrieb eine Freundin. Ich erfand eine Ausrede. »Weinbar?«, schrieb sie. »Sushi? Sauna? Türkisches Café? Oder Schwimmbad?«

»Auf was willst du hinaus?«, antwortete ich. Ich würde sie vermissen. Ich wusste bereits, dass dieses Leben vorbei war.

»Das weißt du ganz genau«, antwortete sie. Dann drängte sie mich dazu, mich selbst zu fragen: Würde ich dieses Baby auch bekommen, wenn ich alleine wäre? Ja, das würde ich. Ich brauche Sam nicht, auch wenn ich ihn liebe. »Gut, dann lass uns einen Arzt anrufen. Du brauchst doch Folsäure-Spritzen oder so was?« Als ich ihr erklärte, dass es keine Folsäure-Spritzen gab, sagte sie: »Doch, ich glaube schon, wenn du dafür bezahlst …«

In den folgenden Tagen schleppte Sam Schwangerschaftsratgeber, Vitamine und eine erstaunliche Menge an Essen an: Rollmops, geräucherter Lachs, eingelegter Hering. Ich war gerührt, dass er mir Essen aus seiner Kultur mitbrachte, als wollte er mich in seine Familie einladen. Eines Morgens machte er mir zum Frühstück ein Omelett, in dem so viele Kräuter und Knoblauch waren, dass es fast auseinanderfiel.

In der ersten Zeit in meinem New Yorker Studio erzählte Sam mir von seiner Familie. Seine Eltern hatten eine sehr bewegte Geschichte:

Die Muttter wuchs im Vichy-Frankreich in einem strengen Elternhaus auf, der Vater in einer Familie, die durch den Holocaust stark gezeichnet war. Beide Seiten waren über die Hochzeit seiner Eltern nicht gerade begeistert. Sie war eine wunderschöne französische Künstlerin und er hatte gerade sein Studium in Yale begonnen, und sie verliebten sich, kauften Häuser zu moderaten Preisen in Künstlerdörfern in Essex und in der Provence, ihre Türen standen Gästen immer offen, sie bereisten die ganze Welt, kämpften gegen Machtmissbrauch, bekamen vier Kinder, denen sie Ethik und Logik beibrachten, während sie opulente französische Abendessen verspeisten, und schickten zwei von ihnen nach Oxford. Sie waren meine Traumfamilie. Wenn ich in New York Sams Familie erwähnte, sagten die Leute: »Sie sind zwar nicht reich, aber sie wissen, wie man lebt«, oder: »Sie umgeben sich immer mit den faszinierendsten Menschen.«

Wir skypten mit Sams Schwester Anna, die mir von ihrer Entbindung in London und dem englischen Gesundheitssystem erzählte. »Und wie geht es euch jetzt?«, fragte ich zögerlich, der Gedanke an die Entbindung versetzte mich in Panik.

Sam erzählte mir von Joshs Trip nach Peru. Über seine Rückkehr nach New York, in der Hoffnung, dass die Stadt ihn willkommen heißen würde.

Manchmal machte ich mir Sogen, was geschehen würde, wenn wir uns trennten. »Ich würde das Baby niemals seiner richtigen Familie vorenthalten«, sagte ich dann, »selbst wenn wir nicht zusammenbleiben.« Und ich meinte es so. Sams Familie war so verwurzelt, so künstlerisch und so kurios.

Monatelang zeigte Sam seine Liebe für mich und das Baby durch Essen – geschälten Spargel mit Cashewnüssen, Zucchinistreifen in Vinaigrette, einen Korb dicker, tropfender Kirschen vom Straßenrand, klumpigen Joghurt mit gehackten Mandeln, Hühnchen geschmort in Zwiebeln und Wein, knackige saure Salate und genug geräucherten Fisch, um meine Magenwände einzupökeln. Er vollführte das Ritual, unser tägliches Essen vorzubereiten, erst in New York und später in dem Dorf seiner Familie außerhalb von London, wo mir meine Gürtel schon zu eng wurden, und schließlich in der Provence, wo ich luftige Sommerkleider trug, in diesem Dorf, in dem ich heute sitze und zuhöre, wie die Holzscheite im Kamin knistern.

Und dennoch wuchs in mir ein Unbehagen: Liebte Sam mich oder war er nur ein hingebungsvoller Vater? War ich künstlerisch genug, klug genug? Bedeutete ihm meine Arbeit etwas? Glaubte er insgeheim, ich würde niemals so kreativ und originell sein wie andere Frauen, die er gekannt hatte? Waren wir überhaupt fähig zu einer liebevollen Beziehung, nach unseren Scheidungen, nachdem wir zugesehen hatten, wie unsere unschuldigen Bemühungen in Kummer und hässlichen Streitereien endeten?

»Warum heiratet er dich nicht?«, flüsterte meine Mutter mir ein, obgleich ich ihr klargemacht hatte, dass ich nie wieder heiraten würde – niemals. Die Institution der Ehe bedeutet mir nichts, sie ist nur eine legale Fessel.

Nach einer Weile war ich überzeugt, dass meine Begegnung mit Sam kein reiner Zufall war, dass ich vor allem in die MacDowell-Künstlerresidenz gegangen war, um den Richtigen für mich zu finden. Wenn man absichtlich versucht, jemanden zu finden, wird alles komplizierter, denn es bedeutet, dass man etwas losgetreten hat, was sich von allein nicht ergeben hätte. Doch ist es deshalb weniger real? Das war schon in meiner Jugend mein Problem gewesen. Als ich noch jünger war, war ich stolz auf die Fähigkeit, eine Romanze durch reines Wunschdenken zu realisieren. Ich fühlte mich mächtig (aufgrund dieses kleinen, universellen Talents). Heute frage ich mich, ob ich mir damit die Chance verstellt habe, von jemand anderem entdeckt und umworben zu werden? Die Jungen haben diese eine Chance, loszugehen und sich das zu nehmen, was sie wollen. Dann ist es vorbei und man ist eine Frau in einem gewissen Alter, die unsichtbar ist, und jedes ihrer Worte ist versalzen.

Eines Tages, zu Beginn meiner Schwangerschaft, ging ich zu einer Therapeutin. Liebt Sam mich, wollte ich fragen, und wenn ja, warum kann ich es dann nicht glauben? Bei anderen Männern ist mir das immer leichtgefallen. Es liegt nicht daran, dass ich im Innersten unfähig bin, Liebe anzunehmen, oder dass ich meinen eigenen Wert nicht kenne. Es ist etwas anderes.

»Es könnte daran liegen, dass Sie denken, Sie seien nicht länger liebenswert«, sagte die Therapeutin. »Sie müssen nicht schon immer an der Liebe gezweifelt haben, um plötzlich daran zu zweifeln.«

»Warum sollte ich das tun?«, fragte ich. »Bei einem Mann, der sich in dem Moment, in dem ich schwanger wurde, dazu entschieden hat, sein Leben mit mir zu verbringen?«

»Womöglich glauben Sie, dass Sie keine langfristige Liebe mehr verdient haben?«, sagte die Therapeutin.

Ich verdrehte die Augen: »Warum denn? Das ist 25 Jahre alter Unsinn.«

»Sie scheinen zu denken, dass Sie mit 35 zu einer Art Roboter geworden sind.«

Ich rutschte unruhig auf meinem Stuhl herum. »35 und Mutter …«

»Geht es darum? Vielleicht denken Sie, Sams Liebe gehört allein dem Baby?«

»Das ist auch Unsinn.« War es nicht. Genau das war es, was ich dachte.

Und sie fuhr fort: »Vielleicht wegen Ihrer Scheidung von Philip?«

»Na ja«, begann ich und hielt inne. Das war es nicht. Sam war auch geschieden. Ich mag Scheidungen.

»Und weiter?«

»Es tut mir leid für Philip. Er hat mich wirklich geliebt. Ich habe seine naive Liebe für die ganze Welt ausradiert.«

»Die Zeit hat das getan«, sagte sie mit genug Überzeugung, um meinem Ego einen Stich zu versetzen. »Nicht Sie.«

»Schon ein bisschen. Er war naiv, und ich fand, er war langweilig.«

»Sie verwenden dieses Wort immer wieder.« Sie zog die Nase kraus, wie eine Lehrerin, die einen Fehler entdeckt hat.

»Naiv? Das ist das treffendste Wort, um seinen Charakter zu beschreiben … oder die Kluft zwischen uns. Wissen Sie, er heulte bei Pixar-Zeichentrickfilmen. Also, er heulte vielleicht nicht richtig, aber er saß verzückt da, mit hochgezogenen Augenbrauen und zitterndem Kinn, einem kleinen Lächeln, und die Tränen standen ihm in den Augen.«

Sie lächelte. »Es gibt Schlimmeres, als naiv zu sein.«

»Finden Sie? Die meisten Leute finden das nicht. Deshalb versuchen sie es zu verbergen.«

»Und ›langweilig‹ … das ist ein banales Wort, das Sie benutzen, um sich selbst zu bestrafen. Erklären Sie es mir.«

»Na gut … er interessierte sich nicht für Literatur oder gute Geschichten – er hatte ein großes Herz, aber er war leicht zu manipulieren. Er nahm alles wörtlich, war sehr ernsthaft. Er hatte keine morbide Faszination für gewisse Dinge, wie Sam. Er konnte nicht über sich selbst oder die Welt lachen. Ihm ging es um Geld und Image. Und er wollte, dass ich meine ganzen seltsamen Tics loswerde.«

»Das würde ich nicht langweilig nennen, sondern inkompatibel.«

»Er ist überhaupt nicht raffiniert«, sagte ich und merkte nicht, dass ich langsam etwas obsessiv klingen musste.

»Ist Sam denn raffiniert?« Sie seufzte, das irritierte mich. Langweilte sie sich etwa?

»Ja, und deshalb ist er interessant. Und deshalb liebt er mich eventuell gar nicht.«

»Ist es möglich, dass jemand raffiniert genug ist, um Sie zu interessieren und davon abzuhalten, gelangweilt zu sein, aber nicht so sehr, dass Sie glauben, derjenige würde Sie auf lange Sicht betrügen wollen?«

»Oje, vielleicht nicht. Oder vielleicht das Gegenteil … vielleicht überlappen sich diese beiden Kreismengen.«

»Wieso überlappen?« Jetzt machte sie sich Notizen.

»Weil manche Menschen zugleich langweilig sind und einen täuschen wollen. Das ist vielleicht ungeschickt ausgedrückt, aber …« Ich dachte, will ich nicht einen Mann, der dazu in der Lage ist, mich zu täuschen? Einen hochkarätigen Mann, der kreativ und gerissen genug ist, um mich – sagen wir zehn Jahre lang – zu täuschen? Wäre ein weniger talentierter Mann nicht langweilig? Und geht es nicht in der Kunst immer darum, hartherzige Menschen zu bezaubern und zu fesseln?

Sie blickte von ihrem Notizblock auf. Dann kam der Paukenschlag: »Sie haben ein Problem damit, anderen zu vertrauen.«

Ich stand auf. Sie, dachte ich, sind gar keine richtige Ärztin.

Als ich am Flughafen Gatwick ankam, übernächtigt und mit einer leichten Übelkeit im Magen, hielt ich in der Menge nach Sams Eltern Ausschau. Sam und ich hatten von New York verschiedene Flüge genommen, und sie sollten zuerst mich abholen. Obgleich ich nie Fotos von Sheldon und Flo gesehen hatte, erkannte ich die beiden sofort. Von den vier Geschwistern sieht Sam seinen beiden Eltern am ähnlichsten, er hat ihre auffälligsten Merkmale geerbt – Sheldons dunklen Teint und seine lange Nase, Flos Locken und ihre Wikingerinnen-Figur (»Sam hat Beine wie ein Spartaner!«, prahlte ich vor meinen Freundinnen. »Oder das Pferd eines Spartaners«). Ich blieb kurz stehen und beobachtete, wie Sheldon und Flo die Menge nach mir absuchten, und dachte darüber nach, was für ein Wunder das war: Würde mein Kind mir auch so ähnlich sehen? Wenn eine Fremde Sams Eltern unter allen anderen Eltern dieser Welt hätte ausfindig machen müssen, hätte sie diese beiden genommen. Es war, als hätte Sam sich in zwei Hälften aufgeteilt, direkt hier am Flughafengate. Ich war nicht so einfach zu finden. Sie hatten meinen Namen erst vor einigen Tagen erfahren. Ich atmete tief ein und ging auf sie zu.

Abends nahmen wir ein paar Drinks in einem Pub am Fluss. Sams Eltern fragten mich aus und erzählten ihre Geschichten. Diese Familie mit all ihren Abschlüssen und Karrieren in humanitären Berufen hatte alles, was ich bewunderte. Beim Abendessen präsentierte Sheldon uns einige moralische Dilemmata, erfreute sich an logischen Widersprüchen und intellektuellen Experimenten; je merkwürdiger die Frage, desto besser gefiel sie ihm. Als ein progressiver, älterer Mann war er von den Meinungen seiner Kinder fasziniert und davon, wie einstige Gewissheiten im Zeitalter neuer Technologien und Inklusion zerbröckelten. Dennoch wandte sich jede Unterhaltung letztendlich Josh und seinen Dramen zu. Die Familie befand sich noch ganz im Bann seiner letzten Krise. Josh war wieder einmal ins Krankenhaus gekommen. Würde er zwangseingewiesen werden? Oft wurde er nach einigen Stunden wieder entlassen und von desinteressierten Assistenzärzten nach Hause geschickt. Ich dachte an die Therapeutin, die gesagt hatte, ich hätte ein Problem damit, anderen zu vertrauen. Sie lag damit vielleicht richtig, aber ich konnte frei entscheiden, sie nie wieder zu treffen. Josh musste dieselben Leute immer wieder überzeugen.

Jeden Tag betete ich insgeheim, dass Sams Gene, sein großes Herz über meine Narben und meine Selbstsucht siegen würden, dass dieses Kind freundlich, talentiert, engagiert sein würde. Ich stellte mir vor, wie Sheldon ihr ethisches Denken, Logik und moralische Dilemmata beibringenwürde; wie Flo ihr zeigen würde, aus der eigenen Vorstellungskraft heraus zu malen; wie Sam ihr Gedichte vorlesen würde. Und ich würde ihr beibringen, wie man mehr als andere leidet und sich eine Haut dick wie Kofferleder zulegt. Ich würde ihr Wurzeln geben und sie dennoch lehren, sich so anzustrengen, als hätte sie keine.

Inzwischen war Josh zum Mittelpunkt der Familie geworden, er bestimmte all ihre Gespräche. War sein Leiden genetisch bedingt oder rührte es von einem Trauma aus seiner Jugend her? War sein Suchtverhalten angeboren oder war er nur den falschen Leuten begegnet und hatte das falsche Zeug geraucht? Als Schwangere optierte ich für Letzteres. Ich fand es schlimm, dass Sheldon, ein Held der Anti-Arpartheidsbewegung, sich darüber Sorgen machen musste, ob sein Sohn zu viel Gras rauchte. Eines Abends sagte ich zu Sam: »Ich verstehe nicht, warum deine Eltern es aufgegeben haben, ihn zu erziehen. Ich meine, mit den ersten beiden Söhnen in Oxford und einer Tochter, die so eine talentierte Künstlerin ist …«

Sam setzte sich mit weit aufgerissenen Augen auf. »Es war nicht ihre Schuld, Dina!«, schnappte er.

»Das habe ich nicht gesagt«, murmelte ich. »Ich wollte nicht andeuten …«

»Sie haben nichts falsch gemacht«, sagte er. »Sie waren so gute Eltern, so hingebungsvoll.«

»Ich weiß. Ich sage nur, dass sie streng und diszipliniert waren und du und Ilan so gut geraten seid …«

»Jeder hat so viel getan!«, sagte er. »Und wer sagt, dass Oxford das Maß aller Dinge ist?«

»Natürlich nicht, das habe ich doch nie gesagt«, presste ich unter Tränen heraus. »Es ist nur … er ist kein Geflüchteter oder arm oder … nicht alles ist genetisch. Es ist zu einfach, es nur auf die Gene zu schieben …«

»Manchmal ist es eben trotzdem so«, sagte er.

»Nicht in diesem Fall! Es klingt, als würde er es gar nicht versuchen. Als wäre er nur ein …«

»Ein was?«, fragte Sam. »Nur ein Versager?«

Jetzt heulte ich. Ich wusste nicht, wie ich mich verteidigen sollte, also wiederholte ich nur: »Es liegt nicht an den Genen.«

Sam öffnete den Mund, um etwas zu sagen, dann entspannten sich seine Gesichtszüge. Er überlegte kurz, dann sagte er: »Natürlich sind es nicht die Gene.« Er nahm mich in den Arm und küsste mein Haar. »Unser Baby wird perfekt sein.«

Ich sagte ihm, dass ich ihn liebe. Er antwortete: »Ich liebe dich auch.« Der Nachdruck, mit dem er das sagte, erwärmte mir das Herz.

Von Gewissensbissen gequält machte ich mich wieder an die Arbeit. Ich wollte Geschichten über Menschen schreiben, die wirklich leiden mussten, Geflüchtete, die sich anstrengen mussten, um Arbeit zu finden und sich ein Leben aufzubauen, nicht über privilegierte englische Jungen, die offensichtlich nicht die Wahrheit sagten.

Es gibt viele Gründe, warum Asylsuchende sich wie Lügner benehmen. Asylbeamte konzentrieren sich routinemäßig auf Details: »Welches Datum? Welche Uhrzeit? Wer war noch im Raum?« Doch Folteropfer mussten Hunger, Schlafentzug und extreme Angst erleiden. Sie wurden unter Wasser gedrückt, gebrandmarkt und geschlagen. Ihre Erinnerung ist lückenhaft und bleibt es oftmals auch.

Welche der traumatischen Erlebnisse, die man durchlebt, bleiben einem in Erinnerung? Ich frage Dr. Katy Robjant, Direktorin des nationalen Gesundheitsdienstes des FFT, die eines der größten und renommiertesten forensischen Dokumentationszentren zum Thema Folter leitet. Während man sich in einem Flucht-oder-Kampf-Modus befindet, erklärt Dr. Robjant, ist die Amygdala im Gehirn, die für schnelle Assoziationen, physische Reaktionen, Gedanken, Emotionen und sensorische Informationen zuständig ist, im Hochleistungsmodus. Überlebende erinnern sich oft an physische Details: den Geruch von Blut, ihren eigenen Herzschlag, Panik vor dem bevorstehenden Tod, die Angst in ihren Fingerspitzen. Solche Wahrnehmungen bleiben jahrelang in der Erinnerung gespeichert und kommen erst durch kreative Tätigkeiten wie Schreiben oder in plastischen, wiederkehrenden Albträumen, in denen das Opfer meint, den Moment erneut zu durchleben, wieder zum Vorschein.

Andererseits arbeitet der Hippocampus, der für Kontextinformationen zuständig ist – Zeit, Ort, Auslöser eines Ereignisses, Entfernungen –, während einer Gefahrensituation weniger genau und schafft es nicht, wichtige situative Details zu speichern. Er speichert nur noch grobe Teile des Kontextes (beispielsweise die Identität eines Vergewaltigers, den das Opfer bereits kennt). Jedes Mal, wenn die Erinnerung wiederkehrt, die plastisch in der Amygdala gespeichert ist, wird das Wissen, dass dieses Ereignis sich nicht hier und jetzt, sondern in der Vergangenheit abgespielt hat, von der Erinnerung abgekoppelt und es entsteht das Gefühl, das Trauma erneut zu durchleben. Diese Panikreaktion wird als posttraumatische Belastungsstörung (PTBS) bezeichnet.

Dennoch glauben die Asylbeamten weiterhin an die kleinen Details. »Wie können Sie vergessen haben, wie weit Sie gerannt sind?« Doch genau diese Art von Details werden vom Hippocampus in einer Gefahrensituation nicht mehr gespeichert. Der Beamte fragt nach dem Datum, der Uhrzeit, dem Straßennamen. Alles, an was Sie sich erinnern können, ist eine Stadt, ein Jahr. Und die Schläge, das Erbrochene, den Dreck. »Die Abkoppelung ist nicht vollständig, außer das Trauma hat sich wiederholt ereignet, ist schwerwiegend oder fand in der Jugend statt, wie bei Kindersoldaten«, sagt Dr. Robjant. »Wenn die Geschichte mehrere traumatische Ereignisse beinhaltet, gerät die Erinnerung noch mehr durcheinander. Es ist zu erwarten, dass die Betroffenen Zeit, Datum und den Ablauf der Ereignisse durcheinanderbringen. Das ist ganz normal.«

Doch selbst in derartigen Fällen verlassen sich die Beamten und Richter auf ihre eigene Einschätzung, obgleich sie nichts über den Unterschied zwischen kontextueller und sensueller Information wissen. »Manchmal finden sie die Details auch zu genau, und auch das kann der Glaubwürdigkeit schaden«, sagt die Anwältin Maleeha Haq aus San Francisco. »Ein Mandant beschreibt, wie er geschlagen wurde. Das Auto war weiß, sah wie ein Jeep aus, es hatte einen Aufkleber. Die Anzahl der Schläge. Der Richter sagt, wenn Sie von sieben Männern verprügelt wurden, wie können Sie sich dann an das Auto erinnern?« Weil es ein sensuelles Detail ist, würde Dr. Robjant erklären. Alle möglichen sonderbaren Einzelheiten werden von der Amygdala gespeichert. Es ist der Kontext, der verschwindet.

Expertenerklärungen für PTBS (mündlich und schriftlich), sogar Kurse dazu, die von Wohltätigkeitsorganisation wie Freedom from Torture angeboten werden, scheinen keinerlei Effekt auf die Fragen der Asylbeamten zu haben. »Die Asylanhörung kann selbst traumatisch sein«, sagt Dr. Juliet Cohen, die Leiterin der medizinischen Abteilung bei FFT. »Wenn die Betroffenen nicht korrekt antworten, werden die Fragen dringlicher, was Stress auslöst, und es fällt ihnen noch schwerer, zu antworten. Das Gefühl, dass einem nicht geglaubt wird, kann

Erinnerungen an frühere Verhöre auslösen, bei denen einem gesagt wurde: ›Das ist nicht wahr. Wir glauben dir nicht. Du verschweigst uns etwas.‹«

Sowohl in den Vereinigten Staaten als auch in Großbritannien benutzen Asylbeamte die Technik, eine Frage in bestimmten Abständen zu wiederholen, um Unstimmigkeiten aufzudecken. Wenn eine Frage wiederholt wird, denken die meisten Menschen, sie hätten etwas Falsches gesagt oder die Antwort sei nicht ausreichend gewesen. Deshalb ändern sie häufig ihre Antwort, um dem Fragenden entgegenzukommen. Sie holen weiter aus und widersprechen sich. Ein Großteil der menschlichen Kommunikation ist widersprüchlich und ungenau. So funktioniert die Falle. Man braucht Disziplin, um eine Frage immer wieder genau so zu beantworten wie zuvor. Folteropfern wird ihre Angst zum Hindernis. Sie verfallen in eine typische Überlebenstaktik: Wenn der Vernehmende immer dieselbe Frage stellt, will er etwas anderes hören.

Man würde meinen, dass Kindern diese Art von Verhör erspart wird. So ist es aber nicht. »Ein Kind wird einem nicht sofort alles über sich selbst erzählen«, sagt Arulanantham. »Sie brauchen eine Weile, bis sie sich sicher genug fühlen, um einem zu erzählen, was ihnen zugestoßen ist.« Sonst flüchten sie sich ins Schweigen.

Bei den Erstbefragungen wird Asylbewerbern häufig gesagt, sie sollten kurze Antworten geben, später hätten sie genug Zeit, um Weiteres zu erklären. Manchmal vergisst der Beamte bei einer verwirrenden ersten Antwort nachzuhaken, dann »findet« die Asylbehörde eine Unstimmigkeit.

»Was waren die Ziele dieser politischen Gruppe?«, fragt der Beamte bei der Erstbefragung.

»Wir wollten Gerechtigkeit«, sagt der Asylbewerber, der sich daran erinnert, dass er seine Antworten kurz halten soll. Der Beamte fährt fort, ohne weiter darauf einzugehen oder nach einer Erklärung zu fragen. Der Asylbewerber hat keine Gelegenheit, seine Antwort zu erklären. In einer späteren Befragung geht er dann näher auf die drei

Ziele der Gruppe ein. Ein anderer Beamter liest die Mitschrift und bezeichnet dies als Unstimmigkeit. Man kann unmöglich wissen, welche Details zu wichtig sind, um sie bei der Erstbefragung auszulassen. Und um die Sache noch komplizierter zu machen, signalisieren die Beamten einem nicht, wenn sie dabei sind, das Thema zu wechseln. Niemand fragt: »Wollen Sie noch etwas hinzufügen, bevor wir fortfahren?«

In einer derart feindlichen Umgebung gibt es wenig Raum für Nuancen wie kulturelle Scham aufgrund einer Vergewaltigung oder Homosexualität. Viele Vergewaltigungsopfer werden einem Mann nichts erzählen. Und LGBT-Asylsuchende brauchen Monate, um zuzugeben, dass ihre sexuelle Orientierung der Grund für ihre Flucht war. Erst kürzlich hat der Europäische Gerichtshof für Menschenrechte festgestellt, dass dieses Zögern normal sei und keinen Widerspruch darstellt. »Selbst wenn den Betroffenen klar ist, dass sie alles offenlegen müssen, ist es ihnen oft nicht möglich«, sagt Dr. Robjant. Wenn sie es schließlich zugeben, ist das ein Meilenstein, ein Akt des Vertrauens. Für den Asylbeamten hat es keinerlei Bedeutung. Der Vertrauensbeweis wird ungerührt entgegengenommen.

»Eine Frau erzählt, wie sie von drei Männern vergewaltigt wurde, und beginnt zu weinen«, berichtet Dr. Robjant. »Wenn die erste Reaktion lautet: ›Eben sagten Sie, es seien fünf Männer in dem Raum gewesen. Wurden Sie nur von dreien vergewaltigt?‹, ist das Opfer schockiert. Es hat mehr emotionale Teilnahme erwartet.« Und Asylbewerber haben naturgemäß oft Angst vor Autoritäten. »Wenn Sie ein Leben lang gesehen haben, wie Ihr Volk von den Autoritäten drangsaliert und gefoltert wurde, ist die Asylanhörung angsteinflößend. Man sagt Ihnen, keiner würde Ihnen etwas tun. Das Gebäude wirkt freundlich. Doch vielleicht sah der Ort, an dem Sie gefoltert wurden, von außen auch freundlich aus? Wir sagen: ›Natürlich werden Sie von den britischen Behörden nicht gefoltert.‹ Aber wie können Sie sich sicher sein?«

Gelegentlich kommt es vor, dass ein Opfer Falschinformationen angibt, aus Gründen, die wir nicht verstehen können. In Fällen von Menschenschmuggel hat man sie über Grenzen geschleppt und ihnen falsche Papiere gegeben. Sie wurden von den Schleusern versklavt, die ihnen mit dem Tod drohten, die allwissend und allmächtig wirkten und Zugang zu ihren Familien, sogar ihren Kindern, zu Hause haben. Kann man da erwarten, dass sie Namen oder geheime Routen preisgeben? Sie haben Rituale und spirituellen Missbrauch erduldet, Eide geschworen und waren cleveren Manipulationen ausgesetzt. Manche tragen Tattoos, die sie daran erinnern, was geschehen ist. In einem Fall, erzählt Dr. Robjant mir, wurde einer Frau gesagt, wenn sie ihren Eid brechen und ihre Geschichte preisgeben würde, würde sie Herzrasen bekommen, sie würde in Schweiß ausbrechen und der Schleuser, den sie verraten habe, würde ihr erscheinen. Daran könne sie erkennen, dass sie bald sterben würde. Dieser Frau fiel es sehr schwer, ihre Geschichte zu erzählen, denn jedes Mal, wenn sie es versuchte, stellten sich die Vorhersagen des Schleusers ein, der die Symptome einer PTBS in eine Todesprophezeihung verwandelt hatte. Die Schleuser sagen: »Wenn du diese Geschichte erzählst, werden wir deine Kinder ausfindig machen. Und niemand wird dir glauben.« Häufig haben sie recht.

Hinzu kommt, dass die Asylbeamten nur wenig über die Heimatländer der Asylbewerber wissen. Dr. Robjant erzählt mir von einer lesbischen Frau aus Uganda, deren Geschichten über Missbrauch zunächst geglaubt wurden, bis auf eine. Sie hatte Uganda verlassen, weil sie einer sogenannten Korrekturvergewaltigung ausgesetzt gewesen war – eine gut dokumentierte Praxis. In ihrem Ablehnungsbescheid stand, es sei undenkbar, dass ihre Vergewaltiger glaubten, sie könnten ihre sexuelle Orientierung durch die Vergewaltigung umkehren. Und damit wurde ihre ganze Geschichte unglaubhaft.

Ich begegnete Josh später in jenem Sommer in dem französischen Dorf seiner Mutter. Sein Lächeln war einnehmend und er sah gut aus. Er hatte Gewicht zugelegt wegen des Lithiums. Er plauderte über sein Training und Musik. Eines Morgens machte ich ein persisches Rührei mit Tomaten. Wochenlang wollte er nichts anderes mehr essen.

»Er wirkt wirklich sehr nett«, sagte ich später zu Sam.

»Er ist ja auch sehr nett«, sagte Sam und straffte die Schultern.

»Ich muss wieder an die Arbeit«, sagte ich.

Zwischendurch vergaßen wir Joshs Probleme. Er spielte uns neue Musik vor, räumte nach dem Essen die Küche auf oder saß mit Sam bei einem Espresso auf dem Balkon, zwei ganz normale Brüder an einem ganz normalen Sommerabend. Gelegentlich wurde Josh laut: Wenn Sam ihn rügte, weil er so schlampig abgewaschen hatte, oder Flo und Sheldon sich weigerten, ihm die Kosten für irgendeine abstruse Heilmethode zu bezahlen. Nach jedem dieser Ausbrüche zog sich Sheldon still und leise in seinen Kummer zurück. Mir tat es weh, diesen würdevollen, freundlichen Mann so niedergeschlagen zu sehen – diesen guten Vater, der in seiner Jugend gegen Ungerechtigkeit gekämpft hatte, im Alter Humanitäre Logistik unterrichtete, der jeden Artikel las, den wir ihm empfahlen, der sich mit den Interessen seiner Kinder beschäftigte und sie danach fragte. Dass er Sheldon verletzte, wo doch manche Menschen ohne Vater aufwachsen müssen, konnte ich nicht verstehen.

Joshs Suche nach einem Sinn, einem Glauben, war für seine Familie schwer zu ertragen. Er informierte sich über Therapien, Meditationsformen, Medikamente. Er schloss sich den Hare Krishnas an, ließ sich begeistert über ihre Weltanschauung aus und kam wieder nach Hause, um aufgeregt von den neuen Möglichkeiten zu erzählen, die sich plötzlich aufgetan hatten. Er wollte sich mit seinen jüdischen Wurzeln auseinandersetzen. Vielleicht könnte er sich aus dem Chaos befreien, indem er sich dem Glauben seines Großvaters verschrieb. Ständig bat er um Geld, nach einer Arbeit suchte er nie.

Ich brauchte nicht lange, um zu dem Schluss zu kommen, dass Josh gar nicht krank war, sondern sich nur treiben ließ. Ich kannte die Albträume, die ihn nachts wach hielten: dunkle, juckende Tentakel, die man sich mit den Fingernägeln aus dem Gehirn kratzen will. Ich verstand auch, dass er versuchte, seine liebevollen Eltern zu manipulieren; das ist schließlich nichts Ungewöhnliches. Und wie ermüdend es war, mit zwei brillanten Brüdern mithalten zu wollen. Doch das waren rein rationale Überlegungen. Keine Therapie konnte Heilung bringen, sondern nur Arbeit. Harte, anstrengende, sinnvolle Arbeit. »Josh ist nicht krank«, sagte ich zu Sam. »Und es geht hier nicht um Genetik oder meine Angst um unser Baby. Er ist ein privilegierter weißer Junge, der komplett abgesichert ist.«

Ich dachte: Diese verwöhnten Kinder von erfolgreichen Eltern, sie können nichts falsch machen, sie dürfen nie leiden. Für sie gibt es keine Konsequenzen und keine tägliche Disziplin der Art, die einen härter macht, einen formt, sodass man seinen Platz findet und funktioniert.

»Was sollen sie denn deiner Meinung nach tun, Dina?«, fragte Sam. »Er ist ihr Kind. Das wirst du im Dezember verstehen, wenn das Baby da ist.«

Nein, das werde ich nicht, dachte ich. Ich werde nicht ruhen, bis mein Baby einen starken Rücken und eine dicke Haut entwickelt hat.

»Wie wäre es mit liebevoller Strenge?«, schoss ich zurück. »Zeigt ihm, dass die Familie ihn liebt, aber dass dieser Mist nicht funktioniert. Josh hat Talent! Warum können wir ihm nicht einen Job oder ein Projekt verschaffen, an dem er arbeiten kann?«

»Dina, das ist alles noch neu für dich«, sagte Sam. »Wir haben es versucht. Wir haben alles versucht.«

Ich begann mich zu fragen, was mit jemandem wie Josh im Iran passieren würde, wo die Revolutionsgarde an der Macht ist. Wie viel Müll konnte eine Familie aus der Mittelklasse unter den Teppich kehren? Ich weiß nicht, wie die Islamische Republik mit psychisch kranken Menschen umgeht, doch hier hatten wir es mit einem verwöhnten Jungen zu tun, der sich schlecht benahm. Ich war mir sicher, dass kein iranischer Arzt ihm glauben oder zulassen würde, dass er sich ständig selbst diagnostizierte. Ein oder zwei schlimme Ungezogenheiten, und man würde ihn zur Arbeit schicken, der Art von Arbeit, die jeden mentalen Juckreiz betäubt. Doch das sagte ich nicht laut, nicht vor Sam. Das tat ich erst viel später.

Viele Geflüchtete machen sich verdächtig, weil sie Daten durcheinanderbringen. Nicht jeder hat eine Geburtsurkunde oder schaut jeden Morgen in den Kalender. In einem neuen Land wird man jeden Tag mit zahllosen Merkwürdigkeiten konfrontiert. »Der persische Kalender stellt immer wieder ein Problem dar«, sagt Natasha Tsangarides, politische Beraterin bei Freedom from Torture in London.

Als meine Familie in Dubai landete, der ersten Station unserer Flucht, rechneten wir zuerst meinen westlichen Geburtstag aus. Ich war neun Jahre alt und mein Geburtstag war im *Ordibehescht*, dem zweiten Monat, das entsprach in etwa dem westlichen fünften Monat Mai. Ich sah mir den Kalender meiner Mutter an und versuchte, das Datum herauszufinden. Doch es war verwirrend und frustrierend. Im persischen Sonnenkalender wird der Schalttag am 20. März hinzugefügt, kurz vor der Tagundnachtgleiche. Im gregorianischen Kalender wird er am 29. Februar addiert, also zwanzig Tage früher. Was bedeutet das für die Menschen, die zwischen dem 1. und 20. März geboren wurden? Nach dem gregorianischen Kalender haben sie jedes Schaltjahr an einem anderen Tag Geburtstag. Also müssen sie ihren Geburtstag mithilfe eines Kalenders aus ihrem Geburtsjahr errechnen, sonst könnten sie um einen Tag falschliegen.

Es liegt eine gewisse Ironie darin, dass diejenigen, die sich die Mühe machen, jedes Jahr den Kalender zu prüfen, und damit eine Diskrepanz schaffen, die Gewissenhaften sind. Andere wiederum suchen sich einfach ein Datum aus und bleiben dabei. Ohne einen guten

Dolmetscher würden die Gewissenhaften als Lügner abgetan. Eine weitere Ironie besteht darin, dass der persische Kalender der genaueste Sonnenkalender ist, der heute noch verwendet wird, weil jedes Jahr genau zur Tagundnachtgleiche beginnt und nicht um Mitternacht. Er ist nur um eine Sekunde pro Jahr ungenau, beim Gregorianischen Kalender sind es 27 Sekunden – aber wir sollten uns nicht kleinlich herumstreiten, welche Kultur verdienstvoller ist und wer die Mathematik erfunden hat.

Kennen die Asylbeamten sich mit den verschiedenen Kalendern aus? Mehrere Anwälte lachten bei dieser Frage. »Abweichende Daten kommen häufig vor«, sagt Tsangarides. »Aber eine einzige Unstimmigkeit kann dazu führen, dass die Glaubwürdigkeit insgesamt infrage gestellt wird. Wollen Sie wissen, was noch als Unstimmigkeit gilt?«, fragt sie mich. »Setzen Sie sich hin.«

In Kenia verlangt ein Ehemann von seiner Frau, dass sie sich die Genitalien beschneiden lässt. Die Weibliche Genitalverstümmelung (WGV) ist in Kenia verbreitet und die Ehefrau kennt die Risiken. Sie versucht ihn davon abzubringen. »Nein, es muss sein«, sagt er. »Du solltest es akzeptieren.« Sie weiß, dass die Beschneidung manchmal mitten in der Nacht vorgenommen wird. Sie hat Frauen gesehen, die sich widersetzt haben und deren Schenkel voller Narben sind. Sie läuft davon.

In London findet sie eine Wohlfahrtsorganisation, die mit Ärzten, Anwälten und Überlebenden in Verbindung steht. Am Körper der Frau finden sich keinerlei Anzeichen dafür, dass sie beschnitten werden sollte, aber die Mitarbeiter der Wohlfahrtsorganisation glauben ihr. Doch Dr. Elizabeth Clark erzählt mir, dass die Asylbeamten eine nicht vollzogene WGV nicht anerkennen. Kürzlich hatte sie eine Patientin, die sich so stark gewehrt hatte, dass die Beschneidung nicht durchgeführt werden konnte, aber sie konnte einige Schnittwunden vorweisen. Clark sollte nun ein medizinisches Gutachten verfassen, das die Wahrscheinlichkeit einer WGV belegte, doch die Behörden haben das Istanbul-Protokoll von 1999 nicht verstanden: von den fünf

Stufen zur Einschätzung der Folterwunden, die von »nicht übereinstimmend« (mit der Aussage des Opfers) bis zu »diagnosesichernd« reichen, wird Letzteres praktisch nie verwendet, Ärzte arbeiten nicht mit absoluten Werten. Schnitte an der Klitoris und eine durchtrennte Schamlippe sind aussagekräftige Belege für eine WGV. Doch die Narben von Eisenstangen können immer nur die vierte Stufe erreichen: »in hohem Maß übereinstimmend« mit Folter. Asylbeamte nehmen dies häufig als Anlass zum Zweifel, sie legen die Messlatte viel höher, als das Gesetz erlaubt. Wer kann sicher sagen, was Schnitte auf dem Oberschenkel bedeuten? Wer in Kenia gearbeitet hat, weiß, dass sich diese Frau höchstwahrscheinlich gegen eine WGV gewehrt hat. Sollen wir sie dafür bestrafen?

Jede Kultur hat eigene Vorstellungen darüber, wie sich ein »echtes« Opfer verhält. Weint es? Zieht es sich zurück? »In manchen Kulturen antworten die Menschen nicht direkt auf eine Frage, wie wir es in den anglophonen Ländern tun«, sagt Dr. Cohen. »In der Türkei und im Iran geht es formeller zu. Erst kommen einige allgemeine Sätze zum Einstieg, dann sammelt man seine Gedanken und beantwortet die Frage. Wird man unterbrochen, bevor man bei der Antwort angelangt ist, kann es leicht so wirken, als sei man ausweichend.« Als Iranerin weiß ich genau, wovon Dr. Cohen spricht. Man darf einen Iraner nicht mitten in einer Geschichte unterbrechen, vor allem dann nicht, wenn es sich um etwas Wichtiges handelt. Wenn man so mit einem älteren Menschen umgeht, verliert man sein Vertrauen und seinen Respekt. Dann wird derjenige einem nur noch das Nötigste erzählen, mit zusammengebissenen Zähnen. »Iraner nehmen sich sehr viel Zeit, um eine Geschichte zu erzählen«, sagt der niederländische Asylanwalt Marq Wijngaarden, den ich für mein letztes Buch interviewt habe. »Sie antworten nie nur mit Ja oder Nein. Es muss immer eine Geschichte sein.« Der Iran ist die Heimat der Doppeldeutigkeit.

Wie man Geschichten erzählt, wird genauso wie die Darstellung von Kummer von der jeweiligen Kultur bestimmt. Geschichten, die es wert sind, erzählt zu werden, entstehen aus unserer Beziehung zu einer speziellen Kultur – sie sind merkwürdig und einzigartig. Das macht sie wertvoll. Laut Dr. Cohen behauptet das britische Innenministerium, ein ärztliches Gutachten würde nur dann außer Acht gelassen, wenn in einer Fallgeschichte bereits Unstimmigkeiten aufgetreten seien – doch wer kann entscheiden, ob ein ungewöhnliches Detail »unstimmig« ist? Jemand, der sich auf der Welt auskennt und sie versteht? Der merkwürdige Geschichten liebt? Und sich darüber bewusst ist, wie groß diese Welt ist? Oder jemand mit einer Checkliste? Das Leben ist voller ungewöhnlicher Momente; eine besonders erstaunliche Geschichte (wie die von K) mag sich nur ein Mal ereignen, doch einzigartige Geschichten geschehen immerzu.

Eine junge Mungiki-Frau aus Kenia kam in die Sprechstunde von einem der Ärzte, die ich interviewt habe. Ihre Angreifer hatten ihr einen Faden um die Klitoris gebunden und daran gezogen. Der Schmerz war so unerträglich, dass sie um sich trat und kämpfte, bis sie sich befreien konnte. Dann lief sie davon. Später sah sie sich ihren Körper nie wieder genau an, aus Angst, dass sie etwas Furchtbares entdecken könnte. Jahrelang badete sie und zog sich an, ohne in den Spiegel zu sehen. Sie vermied sexuelle Kontakte und ärztliche Untersuchungen. Sie fühlte sich deformiert und fremd in ihrem Körper. Als ihre Anhörung näher rückte, ließ sie sich schließlich untersuchen. Der Arzt verkündete ihr die gute Nachricht: Sie war gerade noch einmal davongekommen. Doch jetzt hatte sie ein anderes Problem. Nachdem sie sich so lange so merkwürdig verhalten hatte, obgleich ihre Klitoris noch intakt war, würde die britische Asylbehörde ihr da noch glauben?

2012, bevor sie bei Freedom from Torture anfing, arbeitete Natasha Tsangarides für Medical Justice. Sie beantragte beim Innenministerium Akteneinsicht für einen ihrer Mandanten, bezahlte eine Gebühr von zehn Pfund und erwartete, eine stark geschwärzte Akte zu bekommen, mit Anhörungskommentaren und einem Ablehnungsgrund. Das Innenministerium hatte ihr versehentlich eine unzensierte Akte zukommen lassen. Die Anmerkungen, die der zuständige Beamte hinterlassen hatte, enthüllten seine feindliche Haltung, er hatte weder die Angst noch den Kummer des Geflüchteten zur Kenntnis genommen noch seinen verzweifelten Wunsch, nach Hause zurückzukehren. »Wie blöd ist dieser Kerl denn?«, notierte er. Als der Mann weinte, schrieb er: »Bewerber heult eine Minute lang. Versager!« Der Geflüchtete versuchte, seine Tränen zu erklären: »Ich muss an meine Frau und meine Kinder denken.« Der Beamte schrieb: »Müsstest du nicht, wenn du einfach nach SLA zurückgehen würdest.«

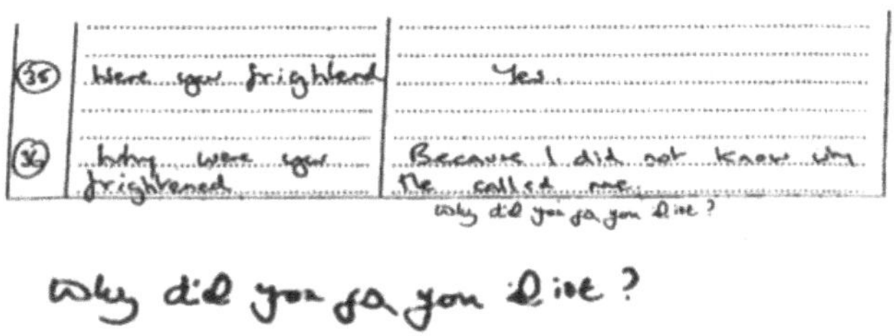

Warum bist du weggegangen, du Trottel?

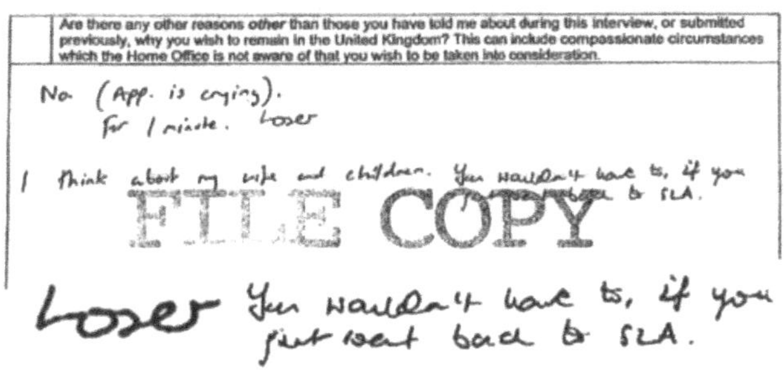

Versager. Müsstest du nicht, wenn du einfach nach SLA (Sri Lanka) zurückgehen würdest.

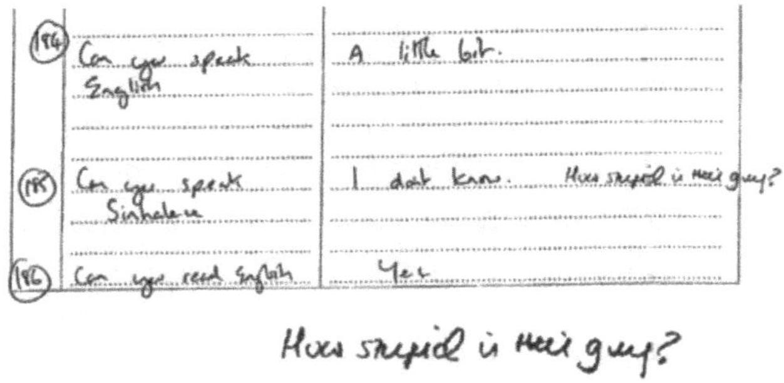

Wie blöd ist dieser Kerl?

Tsangarides verfasste einen Bericht für Medical Justice mit dem Titel *The Second Torture*. Nichts geschah. Es schien, als sei diese kaltschnäuzige, unmenschliche Vorgehensweise kein Zufall. Ein derartiges Verhalten wurde belohnt. Überall in den Kantinen Europas wetteifern die Asylbeamten darum, wer die meisten Unstimmigkeiten findet, sie erfinden Codes und Faustregeln. Es gibt schließlich Quoten.

Laut der American Psychological Association »haben Recherchen ergeben, dass die menschliche Fähigkeit, Lügen zu erkennen, ebenso sehr vom Zufall abhängig ist wie das Werfen einer Münze. Das gilt gleichermaßen für Studenten, Psychologen, Richter, Personalentwickler oder Gesetzeshüter.« Der ehemalige FBI-Agent Joe Navarro sagte dazu: »Alle Studien, die seit 1986 erhoben wurden, sind zu diesem Ergebnis gekommen«, und fügt hinzu: »Selbst wenn es zutrifft, dass einige wenige Menschen besser als andere darin sind, Täuschungen zu erkennen, liegen auch sie kaum über dem Zufallswert … Bedauerlicherweise sind in den vergangenen Jahren immer wieder selbst ernannte Betrugsexperten aufgetaucht und haben die Fachwelt und die Gesellschaft maßgeblich beeinflusst. Ich habe Richter nach einer Verhandlung sagen gehört, dass sie der Ansicht seien, ein Zeuge habe gelogen, weil er sich an die Nase gefasst hat. Dabei gibt es gar keine eindeutigen physischen Anzeichen dafür, dass jemand lügt.« Selbst

Verhörspezialisten, die in Mikro-Mimik geschult sind, erreichen nicht mehr als eine sechzigprozentige Trefferquote.

Dennoch sagen Asylbeamte häufig: »Ich kann es an ihren Augen erkennen.« Was meinen sie zu erkennen? Hinweise auf die Herkunft, auf eine gute Ausbildung, auf westliche Höflichkeitsformen. Unsere Türhüter nehmen ihre Vorurteile mit in die Befragungen.

Die Überrumpelungstaktiken können auch die Arbeit der Dolmetscher beeinflussen. Narges Kakalia, ein Asylanwalt aus New York, erzählte mir von einem Pastor aus Pakistan, dessen Muttersprache Panjabi war. Er sprach einen Dialekt, der typisch für die Christen aus dem Punjab war, doch bei seiner telefonischen Befragung wurde Urdu gesprochen, die Nationalsprache von Pakistan. Als der Pastor nach einem Wort suchte, unterbrach der Dolmetscher (dessen Aufgabe nur darin bestand, zu dolmetschen) und sagte: »Er ist kein Muttersprachler. Er spricht die Nationalsprache nicht fließend genug.« Kakalia war entsetzt. »Die Annahme, dass er lüge, stand bereits im Raum. Die Beamten sahen Pakistan als ein homogenes Ganzes und kannten sich mit den Nuancen nicht aus.« Anschließend sprach der Pastor davon, wie er vom Daesh angeworben werden sollte. Kakalia erkannte sofort, dass weder der Dolmetscher noch der Asylbeamte wussten, was der Daesh ist. »Ich musste unterbrechen und ihnen erklären, dass ›Daesh‹ eine andere Bezeichnung für den Islamischen Staat ist. Sie fragten: ›Warum sagt er dann nicht ISIS?‹ Weil, sagte ich ihnen, ISIS ein englisches Akronym ist.«

Eine Asylsuchende namens Joy berichtete, dass der Dolmetscher ihre Sprache so wenig beherrschte, dass seine Übersetzung keine Ähnlichkeit mehr mit ihrer Geschichte hatte. Als ihr Anwalt eine korrigierte Version einschickte, wurde sie abgelehnt. Sogar ihr Geburtsdatum war falsch gewesen, doch ihre Geburtsurkunde wurde nicht als Beleg dafür zugelassen, dass der Dolmetscher alles falsch übersetzt hatte. Joys Anwalt fragte: »Warum haben Sie bei der Asylbehörde andere Angaben gemacht als bei mir?«

»Sogar wenn man mich mitten aus dem Schlaf reißen würde«, sagte

Joy, »würde ich dasselbe sagen, was ich Ihnen gesagt habe, denn es ist die Wahrheit. Ich habe immer dieselbe Geschichte erzählt.«

Wegen dieser Unstimmigkeit wurde sie in Abschiebehaft genommen.

Josh verschwand immer wieder für lange Zeit aus meinem Blickfeld. Wir zogen nach London. Elena wurde geboren, ein wunderschönes, gesundes Kind. Wir widmeten uns ganz unserem häuslichen Leben und unserem Schreiben.

Unser erstes Jahr als Eltern war eine gnadenlose Plackerei. Eines Morgens, als ich gerade auf dem Weg zu einem Vorstellungsgespräch war, hatte Sam einen Bandscheibenvorfall. Seine Ex-Frau kam uns zu Hilfe und nahm das Baby, während ich in einem leeren Klassenzimmer Milch abpumpte. In diesem Jahr kamen Sam und ich beide ins Krankenhaus. Josh war gelegentlich im Land, dann wieder auf Reisen, er nahm seine Medikamente, dann wieder nicht. Weil es mich aufregte, über ihn zu sprechen, verheimlichte Sam seine Anrufe vor mir. Einmal, während einer langen Autofahrt mit Elena, rief Josh Sam eine Stunde lang alle fünf Minuten an, er war außer sich und redete ungereimtes Zeug, und Sam beruhigte ihn. An diesem Abend war ich kurz davor, Joshs Nummer auf Sams Handy zu blockieren. Stattdessen änderte ich den Kontaktnamen in HMRC, die britische Steuerbehörde. Dann schämte ich mich (warum sollte er da nicht rangehen?) und machte es rückgängig. Gelegentlich legte Josh sich einen neuen Akzent zu, plötzlich sprach er wie ein Schotte oder Cockney. Es machte keinen Unterschied, ich hatte ihn sowieso nie verstanden.

Warum versuchte Josh nicht, sich selbst mit Arbeit zu retten anstatt mit Schlangenöl? Ich habe mein ganzes Leben gegen meine Zwangsstörung gekämpft, gegen meine Tics und Albträume. Meine Strategie bestand darin, es wie besessen und voller Inbrunst zu *versuchen*. Warum hatte Josh aufgegeben? Er hatte echtes künstlerisches Talent, eine starke Familie, die ihn anbetete, einen französischen, einen englischen und einen amerikanischen Pass, einen Abschluss von einer großartigen Universität. Schon deshalb konnte ich es keine Sekunde lang ertragen, wenn er sich beklagte, wenn auch nur eine einzige seiner Rechnungen im Briefkasten seiner Mutter landete, wenn er ein einziges Mal im Restaurant die Getränkerechnung liegen ließ. Ich hatte grausame Gedanken, in denen Flüchtlingscamps für verweichlichte weiße Jungs vorkamen, oder iranische Lösungen für diesen privilegierten Unsinn. Ich würde ihn gerne zum Tee mit einem der ungemütlichsten Mullahs in Isfahan mitnehmen, dachte ich. Disziplin und eine harte Hand waren das, was er brauchte. Sonst nichts. Ich hatte keine Geduld mit Ilan, der ihm ständig unter die Arme griff, oder Sams beruhigender Stimme am Telefon, sein Beharren, dass Joshs Probleme zu tief sitzend waren. Josh war klug, kompetent, charmant, er konnte auch gerissen und manipulativ sein. Zwischendurch, wenn wir uns über ein Buch oder einen Film unterhielten, vergaß ich, dass Josh nicht gesund war. »Schaut her«, wollte ich rufen, »ein cleverer, einnehmender Mann. Wäre es nicht das größte Geschenk, das wir ihm machen könnten, mehr von ihm zu erwarten?« Auch seine Ärzte warnten die Familie davor, ihn dauernd zu schonen. Doch Flo liebte ihn einfach zu sehr. Er war ihr Baby, das verstehe ich heute. Aber damals noch nicht.

»Stell dir vor, es ginge um Elena«, sagte Sam mir immer wieder. Und ich schloss die Augen und versuchte es. Es war zu schwer, still zu sitzen und den Herzschmerz zu ertragen, der einsetzte, wenn ich mir meine Kleine so verzweifelt, so raffiniert, so verloren vorstellte, mit ihrem zitternden kleinen Kinn und ihren klebrigen Händen, wie sie um etwas bat. Ich ertrage es kaum, ihr fünf Minuten Auszeit zuzumuten, ich sehe darüber hinweg, wenn sie mich haut, und ich hätte vermutlich niemals die Kraft, dem Rat der Ärzte zu folgen, stark zu bleiben und ihr auch mal ein »Nein« zuzumuten.

Wonach war Josh auf der Suche? Welche spirituellen Antworten hoffte er zu finden? Nach einem Aufenthalt in Frankreich rief er seine Eltern an und bat sie, an einer Performance-Therapie teilzunehmen, die sich »Constellations« nannte und auf der Idee beruhte, dass all unsere Entscheidungen, Erfolge und Misserfolge in der Vergangenheit unserer Familie verwurzelt sind, in den Traumata und Freuden, die wir geerbt haben. Nichts steht für sich selbst, und wir lösen die Verbindung zwischen unserem Leben und unserer geerbten Geschichte, indem wir bestimmte Szenarien durchspielen. Josh hatte dieses Programm in einem Künstlerdorf in Frankreich entdeckt und glaubte, es sei die Antwort auf all seine Fragen. Die Familie sah es als einen weiteren verzweifelten Versuch, der Geld kosten und ihnen die Schuld zuschieben würde. Sie lehnte freundlich ab. Ich rollte so sehr mit den Augen, dass ich Elena absetzen musste. »Jemand muss diesem Jungen einen Job verschaffen«, sagte ich. »Wären wir im Iran …«

»Ja«, sagte Sam. »Wir wissen, was im Iran passieren würde.«

»Manchmal ist die iranische Lösung die bessere, Sam. Sie liegen nicht immer falsch.«

Er starrte mich an. Inzwischen hatte Josh versucht, die Familie von dem Programm zu überzeugen. Als sie ablehnten, ließ er seine Wut an ihnen aus. Sheldon war traurig, das machte mich noch ärgerlicher. Wer würde nicht alles tun, um so einem Vater zu gefallen, der nur darauf wartete, dass man einen Schritt vorwärts macht? Manchmal, wenn ich ein Essay publizierte, schrieb Sheldon mir per SMS, es sei sehr clever und wir sollten es bei einem Abendessen diskutieren. Das heiterte mich an den dunkelsten Tagen auf. Konnte Josh nicht sehen, was er hatte?

Ich fand eine Vertraute in seiner Schwester Anna, die Drittälteste, deren Ansichten meinen am ehesten entsprachen. Obwohl sie durchaus Mitleid hatte, ließ sie Josh seine Eskapaden nicht durchgehen und glaubte an die Empfehlung der Ärzte, Josh beim Geld kurzzuhalten und seine Fantastereien nicht zu unterstützen. »Warum kann man ihm nicht einfach die Pässe wegnehmen?«, fragte ich. Weil, erklärte Ilan, das rechtswidrig sei und Josh ganz genau wisse, wie man seine Rechte durchsetzt. Wenn ich zum Streiten aufgelegt war, entgegnete ich, das sei doch der Beweis dafür, dass er sich in der Welt zurechtfinden könne, dass er trotz seiner Dämonen seinen Weg finden und sogar erfolgreich sein könnte, wenn er auf sich selbst gestellt wäre. Dann sah die Familie mich an, als wäre ich im falschen Film und würde überhaupt nichts begreifen. Und vielleicht war es auch so.

Für mich war Josh nicht zu verstehen, mit seinem groben Auftreten war er der ultimative schlechte Zungenredner. Er gab den Gläubigen oder den Dogmatiker, versuchte, sich mit medizinischem und psychologischem Unfug selbst zu diagnostizieren, gab vertraut klingende Silbenfolgen von sich, die zwar bedeutungslos, aber dennoch schwer zu ertragen waren. Verwenden Glossolalisten gelegentlich fremde Akzente? Wissenschaftler haben nachgewiesen, dass ihre Intonationen, Silbenfolgen und Aussprache mit ihrer eigenen Muttersprache übereinstimmen. Also war Josh (mit schottischem oder Cockney-Akzent) sich womöglich bewusster als die meisten anderen, dass er eine Rolle spielte. Einmal, als die Familie sich unterhielt, bemüht, ihn in das Gespräch mit einzubeziehen, nahm er uns mit seinem Handy auf. Was hatte er mit dieser Aufnahme vor? Sie sich immer wieder anzuhören, sich die Kopfhörer in die Ohren zu drücken, während er sie analysierte, nach Loyalität, Verrat, vielleicht nach den richtigen Wörtern suchte, die seinen Oxford-Brüdern ihre intellektuelle Macht verliehen? Sam und Ilan waren so glaubwürdig, bei allen so willkommen. An solchen Abenden, wenn Josh angriffslustig war und seinen Brüdern Vorwürfe machte, dass sie ihm gegenüber im Vorteil seien, brütete Sam in düsterem Schweigen vor sich hin und war zu zerstreut, um einem ein Küchenhandtuch oder einen Kochtopf zu reichen.

Josh verschwand und tauchte wieder auf, verursachte unschöne Szenen. Manchmal war er freundlich und lustig, seine Familie genoss seine guten Tage. Dennoch blieb ich ihm gegenüber misstrauisch.

Ich kaufte eine Wohnung in Nordlondon. Wir zogen um. Bei uns wurde eingebrochen. Elena sprach in einem niedlichen englischen Akzent. Wir richteten uns ein Büro ein. Sam brachte sich das Tischlern bei. Er entwarf und baute ein kompliziertes Baumhaus für Elena, um zwei Baumstämme herum. Er baute einen Besenschrank, eine

Wäschekammer. Stundenlang nahm er Maß, bohrte schweigend vor sich hin und trauerte um seinen Vater, dessen Licht am Verlöschen war. Ich reiste zu Flüchtlingscamps und schrieb ein Buch. Eine Zeit lang gelang es uns, Joshs Probleme zu vergessen – oder vielleicht war es eher so, dass ich Sam damit alleine ließ.

Das Gefühl, dass man getäuscht wird, lässt sich nur sehr schwer ignorieren.

Für Geflüchtete in den Vereinigten Staaten und in Europa ist rechtlicher Beistand und Expertenmeinung kaum zu bekommen. In den USA, wo es an großen Wohltätigkeitsorganisation wie der Helen Bamber Foundation, Freedom from Torture und Medical Justice fehlt, muss man für ein medizinisches Gutachten selbst aufkommen. Und selbst wenn man ein Gutachten hat, wird es von den Richtern oft sehr unterschiedlich bewertet.

Diese Variabilität in der Rechtsauslegung ist einer der größten Missstände im amerikanischen Asylsystem. Warum sollte das Gewicht eines Beweises von einem einzelnen Richter abhängen? Sollte das eigene Schicksal vom Mitgefühl oder der politischen Ausrichtung des Richters abhängen, dem man zugeteilt wird? Sollte es von Gericht zu Gericht unterschiedlich sein?

»Gleiche Fälle werden nicht gleich behandelt«, sagt Arulanantham, der Anwalt der ACLU, der mir einen Crashkurs in Asylrecht gab. »Wir müssen den Menschen garantieren, dass sie einen Rechtsbeistand bekommen, und dafür sorgen, dass die Richter der Einwanderungsbehörde unabhängig werden. Das sind die wichtigsten Punkte. Die Zahl der akzeptierten Asylanträge schwankt, je nachdem, wer gerade das Amt des Justizministers innehat. Das zeigt sich nicht nur an den Urteilen, sondern bereits in den Erstbefragungen. Die Anzahl derjenigen, die wegen begründeter Furcht überhaupt einem Richter vorgeführt werden, hängt von der vorherrschenden politischen Stimmung ab.«

Doch wenn man an die Genfer Flüchtlingskonvention denkt, sollte der Status eines Geflüchteten nicht von den Behörden abhängig gemacht werden.

Was wäre geschehen, wenn eine der schrulligen Großmütter aus meinem iranischen Dorf hätte flüchten müssen? Eine ungebildete iranische Bäuerin aus einer anderen Zeit, mit einer undiagnostizierten Autismuserkrankung und einem Kopf voller abergläubischer Vorstellungen kann von einem Amerikaner nicht verstanden werden. Was, wenn sie an einen Asylbeamten gerät, der noch nie einer Großmutter vom Land begegnet ist? Es sollte keine Rolle spielen, ob dieser Beamte Mitgefühl aufbringt oder nicht, doch das tut es. Sie würde nicht wissen, was sie falsch gemacht hat. Diese Frauen schauen nicht auf den Kalender, sie richten sich nach dem Mond. Sie sind nicht dazu in der Lage, die Namen der letzten drei Präsidenten herunterzurattern. Sie sprechen in Rätseln. Ich kenne keine einzige, die einem im Westen geborenen Millennial mit einem Uniabschluss, der noch 700 Fälle nachbearbeiten muss, aufrichtig vorkommen würde.

In den Jobanforderungen für Sachbearbeiter auf beiden Seiten des Atlantiks steht, sie sollten detailorientiert sein und mit Stress gut umgehen können. Ich habe mit einer ehemaligen Rechtsvertreterin des britischen Innenministeriums, einer Britin mit afghanischen Wurzeln, darüber gesprochen, wie sie den Geschichten zuhört. Ihr Job bestand darin, für Theresa Mays Innenministerium Fälle zu verhandeln. Sie war jung, hatte einen Jura-Abschluss und eine sechsmonatige praktische Zusatzausbildung. Ihr zufolge waren die Sachbearbeiter derart überlastet, unterqualifiziert und schlecht ausgebildet, dass sie unter dem immensen Druck beinahe zusammenbrachen. Sie wurden tatsächlich angewiesen, Quoten zu erfüllen, und dabei ging es um Ablehnungen, nicht um Anerkennungen. Die Ausbildung und der Leistungsanreiz des Innenministeriums konzentrierte sich nur darauf, wie man Fälle von Menschenrechtsverletzungen abweist, humanitäre Pflichten oder die Genfer Flüchtlingskonvention wurden dabei völlig außer Acht gelassen.

Viele Sachbearbeiter und Rechtsvertreter des Innenministeriums sind *People of Color* aus Migrantenfamilien aus der Mittelschicht, die häufig in denselben Gemeinden leben wie die Asylbewerber und neu angekommenen Geflüchteten. »Fälle zu bearbeiten, die denen in meiner Familie ähneln, war schwierig für mich. Es gab Spannungen.« Sie erzählte mir, dass die eher zynischen Entscheidungsträger, ältere, konservativere Beamte, häufig ohne Uniabschluss, misstrauisch werden, wenn sich Geschichten, Fakten oder Dokumente zu sehr ähneln. »Sie sehen diese Muster und gehen davon aus, dass sie gefälscht sind. Deshalb gab es bei uns praktisch nur Ablehnungen.« Wenn ihr eine Entscheidung nicht gerechtfertigt erschien, versuchte sie, den zuständigen Beamten umzustimmen. Bleibt ein Beamter dennoch bei seiner Entscheidung, ist die Rechtsvertreterin des Innenministeriums dafür zuständig, den Fall vor Gericht zu bringen. »Sachbearbeiter ziehen ihre Entscheidung nicht gern zurück, wegen der Quoten. Also ging ich vor Gericht und rollte den Fall noch mal auf.«

Eine verständnisvolle Rechtsvertreterin und ein freundlicher Richter reichen oft nicht aus. In bestimmten Fällen wird das Innenministerium immer Berufung einlegen, die individuellen Umstände spielen dabei keine Rolle. Während ihrer Amtszeit werden die Sachbearbeiter regelmäßig überprüft. Wenn sie die Ablehnungsquoten erreichen, bekommen sie einen Geschenkgutschein. Für wochenlange Überstunden erhalten sie einen Bonus von 200 Pfund. Einige Beamte waren so zermürbt, dass sie das Protokoll ignorierten und den Asylbewerbern unangemessene Fragen stellten. Einer wurde während des Trainingsprogramms sogar handgreiflich. »Ich musste viel häufiger vor Gericht als vorgesehen«, erzählte die Rechtsvertreterin mir. »Manchmal musste ich vier oder fünf Fälle gleichzeitig vorbereiten.«

Ich fragte sie nach ihren Aufgaben. Worin genau bestand ihr Job? »Auf Unstimmigkeiten hinweisen. Das ist unser Job. Wir müssen beweisen, dass sie lügen.« Obwohl sie sah, wie schockiert ich war, sprach sie ganz offen: »Niemand stellte infrage, worin unsere Aufgabe bestand: Unstimmigkeiten ausfindig zu machen. Dazu wurden wir ausgebildet. Manche Rechtsvertreter sind äußerst pedantisch. … Ach, hier sagten Sie sechs Uhr morgens und dort sieben Uhr. Wenn Sie einen strengen Richter bekommen, dann ist der begeistert, wenn Sie einen großen Wirbel um solche minimalen Abweichungen machen.«

Ich fragte sie, ob sie jemals versucht habe, sich in die Geschichten der Geflüchteten hineinzudenken. Das sei nicht ihr Job, antwortete sie. Doch es sei hilfreich, dass sie selbst aus dem Mittleren Osten stamme. Einmal sprach der Dolmetscher den falschen arabischen Dialekt. »Mir fiel das Missverständnis auf, und ich brach die Anhörung ab. … Aus meinem Umfeld weiß ich auch, dass Scheinehen vorkommen. Männer aus Afghanistan und Pakistan heiraten Frauen aus Polen, Litauen, Rumänien oder sonst wo. Das ist ein ganzes System, mit Buchhaltern, Sachbearbeitern, Anwälten und Vermietern. Wenn ich also bei der Arbeit bin und eine dieser Personen vor mir habe, weiß ich genau, welche Fragen ich stellen muss. Ich weiß, dass sie lügen. Viele dieser Kerle sind nicht gerade die Hellsten. Sie verwickeln sich schnell in Widersprüche.«

Die Frauen stolpern über die Frage, wie oft ihr Mann beten würde oder wo sich seine Moschee befindet. Die Hochzeitsfotos wirken gestellt – nur seine männlichen Freunde sind dabei, keine von ihr. Alles wirkt eingeübt, aber sie haben sich keine Gedanken über die Religion ihrer zukünftigen Kinder gemacht. »Ein Teil von mir weiß, dass sie nur ein besseres Leben wollen, doch der andere Teil ärgert sich darüber, dass sie das System missbrauchen. Und es ist nicht schwer, sie zu überführen.«

Wenn man eine intellektuelle Auseinandersetzung gewinnen kann und soll, dann wird man instinktiv sein Bestes tun. Dennoch gab es hin und wieder eine Geschichte, die ihre Fantasie anregte und in die sie sich hineinversetzen konnte, bis sie die Wahrheit erkannte. In einem Fall wollte der Sachbearbeiter nicht glauben, dass sich eine zweijährige Romanze auf der Straße, in Autos abspielen konnte und keine Spuren hinterließ, nicht ein einziges Foto, keine Textnachrichten. »Aber ich weiß, dass man in Afghanistan nur eine heimliche Beziehung haben kann, weil einen die Eltern sonst umbringen! Das kenne ich nur zu gut. Für einen anderen Beamten wirkt das suspekt. Also erkläre ich es ihm: ›Es ist völlig normal, sich nur heimlich zu treffen.‹ Dann sage ich mir, dass ich zumindest etwas beigetragen habe. Dass sie von Glück sagen können, dass ich dabei war und nicht nur ein Weißer, der gar nichts versteht. Dass es in Ordnung ist, für das Innenministerium zu arbeiten. Damit tröste ich mich.«

Würden die Engländer sich bemühen, die afghanische Jugendkultur zu verstehen? Keinesfalls, antwortete sie. Dazu müssten sie sich in das Leben in Afghanistan hineinversetzen.

Während einer Gesprächspause nahm sie einen tiefen Atemzug. »Es ist kein Verbrechen, hierbleiben zu wollen«, sagte sie. »Aber so wie die Dinge heute liegen, hätten meine Eltern wohl kaum eine Aufenthaltsgenehmigung bekommen. Dann wäre ich nicht hier.«

Andere Asylbeamte mit Migrationshintergrund stören sich an der offenen Bevorzugung von weißen Geflüchteten aus der westlichen Welt und dem Verweis auf die »Leistungsgesellschaft«, wenn das Asylrecht eigentlich Menschen helfen soll, die gefährdet sind. Dabei sollte es keine Rolle spielen, welchen vermeintlichen Wert sie für das Gastland haben. »Menschen, die so aussehen, als würden sie hierher gehören, werden klar bevorzugt«, sagt Narges Kakalia. »Als ich mich um eine *Green Card* bewarb, schleppte ich stapelweise Belege an. Ich kam herein und sprach perfektes Englisch. Der Mann stellte mir eine einzige Frage, stempelte mein Formular und sagte: ›Willkommen in den Vereinigten Staaten.‹ Überall um mich herum waren Leute, die hysterisch schluchzten und fremde Sprachen sprachen. Man fragte sie nach der Shampoo-Marke, die ihr Ehepartner benutzt.«

Der wohlmeinende Asylbeamte mit Migrationshintergrund, der einen guten Abschluss hat und seinen Job besser machen will als sein zynischer Vorgänger, um zu beweisen, dass er seinen Platz in der westlichen Gesellschaft verdient hat, befindet sich in einem Dilemma. Wenn man jahrelang mit Kollegen zusammenarbeitet, die ihre Berichte mit »Versager« und »Geh doch nach Hause« bekritzeln, dann macht man sich Sorgen, selbst irgendwann ähnlich zu denken.

»Männer in ihren Zwanzigern sind weniger gern gesehen als Familien«, sagt Haq, die Asylanwältin. »Wie heißt es: Der Richter ist dein Schicksal. Ein Fall, der in San Francisco gewinnt, hat in Atlanta keine Chance. Ich hatte eine Familie aus Nepal. Sie waren sehr umtriebig: Die Ehefrau war früher Model und eine bekannte Sportlerin. Sie hatten einen aufgeweckten Sohn.« Sie wurden einem Richter zugeteilt, der früher am Kriminalgericht tätig war und dessen Berufung an das Einwanderungsgericht von progressiven Anwälten und Interessengruppen stark kritisiert worden war. »Ich dachte, er ist die Sorte weißer Mann, der sagen wird: ›Wenn ich so großzügig bin und Sie in diesem Land bleiben lasse, dann will ich auch sichergehen, dass Sie hierher gehören.‹ Er ist ein Rassist. Das berücksichtigte ich bei meiner Strategie. Ich sagte meinen Mandanten, dieser Richter würde ihnen nur Asyl gewähren, wenn er denkt, dass sie es verdienten, dass sie aufrechte Bürger seien. ›Wir müssen Ihren sozioökonomischen Status erhöhen, betonen, was für ein großartiges Leben Sie in Nepal hatten und dass Sie niemals weggegangen wären, wenn Sie nicht gefährdet gewesen wären.‹« Haq sagte ihnen, sie sollten sich elegant anziehen – Anzug, Rock und Bluse –, auch wenn sie in Amerika bei einen Autohändler und in einem Seniorenheim jobbten. Und es funktionierte. Der Richter fragte das Ehepaar danach, was sie in ihrer Heimat gearbeitet und verdient hätten. »Ich stand noch nie vor einem Richter, der diese Frage gestellt hat«, sagt Haq. »Gerade habe ich einen Mandanten, der einen Gemüseladen in Pakistan hatte und nie eine Schule besucht hat. Wenn er an diesen Richter geriete, wäre ich sehr besorgt um ihn.«

Haq machte eine Pause. Wir seufzten beide. Ich wollte unser Gespräch noch nicht beenden, also erzählte ich ihr von einer meiner Marotten: Als ich in Amerika ankam, war ich ständig in Sorge, dass ich in den Augen der Amerikaner schäbig aussehen könnte. Anfangs spotteten meine Klassenkameraden darüber, dass ich dieselben Kleider immer wieder trug und nur eine Jeans besaß. In Princeton trug ich Röcke und schminkte mich jeden Tag. Später verfiel ich ins andere Extrem: Es freute mich diebisch, wenn mich jemand in meinem Pyjama zu Gesicht bekam. Je eleganter der- oder diejenige war, desto befriedigender fand ich es: Ich gewinne, weil es mir egal ist!, dachte ich. Haq lachte. Wenn wir für die Westler eine Show abziehen müssen, verhalten wir uns merkwürdig. Ein Geflüchteter namens Conte erzählte mir in London davon, wie er einmal in einer Schlange mit anderen Geflüchteten anstand. »Die Engländer, die vorbeikamen, fragten: ›Warum steht ihr denn bei diesem Wetter hier an?‹ Als wären wir nicht ganz bei Trost.« Doch sie haben nicht geantwortet. Es war zu beschämend, zu erniedrigend. »Wir haben nur schweigend gewartet und nichts gesagt. Du trägst dein Herz immer auf der Zunge.«

Josh verschwand und tauchte wieder auf, manchmal hatte er zugenommen, er kaute an seinen Nägeln, erstellte Playlists und half beim Abwasch (wenn er seine Medikamente nahm), manchmal war er abgemagert und sehr still (wenn er seine Medikamente nicht nahm). Er wirkte zu fragil, um ihn anzusprechen, doch bei Annas vierzigstem Geburtstag, nach zwei Gläsern Wein, fragte ich ihn nach seiner Playlist. Niemand würde es merken, wenn wir einen Song mit einem anstößigen Text abspielen würden, witzelte ich. Sein Gesicht hellte sich auf. Wir kicherten, während biedere Eltern herumstanden und höflich plauderten, während *High for This* von The Weeknd lief.

Die Familie wartete sehnsüchtig auf Joshs gute Momente. Jeder von ihnen hatte eine Methode entwickelt, auf das kleinste Angebot zu reagieren und ihn mit Kindheitsanekdoten zu füttern. »Ich wünschte, du hättest ihn damals gekannt«, sagte Sam. »Er war so lustig, so freundlich.«

Ich versuchte es, aber ich hatte nicht ihren Vorrat an Erinnerungen. Bei Elenas Geburtstagsfeier sahen wir zu, wie die Kinder eine *Piñata* zerschlugen. Josh stand etwas abseits und murmelte beinahe zu sich selbst: »Hat jemand daran gedacht, sie zu füllen?« Alle blickten auf.

Sam flüsterte mir zu: »Man muss sie füllen?« Ich schlug mir an die Stirn. »Seht ihr, da sind keine Süßigkeiten drin«, sagte Josh. Die Erwachsenen kicherten hinter vorgehaltenen Händen.

»Gut, machen wir eine kleine Pause!«, verkündete Sam. »Cupcakes im Wohnzimmer!« In der Zwischenzeit machten sich die Erwachsenen auf die Suche nach etwas Süßem – Kochschokolade, Gummibärchen, die noch von Halloween übrig waren.

Josh fand eine Tüte Marshmallows. »Leert alle Tüten aus«, sagte er. Er dachte, dass die Kinder mehr beeindruckt wären, wenn es lose Süßigkeiten regnen würde. Während wir herumliefen, um die *Piñata* zu füllen, lachten Sam und Josh gemeinsam.

Die ganze Nacht lang freute Sam sich über diesen Moment: »War das nicht eine tolle Idee, die Tüten auszuleeren?«, sagte er lächelnd, während wir uns bettfertig machten. »Komisch, dass es niemandem außer Josh eingefallen ist … gute Idee, die kleinen Marshmallows.«

Vier Monate später (oder war es im Jahr davor?) haben wir in derselben Londoner Wohnung eine Geburtstagsfeier für Josh veranstaltet. Ich habe ein Foto gemacht, auf dem er seinen mit Kerzen bestückten Kuchen anlächelt. Dann, nach kaum einer Stunde, ging er davon.

2019 begann die Familie damit, mich zu ihren Treffen einzuladen, ein beängstigender Wendepunkt. Ich nahm an einem Gespräch mit den Ärzten teil und an vielen Küchentisch-Brainstormings. Bald wurde bei jedem Essen über Joshs Erkrankung gesprochen. Ich biss mir auf die Lippen und sagte nichts, bis Sam eines Tages zur Tür hereingestürmt kam mit der Neuigkeit, Josh sei eingewiesen worden, weil er gedroht habe, sich umzubringen. Er sagte auch, es gäbe keinen Grund zur Sorge. Josh sei im Krankenhaus und anscheinend sei die Drohung, so etwas wie »Wenn ihr mich nicht weiter unterstützt, dann habe ich keine andere Wahl«, nicht ernst gemeint gewesen. Die Art Drohung, die man aus romantischen Melodramen kennt, die keine echte Absicht, sondern nur Leidenschaft ausdrücken soll. Der Heiratsantrag meines Vaters an meine Mutter beinhaltete eine ähnliche Drohung, und da ich meine Existenz solchen hysterischen Szenen verdanke, neige ich vermutlich dazu, derartige Ankündigungen nicht für bare Münze zu nehmen.

Sam hatte Elena, als er den Anruf bekam, also raste er mit ihr ins Krankenhaus. Er wollte in Ilans Wohnung so lange warten, bis die Situation sich entspannte, was bedeutete, dass Elena ihre Schlafenszeit verpassen würde. Ich bekam einen Wutanfall. Sam und ich sprachen mehrere Tage nicht miteinander. Schließlich sagte er, Josh ginge es besser, er habe bereits früher solche Drohungen ausgestoßen, die immer mit Geld zu tun hatten. Die Ärzte hätten auch gesagt, es läge keine ernst zu nehmende Suizidabsicht vor. Eines Nachts stand ich um vier Uhr auf, um zu googeln, was suizidgefährdete Menschen sagen. Ich tat es nicht, weil ich besorgt war – meine Meinung stand bereits fest –, sondern weil ich wütend war.

Die Familie versammelte sich bei Ilan, um mit ihrem Vetter David, der ein Freund von Josh und Arzt war, darüber zu sprechen, was nun getan werden sollte. Sheldon und Flo waren diesmal nicht eingeladen; wir unterhielten uns darüber, wie sehr sie unter Joshs Einfluss standen und wie man sie dazu bringen konnte, unserer Strategie zu folgen. Sheldon hatte gerade eine Chemotherapie durchgestanden, und sein Gesundheitszustand war besorgniserregend. Wir alle hatten mit ihm am Telefon gesprochen, seiner warmen, rauen Stimme gelauscht, wie er unsicher und kummervoll fragte, was Josh nun tun würde. Der Gedanke regte mich auf. Warum ließ Josh seine armen Eltern nicht in Ruhe, damit sie sich um sich selbst kümmern konnten?

Ich war die Erste, die laut aussprach, dass ich ihm nicht glaubte. »Versuchen die Leute nicht immer, ihre Absicht zu verbergen, wenn sie es ernst meinen, damit sie es auch durchziehen können?«, sagte ich und klang dabei wie eine der Websites, die ich mir angesehen hatte. »Wenn damit eine Drohung einhergeht, etwas, das in die Zukunft gerichtet oder mit einem Resultat verbunden ist, bedeutet das nicht …?«

David nickte. »Das sind Anhaltspunkte.« Er erklärte, dass man zwar unmöglich vorhersagen könne, was im Kopf eines Menschen vorgeht, aber dass Pläne, die in die Zukunft reichten, Lebenswillen signalisierten. Ebenso wie der Versuch, mit der Drohung etwas Bestimmtes zu erreichen. Das sei die ultimative Trumpfkarte. Anna kam auf die Ärzte und Krankenschwestern im Krankenhaus zurück. Sie hatten nicht sonderlich besorgt gewirkt. Ich stimmte ihr zu – liebevolle Strenge war das, was Josh brauchte, keine Verhätschelung. Die Eltern sollten nicht auf seine Drohungen eingehen, indem sie ihm weiterhin Geld oder eine Unterkunft gaben.

»Was schlägst du denn vor, Dina?«, sagte Ilan kurz angebunden. »Sollen wir ihn auf der Straße schlafen lassen?«

»Das habe ich nicht gesagt! Ich glaube, er ist dazu in der Lage …«

»Dina, Josh hat eine psychische Erkrankung«, sagte Ilan. »Das ist eine Tatsache. Er tut nicht nur so.«

»Na ja«, murmelte ich leise. »Er scheint aber dazu fähig zu sein …« Ich brachte den Satz nicht zu Ende: »… sich ganz ausgezeichnet um die Dinge zu kümmern, die er will.« Anna lächelte mir schwach zu, als wolle sie sagen: Wir sind alle etwas angespannt.

»Wenn jemand sagt, er bringt sich um, muss man das doch ernst nehmen«, sagte Sams Tante.

Ich wollte sagen: »Wenn es so wäre, könnte ja jeder einfach …«

Aber ich hielt inne und schämte mich. »Natürlich«, murmelte ich.

Anna, die auf der gegenüberliegenden Seite des Tischs saß, holte tief Luft. Jemand fragte, warum sie ihn immer wieder nach Hause schickten und nicht zu einem richtigen Arzt.

»Es ist eine sehr heikle Angelegenheit«, sagte David. Er begann, darüber zu sprechen, wie wir es vermeiden könnten, auf die Drohungen weiter einzugehen. Niemand könne darüber entscheiden, wie realistisch sie seien, weil nur eine Person es sicher wisse. Also machen wir weiter wie bisher und hoffen das Beste.

Ich schauderte und blieb still, und die nächsten Tage schwiegen Sam und ich uns an. Er wird mich verlassen, dachte ich. Oder ich ihn. Eines Morgens in der Dusche entdeckte ich einen Nesselausschlag auf meinem Oberschenkel. Ich traf mich mit meiner besten Freundin in unserer Lieblings-Weinbar, wie bestellten Burrata und einen rauchigen Rotwein. Sie fragte mich, ob Sam bald seinen Roman beenden würde. Ich schüttelte den Kopf; er würde ihn nicht aus der Hand legen, bevor nicht jedes Wort perfekt war. Außerdem sei er ständig mit Josh beschäftigt, manchmal heimlich, und verstecke sein Handy vor mir.

»Ich hätte nie gedacht, dass es ausgerechnet sein kleiner Bruder sein würde, der uns auseinanderbringt«, sagte ich.

6

Ehrlicherweise muss ich zugeben, dass wir lange Phasen hatten, in denen wir uns nicht mit Joshs Sorgen befassten. Im Oktober 2015, nach sieben Monaten Schwangerschaft im bürokratischen und strikten englischen Gesundheitssystem, entwickelte ich eine ganz neue Obsession (die im Grunde dieselbe war): Wer entscheidet im Zweifelsfall für den Angeklagten?

Als ich jünger war, hatte meine Mutter mir gesagt, ich müsse mir keine Sorgen über eine Geburt machen. »In unserer Familie vertrauen wir auf den Kaiserschnitt.« Das Problem war, dass man in den 2010er-Jahren in London geradezu dogmatisch an die »natürliche Geburt« glaubte, und die Hebammen waren die erste Anlaufstelle. Ich hatte Geschichten von Frauen gehört, deren schmerzhafte Geburtswehen bagatellisiert oder einfach abgetan wurden, und ich wollte einen richtigen Arzt. Da ich keinen Plan und schon immer eine Heidenangst vor einer Geburt hatte, beschloss ich, mich in einer medizinischen Theatervorstellung zu versuchen. Ich dachte mir dabei Folgendes:

Wie alle medizinischen Innovationen wurde der Kaiserschnitt erfunden, weil es Gründe dafür gab und er in manchen Fällen einfach die bessere Lösung war. Haben Sie jemals gehört, dass jemand darauf besteht, Hundebisse oder Knochenbrüche auf mittelalterliche Art zu behandeln? Die fast vollständige Ablehnung des Kaiserschnitts in der westlichen Welt kommt mir verdächtig vor, vor allem, weil ich daran gewöhnt bin, wie Propagandisten die üblichen Weisheiten verbreiten, während wohlhabende oder gut informierte Insider sich im Stillen für das Gegenteil entscheiden. Gynäkologinnen empfehlen ihren Patientinnen die vaginale Geburt, während sie heimlich Kaiserschnitte für sich selbst buchen, ohne jegliche medizinische Begründung. Selbst wenn etwas im Allgemeinen das Beste ist, können individuelle Faktoren eine wesentliche Variable ändern. Ich wollte nicht riskieren, einer der Fälle mit Darminkontinenz zu werden, die in einer Häufigkeit auftreten, die die Gesundheitsbehörden noch »akzeptabel« finden. Für mich waren die Worst-Case-Szenarios relevanter als die Durchschnittswerte. Eine Patientin kann mit ihrer Angst und Anspannung das Schlimmste heraufbeschwören, wenn sie glaubt, es sei unvermeidlich. Ich kenne die Grenzen meines Körpers. Ich wurde von einer Gynäkologin aufgezogen, die mehrere Kaiserschnitte hatte.

Weitere Argumente überzeugten mich. Globalisierung bedeutet auch, dass Männer wie Sam, die halbe Wikinger sind, kleine iranische Frauen schwängern können, und nach einigen Generationen wird der Kaiserschnitt zur Notwendigkeit. Wenn diese Prozedur es möglich macht, dass großköpfige Babys und schmalhüftige Frauen Geburten überleben, die sie unter anderen Umständen umgebracht hätten, werden diese Merkmale (große Köpfe, schmale Hüften) weitervererbt und lebensbedrohliche Geburten werden zunehmen. Das ist ausreichend, um einige von uns abzuschrecken: Ich will nicht im 21. Jahrhundert in einen darwinistischen Wettstreit mit meinem verwöhnten Geburtskanal geraten. Außerdem, warum sollten nur wohlhabende Frauen Zugang zu Innovationen haben, während der Rest von uns mit Märchen von der natürlichen Geburt abgespeist wird, damit wir nicht auf die Idee kommen, zu verlangen, dass die fähigsten Ärzte uns dieselbe Zeit widmen – diejenigen, die ein Baby mit nur einer Hand aus der Steißlage befreien können und wissen, welche Nadel sie mir ins Herz jagen müssen, drei Sekunden bevor ich den Geist aufgebe.

»Du kannst nicht einfach einen Eingriff verlangen«, sagte Sam. »Mein Bruder hat sein ganzes Leben lang erlebt, wie seine akuten psychischen Bedürfnisse von den Gesundheitsbehörden abgewiesen wurden. So funktioniert das einfach nicht.«

»Es ist ein bürokratischer Vorgang, wie eine Asylanhörung«, sagte ich. »Man gibt ihnen, was sie wollen, damit sie ihre Kreuzchen machen können.« Sam riss erstaunt die Augen auf.

»Was?« Ich zuckte mit den Achseln. »Für mich ist das normal.«

Ich hatte nur noch die letzten vier Monate meiner Schwangerschaft Zeit, um einen zuständigen Arzt dazu zu bringen, meine Angst vor einer vaginalen Geburt als medizinisch relevant einzustufen. Es wurde Zeit, meine Angst in einer Szene zu präsentieren, die zwar wahr war, aber sich dennoch wie eine Lüge anfühlte.

Ich kam mir auch deshalb gemein vor, weil meine Gegenspielerin Astrid war, eine nette, hingebungsvolle Hebamme, die an eine Großmutter erinnerte und mir die Hände massierte. Für Astrid eine Show aufzuführen, indem ich mir die Sprache der ängstlichen, Pro-Kaiserschnitt-Mütter aneignete, war demütigend und nicht gerade einfach. Aber ich musste sicherstellen, dass sie mich in einem möglichst hysterischen Zustand sah – meine konkrete Angst, die direkt aus meinem Bauch kam –, um mich entweder davon zu überzeugen, dass ich zu einer vaginalen Geburt fähig war, oder mir einen Termin für einen Kaiserschnitt zu geben.

Im vergangenen Jahr hatte ich Adam angerufen, einen alten Collegefreund, der mittlerweile in einer Notaufnahme arbeitet, um darüber zu sprechen, wie Schmerz sich ausdrücken kann. »Als Notfallarzt erwartet man beinahe, dass die Leute einen anlügen«, witzelte Adam, sein väterliches Grinsen und die kecke Princeton-Kappe täuschten darüber hinweg, wie grauenhaft sein Alltag sein musste. »Als müsse man mit Clownsschuhen über ein Minenfeld laufen.«

In letzter Zeit habe ich wieder Kontakt aufgenommen zu den unauffälligen, ungewöhnlichen Kommilitonen, die dem Stamm der skeptischen Außenseiter und Nerds angehörten und mit denen ich mich im College hätte anfreunden sollen. Während meines Abschlussjahrs hatte ich Adam jeden Abend in der Schlange zum Abendessen im Tower Club gegrüßt. Ich war 21 und trug bereits ein Jackett und falsche Perlen. Adam war witzig, freundlich, kannte sich aus in Naturwissenschaften und interessierte sich für soziale Themen. Als jüdischer Student war er besonders beliebt bei den Evangelikalen, die ihn bekehren wollten. Und er war einer unter zwanzig Leuten, mit denen ich gern an einem Tisch saß.

Diese Geschichte spielte sich damals außerhalb meiner Wahrnehmung ab: Gelegentlich, wenn Adam beim Abendessen fehlte, besuchte er seinen Vater im Gefängnis. Ich wusste davon nichts, auch nicht, dass sein Vater krank war; hätte ich es gewusst, dann hätte ich ihm vielleicht erzählt, dass auch ich meinen Vater im Gefängnis besucht hatte, dass er drogensüchtig und häufig krank war. Wie Adam war ich acht Jahre alt, als mein Vater eingesperrt wurde. Ich hätte Adam von dem Tag erzählen können, an dem ich hinten auf dem Motorrad eines Gardisten der Sittenpolizei über einen Gefängnishof gefahren bin, zu einem fremden Mann mit rasiertem Kopf, der einen weißen Pyjama trug. Ich fragte den Gardisten, wer das sei. Er antwortete: »Erkennst du deinen Baba nicht mehr?« Nein, das tat ich nicht. Mein Vater hatte dichtes, glänzendes Haar, das wusste doch jeder. Wer war dieser Fremde? Ich stieg vom Motorrad ab und fühlte mich verlassen und verwirrt. Heute denke ich, vielleicht hat Adam an diesem Tag auf der anderen Seite der Welt ebenfalls seinen Vater besucht.

Irgendwann während unseres letzten Semesters im College erzählte Adam seinem Vater, dass er an der medizinischen Fakultät aufgenommen worden war. Sein Vater hatte bestimmt geschmunzelt; bei jedem neuen Krankheitsanfall wurde er nur kurz begutachtet und wieder aus der Unfallstation hinausgeworfen. Wenn ein Arzt sich widerwillig seiner annahm, schien er sagen zu wollen: »Sie sind ein Krimineller. Sie verschwenden meine Zeit und die Gelder der Steuerzahler.« Ich stelle mir vor, dass Adams Vater, nachdem er von dessen Aufnahme an der medizinischen Fakultät gehört hatte, seinem Sohn geraten hatte, den Patienten, denen niemand glaubte, besonders gut zuzuhören, weil auch sie Körper haben, die versagen können.

Eines Tages, als Adam bereits sein Medizinstudium begonnen hatte, bekam er die Nachricht, dass sein Vater an einer Herzerkrankung gestorben sei, an dem Zusammenwirken von Symptomen, die er den Gefängnisärzten zwanzig Jahre lang zu vermitteln versucht hatte. Adam wurde Notfallarzt. An dem Tag, an dem er seinen ersten Schmerzpatienten behandeln musste, konnte er an nichts anderes denken als an seinen Vater. Der Mann, der vor ihm saß, sah ihn mit flehendem Blick an. Adam wusste, dass die Schmerzen dieses Fremden real waren. Allerdings spielten auch seine Bedürfnisse, Motive und Umstände eine Rolle. Adam dachte: Diese armen Menschen, wie sollen sie denn jemals eine Behandlung bekommen?

Mit der Zeit entwickelte Adam besondere Sympathie für die Häftlinge, die in die Notaufnahme gebracht wurden. Sie kamen in ihren orangen Overalls, mit Hand- und Fußfesseln versehen, flankiert von zwei Wärtern. Nicht selten ließ einer der Wärter dabei eine abfällige oder höhnische Bemerkung fallen, direkt vor dem Häftling, und ignorierte dabei jedes Zusammenzucken und jeden niedergeschlagenen Blick. »Dieses Stück Scheiße will nur ein Thunfisch-Sandwich«, sagte er dann, oder: »Verschwenden Sie nicht zu viel Zeit mit dem hier, Doc«, oder: »Tut uns leid, dass wir Ihnen ein Bett wegnehmen.« Adam kümmerte sich sofort um diese Fälle, und er widmete ihnen viel Zeit. Es lag nicht in seiner Natur, die Wärter zu ermahnen, aber er tat sein Bestes, um die Scham zu mildern, die jetzt das Gesicht seines Patienten in Falten legte. Fast jeder der Häftlinge, die Adam über die Jahre behandelte, war friedfertig und dankbar – auf bewegende Weise.

Die Patienten ließen Adam wissen, dass sie die positiven Nebeneffekte eines Besuchs in der Notaufnahme durchaus zu schätzen wussten. Sie konnten das Gefängnis für ein paar Stunden verlassen, auf einem weichen Bett sitzen und ein Thunfisch-Sandwich essen. Sie konnten eine Autofahrt machen und Leute sehen, die frei waren. Doch diese kleinen Annehmlichkeiten waren nicht der Grund, aus dem sie da waren.

Eines Tages kam ein vierzigjähriger Mann, der für ein geringfügiges Delikt verurteilt worden war, mit einem schrecklichen Husten in die Notaufnahme. »Ich habe ihn schon zehn Mal deswegen hergebracht«, sagte der Wärter, »es war immer falscher Alarm.« In der Patientenakte hieß es, der Mann sei ein Histrioniker. Obgleich weder eine diagnostische Abklärung noch eine Blutuntersuchung stattgefunden hatte und die letzte Röntgenaufnahme seines Thorax ein Jahr her war, hatten die behandelnden Ärzte immer wieder notiert: »Keine Befunde, die die Beschwerden belegen.« Wenn der Patient simulieren würde, fragte Adam, warum hätten sie ihn dann wieder hergebracht? »Dieses Mal hat er Fieber«, sagte der Wärter, »das Thermometer im Knast ist aber vermutlich kaputt.«

Der unverhohlene Zynismus des Wärters erinnerte Adam daran, dass sein Beruf eine beinahe tägliche sensorische Neubewertung erforderlich machte. Wenn man ständig derartigen Situationen ausgesetzt ist, stumpft man schnell ab, der eigene Radar versagt. Es ist ein bekanntes Problem: Jeder Schmerz kann nur von einer einzigen Person gefühlt werden. Wir sind darauf programmiert, unser eigenes Leiden zu erahnen, unsere eigenen Wunden zu lecken. »Wenn man große Schmerzen hat, hat man auch Sicherheit«, schreibt Elaine Scarry in *The Body in Pain*, »wenn eine andere Person Schmerzen hat, bezweifelt man das.«

Adam horchte den Mann ab. Als er fertig war, murmelte der Patient etwas Merkwürdiges: »Danke, dass Sie meinen Lungen zugehört haben.«

»Machen wir das nicht jedes Mal?«, fragte Adam.

»Niemand hat das bisher gemacht«, sagte der Mann. »Sie haben hingehört.«

Adam nahm eine vollständige Untersuchung vor, und das Röntgenbild bestätigte, was er bereits geahnt hatte: Die schlimmste Lungenentzündung, die er jemals gesehen hatte, mit Eintrübung beider Lungenflügel. Der Mann hatte Krebs im vierten Stadium, und man konnte nicht mehr viel für ihn tun. Zumindest nahm Adam sich Zeit, um mit dem Mann zu sprechen, nicht über die Krankheit, die ihn umbringen würde, sondern über Glaubwürdigkeit. Weshalb er im Gefängnis sei, fragte Adam. Wegen Steuerhinterziehung.

Ich weiß nicht, worüber die beiden Männer noch miteinander sprachen. Ich stelle mir vor, dass Adam von Schicksal sprach, von der Unvorhersehbarkeit des Lebens und was es uns lehrt. Vielleicht wies er auch darauf hin, dass alles in Gottes Hand liege. Die Wahrheit war, dass der Mann zum falschen Zeitpunkt ins Gefängnis gekommen war. Als die ersten Warnsignale sich zeigten, trug er bereits einen orangen Overall.

Heute, in unseren Vierzigern, lachen Adam und ich über unsere Collegezeit, wenn wir uns per Zoom unterhalten. Ich erzähle ihm von meinem pränatalen Theater, und davon, wie Josh darum kämpfen musste, einen Arzt zu finden. Er erzählt mir vom Minenfeld der Notaufnahme. Die Leute kommen aus allen möglichen zweitrangigen Gründen: wegen einer Dosis Schmerzmittel, weil sie Narkotika für eine Party wollen oder ein Attest. Die Stammgäste kennen jede Schwester, jeden Arzt und jeden Assistenten mit Namen. Manche sind obdachlos und hoffen, der Kälte zu entfliehen und eine Mahlzeit zu bekommen; sie kommen täglich mit neuen Beschwerden. Ein müder Assistenzarzt im fünften Jahr sagt dann: »Ach, das ist nur Lenny, gebt ihm sein Sandwich und schickt ihn wieder weg.« Dazu sagt Adam: »Ich erzähl dir mal, wie die letzten zehn Lennys gestorben sind.« Denn es kommt immer der Tag, an dem die Stammgäste sterben. Wenn die realen Warnzeichen sich zeigen, weiß der Stammgast, wohin er sich wenden muss. Doch nach all den Truthahn-Sandwiches glaubt ihm kaum jemand mehr. Es ist wie in der Fabel von dem Jungen, der fälschlich vor dem Wolf warnte. Am Ende der Geschichte kommt der Wolf eben doch, sagt Adam seinen Assistenten.

Adam erzählt mir von einer netten alten Dame, halb blind, die einmal in der Woche kam. »Jeder Arzt hatte sie schon fünfzigmal gesehen. Notfallärzte sind zynische Schmocks. Wir wussten, dass ihre Besuche zu 99 Prozent grundlos waren. Aber man will eben nicht derjenige sein, der es übersieht, wenn es etwas Ernstes ist.« Er blickt auf seine Hände. »Wir kannten sie«, sagt er, »und eines Tages ist sie gestorben.«

Wem wird am wenigsten geglaubt, frage ich Adam, und wer ist am schwersten zu überzeugen?

Von den zahllosen medizinischen Vorurteilen, die er kennengelernt hat, beschreibt Adam drei besonders bemerkenswerte: das Google-Vorurteil (das verwendet wird, um Teenager und Senioren abzuweisen), das Armuts-Vorurteil (das überproportional bei *People of Color* angewendet wird) und das »Ihnen fehlt doch gar nichts«-Vorurteil, (eine schnelle Methode, um Frauen abzuweisen).

»Vor zwei Wochen«, erzählt Adam mir, »kommt ein altkluger Vierzehnjähriger mit einer Blinddarmentzündung herein.« Der Junge kam mit dem Krankenwagen, er erbrach sich und hatte starke Unterleibsschmerzen. Der Schwester sagte er, er habe eine Blinddarmentzündung, und erklärte, die Schmerzen hätten in seinem Umbilicus begonnen (er verwendete dieses Wort), seien dann seine rechte Hüfte hinaufgewandert und bei der Fahrt im Krankenwagen hätten die Schlaglöcher ihm stechende Schmerzen verursacht. »Ein Medizinstudent im ersten Semester würde erkennen, dass es sich um eine Blinddarmentzündung wie aus dem Bilderbuch handelt.« Die Schwester schmunzelte: »Der Patient war auf Google!« Sie sagte ihm, es sei wahrscheinlich eine Gastroenteritis, gab ihm etwas zu essen und zu trinken, und so verzögerte sich die Operation um drei Stunden. Schließlich landete der Junge im Operationssaal; er hätte einen Blinddarmdurchbruch erleiden können, während er wartete, und weil sein Magen voll war, hätte er sich erbrechen und das Erbrochene einatmen können und anschließend einen Monat lang auf der Intensivstation beatmet werden müssen.

Je erfahrener medizinische Fachkräfte sind, desto weniger rollen sie die Augen über Patienten, die selbst recherchiert haben. Vermutlich fühlen sie sich davon nicht bedroht, sie müssen nicht erst darauf hinweisen, dass eine Google-Recherche kein Medizinstudium ersetzt. »Aber die Schwestern erhalten nur etwa zehn Prozent der Ausbildung eines Arztes«, sagt Adam. »Was sie nicht wissen, wissen sie eben nicht.« Gute Assistenzärzte wissen das und passen auf. Adam sagt, sein bester Assistenzarzt sei sehr vorsichtig. »Er sagt: ›Doc, Augen sind immer sehr heikel. Können Sie meine Diagnose überprüfen?‹ So sollte es sein, ich vertraue ihm, weil ich weiß, dass er sich sofort an mich wenden wird, wenn etwas unklar ist.«

Das Armuts-Vorurteil setzt ein, wenn Patienten ohne Krankenversicherung oder Zugang zu ärztlicher Grundversorgung unverhältnismäßig häufig in die Notaufnahme kommen. Mit Beschwerden, von denen sie wissen, dass es keine Notfälle sind, weil die Notaufnahme der einzige Ort ist, an den sie gehen können. Sie werden zu Stammgästen und schnell als nicht ernst zu nehmend abgetan, durch das System geschleust, unter der Annahme, sie seien »wegen gar nichts« da. Adam erzählt mir von einem Hypochonder, der häufig in seine Notaufnahme kommt. Eines Tages war er in Tränen aufgelöst und wurde einem der einfühlsameren Assistenzärzte zugeteilt. Er ignorierte den Aktenvermerk der Aufnahmestation, der Patient »neige zu Übertreibungen«. »Entweder der Kerl ist ein Angsthase«, sagte er zu Adam, »oder er hat diesmal eine Aortendissektion«, einen lebensbedrohlichen Riss in der Hauptschlagader.

Adam sah sich den Patienten an. »Ein über hundert Kilo schwerer, stämmiger Kerl, der heulte, als hätte ihm jemand sein Eis weggenommen. Und er schwitzte!« Als Auszubildender hatte Adam bei Amal Mattu gelernt, einem renommierten Mediziner und Verfasser zahlreicher Bücher über Notfallmedizin. »Wenn einer von uns sagte, es sei nur ›irgendein Wehwehchen‹, bekam er einen dreißigminütigen Vortrag zu hören. Dr. Mattu sagte dann: ›Nein. Sie werden jemanden umbringen.‹«

Dr. Mattu sagte immer: »Man kann vieles simulieren, aber nicht schwitzen. Wenn ein Patient schwitzt, sollten Sie sich ins Zeug legen.«

Wie viele arme Patienten hatte der stämmige Stammgast die Notaufnahme häufig für seine ärztliche Grundversorgung genutzt; diesmal hatte er allerdings tatsächlich eine Aortendissektion. Er bekam einen Bypass und eine Gefäßprothese. Später gestand der Assistenzarzt Adam: »Er wirkte so theatralisch, und er ist so ein riesiger, lauter Kerl. Der Aktenvermerk der Aufnahmestation war nicht hilfreich.« Der Assistenzarzt seufzte. »Er war wohl doch kein Angsthase.«

Als er sich wieder erholt hatte, bedankte der Patient sich bei Adam und seinem Assistenzarzt mit einigen knochenzermalmenden Umarmungen. Manchmal ist es einfach Teil der Persönlichkeit eines Menschen, theatralisch zu sein.

Die ersten Daten, die ein Arzt oder ein Assistenzarzt erhält, sind nicht etwa die Symptome des Patienten oder ob er schwitzt oder weint. Das Erste, was in der Patientenakte der Aufnahmestation auftaucht, ist die Anzahl der bisherigen Besuche; wenn man also bereits zwanzigmal in einem Jahr in der Notaufnahme erschienen ist und kein einziges Mal aufgenommen wurde, dann ist das schlecht. Diese eine Information beeinflusst die Einschätzung des medizinischen Personals; sie kann zu einer Schlussfolgerung führen, bevor der Patient den Behandlungsraum betreten hat. »Jeder medizinische Bericht weist Vorurteile auf. Bei diesem Kerl hieß es, er ›neige zu Übertreibungen‹, doch das heißt nicht, dass er nicht eine bedrohliche Krankheit haben kann. Ich bin häufig als Gutachter für medizinische Behandlungsfehler tätig. Wenn die Aktennotiz lautet ›übertrieben dramatisch‹, und der Patient stirbt, dann ist man vor Gericht erledigt.«

Eine Verurteilung ist jedoch nicht das, wovor Adam sich am meisten fürchtet. Er erzählt mir von dem dritten Vorurteil.

Meredith sollte nicht krank sein. Mit 33 Jahren ist sie aktiv, gesund, nimmt keine Medikamente und war nie ernstlich krank. »Menschen wie sie«, sagt Adam, »haben es schwer, selbst einen erfahrenen Arzt davon zu überzeugen, dass sie krank sind.« Es fällt leichter zu glauben, dass sie Hypochonder oder hysterisch sind oder unter Stress stehen. Aber Meredith hatte allen Grund, sich zu sorgen. In ihrer Familie waren immer wieder Fälle von Brustkrebs aufgetreten, deshalb wollte sie sich auf das BRCA-Gen testen lassen. »Bestimmt ist alles in Ordnung«, sagte ihr Arzt. »Sie wären sonst bereits an Brustkrebs erkrankt.« Als Meredith darauf bestand, testete er sie dennoch.

Meredith hatte das BRCA-Gen. Die übliche Empfehlung für Frauen mit dieser Diagnose ist eine doppelte Mastektomie und Entfernung der Eierstöcke. Doch Meredith war unverheiratet und kinderlos. Sie wollte sich verabreden, attraktiv sein, sich verlieben und eine Familie gründen. Sie entschied sich mit Einverständnis ihres Onkologen dazu, abzuwarten. »Aber wir müssen Sie ständig überwachen«, sagte er und entwickelte einen Zeitplan, nach dem sie alle drei Monate zur Untersuchung und alle sechs Monate zur Tomografie kommen sollte.

Einige Jahre vergingen. Meredith achtete darauf, ihre Untersuchungen zu absolvieren. Als die Covid-Pandemie das Land traf, begann Meredith, sich Sorgen über ihren Zugang zu medizinischer Versorgung zu machen. Sie arbeitete, ernährte sich vernünftig, trieb Sport und blieb gesund. Als der Lockdown in Atlanta es unmöglich machte, weiterhin auszugehen und sich zu verabreden, fragte sie sich, wie lange sie wohl ihre Brüste und Eierstöcke noch behalten könne. Diese Körperteile, über die sie zuvor kaum nachgedacht hatte, schienen nun entweder zu Luxusgegenständen oder zu Zeitbomben zu werden.

Meredith stürzte sich in ihre Arbeit und bald darauf bekam sie eine Stelle in Colorado angeboten, in der Nähe ihres Elternhauses. Die Pandemie schien ein guter Zeitpunkt zu sein, um dem einst so lebendigen Atlanta den Rücken zu kehren. Einige Monate vor ihrem

Umzug wachte sie eines Morgens auf und hatte Schmerzen in der Brust. Sie ging in die Universitätsklinik und wurde an eine Fachkrankenschwester in der Onkologie verwiesen. Die Schwester sah sich ihre Akte an. »Sie hatten gerade Ihr MRI, Ihre 3-D-Mammografie und Ultraschall. Alles bestens.« Die Schwester hatte ein freundliches Lächeln und eine beruhigende Art. »Es gibt ein paar Punkte, die wir im Auge behalten müssen, aber alles ist gut. Ich sehe Sie zu Ihrem nächsten Termin, okay?«

Obwohl sie die Schwester sympathisch fand, fühlte Meredith sich unwohl. Einige Tage später machte sie einen weiteren Termin. »Ihre Brustschmerzen sind vermutlich nur Stress wegen des Umzugs«, sagte die Schwester mitfühlend. »Und Ihr BRCA-Testergebnis. Vielleicht macht Sie das nervös?«

»Ja, das macht mich schon nervös, wegen der Brustschmerzen«, sagte Meredith.

Die Schwester schmunzelte und tätschelte Merediths Hand. »Sie sind jung, gesund und bildhübsch, sehen Sie sich nur an! Und Sie haben seit Jahren nur negative Testergebnisse. Hören Sie auf, sich Sorgen zu machen. Kommen Sie in drei Monaten wieder.«

Bisher hatte sich Meredith nach jedem Termin mit ihrer mitfühlenden und überzeugenden Schwester einige Stunden lang erleichtert gefühlt. Sie nickte, drückte ihr die Hand und kam drei Monate später wieder pünktlich zu ihrem Termin. »Die Schmerzen sind stärker geworden«, sagte sie, bevor die Schwester überhaupt fragen konnte.

»Immer noch nervös?«, fragte die Schwester. »Wenn Sie nach Colorado kommen, gehen Sie zum Arzt, okay? Das nächste Mal in Colorado. Okay?«

Der nächste Termin für Merediths Tomografie fiel auf einen Tag während des Umzugs. Sie fragte, ob er nicht vorverlegt werden könne, aber die Schwester erklärte ihr, dass das Personal wegen der Pandemie genug zu tun habe und eine Terminverschiebung kein Problem sei.

Meredith wusste, dass eine Frau, mit einem positiven BRCA-Test und anhaltenden Brustschmerzen eine Tomografie brauchte. Der einzige Grund, keine Untersuchung anzusetzen, war der Glaube, dass die Schmerzen nur in ihrem Kopf existierten. »Aber ich muss doch aufpassen«, sagte Meredith. »Das sind doch Symptome.«

Sobald sie in Colorado eintraf, bekam Meredith ihre Tomografie.

Sie hatte ein triple-negatives Mammakarzinom, die bösartige Variante, die bereits das Stadium IIIB erreicht und sich außerhalb ihres Brustgewebes verbreitet hatte, aber noch nicht weiter.

Was hatte die Schwester sich davon versprochen, als sie sich weigerte, Meredith zu testen? Dass sie ihren unversehrten Körper erhalten könnte, indem sie einfach wegsah? Womöglich hoffte sie, dass diese tragische Schönheit einfach weiterziehen und zum Problem einer anderen Schwester werden würde. Die Schwester hatte alle Informationen, um zu wissen, dass ihr Wunschdenken die Diagnose einer jungen Frau verzögern und sie damit umbringen könnte. Doch wer kann schon erkennen, ob sich unter all dieser weiblichen Hysterie vom Krebs befallenes Gewebe verbirgt? Während ihrer Chemotherapie erzählte Meredith ihrer neuen Onkologin, dass ihre Folgeuntersuchungen in Atlanta von einer Schwester vorgenommen wurden, die einen Arzt ersetzte. Meredith glaubte, dass die Schwester ihr Bestes getan hatte, und womöglich stimmte das auch. »Aber weißt du was?«, sagte Adam. »Einem Arzt wäre das nicht passiert.«

Adam hatte sich bereits mehrfach über die Qualifikationen des Pflegepersonals ausgelassen. Ich wurde neugierig. Ich weiß, dass ich zu elitären Ansichten neige, was das Bildungswesen angeht. Nachdem ich zur Einwanderungspolitik des Westens recherchiert habe, bin ich misstrauisch gegenüber Leistungsgesellschaften geworden, in denen verdeckter Rassismus und Sexismus herrschen. Viele examinierte Krankenschwestern sind wie ich, ehrgeizige *Women of Color*, die ihre Talente nutzen wollen. Nicht jeder kann sich den Luxus leisten, jahrelang an einer medizinischen Fakultät zu studieren. Und Krankenschwestern haben während der schlimmsten Pandemie seit hundert Jahren eine schwere Last zu tragen gehabt. Was ist falsch daran, dass auch sie eine Karriere in der Medizin anstreben?

Ich rief einige Ärzte an. Sie schwärmten von den »großartigen Krankenschwestern«, die es früher gab. Die konventionellen Ausbildungsstätten produzieren noch immer herausragendes Pflegepersonal, doch in den vergangenen zehn Jahren haben sich zwei gefährliche Trends herausgebildet: Einerseits müssen Schwestern Aufgaben übernehmen, die außerhalb ihres Kompetenzbereichs liegen, und andererseits gibt es minderwertige Online-Ausbildungsprogramme, die den Qualifikationsprozess beschleunigen und unübersichtlich machen. Dennoch mache ich mir Sorgen darüber, wie solche Einschätzungen entstehen, und denke dabei an all die wohlhabenden weißen Ärzte, die die Fähigkeiten unterbezahlter Schwestern anderer Ethnien anzweifeln.

Ich rufe Dr. Natalie Newman an, eine Internistin, die sich seit nahezu dreißig Jahren mit medizinischem und institutionellem Rassismus beschäftigt. »Die Leute glauben mir nie, dass ich Ärztin bin«, sagt sie. »Sie denken, ich sei eine Haushälterin, denn eine Schwarze Frau kann keine Ärztin sein.«

»Also existiert dieses Problem tatsächlich?«, frage ich. »Oder ist es ein Klassenproblem? Sind Ärzte einfach Snobs, was Diplome angeht?« Ich denke an eine freundliche Schwester in MacDowell, die mich zur Apotheke fuhr, um Antibiotika zu kaufen. Ich erinnere mich auch an andere, die wie freundliche Tanten wirkten und sich Zeit nahmen, um meine alten Narben zu untersuchen.

»Es gibt sie noch, die altmodischen Krankenschwestern«, sagt Dr. Newman. »Alle wollen sie behalten. Doch in den letzten zehn Jahren hat sich ein neues Problem entwickelt. Es ist riesig, real und allgegenwärtig.«

Wenn die Schwestern unter ihrer Supervision grundlegende Fehler machten, würde sie zuerst ihre Ausbildung überprüfen, erzählt sie mir. Die Problemfälle seien nicht die erfahrenen Florence Nightingales von früher, noch nicht einmal die neueren, die eine solide Ausbildung erhalten haben. Sondern eine neue Sorte, die eine Online-Ausbildung absolviert und kaum jemals eine Klinik von innen gesehen hat, und der es an den grundlegenden medizinischen Begriffen, Methoden und Leitlinien mangelt. »Wenn ich heute eine Ausbildung zur Pflegekraft machen wollen würde«, sagt Adam mir, »könnte ich das einfach online erledigen, an einer Schule, die keinerlei Zugangsbeschränkungen hat. Dann ein paar Tage Supervision, und peng, fertig!«

Dieser Trend geht einher mit einer landesweiten Entwicklung, die Autonomie der Fachkrankenschwestern in der medizinischen Grundversorgung zu erhöhen, um die Ärzte zu entlasten, damit sie mehr Zeit für die komplexeren Aufgaben haben – eine Tendenz, die die Ärzte nicht beunruhigen würde, wenn alle Schwestern landesweit vernünftig ausgebildet worden wären. Eine viel zitierte Studie von Dr. Mary Mundinger, einer Anwältin, die sich für die Unabhängigkeit der Pflegekräfte einsetzt, verwendet nur Daten von Präsenzhochschulen. Dr. Philip Shaffer, eine führende Stimme in der Debatte, wies mich auf einige grobe Fehler in der Datenauswertung der Studie hin, der wesentliche war jedoch: Die Pseudoabschlüsse, die die ganze Branche kontaminieren, wurden außen vor gelassen.

Dr. Newman erinnert sich daran, wie sie einer neuen Schwester auftrug, eine Wunde mit einer vertikalen Matratzennaht zu nähen. Die Schwester starrte sie verständnislos an, also erklärte Dr. Newman es ihr: »mit aufgestellten Kanten, damit die Wundränder nicht einreißen.« Die Schwester ging verwirrt davon. Dann beschloss sie, zu improvisieren. Später entdeckte Dr. Newman, dass die Wunde wie ein Stück Stoff vernäht worden war, mit den Kanten nach innen geklappt, damit es ordentlich aussieht. Um den Patienten nicht zu beunruhigen, lächelte Dr. Newman. »Wissen Sie was? Ich werde es einfach noch mal neu machen.« Als sie allein mit der Schwester war, konnte sie ihr Entsetzen nicht länger verbergen: »Das ist doch kein Stoff! Wenn Sie die Haut umklappen, stirbt sie ab und die Wunde infiziert sich!«

In den Vereinigten Staaten hat der rapide Aufkauf von Arztpraxen durch private Unternehmen einen Markt dafür geschaffen: Ausbildungsprogramme, in denen es keine sorgfältige Kontrolle oder Supervision gibt und die ausschließlich online stattfinden. Diese Programme erfordern kaum klinische Arbeit, höchstens eine Hospitanz. Da es keinerlei Zugangsbeschränkungen gibt, stehen die Programme auch den ungeeignetsten Auszubildenden offen, die kaum auf ihren ersten Tag im Job vorbereitet werden. Anschließend werden diese Auszubildenden von Kliniken angeheuert, die von profitorientierten Geschäftsleuten geleitet werden (anstatt von Ärzten, die den Eid des Hippokrates geleistet haben). Fachkrankenschwestern sind billiger als Ärzte, aber die Geschäftsleute können die guten nicht von den schlechten unterscheiden, die nur einen Online-Abschluss haben. Während ich dies schreibe, ist es Fachkrankenschwestern in 28 Bundesstaaten der USA gestattet, Patienten umfassend zu behandeln und Rezepte auszustellen, ohne dass eine formelle Supervision stattfindet. Inzwischen tauchen in Facebook-Chats bereits alarmierende Fragen auf: »Ich bin Kinderkrankenschwester auf der Intensivstation … hat jemand Ahnung von Kinderonkologie?«

Als die Sauerstoffwerte eines Patienten rapide abfielen, wies Dr. Newman eine Schwester an, den Patienten vom Beatmungsgerät zu nehmen und stattdessen einen Handbeatmungsbeutel zu verwenden. Die Schwester verstand nicht. Später sah Dr. Newmann, dass die Schwester eine einfache Atemmaske über den Apparat gezogen hatte: der Patient hing immer noch am Beatmungsschlauch, seine Sauerstoffwerte waren weiter gefallen. Dr. Newman war verblüfft, dann wurde sie wütend: »Was zum Henker hat diese Maske da zu suchen?«, rief sie. »Das ist genauso hilfreich, als würde man jemandem mit drei Perücken eine vierte aufsetzen!«

Dr. Newman warf die Schwester hinaus und verlangte eine andere. Doch nichts änderte sich. Als eine Patientin mit starkem Ausfluss eintraf, entschied die Schwester, auf eine gynäkologische Untersuchung zu verzichten, weil die Patientin lesbisch war. »Sie gab der Patientin ein Antipilzmittel«, erzählte Dr. Newman mir. »Und was stellte sich heraus? Auch Lesben schlafen gelegentlich mit Männern! Sie hätte eine gynäkologische Untersuchung vornehmen müssen.«

Die Rolle medizinischer Fachkräfte ist immer davon abhängig gewesen, dass man nicht wissen kann (und auch nicht vermuten), was man nicht weiß. Die besten Schwestern wissen, wann sie einen Arzt rufen müssen. Doch was, wenn das private Unternehmen, das die Klinik leitet, immer weniger Ärzte einstellt?

Heute haben die vielen Online-Ausbildungsprogramme akademische oder administrative Titel: DNP (Doctor of Nursing Practice) oder DMS (Doctor of Medical Science). Die schlechtesten unter ihnen verkaufen ihren Absolventen einen Doktortitel und ermutigen ihre Absolventen, ihn in einem klinischen Umfeld auch zu verwenden. Würden Sie jemanden in einem Laborkittel fragen, was für eine Art Doktor er oder sie ist?

Besteht eine Möglichkeit, den entstandenen Schaden zu bemessen? Die Patientenzufriedenheit lässt sich nicht als Maßstab nehmen, denn Freundlichkeit ist nicht das Gleiche wie gute Versorgung. Was die Gesundheitsfolgen angeht, sagt Dr. Julie Vieth mir, lassen sich kaum Statistiken finden, weil die Daten zu medizinischen Behandlungsfehlern nicht auf dem neuesten Stand sind und häufig nur der behandelnde Arzt genannt wird. Die Fachkrankenschwestern tauchen in den Berichten gar nicht auf. Und häufig korrigiert der Arzt ihre Fehler, bevor ein Schaden entsteht. »Die Datenlage ist zu spärlich, um konkrete Schlüsse ziehen zu können.«

Ich frage die Ärzte nach Patienten mit Suizidabsichten. Alle sagen, dass sie jede Drohung ernst nehmen würden, doch es sei schwer einzuschätzen. Was tut man mit einem Patienten, der seit Stunden um Opiate bittet und nicht einmal von Suizid gesprochen hat, und dann, sobald man ihm das Medikament verweigert, sagt: »Ich bringe mich um«? Manchmal wird der Patient nach Hause geschickt, weil jeder, auch der Arzt, glaubt, es handele sich um einen Ausbruch oder einen Manipulationsversuch.

Das Gesundheitswesen in Großbritannien ist ähnlich überlastet, doch zumindest wird es nicht von Finanziers geleitet, die an Profiten interessiert sind. Viele skeptische Schwestern und überarbeitete Ärzte haben Josh abgewiesen. Womöglich hat jemand vor vielen Jahren in seine Akte geschrieben, er sei »übertrieben dramatisch«. Dieser unzuverlässige Josh – mit seinen religiösen Obsessionen und Theorien über seinen Körper, seinen Drohungen, Manipulationen und Wutanfällen – ist in diesen Patientenakten festgehalten und hat den echten Josh ersetzt.

Dr. Newman erklärt mir, dass aufgebrachte Menschen mit Schmerzen oft fälschlich als Drogensüchtige, die an Medikamente kommen wollen, eingestuft werden. Wer sich aufregt, wird meistens abgewiesen, dabei spielt es keine Rolle, ob es sich um *People of Color*, Menschen mit psychischen Erkrankungen oder Häftlinge handelt. Immer wird vermutet, dass sie an Drogen kommen wollen. Sie sagen der Schwester, welche Insulindosis sie brauchen, und sie glaubt ihnen nicht. »Wissen Sie was«, sagt sie. »Sogar wenn die Leute Meth nehmen, kennen sie ihre Insulindosis. Sie nehmen Insulin, und gleichzeitig nehmen sie Meth. Menschen sind eben kompliziert.«

Ich kichere. Dr. Newman seufzt. Es waren frustrierende zehn Jahre, in denen sie versucht hat, von der Öffentlichkeit gehört zu werden. Sie hat es sich zur Gewohnheit gemacht, die schlechten Pflegekräfte hinauszuwerfen, die guten zu unterstützen und den ungehörten Patienten, den Außenseitern, Ausländern und Drogensüchtigen, denen niemand vertraut, zu sagen: »Ich glaube Ihnen. Es tut mir leid, dass niemand Ihnen zugehört hat.«

Viele Wochen nach den Interviews mit den Ärztinnen fühle ich mich zornig und betrogen. Mein ganzes Leben lang habe ich an Expertise, an Bildung, an Qualifikationen geglaubt. Wo ist die westliche Leistungsgesellschaft, die man mir versprochen hat? Ich weiß, das Wort »Leistung« ist vage und weitgehend bedeutungslos, es wird häufig verwendet, um die Verletzlichen und die Randgruppen auszuschließen. Aber ich werde niemals damit einverstanden sein, die Wissenschaften zu verwässern, indem man jedem, der eine Aufnahmegebühr bezahlt hat, ein Schild anheftet, auf dem »Experte« steht. In der Medizin geht es um Leben, auch um die Leben der Armen. Einige

Tage nach unserem Gespräch schickt mir Adam einen Tweet weiter: Eine junge Schwester mit einem Abschluss von einer unbekannten Institution fragt, wo sie sich um einen Job bewerben könnte. Eine ältere antwortet: »Versuch es bei einer Haftanstalt.«

Sind Patienten dazu gezwungen, ihren Schmerz auszustellen? Das hängt davon ab, wer man ist und was man will, sagt Adam. Ethnie, Geschlecht und Einkommen haben einen maßgeblichen Einfluss darauf, wie man behandelt wird.

»Wenn du mehr darüber erfahren willst«, sagt er, dann lass uns über die Sichelzellenanämie sprechen, die fast ausschließlich schwarze Menschen befällt.« Einer von zwölf Afroamerikanern ist Träger des Sichelzellengens, was bedeutet, dass seine roten Blutkörperchen halbmondförmig (oder sichelförmig) sind, daher können sie den Körper nicht ausreichend mit Sauerstoff versorgen. »Ich habe noch nie einem Weißen mit dieser Krankheit gesehen«, sagt Adam. »Sie ist sehr schmerzhaft. Die Symptome zeigen sich bereits bei Kindern, und fast jeder, der sie bekommt, stirbt daran.« Mir wird schwer ums Herz.

Menschen mit Sichelzellenanämie brauchen von Jugend an hoch dosierte Narkotika. In ihrer Kindheit werden sie noch mit Mitgefühl behandelt. »Die arme Kleine hat Sichelzellenanämie«, sagen die Schwestern. Doch sobald man 18 geworden ist und in die Notaufnahme kommt, weil man Schmerzmittel braucht, ist man ein Simulant, der auf Drogen aus ist. Die Kinder sind bereits mit fünf Jahren von Schmerzmitteln abhängig, und ihnen die Medikamente vorzuenthalten ist grausam. »Damit ist nichts gewonnen«, sagt Adam. »Aber manche Schwestern sagen: ›Ich werde Ihnen dieses Medikament auf keinen Fall geben. Sie sind doch nur deshalb gekommen.‹«

Seit 2016 ist der schwelende Rassismus wieder neu aufgeflammt. Wenn eine Mutter mit einem iPhone 11 hereinkommt und nach einem Tylenol-Rezept für ihr Kind fragt, das von der Krankenversicherung gedeckt ist, weigern manche Schwestern sich, es auszustellen. »Jemand mit so einem Smartphone braucht doch kein kostenfreies Rezept. Warum sollte das Tylenol für ihr Kind mit meinen Steuergeldern bezahlt werden?« Aber man kann sich sein Handy nicht aussuchen, wenn man es von einer lokalen Hilfsorganisation bekommt. Ein neues iPhone ist einfach nur Glück. Und dennoch gibt es Fälle, in denen die Schwestern nur die Hälfte der vom Arzt verschriebenen Dosis ausgehändigt haben oder den Patienten Kochsalzlösung gespritzt haben, damit sie nicht wiederkommen. Sogar nachdem eine Sichelzellenanämie zweifelsfrei diagnostiziert wurde, tuscheln sie manchmal untereinander: »Mal sehen, wie viel Dilaudid er heute haben will. Wetten, dass er dazu noch Benadryl will, um ein bisschen high zu werden?«

»Das ist eine echte Krankheit«, erinnert Adam sie dann. »Diese Leute haben reale Schmerzen, und sie können nichts dafür. Können Sie das nicht sehen?« Was er damit eigentlich sagen will, ist: »Ihr seid Rassisten. Ihr denkt, er hat seine Medikamente gar nicht verdient.« Amal Mattu sagte, lieber würde er tausend Suchtkranken eine Dosis Dilaudid geben, als einem leidenden Patienten sein Schmerzmittel zu verweigern.

Jeder, der dabei erwischt wird, dass er einem Patienten eine zu niedrige Dosis verabreicht, wird entlassen, doch das eigentliche Problem besteht darin, dass die medizinischen Fachkräfte junge Schwarze mit einer abgeklärten Diagnose für Süchtige und Kriminelle halten. Natürlich sind die Patienten süchtig nach Dilaudid – ihre Abhängigkeit ist eine unvermeidliche Begleiterscheinung ihrer Erkrankung. Dilaudid ist ein starkes Opioid, dass langfristig nur bei schweren Krebserkrankungen eingesetzt wird. Das Verhalten vom jemandem mit einer Schmerzmittelabhängigkeit kann dem eines »normalen« Süchtigen ähneln: das Verlangen nach der nächsten Dosis, das ausweichende Verhalten, das entsteht, wenn man sein Leben lang verdächtigt und schräg angesehen wird, die vorgespielte Erregung, die daher stammt, dass die Dosis, die man erhält, von der Laune der Schwester oder sogar der Politik abhängt. Nichts davon ändert die Tatsache, dass ein Patient mit Sichelzellenanämie das Recht darauf hat, mit Schmerzmitteln versorgt zu werden. Dennoch macht sein Verhalten das Pflegepersonal misstrauisch, selbst wenn die Diagnose bestätigt ist.

Sie kommen herein und sind nervös. Sie erzählen ihre Krankengeschichte. Um den Prozess zu beschleunigen, nennen sie ihr Medikament und die Dosierung. Später flüstert die Schwester dann ihrer Kollegin zu: »Er hat mir ganz genau gesagt, wie viel Dilaudid er haben will.«

»Natürlich weiß er seine Dosis!«, sagt Adam und wirft beim Erzählen die Hände in die Luft. »Er nimmt das Zeug seit zwanzig Jahren! Er ist bereits zum zehnten Mal in diesem Jahr in der Notaufnahme! Dieselbe Schwester würde einen Krebspatienten tadeln, der den Namen seines Medikaments für die Chemotherapie nicht kennt. Aber wenn man Sichelzellenanämie hat und sein Medikament kennt, ist man ein Drogenabhängiger. Wenn man ein Krebspatient ist und den Namen vergessen hat, ist man ein Dummkopf.«

Während der Patient mit Sichelzellenanämie (oder einer Krebserkrankung oder anderen schmerzhaften, diagnostizierten Erkrankungen) nicht dazu gezwungen sein sollte, eine Show zu veranstalten, ist selbst Adam geübt darin, einen Drogensüchtigen zu erkennen. Wenn ein Patient mit chronischen Bauchschmerzen hereinkommt, wissen selbst Spezialisten oft nicht, was ihm fehlt. Sie ordnen verschiedene Untersuchungen an. Der Patient sagt: »Herr Doktor, die Schmerzen sind unerträglich. Ich brauche dringend Medizin.« Wenn der Arzt ihnen ein Schmerzmittel verschreiben will, fragen sie: »Was werden Sie mir denn geben?« Dann beginnen sie zu verhandeln. Wenn sie sagen: »Morphin schlägt bei mir nicht an«, ist das ein Warnzeichen. Nun folgt der unerfreulichste Part der Routine, das langwierige Hin und Her um den Namen des gewünschten Mittels. »Ein Medikament hat mir immer geholfen … wie hieß es bloß noch gleich … es fängt mit D an … Delo… dela… Können Sie mal eben in die Kartei schauen? Da steht es sicher. Fängt mit D an.«

Manchmal lächelt Adam und spielt mit. »Ich weiß leider nicht, was Sie meinen.« Er tut so, als würde er die Konsultation beenden wollen, und plötzlich taucht wie aus dem Nichts der Name des Medikaments auf: »Oh, jetzt fällts mir ein, es heißt Dilaudid!«

Wenn der Patient weder Sichelzellenanämie noch Krebs hat, macht Adam diesem entwürdigenden Theater ein Ende. »Hören Sie mal«, sagt er, »ich weiß, dass Sie wissen, dass es Dilaudid heißt. Sie wissen es, weil Sie es schon zig Mal bekommen haben. Lassen Sie uns lieber darüber sprechen, wie ich Ihnen dabei helfen kann, sich besser zu fühlen.« Wenn man hundert Ärzte fragen würde, könnte jeder von ihnen von einer derartigen Szene berichten.

Doch was geschieht, wenn der Patient keine Vorwände sucht und einfach nur nach Dilaudid fragt? Derselbe Arzt wird es ebenfalls für einen Versuch halten, an Drogen heranzukommen. Wenn der Patient sagt: »Ich hoffe, Sie halten mich nicht für einen Süchtigen, aber …«, ist er eindeutig auf der Suche nach Drogen.

Adam sagt, Drogensüchtige würden versuchen, Einfluss auf ihre Behandlung zu nehmen. Er glaubt denjenigen, die nicht auf der Suche nach einem bestimmten Medikament sind, ob es sich nun um Dilaudid oder etwas anderes handelt, sondern Erleichterung von ihren Schmerzen suchen. Denjenigen, die nicht selbst das Steuer übernehmen wollen, wird eher geglaubt, doch sie erhalten ein konservatives Schmerzmittel. Bei jedem neuen Arzt wiederholt sich die ganze Prozedur: das mildere Medikament, die leicht erhöhte Dosis und so weiter – denn wenn jemand sagt: »Ich habe das schon zig Mal durchgemacht, und dieses Medikament wirkt bei mir nicht«, dann ist es ein Zeichen dafür, dass jemand sich Drogen verschaffen will. Man sollte besser sagen: »Ich weiß, ich bin schon oft hier gewesen. Und ich weiß, dass ich laut bin, aber diese furchtbaren Schmerzen machen mich wahnsinnig. Ich will mich nur besser fühlen, damit ich nicht mehr herkommen muss. Mir egal, wie Sie das anstellen. Ich bin verzweifelt, nichts hilft. Bitte finden Sie ein Medikament, das mir hilft.«

Bei den unzähligen Dingen, die ein leidender Mensch in einem Untersuchungszimmer sagen könnte (während er nicht weiß, ob er betteln, schauspielern, erklären oder weinen soll), wäre es pures Glück, wenn er zufällig die richtigen Worte finden würde: verletzlich, aber nicht theatralisch, mitteilsam, aber nicht fordernd.

In meinem letzten Buch habe ich darüber geschrieben, dass Melodramatik eine Geschichte unglaubhaft macht und dass Geflüchtete unendlich lange warten müssen, während sie ihre Geschichten für die Asylbeamten aufpolieren. Dieses Warten raubt ihnen jeden Sinn für Verhältnismäßigkeit, und ihre Aufregung verstellt ihnen den Blick auf die Realität. Kurz bevor sie ihre Geschichte hersagen müssen, werden sie so melodramatisch, dass es unmöglich ist, ihnen zu glauben. Diejenigen, denen von vornherein nicht geglaubt wird, versuchen immer, sich zu rechtfertigen. In keinem amerikanischen Krankenhaus wird eine schwangere Afroamerikanerin einen rassistischen Arzt davon überzeugen können, dass sie die falsche Art von Bauchschmerzen hat. Ihre Notlage und der Drang, sich Gehör zu verschaffen, wird dazu führen, dass sie sich danebenbenimmt. Es bleibt ihr nichts anderes übrig. Es wird eine ganz neue Generation von Pflegekräften brauchen, die darin ausgebildet sind, derartige Vorurteile zu überwinden, bis diese Frau die Glaubwürdigkeit zugebilligt bekommt, die sie verdient.

Mein absurdes Kaiserschnitt-Theater begann mit einem Geburtsplan. Ich dachte tagelang darüber nach, was nötig war, um den richtigen Ton zu treffen. Dann erinnerte ich mich an einen Mann, mit dem ich früher einmal ausgegangen war, der Tippfehler in seine E-Mails einbaute, damit sie spontan und ungeplant wirkten. Bis ich dahinterkam, glaubte ich, dass alles, was er schrieb, direkt aus den Untiefen seines Bewusstseins kam.

Ich beschloss, dass ich Astrid den Eindruck vermitteln musste, sie sehe zu viel, indem ich ihr einen hastig hingekritzelten Geburtsplan vorlegte. Ich verbrachte eine Stunde damit, mir Filmszenen von hysterischen Frauen und Videos von Geburten anzuschauen, und als ich aufgewühlt genug war, gab ich mir selbst fünf Minuten, um das verdammte Ding zu schreiben und auf Senden zu drücken. Kein Überarbeiten, kein Nachdenken. Ich wollte nur meine Panik ausstellen. Hier ein Ausschnitt aus dem Geburtsplan, den Astrid an diesem Nachmittag per E-Mail erhielt:

> *Der kleinste Kratzer an meiner Vagina wird bei mir ein psychologisches Trauma auslösen … ich will keine Geburtszange und keine Saugglocke oder irgendwelche derartigen Hilfsmittel im Raum sehen. Ich will, dass alle Instrumente entfernt werden. Wenn das Baby sich nicht selbst herauswinden kann, muss es per Kaiserschnitt geholt werden. Bei meiner Ankunft will ich sofort eine Epiduralanästhesie bekommen.*

Sie reagierte überraschend gelassen. Wir vereinbarten meinen nächsten Termin. Bevor die britische Gesundheitsbehörde einen Kaiserschnitt genehmigte, musste ich Astrid drei Mal von meinen Ängsten überzeugen. Einmal besichtigten wir die »normalen« Entbindungszimmer. Den Operationssaal konnten wir uns nicht ansehen, aber Astrid dachte, die unheimlichen babyblauen Geburtswannen und kotz-pinken Überwürfe würden mich eher beruhigen als ein eiskalter Operationstisch: eine Absaugmaschine, ein Tablett mit Skalpellen, eine Anästhesietabelle, alles Dinge, die schrien: Wissenschaft, Schmerztherapie. Ach, Astrid, dachte ich.

Während der Besichtigungstour bekam ich Atemnot – also, wirklich – und ich entschuldigte mich, um in den Waschraum zu gehen, wo ich einige Minuten nur dasaß und atmete. Ich spritzte mir Wasser ins Gesicht. Warum musste ich all das ertragen? Warum konnte Astrid mir nicht einfach glauben, dass ich unfähig war, ein Baby aus meiner Vagina zu pressen? Dass ich erstarren und in Ohnmacht fallen würde? Dass ich mich so aufregen würde, dass ich sowieso einen

Notfall-Kaiserschnitt bekäme, was in jedem Fall die schlechteste Lösung wäre.

Nach meinem zweiten Termin bekam ich einen Anruf von der Abteilung für psychiatrische Versorgung. Astrid hatte beschlossen, dass ich mit ihnen sprechen sollte. Der Anruf traf mich unvorbereitet. Was qualifizierte Astrid dazu, mich in die psychiatrische Abteilung zu schicken? Kurz ließ ich meine Deckung fallen. Ich flippte aus und sagte der Frau am Telefon einige unschöne Wahrheiten. »Ich glaube nicht an Hebammen«, schrie ich, »ich will einen richtigen Arzt mit einem Diplom. Ich glaube an Medizin, Ausbildung und Wissenschaft. Ich werde mich aufschlitzen lassen, wenn ich einen Chirurgen bekomme. Ansonsten werde ich ohnmächtig oder sogar sterben, kapiert?«

Am anderen Ende herrschte Stille. »Ich denke, Astrid hat Ihnen erklärt, wie ein Kaiserschnitt funktioniert.« Sie sprach darüber, durch wie viele Gewebeschichten der Chirurg schneiden müsse.

»Das können Sie sich sparen«, sagte ich. »Meine Mutter war Frauenärztin. Ich sehe mir Kaiserschnittvideos beim Mittagessen an. Wovor ich mich fürchte, ist die Darminkontinenz. Und der Scheidenriss. Manchmal habe ich Albträume, dass meine Vagina und mein Anus zu einem riesigen Loch werden, das nie wieder heilt. Mein Gott, ist das nicht genug? Ich will einen Chirurgen.«

»Schon gut, atmen Sie mal tief durch«, sagte sie. »Wir werden Ihnen den Termin für den Kaiserschnitt geben. Das scheint mir das Beste zu sein.«

Was war da gerade passiert? Schon immer habe ich Angst, wie meine Mutter zu werden, und eben hatte ich einen ihrer Grundsätze herausgeschrien. Obwohl meine Mutter vieles irritierend findet, gibt es nur zwei Dinge, die sie richtig aufregen: Asylsuchende, die vorgeben, Christen zu sein, und Amerikaner, die sie fragen, ob sie früher im Iran eine Hebamme war.

Hatte ich für meine herausragende Vorstellung Beifall verdient? Oder täuschte ich mich selbst nur über meine psychische Gesundheit? Vielleicht würde jede in meiner Lage darüber nachdenken: Ich werde einfach eine Show abziehen, bis ich meinen Kaiserschnitt bekomme. Womöglich ist das gar kein Täuschungsmanöver, man beweist nur, dass man nach den Regeln spielt. Und letztendlich ist man genau das, was man vorgibt zu sein.

In Krankenhäusern verwendet man ganz offen einen Begriff – und das ist kein Witz: »Idiopathische Hysterie bei hispanischen Frauen.« Es gibt verschiedene Varianten von HHS (Hispanic Hysteric Syndrome), und sie sind verbreitet genug, um in den Antidiskriminierungskursen vieler Krankenhäuser angesprochen zu werden. Schwestern und Ärzte finden diesen Begriff angebracht, weil sie ihn so häufig erlebt haben. Außerdem ist er zutreffend. Wenn ein Mitglied einer hispanischen Familie stirbt, versammeln sich die anderen im Zimmer, um zu weinen und zu klagen. Ihr Schmerz ist ein Ritual, das sie aus Respekt für die Verstorbenen vollführen. Wie die ältere Generation in meinem Dorf oder die russischen Großmütter aus den Filmaufnahmen, die ihre Angehörigen in den Gräben identifizieren mussten.

Die Krankenhausmitarbeiter geben vor, dieses Ritual zu respektieren. Doch hinter verschlossenen Türen machen sie sich darüber lustig. Der medizinische Begriff *status epilepticus* bezeichnet einen anhaltenden Anfall. Adam hat mir von Schwestern erzählt, die dazu *status hispanicus* sagen. Das ist so verbreitet, dass Reddit und ein umgangssprachliches Wörterbuch Einträge dazu haben: Wenn die Mitglieder einer großen hispanischen Familie sich im Krankenhaus versammeln, um ein Familienmitglied mit einer kleineren Verletzung zu trösten, und hysterische Anfälle bekommen, um ihre Unterstützung zu zeigen.

Ich habe mein gesamtes Erwachsenenleben ohne meine nähere Verwandtschaft verbracht. Während ich diese Zeilen schreibe, lebe ich in einem französischen Dorf, in dem Sam seine Wurzeln hat. Ich versuche mir vorzustellen, wie meine eigene Familie an mein Krankenbett tritt und ein großes besorgtes Theater veranstaltet. Ich würde mich so sehr geliebt fühlen. Je hysterischer, desto besser.

Viele Ärzte und Krankenschwestern verstehen natürlich, dass ein solches Verhalten ein kulturell bedingtes Ritual ist. Sie wissen, dass auf meine oder eine hispanische Familie viele weiße Sitten merkwürdig wirken. »Weißt du, was ich merkwürdig finde?«, fragt Adam, der jüdisch ist. »Ein Baptist aus den Südstaaten, dessen Vater gestorben ist, und der nur seufzt und sagt: ›Da muss ich wohl mal beim Beerdigungsinstitut anrufen.‹«

Das Stichwort Melodrama erinnert mich an meine Ausbildung als Autorin, die Hierarchien in der Künstlerwelt, die denen in Unternehmen und in der akademischen Welt so sehr ähneln. Die an der Spitze sind dezent. »Bezahlt Chanel Sie etwa dafür, dass Sie das tragen?«, fragte mein Vorgesetzter bei McKinsey, denn dezent zu sein war exklusiv und teuer. In Asylanhörungen werden verzweifelte Tränenausbrüche als Melodrama abgetan, eine Darstellungsform, die als überholt und unecht gilt. Irgendwo dazwischen liegen diejenigen, die leidenschaftliche Intensität an den Tag legen und »Potenzial« (oder Feuer, Ehrgeiz, Überzeugung) haben. Bislang hatte ich nur zwei dieser Stufen kennengelernt: Bedarf und Potenzial. Doch es gibt eine dritte, die über den beiden anderen angesiedelt ist: die aristokratische Nonchalance.

Ich habe eine Freundin, die Geschichten für den *New Yorker* schreibt. Ihr Bruder witzelt: »Ich habe ständig das Gefühl, du veräppelst mich.« Ich liebe ihre Geschichten, in denen subtile Gesten manchmal eine Lawine von Schmerz auslösen, und sie sieht und versteht diese Gesten. Sie verteilt sie wie Salzkörner in ihren Texten. Sie hat kein Problem damit, ihren Schmerz einer abgeklärten, reflektierten Absolventin von Princeton oder Yale zu vermitteln. Doch westlichen Lesern wird beigebracht, dass es immer würdevoller und tiefschürfender ist, sich das Drama zu verkneifen, weil sie mit einem Kanon aufwachsen, in dem weiße Autoren nur einem Mann, einer Schule, einer Zeitschrift gefallen wollen: dem Schriftsteller und Literaturredakteur Gordon

Lish, dem Iowa Writers' Workshop, dem *New Yorker*. Sie alle vermitteln dieselben Lehren. Drama ist etwas Schlechtes. Große Gefühle sind unseriös, und um komplexere Ereignisse zu verstehen, muss man emotional distanziert bleiben. Subtiler Schmerz ist tieferer Schmerz. Deshalb deutet man lieber nur das Zittern einer Hand an, obwohl auch das schon zu viel sein kann.

Wo bleiben dabei die Überlebenden, deren Schmerz ebenso unkontrollierbar wie wahrhaftig ist?

Und was, wenn dein Schmerz kein beunruhigendes Zittern oder unsichtbarer Alterskrebs ist, der dein Herz verhärtet, sondern ein furchtbares Ereignis, das du mit allen Sinnen wahrgenommen hast, als du jung warst? Wenn du gesehen hast, wie einem Freund der Arm abgerissen wurde? Wie dein Kind gestorben ist?

Zeigt mir eine Großmutter mit wütend geballten Fäusten, die verlangt, dass Gott sich erklärt. Zeigt mir eine Frau, die auf die Brust eines Polizisten schlägt, der ihr den Leichnam ihres Mannes zeigt. Zeigt mir eine hispanische Familie, die ihre Liebe zu einem Sohn oder einer Tochter zum Ausdruck bringt, laut, unverhohlen, schwitzend und fluchend, während weiße Leute zusehen und sie verurteilen. Zeigt mir eine verwelkte, müde Mutter, die neben einem Schädelhaufen steht, direkt in die Kamera blickt und sagt: »Ihr versteht nicht, wie schlimm das ist, und das werdet ihr auch nie. Aber ich werde es euch schon zeigen.«

Eines Tages werde ich eine Geschichte über eine Frau schreiben, die nach einer vaginalen Geburt der Länge nach aufgerissen ist. Sie liegt da, eine offene Wunde, flankiert von karamellfarbenem, blutbesprenkeltem Schenkelfleisch. Eine traurige Hebamme seufzt, legt eine Dosis Morphin bereit und liest weiter in einem Flyer mit Sonderangeboten aus dem Sushi-Restaurant, der mit Desinfektionsmittel beschmiert ist.

Adam erzählt mir von dem medizinischen Theater, das ihn am traurigsten macht. Wenn die Dilaudid-Beschaffung eine Komödie ist, dann ist dies ihr tragisches Gegenstück. Er erlebt es am häufigsten bei Patienten mit Sichelzellenanämie. Und bei afroamerikanischen oder hispanischen Frauen mit Uterusmyomen, aufgegangenen Zysten oder anderen schmerzhaften Beschwerden, die fälschlicherweise als normale Menstruationsbeschwerden interpretiert werden können. »Sie kommen sehr gefasst herein«, sagt er. »Sie wissen, wie das System funktioniert. Sie denken: ›Ich muss mich auf die Fakten konzentrieren und völlig unemotional wirken, sonst werden sie denken, ich sei hysterisch.‹ Das Problem dabei ist, dass so der Eindruck entsteht, ihre Schmerzen seien nicht so schlimm. Die Ärzte sind auch in die andere Richtung voreingenommen. Bei einem lauten Patienten sagen sie: ›Gott, diese Leute übertreiben doch immer, es ist vermutlich nichts.‹ Jetzt denken sie: ›Diese Leute werden doch immer gleich so dramatisch, wenn sie echte Schmerzen haben, also ist es vermutlich nichts.‹« Je mehr die Leute sich über die »idiopathische Hysterie« von hispanischen Frauen lustig machen, desto lauter müssen sie werden, um überhaupt Aufmerksamkeit zu erregen, und desto lauter muss eine *Woman of Color* schreien, um gehört zu werden. Wenn einige ihrem Schmerz nachgeben und lauter werden, müssen alle anderen es ihnen nachtun, und eine neue Form der Ultra-Hysterie entsteht.

»Was soll eine *Woman of Color* denn tun, um eine Behandlung zu bekommen?«, frage ich. »Was ist der Code?«

Adam denkt einen Moment nach. »Sei ehrlich, und wenn du jemandem gegenübersitzt, der dir nicht zuhört, solltest du dich so verhalten wie seine Mutter: die sozialen Normen des Arztes aufgreifen und widerspiegeln, wie es die verständnisvollsten Frauen aus seiner Gemeinde tun würden. Ein Doktor, der seiner Mutter, Schwester oder Tochter gegenübersitzt, wird sich daran erinnern, warum er Arzt geworden ist. Aus Vertrautheit entsteht Empathie.«

Heute verstehe ich, warum die russischen Kameraleute den Frauen befahlen, lauter zu schreien und zu weinen, heftiger zu gestikulieren – denn so manifestierte sich die Trauer von Müttern in einem sowjetischen Dorf der 1940er-Jahre. Und auch für mich. Was denken die Ärzte, wie eine wahrhaftige Darstellung von Schmerz, von weiblichem Schmerz aussehen soll?

Womöglich hat mein Kaiserschnitt-Theater funktioniert, weil ich mich wie Astrids Tochter oder Schwester benahm.

Meredith liebt ihre neuen Ärztinnen in Colorado – beide sind junge Brustkrebs-Überlebende. Sie findet, dass sie besser behandelt wird, weil die beiden ihre Schmerzen und ihre Sorgen verstehen. Ein Jugendlicher mit Hodenschmerzen rutschte in Adams Büro unruhig auf seinem Stuhl herum. »Hast du dich jemals aus Versehen auf einen von ihnen draufgesetzt?« Weil er selbst einmal ein Jugendlicher war, kann sich Adam lebhaft vorstellen, was der Junge ihm beschreibt. Er handelt nach einem Instinkt, der tiefer geht als sein medizinisches Wissen.

»Es ist so ähnlich wie Heulen, um einen Strafzettel für zu schnelles Fahren zu vermeiden«, sagt Adam. »Man muss es auf die richtige Weise tun.« Man muss den Polizisten lesen und herausfinden, was er für manipulativ hält und was nicht.

Susan Sontag hat beobachtet, dass wir ständig nach Anzeichen für Betrug suchen. Ein bestimmtes Verhalten macht einen zu einem guten Patienten, einem wertvollen Geflüchteten, einem reuigen Sünder. Ein anderes zeigt, dass man echten Schmerz empfindet. Wir wollen, dass die Schmerzen anderer unsere eigenen widerspiegeln; sensorische Erinnerung räumt unsere Zweifel beiseite. Subtil oder nicht, wir wollen, dass unsere Wahrheit manifest, verkörpert und dramatisiert wird. Die Wahrheit sind zitternde Hände, heiße Fingerspitzen, verschwitzte Hosenbünde. Körperlich, konkret. Wir wollen den Schmerz selbst spüren können. Oder uns an etwas Ähnliches erinnern, damit wir glauben können, dass dieses Etwas nun im Körper eines anderen existiert. Der Schmerz wird damit greifbar gemacht.

Verhaltenstherapeuten haben Josh nahegelegt, die Geschichte seiner Vorfahren nachzuspielen. Sams Urgroßvater musste in einer Schlucht in Osteuropa sein eigenes Grab ausheben, neben ihm standen seine Frau und seine Freunde. Ihre Namen stehen im Stammbaum der Familie, Erwachsene und Kinder, alle starben am selben Tag im Jahr 1941. Sein Enkel, Sams Großvater Lewis, war bereits in Amerika, als ein Großteil seiner Familie massakriert wurde. Es ist seltsam, an diesen Mann zu denken, der Anteil am Leben meiner Tochter hat, wie er dort gräbt und schon weiß, was kommt. Ohne ihn würde Elena nicht existieren. Sams Großvater Lewis sieht genau wie Elena aus. Die Ähnlichkeit ihrer Babyfotos, zwischen denen ein Jahrhundert liegt, ist unheimlich. Manche witzeln, Elena sei seine Reinkarnation und sie würde genauso starrsinnig, ehrgeizig und wagemutig werden wie Lewis. Sam denkt, Lewis wurde so, weil seine und die Familie seiner Frau hingemetzelt wurden; dass er in Amerika lebte, war unverdientes Glück, und er musste sich dafür revanchieren. Vielleicht war es auch umgekehrt: Er wollte das Leben ganz auskosten, weil er begriffen hatte, dass das Gute rar und flüchtig ist.

Das Foto von Baby Lewis hängt in unserer Londoner Wohnung, und jedes Mal, wenn ich daran vorbeigehe, läuft mir beim Anblick von Elenas Gesicht, geisterhaft und merkwürdig fehl am Platz auf einem hundert Jahre alten Foto, ein Schauer über den Rücken. Lewis machte ein Vermögen und verlor es wieder. Sein Sohn Sheldon lehnte es ab, dem Geld hinterherzujagen, und setzte sich für Menschenrechte ein. Wozu man sich berufen fühlt, denke ich, ist erblich.

Dieses Jahr haben wir wieder einen Prozessgewinn von Ilan gefeiert, gegen die Ölfirma Shell. Obgleich Ilan sein berufliches Leben damit verbracht hat, gegen Menschenrechtsverstöße in Afrika zu kämpfen, machen wir Witze darüber, dass er so erbarmungslos gegenüber Shell war, weil der Name dem seines Vaters ähnelt. Sams unvollendeter Holocaust-Roman, Ilans Prozess gegen Shell, Sheldons Kampf gegen die Apartheid und Lewis' ehrgeizige Unternehmungen haben alle in der Schlucht im Jahr 1941 ihren Anfang genommen. Vielleicht gilt das auch für Adams Schwur, allen Menschen ihren Schmerz zu glauben.

Josh war von Jugend an besessen von seinen jüdischen Vorfahren, und erwog, zum Judentum überzutreten. Er glaubte, etwas von seinem Großvater stecke auch in ihm. »Deshalb wollte er auch nie einen normalen Job haben«, sagt Sam. »Er dachte, er sei für Größeres geschaffen.«

Ruhm oder Tod: Josh liebte das Drama. Ich verstehe das. Ich habe mein ganzes Leben damit verbracht. Mir ist schon früh aufgefallen, dass einem die Leute nur glauben, wenn sie sehen können, dass man sich anstrengt: Wenn der Schmerz sich in etwas Nützliches verwandelt, anstatt dein ganzes Leben zu bestimmen. Wenn der Schmerz die Wurzel deiner Identität ist, nicht nur die Blüten und die Blätter.

Ich frage Adam, wie Josh seinem Schmerz hätte Ausdruck verleihen können. Er schlägt einen freundlichen, professionellen Ton an. Er wusste von Anfang an, dass unser Gespräch darauf hinauslaufen würde. Auch wenn ich damit meine Absichten preisgebe: Ich muss einfach wissen, ob er Josh auch nach Hause geschickt hätte. Doch Adam ist ein Arzt, der zunächst einmal allen Glauben schenkt. Warum waren wir im College nicht besser befreundet? In Erzählungen taucht manchmal eine Nebenfigur aus der Vergangenheit auf, um in einer Szene etwas Wesentliches zu sagen, und verschwindet wieder. Diese Figur ist häufig ein Arzt.

»Josh hat gedroht, sich umzubringen«, sage ich. »Das bedeutet doch, er hat es nicht ernst gemeint.«

»Das ist ein Minenfeld«, sagt Adam. »Manchmal sieht man die Anzeichen und liegt doch falsch. In der Medizin gibt es keine Null-Fehler-Bilanz. Deshalb versuchen wir, jeden ernst zu nehmen.«

»Das ist wie bei der Pascalschen Wette«, sage ich.

»Jeder Arzt wird dir von einem Fall erzählen können, bei dem er falschlag«, sagt Adam. »Während meiner Assistenzzeit gab es einen Fall, in dem ein suizidaler Patient mich und den Psychiater überzeugte, dass es ihm wieder gut gehe: ›Doc, ich habe mich nur aufgeregt, aber ich habe es gar nicht so gemeint.‹ Er ging nach Hause und brachte sich um.«

Ich bin mir mittlerweile sicher, dass Joshs Problem darin bestand, dass er seinen Schmerz schlecht darstellen konnte. Obwohl seine psychische Erkrankung real war, spielte er seine Rolle nur ungenügend. Ich wünschte, ich hätte ihm das wenige zeigen können, was ich gelernt habe. Ich hätte ihm etwas über die merkwürdigen Analogien erzählen können, die zwischen Verhandlungstaktiken in der Unternehmensbranche und Asylanhörungen bestehen, die absichtsvollen, aber dennoch wahren Theaterstücke, die wir inszenieren, wenn wir zu Dates gehen. Und zum Arzt. Und vor den Kameras von Dokumentarfilmern, und wie die alten Griechen daraus fesselnde Dramen kreierten. Ich wünschte, ich hätte gesagt: »Hör mal, wenn du andere manipulieren willst, schön. Lass mich dir nur zeigen, wie man das macht.«

Doch so einfach ist es nicht. Außerhalb des eigenen Körpers manifestiert der Schmerz sich als etwas Abstraktes und Hässliches; nur bei seltenen Gelegenheiten wird er für die anderen kurz greifbar, wie ein zufälliger Lichtstrahl aus einem anderen Universum. Diejenigen, die die Macht gehabt hätten, ihm zu helfen, haben Josh einfach nie in diesem Licht gesehen.

Ich erzähle Adam von den Filmaufnahmen aus der Schlucht. Während ich spreche, stelle ich mir eine geisterhafte alte Frau vor, die eine überfrorene Straße hinunterwandert. Irgendwo aus dem Off kommt ein kurzer, scharfer Befehl: »Wischen Sie sich jetzt die Augen; biegen Sie hier bitte ab.« Die Großmutter geht von Leichnam zu Leichnam, auf der Suche nach greifbaren Dingen – eine vertraute Hand, ein gelber Schal, ein Muttermal –, dann reißt die körperlose Stimme sie aus ihren stillen Gebeten, sie sieht auf, nickt. Der Kameramann fordert sie auf, ihre Fäuste gen Himmel zu recken.

Danach erzählt Adam mir von einer seiner Verwandten, die sich im Wald vor den Nazis versteckte. Ein Soldat fand sie, aber ließ sie laufen, weil sie wie seine Tochter aussah. Sie wurde nicht durch Stärke, Klugheit oder Schnelligkeit gerettet, sondern weil der Soldat für einen Moment in eine Parallelwelt transportiert worden war, in der seine

Ideologie von einem anderen Aspekt seiner Persönlichkeit verdrängt wurde. Sie blieb am Leben, weil sie in die Rolle seiner verängstigten Tochter hineinstolperte und sie kurz, vielleicht nur Sekunden lang, überzeugend spielte.

Im Herbst 2018 zogen wir nach Paris, weil ich ein Stipendium bekommen hatte. Damit begann eine wundervolle Zeit. Sonntags kauften wir Lachs und Muscheln auf dem Markt, liefen in unseren guten Schuhen über das Kopfsteinpflaster, aßen in Bistros, in denen wagemutige Chefs kochten. Wir traten einer Autorengruppe bei, fanden einen Babysitter und teilten unsere ersten Entwürfe mit Fremden. Dann kamen die Pandemie und die Lockdowns. Wir gingen zwei Monate lang nervös in unserem Apartment auf und ab, kauten an den Nägeln, dann verschanzten wir uns mit einigen Freunden in Sams Dorf.

Unsere Gemeinschaft entwickelte auf ganz natürliche Weise ihre eigenen Regeln, die unseren Tagesablauf bestimmten: Erst wurde fleißig geschrieben, dann gab es ein schnelles Mittagessen, lange Spaziergänge, vegetarische Gerichte in Chicorée-Blättern. Jennifer und Manu sangen Lieder. Laleh las uns die besten Stellen aus den großartigen Büchern vor, die sie in der Nachbarschaft gefunden hatte. Das vegetarische Essen wurde abwechslungsreicher und raffinierter. Charlies Kastanien-Bourguignon, Aleks' grob gewürfelter Borschtsch, Lalehs Pilzfrittatas, Maisbrot und Schüsseln voller gerösteter Wurzelgemüse. Ich machte iranisches Auberginenmus und cremige, aromatische Pilze und war eine Zeit lang wie besessen davon, eine perfekte Zitronen-Baiser-Torte zu backen. Sechs davon habe ich gemacht.

Elena lernte in der Schule die Namen all ihrer Klassenkameradinnen: all diese französischen »Ns«. jedes Mal, wenn sie »Benjamin« sagte, schien ihre Nase plötzlich verstopft zu sein. Ihr aufnahmebereites junges Gehirn nahm die neue Sprache bereitwillig an.

Bei unseren Ausflügen zum Sonntagsmarkt wurde es immer kälter. Die Käse- und Gurkenhändler und die Austernfischer kannten schon bald unsere Namen. Charlie trieb für mich die salzigsten Hartkäsesorten auf, die am meisten nach Pilzen schmeckten. Er öffnete die Kühlschranktür und würgte, wenn ihm auch nur ein Hauch von Fleischgeruch in die Nase stieg, oder wenn er ein Stückchen von Elenas Aufschnitt oder eine einzelne Sardine in einer Tupperdose erspähte. »Das soll ein vegetarischer Kühlschrank sein? Was für eine Kreatur verrottet hier?«

Wenn die Gruppe sich über Literatur unterhielt, kam ich mir wie eine Hochstaplerin vor, die nur Silben wiederholt, wie Lindsay, die falsche Zungenrednerin. Unsere Freunde waren so belesen, sie kannten alles, von obskur bis klassisch; Laleh bewegte sich mit Leichtigkeit zwischen Thomas Manns *Zauberberg* und Italo Calvinos *Unsichtbaren Städten,* den *Erinnerungen des Kaisers Hadrian* von Marguerite Yourcenar, den *Syllogismen* von E. M. Cioran sowie Charles Baudelaire und Simone de Beauvoir. Ich musste später das Wort »Syllogismus« nachschlagen, die andere Dina schüttelte beschämt und empört den Kopf.

Sam scherzte: »Wisst ihr, was Dinas Lieblingsfilm ist? *Unter der Sonne der Toskana.*«

Das stimmt zwar nicht ganz, aber was wäre falsch daran? Dieser schlechte Film, den ich so bedingungslos liebe, besteht aus neunzig Minuten puren Vergnügens: gelbe Schirme über toskanischen Tälern, wunderschöne Münder, die glänzende Pasta, Oliven und *gelato* verspeisen, junge Leute, die sich auf den ersten Blick verlieben, Nonnen, die mit der Verführerin aus dem Ort tratschen, alte Junggesellen und kecke Großmütter, überraschende Intimitäten, alles wie im echten Leben. Der Film handelt davon, wie einen die Liebe eines Fremden auch in den schlimmsten Momenten retten kann, wie Migranten ihren Platz am Tisch finden, Geschiedene sich wieder vertragen, Nachbarn sich umeinander kümmern.

»Ich verstehe einfach nicht, wie du dich für diesen Schund begeistern kannst«, sagt Sam.

Vermutlich hat er etwas an sich, an das ich glaube.

»Es ist okay, ihn zu mögen!«, sagt Sam. »Er hat dir während deiner Scheidung viel bedeutet, ich versteh schon.«

Gar nicht. Dass mich dieser Film bewegt hat, obwohl ich traurig und verbittert war, heißt nicht, dass es schon in Ordnung ist, ihn zu mögen, sondern, dass er funktioniert. Ich lehne die Vorstellung ab, dass ich auf etwas Falsches und Verlogenes hereingefallen bin.

»Aber es gibt nichts Merkwürdiges, keine Unstimmigkeiten oder Alternativen. Alles ist vorherbestimmt«, sagt Sam. Er hat recht. Aber ich will keine Alternativen oder Überraschungen, wenn ich verwundet bin. Ich will Trost. Ich will träumen.

Der Träumende hat keine Wahl. Es ist einfacher, an das Schicksal zu glauben, an eine Zukunft, die von denjenigen mit den herausragenden Fähigkeiten bestimmt wird (sei es nun Gott, die Vorfahren oder die Firma) als an Willkür, Heuchelei und Vernachlässigung. Gute und schlechte Ereignisse sind vorherbestimmt, unvermeidbar. In einer solchen Welt kann man sich entspannen und die Alternativen getrost vergessen. »Es ist wie beim Bondage«, sagt ein befreundeter Schauspieler. »Das gilt sowohl für die Religion auch für die schlechten Schauspieler, die davon träumen, in einem *chambre de bonne* zu sterben, alle wollen sich unterwerfen. Macht zu besitzen ist beängstigend.«

»Die Anziehungskraft des Melodramas«, sagt Sam. »Nicht im Entferntesten dramatisch oder bewegend. Kein bisschen Spannung … einfach nur langweilig.«

Manchmal ist es das, was man will: keine Alternativen, keine Spannung.

An dem Abend, als Sam das sagte, war Josh gerade damit beschäftigt, seine Vorfahren heraufzubeschwören und sie sich in ihren letzten Tagen oder an glücklicheren Tagen vorzustellen. Mithilfe von Büchern und Meditation reiste er zurück nach Israel, nach Osteuropa in die Schlucht, in der ein ganzer Zweig seiner Familie, Eltern und Kinder, ermordet wurde. Er wandte sich dem Glauben seines Urgroßvaters zu, dem Land seiner Vorfahren, ihren heiligen Büchern.

Er versank im Melodrama, fest davon überzeugt, dass seine Probleme und seine Verwirrung sich für immer in seinen Körper eingeschrieben hatten, ein Gift, das die Schoa im Fleisch seiner Vorfahren hinterlassen hatte und das an ihn weitergegeben wurde. »Ja«, sagte seine Familie, »es ist wahr. Es gibt Traumata in unserer Familie, aber … aber … es ist keine gute Idee, wenn der Gedanke daran dein ganzes Leben bestimmt.«

Sam erzählte, wie er als Jugendlicher mit seiner Mutter in die Kirche ging. Der Pastor, der spürte, dass ein Ungläubiger anwesend war, sah sich ständig um und fragte, ob alle bereit seien, Jesus anzunehmen. »Schlechte Geschichten sind immer so, sie wollen, dass du etwas Offensichtliches glaubst, und wiederholen es, als sei es eine Offenbarung.« Er schlürfte seine Suppe und für einen kurzen Augenblick verschwand er, den Blick in die Ferne gerichtet, als würde er einen früheren, besseren Moment erneut durchleben.

Als wir auf dem Dorf waren, wurde Sam wieder schweigsam. Gelegentlich unternahm er einen langen Spaziergang, und wenn Josh ihn anrief, erzählte er es mir nicht. Dann, an einem öden Novemberabend, klappte ich meinen Laptop zu und beschloss, kurz unter die Dusche zu springen. Ich hatte gerade den Bericht der Rogers Commission über das Challenger-Unglück gelesen, und warum die NASA-Manager den Ingenieuren nicht geglaubt hatten. Charlie bereitete in der Küche eine Käseplatte vor. Laleh und Aleks kochten das Abendessen. Als ich herunterkam, zog Charlie eine Flasche Champagner hervor. »Heute leben wir seit einem Monat als Kommune zusammen!«, sagte er. 24. November 2020. »Lasst uns darauf anstoßen!«

»Ich muss vorher noch duschen.« Ich ging an Elena vorbei, die sich am Küchentisch Zeichentrickfilme ansah.

»Ich habe einen Cantal für dich, der richtig nach Pilzen schmeckt«, rief Charlie mir hinterher. Laleh und Aleks standen Schulter an Schulter am Herd, rösteten Zwiebeln und welken Grünkohl in der Pfanne und summten vor sich hin. Im Badezimmer zog ich meine Trainingssachen aus und drehte das heiße Wasser auf. Das Bad ist alt und es liegt merkwürdigerweise direkt neben der Küche. Durch die Tür konnte ich hören, wie meine Freunde lachend das Abendessen vorbereiteten. Dann war plötzlich alles still, man hörte nur noch Elenas Zeichentrickfilm. Ich stellte mich unter den Wasserstrahl und begann mich einzuseifen. Ich war mit einer dicken Schaumschicht bedeckt, als jemand an die Tür klopfte.

»Komme gleich«, sagte ich ärgerlich. Konnte nicht jemand anderes Elena einen neuen Film einlegen oder ihr ein Glas Saft geben? Oder brauchten sie ein Handtuch? Wieder ein Klopfen. »Nur eine Minute«, sagte ich. »Ich bin voller Seifenschaum.«

»Dina, du musst schnell kommen«, sagte Laleh, ihre Stimme klang kontrolliert, aber zittrig. Verbrauchte ich zu viel warmes Wasser? War etwas mit Elena?

»Ist Elena okay?«, rief ich, während ich den Hahn abdrehte und mich in ein Handtuch wickelte.

»Dina, bitte komm doch endlich«, sagte Laleh.

»Ist Elena okay?«, rief ich erneut. Ich öffnete die Tür einen Spaltbreit und sah an Lalehs erschrockenem Gesicht vorbei. Elena saß zufrieden vor ihrem Zeichentrickfilm. Ich atmete aus. »Wo ist Sam?« Mein Herz raste. Sam war nirgends zu sehen. Wo war er hingegangen? Ich umklammerte das raue Handtuch, meine Fingerspitzen erinnerten sich an Sams erst einige Tage alten Bart. »Mein Sam ist weg, hat er mich verlassen? Oder …«

Die Weigerung, mir zu sagen, was los war, kam mir immer merkwürdiger vor. Charlie und Aleks im Hintergrund blieben still und hantierten mit Geschirrhandtüchern, Karottenschälern und Frischhaltefolie. Aleks schaltete wortlos den Herd ab. Ich stellte mir Sam vor, wie er mit gespaltenem Schädel auf dem Bürgersteig lag, verwundet und blutend, sein wunderschönes Haar ausgerissen. Als ich die Badezimmertür weiter öffnete, tropfte ein Klecks Duschgel auf den

Kachelboden unter meinen Füßen. Laleh wischte ihn leise mit einem Küchentuch weg.

Ich sah mich über Lalehs Schulter in der Küche um. Ihre Stimme zitterte. »Du solltest mit Sam sprechen.«

»Wo ist er?«, fragte ich. »Wo ist Sam? Ist alles in Ordnung mit ihm?« Ich konnte sehen, wie sie mit sich kämpfte; war es richtig, wenn sie mir die Neuigkeiten mitteilte?« »Bitte sag mir, was du weißt«, drängte ich.

Ich dachte: Sam ist verletzt. Sam hat mich verlassen. Sie will nicht die Überbringerin der schlechten Nachricht sein.

»Du musst dich anziehen und ihn suchen gehen«, sagte sie und folgte mir die Treppe hinauf.

»Bitte sag mir doch, was passiert ist«, bat ich. »Ich stelle mir schon die furchtbarsten Dinge vor …«

Sie zog die Luft ein und versuchte, zu einem Entschluss zu kommen. Dann sagte sie, und ihre Stimme brach unter der Last: »Sein Bruder hat sich umgebracht.«

Ich taumelte, mein Magen befand sich im freien Fall. Ein Teil von mir wusste es bereits, bevor Laleh es ausgesprochen hatte. Oder kommt es mir im Nachhinein nur so vor? Wann ist das passiert, wollte ich wissen. Wann war es vorbei? Denn es hatte seinen Anfang genommen, lange bevor ich aufgetaucht war, und hatte sich vor meinen Augen weiter entwickelt.

Laleh setzte sich schweigend auf das Sofa im Wohnzimmer und sah zu, wie ich ins Schlafzimmer lief, mich in meine Unterwäsche kämpfte und Flos Jeansrock überzog. Ich ergriff ein T-Shirt und eine Fleecejacke aus dem Wäschekorb und zog sie über meine tropfenden Haare. Offensichtlich hatte Laleh, das arme Ding, irgendetwas missverstanden.

»Das kann nicht wahr sein«, rief ich ins Wohnzimmer. »Sie meinten sicherlich, er hat es wieder versucht. Ist er im Krankenhaus? Bestimmt geht es ihm bald besser … man nennt das eine suizidale Geste. Hat er … wie …«

Ich wollte ihr am liebsten ein Foto von Joshs Geburtstag zeigen, den wir vor zwei Jahren in unserer Wohnung gefeiert hatten: »Siehst du? Da ist er doch. Quicklebendig, wie er gerade die Kerzen ausbläst – verstehst du jetzt?«

»Weiß ich nicht« sagte Laleh kläglich. »Nein, ich denke, er hat sich wirklich umgebracht.«

Er hat sich selbst etwas angetan. Wie nur? Ich konnte nur an den Ablauf denken. Die Schuldgefühle setzten erst später ein. Ich brauchte nicht sehr lang, um mich daran zu erinnern, dass ich ihm nie geglaubt hatte, und mich zu fragen, warum ich so hartnäckig gegen etwas angekämpft hatte, was nun unwiderrufliche Realität geworden war. Doch damals war mein erster Gedanke: »Gott sei Dank, dass es nicht Sam oder Elena waren. Oder, Gott bewahre, Sheldon.« Ich war auf diesen Verlust nicht vorbereitet. Sam war auf diesen Verlust nicht vorbereitet. Und bevor ich auch nur mein erstes Gebet für Joshs Seele sprechen oder mich zum ersten Mal bei seinem Geist entschuldigen konnte, dachte ich: Geht es Sam gut? Was, wenn er vor ein Auto läuft? Oder einen Drink nimmt und dann ins Auto steigt? Mir ist es egal, ob er mich noch liebt oder nicht, wenn Sam stirbt, dann sterbe ich auch.

Ein solches Melodrama wirkt obszön. Ich konnte an nichts anderes denken als an uns. In den Tagen nach Joshs Tod war ich ganz besessen von diesem »uns«.

Ich zog den Reißverschluss meiner Fleecejacke hoch, meine Haare tropften noch immer, und lief hinaus in die Kälte, die Straße hinunter zum Haus von Sams Onkel und Tante. Auf halbem Weg den steilen Hügel hinunter, wurden meine Fingerspitzen taub und ich konnte den Irrsinn für einen Moment abschütteln. »Josh geht es gut. Er ist smart, charmant, talentiert. Denk nur an die leere *Piñata*, und wie die losen Marshmallows auf die Kinder regneten. Eine suizidale Geste, nur Theater.«

Um glaubwürdig zu sein und das zu bekommen, was man will, muss man eine Performance aufführen: das habe ich in meinem Leben voller sozialer Extremsituationen gelernt. Josh spielt nur Theater …

doch was, wenn er nur dachte, dass er Theater spielt? Ich kann mich an mein eigenes medizinisches Theater erinnern, bei dem ich dachte, dass ich alle getäuscht habe, aber tief im Inneren nur versucht habe, das einzige Ziel zu erreichen, das für mich keine unerträgliche Vorstellung war. Manchmal, in Momenten der Verzweiflung, sind wir genau das, was wir vorgeben zu sein. Dann schlug mir die Kälte in mein nasses Gesicht und meine nackten Knöchel schmerzten und mein Haar schien an meinen Schläfen festzufrieren, und ich dachte: Armer, verlorener Josh. Er hat sich so angestrengt, um uns zu überzeugen.

Wiederholen

7

An seinem letzten Wochenende ging Josh mit Flo ins Krankenhaus. Er verbrachte einen halben Tag damit, die skeptischen Schwestern um Hilfe anzubetteln, doch sie hatten seine Geschichte schon zu oft gehört. Sie waren längst abgestumpft gegenüber jungen Männern wie Josh, und so schickten sie ihn wieder weg. Flo hatte schon Dutzende Male miterlebt, wie ihr Sohn abgewiesen wurde. Sie nahm ihn mit nach Hause.

Ich möchte der amtlichen Untersuchung von Joshs Fall nicht im Wege stehen, indem ich in britischen Pflegeausbildungen oder Suizidprotokollen herumschnüffele, wie ich es in Amerika getan habe. Ilan wird sich darum kümmern. Und meine Untersuchungen befassen sich mit etwas anderem. Doch ich weiß, dass diese beiden Nationen, in denen ich als Erwachsene gelebt habe, ähnlich sind, was Glaube, Furcht und Hoffnung angehen. Ihre Institutionen basieren auf den gleichen Prinzipien von Potenzial und Bedarf, unter einer dünnen Schicht von ehrgeiziger Nonchalance. Und ich weiß auch, dass die Geschichte von Joshs Tod bereits vor Jahren ihren Anfang nahm. Also habe ich damit begonnen, über die eigentlichen Anfänge nachzudenken.

Was war das für ein Sachbearbeiter, der sich zuerst KVs Geschichte anhörte? Wer war der Zyniker, der seinen Bericht mit lächerlichen Kommentaren beschmierte? Bei Kafka bleiben die Institutionen oft unsichtbar, ihre Anordnungen werden von Bürokraten ausgeführt. Sie haben einen Fall konstruiert, lange bevor ein Opfer auftaucht. Dann braucht der Bürokrat nur noch auf ihn zu zeigen und zu sagen: »Das ist ein Krimineller!«

Doch unser Leben ist keine Allegorie. KVs realer Prozess begann Jahre vor seinem Asylantrag, vor seiner Flucht, als er noch ein glücklicher Sohn eines Juweliers war, der in der Werkstatt seines Vaters Halsketten fertigte. Ich stelle es mir so vor:

Irgendwo in London macht eine junge Frau nach zwei Jahren Studium ihr Diplom. Sie sieht sich nach einer Stelle um. Es ist schwierig, die Konkurrenz ist groß. Dann entdeckt sie eine Anzeige, in der ein Sachbearbeiter für das Innenministerium gesucht wird. Sie könnte Teil von etwas Gutem sein. Wenn sie clever ist, informiert sie sich über die Genfer Flüchtlingskonvention und sieht sich die Fotos von den überladenen Booten an, die in dunkler Nacht in der Ägäis unterwegs sind. Womöglich denkt sie: Ich könnte einige von diesen Unglücklichen retten.

Im Innenministerium begegnet sie einer älteren Sachbearbeiterin, die sie einarbeiten soll. Die Frau begrüßt sie: »Willkommen zum härtesten Job Ihres Lebens.« Nach einer Pause fügt sie hinzu: »Bereiten Sie sich darauf vor, ständig angelogen zu werden.«

Während der Ausbildung wird der jungen Absolventin gesagt, dass es ihr Job sei, Widersprüche und Ungereimtheiten aufzudecken. Dann beginnt die Routine, Geschichten von Gefahr und Verzweiflung, wochen- und monatelang, bis sie ganz erschöpft ist. Die Routine verändert sie. Wie kann es sein, dass so viele Menschen, die aus demselben Land kommen, genau die gleichen Verletzungen haben? Wie können so viele Menschen dieselbe Brücke überquert, denselben Schlepper getroffen und sich die Schuhe auf demselben tückischen Bergpfad ruiniert haben? Es kommt ihr unrealistisch vor, dass sie an einem Tag zwanzig Männern begegnet, alle dunkel, mit dem gleichen Gesicht, der gleichen Statur, die die gleichen Narben am Körper tragen und aus demselben Dorf geflohen sind.

»Sie sehen alle gleich aus«, sagt sie zu ihrem Supervisor. »Sie nehmen dieselben Medikamente und erzählen dieselbe Geschichte. Warum haben sie alle die gleichen Narben?«

Wenn sie sich an einen Überlebenden gewandt hätte, der schon dreißig Jahre im Land ist, an einen Anwalt oder an eine Sozialarbeiterin, dann hätten diese Männer und Frauen ihr sagen können: »Weil in ihrem kleinen Land gerade etwas Großes passiert – ein klitzekleines Stück Erde, das jetzt gerade Geflüchtete ausspuckt. Ja, sie sind alle junge, dunkelhäutige Männer, die viele Gemeinsamkeiten haben, und für Sie sehen sie gleich aus, weil Sie weiß sind. Sie alle flüchten vor einem ganz gewöhnlichen Bösewicht, der eine bestimmte Foltermethode favorisiert. Und dass sie ihre Geschichte auf dieselbe Weise erzählen, liegt an ihrer Sprache, an ihrer Kultur und an der Tatsache, dass sie alle Englisch bei denselben fünf Helfern gelernt haben, denen sie unterwegs begegnet sind.«

Stattdessen zuckt die Vorgesetzte mit den Achseln: »Sie kaufen ihre abenteuerlichen Geschichten und falschen Papiere alle von den gleichen Leuten. Weiß Gott, vermutlich lassen sie sich auch von demselben Gauner brandmarken.«

Die junge Sachbearbeiterin geht zurück in ihr Büro. Sie starrt auf den turmhohen Stapel von Albträumen auf ihrem Schreibtisch. Ihr Herz zieht sich zusammen. Später wird sie sich drei neue Fälle aus Sri Lanka anhören, die alle der Geschichte von KV gleichen – seine Häscher haben in der Heimat so viele seiner Brüder verwundet. Keiner scheint der englischen Frau besonders zu sein, mittlerweile hat die Routine ihre Sinne abgestumpft. Die endlosen Geschichten dröhnen in ihren Ohren. Sie ist müde. Die Antworten klingen einstudiert. »Was für ein Theater. Womöglich hat er sich selbst verwundet.«

Dann betritt KV den Vernehmungsraum, mit den Fotos von seinem vernarbten Rücken, der genauso aussieht wie die vernarbten Rücken all der anderen Sri Lanker, und mit medizinischen Gutachten von denselben NGO-Ärzten, in denen genau dasselbe steht wie in allen anderen. Die Sachbearbeiterin seufzt: noch ein hinkender, versehrter Tamil Tiger.

KVs Ablehnung aufgrund von »Selbstbeibringung durch einen Stellvertreter (SIBP – *Self-infliction by Proxy*)« löste Verwunderung bei den Ärzten und Experten aus, die an seinem Fall gearbeitet hatten, und seine Geschichte verbreitete sich rasch in der Community der Asylhelfer. Wie konnte das Innenministerium nur auf die Idee kommen, dass KV sich selbst verletzt hatte? Und das, obwohl zu diesem Zeitpunkt bereits zahlreiche Dokumentationen über Folter in Sri Lanka vorlagen. Und wer sollte dieser ominöse Stellvertreter sein?

Ich denke, es sollte nicht schwierig sein, Folter nachzuweisen. Die Narben sind unübersehbar, und viele Überlebende tragen sie. Die Behörden eines bestimmten Landes wenden meist dieselbe Technik an: Brandeisen in Sri Lanka, das Ziehen von Zehennägeln im Iran. Doch in ihrem Bericht *Proving Torture* schreibt Freedom from Torture, dass es für Asylbewerber »nahezu unmöglich« sei, ihre Geschichten zu belegen, und gerichtsmedizinische Berichte sind aufwendiger, detaillierter und kostenintensiver geworden. Heutzutage werden Überlebende mit beispielloser Härte behandelt und sind ständigen Verdächtigungen ausgesetzt. Sie stoßen von Anfang an auf Misstrauen: Du lügst, bis du das Gegenteil beweisen kannst. Den Überlebenden wird vorgeworfen, Details zu erfinden, Verletzungen vorzutäuschen oder sich selbst beigebracht zu haben. Dabei werden medizinische und psychologische Gutachten ignoriert, und es werden kaum Anstrengungen unternommen, die Beamten darüber zu informieren, wie Traumata sich auf die Erinnerung auswirken, oder internationale Leitfäden wie das Istanbul-Protokoll heranzuziehen, in dem festgehalten ist, dass Ärzte den Auslöser einer physischen Wunde nicht immer mit Sicherheit bestimmen können.

Der Verdacht auf selbst beigebrachte Verwundungen geht davon aus, dass einfach alles möglich ist. Wenn nur ein plausibler Grund (Folter) ein bestimmtes Narbenmuster erklärt und das Innenministerium diesen Grund nicht anerkennt, kann damit eine zweite Möglichkeit ins Feld geführt werden, und indem man die erste ablehnt, tritt die zweite automatisch in Kraft. Wie es KV gelungen sein soll, sich so sauber an einer für ihn selbst unerreichbaren Stelle seines Körpers zu brandmarken, wurde nicht näher erörtert. »Vermutlich hatte er Hilfe«, sagten sie und fuhren fort.

»Es waren einfach so viele«, sagt meine anonyme Rechtsvertreterin aus dem Innenministerium über die Sri-Lanka-Fälle. »Und sie kamen alle mit zwei Dingen: Antidepressiva und Narben am Körper.« Gelegentlich waren die Narben nicht schwerwiegend genug, um das Mitleid der Beamten zu wecken. »Es gab runde Brandlöcher von Zigaretten und Striemen von Peitschenhieben.« Eine weitere Fotografie von einem braunen, narbenbedeckten Rücken schien nichts Besonderes zu sein, die Antidepressiva waren niedrig dosiert, und das medizinische Gutachten schien aus Standardformulierungen zu bestehen. »Manchmal las ich das Gutachten gar nicht erst«, sagte die Rechtsvertreterin. Abgestumpft, wie sie war, tat sie es als redundant ab, wie eine Wiederholung im Fernsehen. »Das ist ganz normal.«

Die medizinischen Gutachten (die von Ärzten für jeden einzelnen Fall geschrieben werden) seien wenig hilfreich gewesen. Diese Ärzte »konnten niemals ausschließen, dass es A oder B war. Sie waren nie eindeutig. Also, wie konnten wir es dann wissen? Diese Experten bekommen so viel Geld dafür, dass sie immer das Gleiche wiederholen. Alles, was sie tun, ist *copy and paste* zu drücken. Ich sitze also im Innenministerium, sehe dieses Gutachten und sage mir: ›Die lügen doch. Nichts in diesem Gutachten trägt etwas zu dem Fall bei …‹ Sie hält inne und atmet tief ein. »Wie kann ich es denn wissen? Wir können nur sagen, dass es verschiedene Möglichkeiten gibt, und eine davon sind selbst beigebrachte Verwundungen.«

Als KV hörte, warum er abgelehnt worden war, traf es ihn wie ein Schlag in den Magen; Seine Knie wurden weich. Die Übelkeit, die er in den 90 Minuten hinten auf dem Lastwagen auf der Fahrt aus dem Internierungslager verspürt hatte, überkam ihn erneut. Wie war das nur möglich in einem sogenannten zivilisierten Land, in dem Vernunft und Menschlichkeit herrschen sollten? Schämten die Beamten sich nicht, einem Folteropfer einen solchen Brief zu schreiben?

»Ihre Ablehnung«, stand in diesem Brief, »stellt keinen Verstoß gegen unsere Verpflichtungen gemäß der Europäischen Menschenrechtskonvention (ECHR) dar.«

Gelegentlich werde ich gefragt, wie man den Asylprozess verbessern könnte. Obgleich es dringend nötig ist, sich mit dem Recht auf Arbeit, Unterbringung, Bildung zu befassen, ebenso wie kulturelle Fortbildungsprogramme für unsere Türhüter zu initiieren, würde ich vermutlich an meinem ersten Tag im Amt umgehend diesen herablassenden, unsensiblen Ablehnungsbescheid neu schreiben.

Nachdem das Innenministerium KV wegen des Verdachts auf Selbstbeibringung (SIBP) abgelehnt hatte, ging er vor Gericht. Im Mai 2011 wurde KVs Fall von einem Richtergremium abgelehnt, es wurde ihm jedoch gestattet, seinen Fall vor ein Berufungsgericht zu bringen. Dort könne auch entschieden werden, ob SIBP zu einer »allgemeinen Richtlinie« für das Innenministerium gemacht werden könne – ein gefährlicher, besorgniserregender Präzedenzfall.

Erstaunlicherweise bemerkte das Gericht, dass KVs Geschichte mit den Berichten über das Militär von Sri Lanka übereinstimmte. Dennoch zweifelte es KVs Geschichte teilweise an: Wie war es zu erklären, dass sein Vater weder verhaftet noch interniert wurde? Wie war KVs Flucht möglich gewesen? Warum hatten die Tamil Tigers geschmolzenes Gold verlangt? Dennoch hielt das Gericht eine Analyse seiner Narben für relevant für den Fall, und wenn die Narben sich als typisch für die Foltermethoden in Sri Lanka herausstellten, dann war der Rest von KVs Geschichte wahrscheinlich auch wahr.

In Kafkas *Prozess* wird Josef K aus dem Schlaf geweckt, und man sagt ihm, dass er schon bald vor Gericht erscheinen müsse. Obwohl ihm gestattet wird, weiterhin zu Hause zu wohnen und zur Arbeit zu gehen, wird Josef K von seinem Schicksal umgetrieben. Er begegnet einem Maler, der einen besonderen Einfluss auf das schattenhafte

Gericht zu haben scheint. Der Maler beschreibt drei Möglichkeiten, auf die K hoffen könne, »nämlich die wirkliche Freisprechung, die scheinbare Freisprechung und die Verschleppung«. Natürlich wünsche sich jeder eine wirkliche Freisprechung, doch die beiden anderen Möglichkeiten seien ebenso gut. Bei einer scheinbaren Freisprechung würde der Angeklagte entlassen und die Tortur würde aufhören, zumindest eine Zeit lang.

»Von außen gesehen kann es manchmal den Anschein bekommen, dass alles längst vergessen, der Akt verloren und der Freispruch ein vollkommener ist. Ein Eingeweihter wird das nicht glauben. Es geht kein Akt verloren, es gibt bei Gericht kein Vergessen. Eines Tages – niemand erwartet es – nimmt irgendein Richter den Akt aufmerksamer in die Hand, erkennt, dass in diesem Fall die Anklage noch lebendig ist, und ordnet die sofortige Verhaftung an.«

Dann beginnt alles von vorn, ein Ritual, das ein Leben lang andauern kann. Die dritte Möglichkeit ist die Verschleppung, die darin bestehe, dass »der Prozess dauernd im niedrigsten Prozessstadium erhalten wird. Um dies zu erreichen, ist es nötig, dass der Angeklagte und der Helfer, insbesondere aber der Helfer in ununterbrochener persönlicher Fühlung mit dem Gericht bleibt.« Dabei geht es auch um Wiederholung: »Man darf den Prozess nicht aus den Augen verlieren«, sagt der Maler zu K. Gleichzeitig müsse es nach außen hin so aussehen, als würde etwas geschehen. »Es müssen also von Zeit zu Zeit verschiedene Anordnungen getroffen werden, der Angeklagte muss verhört werden, Untersuchungen müssen stattfinden und so weiter. Der Prozess muss eben immerfort in dem kleinen Kreis, auf den er künstlich eingeschränkt worden ist, gedreht werden.«

KV verbrachte in den Jahren 2012 und 2013 viel Zeit damit, sich von Ärzten untersuchen zu lassen und immer wieder die Geschichte jenes furchtbaren Tages mit der glühenden Eisenstange und dem Benzin zu erzählen. Er beschrieb, wie er ohnmächtig wurde und vornüberfiel. Er beschrieb, was kurz vorher geschah: wie die Soldaten ihn zu Boden drückten und seine Arme festhielten, um seinen Rücken brandmarken zu können. Er beschrieb, wie er erwachte und sofort unerträgliche Schmerzen verspürte, weil sein Rücken eine einzige offene Wunde war. Er beschrieb es immer und immer wieder, bis er in Kummer versank – er hatte nicht erwartet, hier in Europa solches Leid zu erfahren. Letztendlich bestand die größte Herausforderung nicht darin, die glühende Eisenstange zu überleben, aus dem Internierungslager zu fliehen oder über viele Grenzen in ein sicheres Land zu gelangen, das seine humanitären Prinzipien und Werte auf der ganzen Welt verbreitete, bis in die Klassenzimmer, Werkstätten und Dörfer seiner Jugend. Die größte Herausforderung bestand darin, seine Geschichte davor zu bewahren, als Fiktion abgetan zu werden – oder vielmehr hier gestrandet zu sein, in einem Niemandsland, das für Menschen mit seiner Geschichte erfunden worden war.

KVs Anwalt Arun erklärte ihm, dass es unbedingt erforderlich war, Belege für das Innenministerium zusammenzutragen, weil Behörden niemals unbestätigte Erinnerungen als Beweise akzeptierten. Viele seiner Mandanten aus Sri Lanka würden frustriert die Köpfe schütteln. »Hätte ich etwa meine Flucht unterbrechen, unter den Kisten herausklettern und den Kerl, der mich gebrandmarkt hat, um ein Autogramm bitten sollen?«, scherzte KV. Arun schmunzelte. Das hatte er sich auch schon mehr als einmal gefragt. »Und das ist der Grund, warum die Ärzte feststellen sollen, ob die Narben zu der Geschichte passen. Machen Sie sich keine Sorgen. Es sind erfahrene Ärzte, sie sind freundlich und fair. Und es geht alles sehr professionell zu.«

Dr. Joy Odili und Dr. Enrique Zapata-Bravo hatten jahrelange Erfahrung mit medizinischen Gutachten und kannten sich gut mit dem Istanbul-Protokoll von 1999 aus – den strengen Standards, nach denen medizinische Experten beurteilen, ob Wunden und Narben durch Folter entstanden sind. Die Ärzte wurden von KVs Anwälten angewiesen, bei ihrer Einschätzung alle Bedingungen zu berücksichtigen, unter denen die Narben entstanden sein könnten. Krankheit, Unfall, Operation? Hätte KV sie sich selbst zufügen können? Oder ein Komplize? Und so weiter.

Im Oktober 2013 wurde KV von Dr. Zapata-Bravo, einem Experten für innere Medizin und Psychiatrie, formal untersucht. Wie Dr. Odili verwarf auch er alle anderen Möglichkeiten außer der Folter. Dr. Zapata-Bravo schrieb in seinem Gutachten, es bestehe keinerlei Möglichkeit, dass KV sich selbst gebrandmarkt hätte, und ein hypothetischer Folterer, Freund oder Feind, hätte die Brandzeichen nicht so sauber anbringen können, wenn KV bei Bewusstsein gewesen wäre. Der »starke Schmerzstimulus« des Körpers hätte das »sofortige Zurückzucken der betroffenen Körperteile« ausgelöst und schon die kleinste Bewegung hätte dazu geführt, dass die Brandmarken uneben ausgefallen wären. Nur dann nicht, wenn KV zeitweilig in ein Koma gefallen wäre, was nur dann passieren konnte, wenn er sich in den Händen eines feindlichen Folterers befand, wie KV angegeben hatte, denn ein befreundeter Kollaborateur hätte in diesem Fall sofort aufgehört. Oder wenn – fügte der Doktor aus rhetorischen Gründen hinzu, – KV unter Narkose gestanden hätte. Das würde die Gruppe seiner Kollaborateure auf medizinisches Fachpersonal beschränken, was sehr unwahrscheinlich (sprich: abwegig) sei. KVs Narben, schloss der Doktor, entsprachen dem Bericht über seine Folter. Nachdem er KVs Körper eingehend untersucht hatte, fügte Dr. Zapata-Bravo noch hinzu, der Vorfall mit der Eisenstange sei »ein extremer Einschnitt im Leben dieses gebildeten jungen Mannes aus der Mittelklasse« gewesen. Als das Benzin über seine Wunden gegossen wurde, sei KV »äußerster Angst und Panik ausgesetzt gewesen, da er sicher sein musste, angezündet und verbrannt zu werden«. Doch da KVs psychologischer Zustand nicht Teil seiner Untersuchung war, führte er diesen Aspekt nicht weiter aus.

Jeder, der das Gutachten von Dr. Zapata-Bravo las, von den Anwälten von Freedom from Torture bis zu den Mitarbeitern der Helen Bamber Foundation, fand es sehr überzeugend, mitfühlend, aber dennoch professionell; ein Gutachten von einem unvoreingenommenen Arzt, der die Geschichte genau geprüft und geglaubt hatte. Doch das Innenministerium – und diese Wendung ist verblüffend – stürzte sich auf die Bemerkung des Arztes über die Narkose, die ganz offensichtlich nur eine sarkastische Bemerkung gewesen war. Aus dem zwanzigseitigen Gutachten nahmen sie vor allem eines mit: die Möglichkeit, dass KV unter Narkose stand. Ihre Hypothese entbehrte jeglicher Logik. Sie nahmen demnach an, KV habe sich von einem verbrecherischen Arzt narkotisieren und sich bleibende Narben zufügen lassen, nur um in Großbritannien Asyl zu bekommen.

Man könnte es nur glauben, wenn Großbritannien ein Paradies wäre. Was hat Virginia Woolf einst über Theorien geschrieben? Sie seien gefährlich, denn »der Keim einer Theorie ist fast immer der Wunsch, das zu beweisen, was der Theoretiker gern glauben möchte«.

An einem stillen englischen Morgen hängte Josh sich an einem niedrigen Geländer auf. Wie man das fertigbringt, wage ich nicht zu fragen. Ich stelle mir vor, man hat ihn kniend gefunden, nach vorne gelehnt, das Seil gespannt. Ich kann nicht sagen, wie lange er diesen Schritt ernsthaft geplant hat, aber er vollzog ihn an einem Novembermorgen in seiner Wohnung in Essex, nur wenige Schritte von seinem Elternhaus entfernt. Diese Einzelheiten kannte ich noch nicht, als ich mich an jenem Abend in meine Kleider warf, den Hügel hinunter zum Haus von Jo und Annie (seinem Onkel und seiner Tante) rannte und meine nassen Haare mir an der Wange festfroren. Ich stellte mir vor, wie er in einem Krankenhausbett lag und aus einem Saftpäckchen trank und an seinem sauberen, drei Finger breiten Verband am Handgelenk herumnestelte (eine Theatergeste).

Als ich in Jo und Annies Haus eintraf, spürte ich, wie mein Atem eiskalt und kratzend aus meiner Brust kam. Ich stürmte herein, ohne zu klopfen. Und erst als ich Annies entsetztes Gesicht sah, blickte ich an mir herunter und bemerkte, dass ich Flos langen Jeansrock anhatte, meine Sneaker hinten heruntergetreten waren, Sheldons Brooklyn-Sweatshirt halb durchnässt war und meine gefrorenen Haare wild von meinem Kopf abstanden. Später sagte Annie mir, sie habe gedacht, ich sei vergewaltigt worden. »Das ist die falsche Reaktion«, sagte ich mir immer wieder. »Reiß dich verdammt noch mal zusammen.«

»Wo ist Sam?«, fragte ich. Sie wusste es nicht. »Wir müssen Anna oder die anderen anrufen.«

Ich holte tief Luft. Französisch zu sprechen machte das Durcheinander in meinem Kopf nur noch schlimmer. Ich erklärte, dass ich von einem unserer Gäste erfahren hatte, dass Josh sich umgebracht hatte, und ob wir nicht die Familie anrufen sollten. Also riefen wir Anna an, Sams Schwester. Sie war merkwürdig ruhig. Ab und an beschleunigte sich ihr Atem zu kleinen Schluchzern. Sie wiederholte immer wieder: »Er hat es also getan. Er hat es beendet.« Ich gab Annie das Telefon, damit sie nach Einzelheiten fragen konnte. Während ich wartete, schimpfte ich mit mir selbst: Du hast kein Recht, so ein Theater zu machen. Seine Mutter darf hysterisch werden. Oder seine Schwester. Nicht du.

Wenn ich heute an jenen Abend zurückdenke, kommt es mir merkwürdig vor, dass ich mich über mein Benehmen ärgerte. Ich bin normalerweise ziemlich ruppig und offen – ich halte mit nichts hinter dem Berg. Sam sagt, ich hätte keinen Filter. Doch plötzlich war mir bewusst geworden, dass ich nicht das Recht hatte, an diesem Drama teilzuhaben, weil ich Josh nicht geliebt hatte. Nein, ich hatte ihn nicht geliebt, und jeder wusste es. Selbst jetzt war ich vor allem wegen Sam so aufgelöst.

Ich hatte Sam den ganzen Abend lang Textnachrichten geschickt. Endlich antwortete er: »Ich bin im Garten.«

Ich sagte Annie, ich würde zurück ins Haus gehen. Sie bot mir an, mich eben den Hügel hinaufzufahren.

In den folgenden Stunden fanden sich immer mehr Leute in unserer Küche ein. Die Schriftsteller aus der Gegend, Sams hiesige Familie. Wir legten das iPad bereit, um mit der Familie in London zu sprechen. Irgendwann würde Sam etwas zu sich nehmen müssen, also hielten Laleh und Aleks das Essen warm. Ich ließ mich in einen Sessel fallen und griff nach einem Glas Wein.

Später ging ich nach oben, um nach Sam zu sehen. Ich fand ihn auf der Galerie, wo er seinen Schreibtisch und seine Unterlagen hatte, an den Wänden waren Seiten aus seinem Roman mit Tesafilm angeklebt, wie damals in MacDowell. »Deine Manifeste«, hatte ich damals gescherzt, weil seine Hütte von oben bis unten mit Ausdrucken gepflastert war, die wie Schriftrollen zusammengeklebt waren. Denk vor allem daran, ermahnte ich mich selbst, dass es Sam schlecht geht. Und es geht dabei nicht um mich oder um uns. Ich umarmte ihn und flüsterte: »Es tut mir so leid.«

Seine gebrochene Stimme in meinem Ohr sagte: »Ich kann es nicht glauben. Ich kann es einfach nicht glauben.«

Es folgte eine lange, unheimliche Stille. »Möchtest du etwas trinken?«, fragte ich.

»Ich kann nichts trinken«, antwortete er, »Ich will noch mal mit meiner Familie sprechen. Ich will David anrufen.«

Ich ließ ihn allein und ging wieder hinunter. Unten kaute ich an meinen Nägeln. Ich goss ein Glas Wein ein und wollte es ihm bringen. »Er will keinen Wein«, sagte Laleh. »Das haben wir schon versucht.«

Ich nahm das Glas trotzdem mit hinauf. »Nein, danke, Liebes«, sagte Sam.

Ich dachte, ich müsste jetzt irgendetwas sagen, oder diese Sache würde für immer zwischen uns stehen. Was wir jetzt täten, wie wir meine Geschichte mit Josh jetzt einordneten, würde alles beeinflussen, was in Zukunft geschah.

»Es tut mir so leid«, sagte ich, »dass ich ihm nicht geglaubt habe. Ich weiß, das interessiert dich jetzt nicht, aber später wird es das, und es tut mir leid. Ich lag falsch.«

Doch ich war immer noch nicht davon überzeugt, dass ich falschgelegen hatte. Wenn ich ehrlich bin, glaubte ich, dass Joshs suizidale Geste (wieder eines seiner Dramen) einfach furchtbar schiefgegangen war.

Sams Kinn zitterte und er zog mich in seine Arme. Er sagte, es sei nicht meine Schuld, niemand hätte Josh geglaubt, und das sei Teil der Tragödie. Das war das Netteste, was er im Nachhinein dazu sagte. In einigen Wochen würde er sich an jede einzelne meiner grausamen Bemerkungen erinnern. Ich schloss die Augen und schwor mir, mich von nun an gut zu benehmen, die richtigen Dinge zu sagen, alles für Sam zu tun, was er brauchte, und mir klar darüber zu werden, was ich eigentlich geglaubt hatte und was nicht. Aber ich würde nichts vortäuschen, im Nachhinein beschönigen oder vorgeben, etwas zu fühlen, was ich nicht fühlte. Die unnachgiebige Stimme in meinem Kopf würde mir das nicht nachsehen. Und überhaupt, meine Meinung hatte ja nie gezählt. Doch von nun an spielte Josh eine große Rolle in meinem Leben, ein menschliches Mahnmal für all das, was in Momenten großer Veränderung schiefgehen kann.

Sam und ich gingen die Treppe hinunter. Er aß einen Teller Gemüse und gab nach und nach die Einzelheiten preis.

Joshs Leiche war nicht sofort entdeckt worden. Irgendwann am Nachmittag (wann genau, weiß ich nicht) fand Ilans bester Freund Dirk ihn, wie er an dem Geländer hing. Während des Lockdowns und Sheldons Kampf mit dem Krebs hatte Dirk, der nur ein paar Häuser weiter wohnte, es übernommen, nach Josh zu sehen, um Sheldon und Flo zu entlasten. Ich stelle mir vor, wie Dirk, ein freundlicher bebrillter Mann mit mehreren Töchtern, der immer sehr unauffällig kam und ging, leise Joshs Wohnzimmer betrat. Bei unseren Zusammenkünften war es mehrmals geschehen, dass ich plötzlich bemerkte, wie Dirk ein Glas erhob oder einen Teller abwusch, und ich gar nicht wusste, wann er gekommen war. Ich stelle mir vor, dass er, als er Josh entdeckte, leise nach Luft schnappte und sich sofort an die Arbeit machte. Dabei verursachte er nur wenig Lärm. Viele Nächte lang sah ich diese Szene vor mir: wie dieser zarte, friedliche Mann mit der großen Brille mit Joshs schwerem Körper kämpfte, in dem Versuch, ihn von dem Geländer herunterzulassen und flach auf dem Boden zu legen, um den anderen diesen schrecklichen Anblick zu ersparen. Die nächste Person, die über die Türschwelle kommen würde, könnte

Joshs Mutter sein, oder ein Polizist, der Josh nicht genug liebte, um seinen toten Körper als Erster zu berühren.

Nach einer Stunde suchte Sam schon nach Flügen nach London. Ich war entschlossen, ihn zu begleiten. »Hier sind genug Leute, die auf Elena aufpassen können«, sagte ich. »Ich werde mitkommen.«

Zunächst widersprach mir niemand. Alle lächelten nur und nickten. Doch als ein paar Stunden vergangen waren und immer mehr entfernte Verwandte sich per Zoom meldeten, wurde mir klar, dass ich nicht fahren konnte. Übermorgen war Thanksgiving und kurz danach Elenas Geburtstag. Und an Weihnachten würde die ganze Familie zusammenkommen. Es war nicht fair, unseren Freunden Elenas Betreuung aufzubürden. Es würde Sam belasten, wenn sie ohne einen Elternteil zurückbliebe. Und außerdem brauchten die vier Zeit, um zu trauern, ohne ihre Partner oder Freunde oder Nachbarn oder Kinder – und allein unter sich zu sein, wie sie es seit Joshs Geburt nicht mehr gewesen waren.

An jenem Abend schlug Manu vor, das Kaddisch auf Hebräisch zu lesen, und Familienmitglieder aus der ganzen Welt loggten sich ein, um zuzuhören. Es war wie ein Wunder, innerhalb weniger Stunden waren vierzig oder fünfzig Menschen in unserer kleinen Küche. Kurz vorher suchten Laleh, Jennifer und ich in Flos Keller nach Servietten, die als Kippas dienen konnten. Manu sah sie durch und sortierte die mit den gelben Punkten aus. Schließlich wollten wir kein Theaterstück aufführen, sondern nur unsere Köpfe bedecken.

Früh am nächsten Morgen flog Sam nach London, und unsere Kommune widmete sich der Aufgabe, mich bei meinen Elternpflichten zu unterstützen. »Ich will unbedingt Thanksgiving feiern«, sagte ich am Abendbrottisch. Jennifer und ich hatten ein großes traditionelles amerikanisches Dinner geplant, und alle schienen erleichtert zu sein. Wir luden Sams Tante und seine Cousine dazu ein.

Die Gelassenheit, die in unserer Kommune herrschte, war ein Segen, und unsere Freunde waren sehr hilfsbereit. Sie kamen und gingen, nahmen Elena mit, kauften Lebensmittel ein und verstauten sie im Kühlschrank und in der Speisekammer. Am Tag schrieben sie ruhig an ihren Texten, dann klopften sie an die Tür und holten mich zum Spazierengehen ab. Charlie lud mich ein, mit ihm Sport zu machen. Laleh buk Maisbrot und Sandkuchen. Jennifer half mir dabei, zu überlegen, was ich bei der Schiwe sagen sollte. Manu lenkte mich mit einer Idee für einen Kurzfilm ab. Aleks suchte nach neuen Denksportaufgaben. Und tagelang gab es Geflüster. »Die Kommune hat sich verändert«, sagte jemand auf dem langen Gang zum Markt. »Sie ist nur noch ein Schatten ihrer selbst.« Plötzlich schien unsere gemeinsame Zeit abzulaufen. Wir waren so dumm gewesen, zu denken, dass wir uns vor dem schmutzigen Geschäft des Lebens verstecken konnten – nicht nur vor den Lockdowns, sondern auch vor den Abschieden, den schweren Zeiten.

Jennifer und ich genossen unser amerikanisches Thanksgiving, auch wenn Annie und Ludivine, Sams französische Tante und Cousine, sich wunderten. Angetan mit Flos Röcken und Schals schichteten wir ein Feuer auf und bereiteten verschiedene Füllungen vor (Annie: »*Qu'est-ce que c'est … oh là là*«). Wir verzichteten auf den Truthahn, denn in französischen Geschäften bekommt man keinen. Stattdessen bereitete Manu eine köstliche Entenbrust zu. Ich machte einen Limettenkuchen und cremige Pilze mit Balsamico. Laleh passte auf Elena auf. Sie tanzte wie ein Elefant rund um den Tisch und erzählte tolle Geschichten. »Agaathaaaa«, rief sie über den Platz.

Wenn ich heute daran denke, wie Laleh Elenas heimlichen Spitznamen rief, werden die Erinnerungen an diese merkwürdige, schauerliche Zeit wach, jenen Herbst, in dem wir knapp einer Pandemie entkamen und der Tod uns dennoch fand. Ich denke an die gelben Blätter, die opulenten Mahlzeiten, die Geschichten, die mit beiden Händen erzählt wurden, die Musik von Elenas Lachen, das gute Gefühl, dass Freunde in der Nähe arbeiteten und eine Dorfgemeinschaft im Entstehen war. An jenem Abend aßen wir viel zu viel und hießen den Winter willkommen. Jennifer und Manu sangen, und ich versuchte, meine Tränen zurückzuhalten.

Das Festmahl war eine Erleichterung nach zwei Tagen Anspannung: Sams Abreise, die Einkäufe und die Vorbereitungen für Thanksgiving und meine erste große Herausforderung in den Tagen nach Joshs Tod: Elenas Tagesablauf aufrechtzuerhalten, während Sam nicht da war. Am ersten Morgen ließ ich sie ausschlafen, weil wir bis zwei Uhr früh wach gewesen waren, und brachte sie erst um elf zur Schule. Ich versuchte der Lehrerin auf Französisch zu erklären, dass Sams Bruder gestorben war, Sam abreisen musste und wir kaum zurechtkamen. Sie starrte mich nur an. Später schickte sie eine strenge Nachricht, dass auch in einer Dorfschule Disziplin herrschen müsse, das nächste Mal würde Elena nicht mehr hereingelassen, wenn sie zu spät kam.

Danach weckte ich Elena jeden Morgen Punkt acht Uhr auf, wie es Sam immer tat. Ich zog den warmen Körper meiner Tochter unter dem Deckbett hervor, putzte ihre Zähne, zog sie an und gab ihr Vollkorntoast und Milch, während ich ein Pausenbrot schmierte und mir einen Kaffee machte. Dann gingen wir hinunter zur Schule, ich mit einem dampfenden Kaffeebecher in der Hand. Um eine Minute nach neun (da wäre ich sonst noch im Bett) war ich allein auf dem Platz, setzte mich in meinen Sandalen und meinem langen Rock auf eine Schaukel und trank meinen Kaffee aus.

Nach einer Weile genoss ich meine morgendliche Routine, den frischen, feuchten Geruch des Dorfs am Morgen, Laleh und Charlie auf dem Balkon, Manu und Jennifer unterwegs zu *la source*, um Quellwasser zu holen. Am dritten Tag, als klar war, dass niemand von der Kommune mich im Stich lassen würde, dass sie beschlossen hatten (insgeheim, als ich nicht dabei war), dass sie eine Rettungsaktion starten oder zumindest ein Sicherheitsnetz aufspannen wollten, begann sich der dunkle Nebel, der mich seit dem Lockdown umgeben hatte, zu lichten. Ich fühlte mich schuldig. Sam war in Essex und begrub seinen kleinen Bruder. Ich hatte kein Recht, mich besser zu fühlen.

Und dennoch atmete ich leichter, beschäftigte mich mit Elena, ging mit den anderen spazieren, las mehr und erfand neue Gerichte.

Um sich von ihren düsteren Pflichten abzulenken, gingen Sam und seine Geschwister in den Wäldern von Essex laufen. Jedes Mal, wenn ich anrief, schienen sie gerade von einem Lauf zurückzukommen oder wollten eben los. Während ich Elenas Wäsche zur Wäscheleine im Garten trug, versuchte ich, meine gemeinen Gedanken zurückzudrängen. »Sam muss nicht so trauern, wie ich es mir vorstelle«, ermahnte ich mich selbst. »Er darf laufen gehen, entspann dich.«

Sam hatte die schwierigsten Aufgaben zu bewältigen, er wappnete sich jedes Mal und atmete tief ein, als beträte er einen verqualmten Raum. Er räumte Joshs Wohnung aus und überraschte sich selbst damit, dass er Salbei verbrannte. Er war nie abergläubisch gewesen, und er wusste noch nicht einmal, ob es die richtige Sorte Salbei war. In Joshs Zimmer roch es nun nach gebratenem Gemüse. Er räumte Joshs Schreibtisch aus und steckte die Bücher ein, die Josh gerade gelesen hatte. Er sah seine Papiere durch und fand einige Gedichte, die Josh geschrieben hatte, kleine, feine Skizzen, ein wunderschönes Mosaik aus Joshs Gedanken. Sam beschäftigte sich stundenlang mit ihnen. Dann schreckte ihn ein Geräusch auf. Der Postbote hatte ein Paket vor der Tür abgestellt. Sam riss es auf – darin befanden sich mehrere Rollen industrielles Gewebeklebeband. Sam schauderte, warf es weg und verbrannte noch mehr Salbei.

Da Joshs Papiere nur wenig hergaben, machte Sam den halbherzigen Versuch, Joshs iPad zu entsperren. Er fragte sich, ob er sich mithilfe von Joshs Fingerabdruck Zugang zu dessen Rechnungen verschaffen und seinen Freunden mailen könnte. Nachdem er eine Weile in Joshs kreativer Welt verbracht hatte (all die kindliche Freude, all das Potenzial), wurde es zu schmerzhaft und er begann, Joshs Kleidung zusammenzupacken. Einige Stücke legte er beiseite, um sie zu behalten. Danach trug er ständig irgendetwas von Josh – ein Hemd, ein Jackett, ein Armband. Gelegentlich zucke ich heute noch zusammen, wenn ich sehe, wie Sam in Sachen herumgeht, die ich nicht kenne.

Ich habe schon überlegt, ob ich die gleichen T-Shirts bestellen und sie unter die anderen mischen soll, um nicht mehr darüber nachdenken zu müssen, ob mein Partner wie ein verstörter Geist in den Kleidern seines toten Bruders herumgeht.

Das Ausräumen der Wohnung würde länger dauern. Sam schloss die Tür ab. Einige Tage später kam er zurück. Wieder war ein Päckchen angekommen: Bratbeutel. »Über wie viele verschiedene Methoden er wohl nachgedacht hat?«, murmelte Sam am Telefon.

Am folgenden Tag sah Sam sich Joshs Leiche an. Bevor er den kalten Raum betrat, bat seine Mutter ihn, ein Foto zu machen, und das tat er, er zoomte auf die mit Vaseline geschlossenen Augen, die wächserne Haut, den bis zum Hals zugeknöpften Anzug. Er konnte es nicht über sich bringen, das iPad zu öffnen. Jeden Tag musste er sich durch das grausige Treibgut eines Schiffbruchs kämpfen. Und deshalb ging Sam lange laufen, scherzte mit seinem verbliebenen Bruder und zog seine Schwester Kilometer um Kilometer mit, bis sie stärker wurde.

Geborgen im Schoß der Kommune konzentrierte ich mich auf Elena. Ständig von Ängsten geplagt schnappte ich nach Luft. Alle paar Stunden verlor ich mich in Überlebensfantasien und stolperte zurück in die Realität. Warum hatte ich solche apokalyptischen Gedanken? Als Sam mich bat, die bevorstehende Schiwe zu moderieren, fühlte ich mich wie eine Schwindlerin.

Wenn Sam in den folgenden Monaten irgendetwas Unerwartetes sagte, das nichts mit unserem Gespräch zu tun hatte, wusste ich, dass er wieder bei Josh gewesen war. »Hast du schon mal von George Berkeley gehört, einem Philosophen aus dem 18. Jahrhundert?«, fragte er dann. »Von seiner Theorie des Immaterialismus? Er sagt: Sein heißt wahrgenommen werden. Ich dachte, das könnte dich interessieren.« Ich versuchte, seinen Gedanken nachzuvollziehen, doch es gelang mir nicht. Ich dachte mir, Sam würde eines Tages darüber schreiben und dieses Rätsel erklären. Doch wie war Sam zum Immaterialismus gekommen?

»Wenn ich die Augen schließe, wird dieser Albtraum dann enden?«

»Ist es überhaupt passiert, wenn ich mich weigere, es zu sehen?«

»Wurde Josh verändert, beschädigt durch die Wahrnehmung, die andere von ihm hatten?«

»Womöglich lebt Josh tatsächlich weiter, wenn wir ihn weiterhin wahrnehmen?«

Einige Wochen später sahen wir uns zusammen mit Elena und Ludivine den Disneyfilm *Coco* an. Als die Seele des toten Urgroßvaters zum Schluss endgültig verschwindet, weil alle auf der Welt ihn vergessen haben, weinte Sam. Danach weinte Sam häufig bei Kinderfilmen oder schlechten Filmen – wenig subtilen Filmen ohne Charme, die ihn unter normalen Umständen nie gerührt hätten. Anscheinend war er in seine Kindheit zurückgekehrt, in eine Phase, wenn alles neu und staunenswert ist. Ich dachte daran, wie Elena, als sie drei Jahre alt war, eine Stunde lang geweint hatte, nachdem sie *Vaiana* gesehen hatte. »Ich weiß nicht, warum ich weine. Ich liebe ihn so und jetzt ist es für immer vorbei.« Ihre erste emotionale Reaktion auf Kunst. Eines Abends, kurz nach Joshs Tod, ließ ich den Fernseher im Wohnzimmer an, in dem gerade *Der Pate Teil 3* lief, während ich aufräumte. Wir hatten eigentlich nicht vorgehabt, ihn anzusehen. In der berühmten, sehr schlechten Szene, in der Sofia Coppola gegen Ende des Films stirbt, kicherte ich und und wandte mich zu Sam um. Er war wie gebannt, Tränen strömten ihm über die Wangen, während er jeden melodramatischen Moment in sich aufsog. Womöglich ist dies ja der schlechte Film, den er heimlich und unerklärlicherweise liebt, dachte ich. In vielen Jahren wird er sich vielleicht sogar für ihn einsetzen, mit viel Mitgefühl für seine Fehler, aber ohne jede Scham.

Nachdem das Innenministerium die Worte »selbst beigebrachte Wunden« in seine Akte getippt hatte, brauchte KV Jahre, um dieses niederträchtige Narrativ wieder aus den Köpfen der Beamten zu tilgen.

Sie benutzten es, um die Narben vieler anderer Opfer wegzuerklären, und schrieben es ebenso sorglos hin wie das zufällig stehen gelassene Wort »Versager« in der Akte eines Bewerbers.

Im September 2013, wenige Tage vor seiner Untersuchung durch Dr. Zapata-Bravo, legte KV erneut Berufung ein. Verzweifelt und unkonzentriert, wie er war, stellte er den Antrag erst kurz vor dem Gerichtstermin fertig. Obgleich es sich beide Male um Rechtsdokumente handelt, liest sich dieser Antrag völlig anders als der erste. Zuvor hatte KV wie jemand geschrieben, der erwartet, dass man ihm glauben wird. Er fasste zusammen, wenn nötig, führte relevante Fakten auf, ließ seine eigenen Emotionen beiseite und appellierte nicht an die Gefühle der Beamten. Nun klang seine Stimme gebrochen. Der Antrag beginnt mit einer Entschuldigung für die späte Einreichung und wendet sich dann den Einzelheiten seiner Folter und seiner Flucht zu. Obwohl er das Gericht um Hilfe anfleht, wird hinter den nummerierten Absätzen spürbar, dass es kein menschliches Herz gibt, an das man rühren könnte, kein Zuhörer aus Fleisch und Blut auf der anderen Seite. Es wirkt, als würde KV seine Erinnerungen für sich selbst rezitieren, in zarten poetischen Bruchstücken aus verschiedenen Dekaden, die sich wie die Samen einer Pusteblume in der Vorstellung festsetzen:

»Wir hatten alles, was wir brauchten … Mein Vater besaß einen Morris Oxford, den er sehr liebte, und später kauften wir noch einen Lieferwagen …«

»Ich arbeitete im Juweliergeschäft meines Vaters und in seiner Werkstatt mit … und wir kamen alle sehr gut miteinander aus …«

»Ich benutzte eine weiße Fahne, um mich den Behörden zu ergeben. Sie hatten kein Recht … ich bin ein menschliches Wesen … ich habe mir die Wunden nicht selbst beigebracht und auch niemand anderen gebeten, mir das anzutun …«

»Dazu fehlt es mir an Willenskraft und ich würde nicht so sorglos mit meinem eigenen Leben umgehen … oder mich derart selbst gefährden … mit diesen Narben werde ich für den Rest meiner Tage leben müssen.«

2014 standen KVs Narben erneut im Mittelpunkt einer Berufungsverhandlung.

Das Berufungsgericht lehnte KVs zweiten Antrag ab. Ein strittiger Punkt war, ob Dr. Zapata-Bravo in seinem Versuch, KVs Aussage zu unterstützen, zu weit gegangen war. Das Gericht stieß sich daran, dass er KVs Bericht als »in hohem Maß übereinstimmend« (gemäß dem Istanbul-Protokoll) mit seinen Verletzungen beurteilte. Einer der Richter sagte, der Doktor hätte »die Grenzen seines Aufgabenbereichs als medizinischer Experte klar überschritten«, indem er diese Klassifikation auf KVs Geschichte anwandte, anstatt nur ein Trauma zu diagnostizieren – indem er kommentierte, wie die Eisenstange benutzt worden war, anstatt einfach nur festzuhalten, dass die Narben von einer Eisenstange stammten. Das Gericht kam wiederum zu dem Schluss, die Narben seien durch SIBP entstanden, anders ausgedrückt, jemand anderes habe sie KV auf eigenen Wunsch beigebracht, in dem Versuch, Beweise zu fabrizieren, die seinen unrechtmäßigen Asylantrag unterstützen würden.

Nur ein einziger Richter war anderer Meinung – hatten seine Kollegen dieselbe Geschichte gehört wie er? In diesem Disput hob Richter Elias hervor, dass Dr. Zapata-Bravo das Recht hatte, auf die Übereinstimmung zwischen der Geschichte und den Narben zu verweisen. Elias' erstaunte Reaktion über den Verweis auf SIBP und seine Forderung, die medizinische Expertise zuzulassen, wurden später in der Verhandlung vor dem britischen Obersten Gericht ausgiebig zitiert.

Anscheinend ist die Selbstbeibringung, die zunächst nur der kuriose Einfall eines übermüdeten Beamten war, mit jeder Wiederholung wahrscheinlicher geworden. Dass es dafür sogar eine Abkürzung gibt, schockierte die Experten, denn es vermittelte den Anschein, als »sei es eine übliche Praktik, die aus der Medizingeschichte bekannt ist«, wunderte sich Steve Crawshaw von Freedom From Torture. Doch die Gerichte sagen sich: »Wieso denn nicht?« Um dieses Durcheinander aufzuklären, musste KV vor das höchste Gericht des Landes ziehen.

Beim ersten Kaddisch hatte ich Angst, Joshs Eltern zu begegnen. Wie würde sich der Schmerz seiner Mutter ausdrücken? Ich stellte mir vor, ich wäre an ihrer Stelle. Ich würde mich verhalten wie die Cousine meines Vaters im Iran, die sich am Tag des Begräbnisses ihres Mannes auf den Boden warf und anschließend auf ihr Bett und auf die Brustkörbe der Trauergäste einschlug. Sie schrie und wollte sich nicht trösten lassen. Sie heulte und riss sich die Haare büschelweise aus. Sie verlangte, dass Gott ihr ihren Ehemann zurückgeben sollte. Sie war kaum dreißig und hatte einen kleinen Sohn. Sie hatte ihren Mann geliebt und er war ganz plötzlich gestorben, ohne ersichtlichen Grund. Sie litt jahrelang unter diesem Verlust.

Wie würde Flo reagieren? Bald nachdem der Zoom-Call begonnen hatte, fiel mir auf, dass nicht nur ich mir diese Frage stellte. Familienmitglieder aus Frankreich, England, den Vereinigten Staaten, alle schienen sie zu beobachten und ihr zuzuhören. Sie war würdevoll und ruhig, nahm die Beileidsbekundungen in ihrem Wohnzimmer in Essex entgegen, nickte zu Erinnerungen, sprach zwischendurch sogar Freunden und Nachbarn Trost zu. Doch bald bemerkte ich, dass es etwas gab, was Flo nicht tun würde: Wie sehr Freunde und Familie sie auch bedrängten, sie weigerte sich, ihren Kummer vor anderen Menschen auszustellen.

Wer weiß schon, ob sie vor Sheldon oder ihren anderen Kindern weinte. Doch sie war nicht bereit, es vor Menschen zu tun, die nicht dabei gewesen waren, in all diesen Jahren, und mit Josh gelitten hatten, ihn zu Ärzten geschleift hatten, sich gefragt hatten, in welchem Land er sich aufhielt, ob er in seinem Bett oder auf der Straße schlief. Sie musste nichts beweisen, sie schuldete ihnen keine Szene. Wo waren sie denn gewesen, als er in die Notaufnahme kam? Wo waren sie gewesen, als er eingewiesen wurde? Als ich Sams Mutter während dieses ersten Zoom-Calls beobachtete, verspürte ich, wie eine neue Art von Respekt für sie in mir aufkam. Sie war so stark, so entschlossen: Sie würde nicht die Rolle der »trauernden Mutter« zu ihrer neuen Identität machen.

Und wie würde man es überhaupt anstellen, den tief gefühlten Schmerz diesen Menschen gegenüber – ob sie nun mitfühlend oder voreingenommen waren – zu beweisen, die so viel weniger betroffen waren als Flo? Selbst Sam und seine Geschwister konnten nicht dasselbe fühlen wie Flo. Wie mitfühlend wir auch sein wollen, niemand kann den Schmerz des anderen nachempfinden. Was jeder empfindet, der das Leiden anderer mitansieht, ist Erleichterung, dass man selbst verschont geblieben ist.

Also versuchten die anderen, es aus ihr herauszuholen. Sie redeten und redeten. Sie stellten ihre eigene Trauer, ihr Bedauern, ihr Mitgefühl aus. Flo nickte nur. »Du musst dich nicht schuldig fühlen … Er ist jetzt im Himmel.« Ich sah zu, wie ihr Gesichtsausdruck sich veränderte. Sie blieb ganz ruhig.

Vor einigen Jahren hat sich einer meiner Onkel umgebracht. Er und meine Tante hatten mit kaum zwanzig Jahren geheiratet, er war einer der charismatischsten und klügsten Männer, denen ich jemals begegnet bin. Dass er ein Engländer in einer iranischen Familie war, machte ihn faszinierend und exotisch. Über die Jahre hatte er immer mehr abgebaut, bis er schließlich allem ein Ende setzte. Da mir dieser Todesfall näher ging und ich seinen Hinterbliebenen näherstand (seiner Frau und seinen Söhnen), weiß ich, dass es in solchen Zeiten auch ein gewisses Maß an Erleichterung gibt. Nun kann die Familie sich wieder erneuern. Nach diesem Tag kann man wieder daran denken, zu arbeiten, etwas zu erleben und zu entdecken, zu lieben. Das Leben dreht sich nicht länger nur um den psychisch Erkrankten. Die Familie hat bereits vor Jahren erkannt, dass es diesen einen Ausweg für den

Erkrankten geben könnte. Sie sind vorbereitet. Sie haben sich diese Möglichkeit oft genug vorgestellt, sie erörtert und durchlebt. Die Tat selbst ist nur eine Manifestation einer lebendigen Wahrheit, die bereits lange zuvor existiert hat. Und glücklicherweise ist es die letzte Vorstellung. Sie können endlich damit aufhören, sie immer wieder zu durchleben.

Dennoch gibt es im Nachgang Erwartungen. Die Erleichterung bleibt ein Geheimnis, es ist die eine Empfindung, die niemand der Eingeweihten sich anmerken lässt. Sie existiert nur im Privaten oder im Reich des Unbewussten.

Und plötzlich sagte Flo es. Sie sagte es den Menschen, die ihr auf Zoom zuhörten. Es kümmerte sie nicht, was sie dachten. Sie waren nicht ihr Sohn oder ihre Mutter oder ihr Gott, und dies war nicht ihre Geschichte. »Josh war lange Jahre mein Leben. Ich bin erleichtert. Er ist erlöst.« Flo, dachte ich, du bist meine Heldin.

Einige Tage später kam die Familie zusammen und Flo und Sheldon tanzten, zu einem lieblichen, langsamen Lied mit einem sanften Rhythmus. Sam filmte mit, wie sie einander im Arm hielten, wie Sheldon seinen Arm hob und Flo sich langsam drehte, mit geschlossenen Augen, ein andächtiges Lächeln im Gesicht. Die weit verstreute Familie sah zu und war getröstet. Diese beiden hatten Jahrzehnte in stillem Kummer verbracht, immer auf das Schlimmste gefasst, auf diesen Albtraum. Jeden Abend erwarteten sie das Monster und schreckten bei jedem Geräusch auf. Und nun war es gekommen und hatte ihre Familie heimgesucht. Und es war vorbei; es würde niemals wiederkehren. Mitten unter den Ritualen, die sie nun vollführen würden, des nächtlichen Kaddisch und der Schiwe, wirkte ihre Weigerung, die hysterischen Trauernden zu geben, profund. Hier ging es nicht um den Rest von uns oder darum, was wir dachten. Wir waren nur Zuschauer. Sie waren die Betroffenen. Flo, die Josh ausgetragen hatte, würde ihren Kummer auf ihre eigene Art ausleben.

In der Küche des Landhauses lehnt eine Fotografie von Flo und Sheldon in jüngeren Jahren auf einem Sims über einem Korb mit

Zwiebeln. In diesem Winter sahen wir immer wieder zu ihnen hinauf, während wir kochten, das Geschirr abwuschen oder den Fußboden wischten. Das Foto war entstanden, als sie in ihren Zwanzigern waren, der ersten Zeit ihrer Liebe, lange bevor die Kinder geboren wurden. Anscheinend wurde es nicht zu einem bestimmten Anlass wie dem Tag ihrer Verlobung oder einer Familienfeier aufgenommen. Sie verbringen nur einen ganz normalen Tag und blicken naiv in die Ferne, jenseits der Kameralinse, vergnügt, lebendig, voller glücklicher Erwartungen.

8

Nachdem wir Jesus angenommen hatten (auf der Reise nach London, als ich sechs Jahre alt war), versuchten meine Mutter und ich unseren neuen Glauben auszuüben und greifbar zu machen. Sie war 1979 mit den Revolutionären auf die Straße gegangen. Zurück in Isfahan huschte meine Mutter in Untergrundkirchen, arbeitete bei einem geheimen Radiosender und telefonierte mit anderen Konvertiten. Ich lebte mein Christentum ebenfalls aus, indem ich ein Kreuz um den Hals trug und auf dem Schulhof heimlich zu Jesus betete.

In London hatten meine Mutter und meine Großmutter mir erklärt, dass das, was unseren Glauben ausmachte, das Fehlen von Ritualen sei. Deshalb waren wir Protestanten und keine Katholiken. Wir wollten nicht unsere alten muslimischen Konventionen in neuen Gewändern. Wir wollten einen lebendigen Glauben, eine Beziehung mit Gott. »Wir wiederholen keine stumpfen Rituale«, sagten sie. »Wir lesen die Bibel in Farsi und sprechen mit Jesus in Farsi und denken selbst und hinterfragen alles.«

Die Regel, in unserer eigenen Sprache zu beten, ließ sich nicht auf glossolalische Gesänge anwenden, die göttliche Geschenke ekstatischer Erleichterung und ein Beweis dafür waren, dass Gott unter uns ist. Was die Rituale anging, übernahmen wir nur zwei: das Abendmahl und die Taufe, denn es waren symbolische Akte, die auch Jesus vollführt hatte. Sie gehörten nicht zu den bedeutungslosen, dummen

Zeremonien, die die Priester später in die Kirche eingeführt hatten. Ich glaube, was meine Mutter und ihre Freunde aus der Untergrundkirche unter »Ritual« verstanden, war keine Performance, sondern das Wiederholen von Auswendiggelerntem: Jesus einzuladen war kein Ritual, sondern ein Übergangsritus, wie eine Hochzeit oder ein Begräbnis. Man tat es nur einmal. Auch die Taufe war kein Ritual: Man bekam sie nur ein Mal, und erst, wenn man alt genug war, um sich einverstanden zu erklären. Die heilige Kommunion wiederum war symbolisch; der Traubensaft würde immer noch Traubensaft sein, wenn wir ihn getrunken hätten. Diese beiden Sakramente kamen nur selten vor, sie sollten uns gelegentlich an Gottes Liebe und sein Opfer erinnern und dass wir durch den Glauben von unseren Sünden gereinigt werden könnten. Sogar für Rebellen und Apostaten spielen Rituale eine Rolle, wenn auch in kleinen Dosen.

Ist Glaube überhaupt etwas wert, wenn er nicht zelebriert wird? Durch ein Opfer oder irgendeine Art von Einsatz? Blaise Pascal, der Philosoph aus dem 17. Jahrhundert (der bekanntermaßen sehr pragmatisch in diesen Dingen war), sagte: »Knie nieder, bewege die Lippen wie zum Gebet, und du glaubst.« Die Wiederholung festigt die Rituale eines Glaubens und macht sie wahr. Wir erneuern uns selbst durch die Wiederholungen, durch ihre Ausübung lassen wir Teile unserer Identität real werden. Drei Jahrhunderte später wandte Michel Foucault dieselbe Logik auf die sogenannte »Spezifität« des Körpers an: Die Gesellschaft erschafft sich die Körper, die sie braucht, indem sie strukturelle Macht und Disziplin anwendet. Diese Umformung wird mittels Wiederholung, Ritualen und Strafen erzielt. Der Kapitalismus erschafft gesunde, starke Körper, die arbeiten können. Gefängnisse erschaffen gefügige Körper, die gehorchen. Der Westen erschafft eine bestimmte Art von Weiblichkeit, und so weiter. Ähnlich argumentiert Pascal, wenn er sagt, der strebende Gläubige kann sich seinen Glauben selbst erschaffen, indem er seine Lippen bewegt und betet.

In meiner ersten Woche in der Untergrundkirche beobachtete ich meine Mutter dabei, wie sie ihr Christentum darstellte, die Arme zum

Gebet erhoben, was sie vorher nie getan hatte. Von einem Tag zum anderen beugte man sich zum Beten nicht mehr über einen Teppich und legte die Stirn auf den Gebetsstein, sondern man stellte sich hin, tanzte und streckte die Arme zum Himmel. Wie war es dazu gekommen? Wieso fanden die anderen es nicht auch albern? Oder wäre es entlarvend, wenn man zugab, dass es albern war? Was würde passieren, wenn man eine Performance infrage stellte, die so stümperhaft war wie die von – na ja, sagen wir Lindsay, der kaugummikauenden Zungenrednerin? Würde das ganze System zusammenbrechen, wenn eine Person der Täuschung überführt würde? Oder besteht das Risiko eher darin, Lindsay zu einer ekstatischen, nahezu heiligen, missverstandenen Mariette zu machen? Dennoch wiederholte meine Mutter die neuen Gebete, und bald kamen sie selbst mir ganz normal vor. Nach einer Weile achtete niemand mehr auf die Gesten, nur auf die fromme und innige Intention – Gott zu erreichen. Pascals Rat hatte funktioniert.

Forschungen haben ergeben, dass wiederholte Handlungen, vom Üben auf einem Instrument bis hin zu Meditation, das Gehirn sichtlich verändern, Depressionen und Schmerzen mildern. Rituale (selbst abergläubische) helfen uns beim Abbau von Ängsten und dabei, Kummer zu überwinden, außerdem verbessern sie unsere sportlichen Leistungen. Was Pascal meinte, ist einfach, dass eine wiederholte Handlung einen mentalen Zustand real macht.

In seinem Buch *The Universal Exception* bietet der slowenische Philosoph Slavoj Žižek drei Interpretationen von Pascals Aussage an. Gewohnheiten zementieren den Glauben auf eine »weitaus komplexere Weise, als es den Anschein hat«. Das Knien kann eine »selbstreferenzielle Kausalität auslösen: Knie nieder und du wirst glauben, dass du dich hingekniet hast, weil du glaubst!« Die Erinnerung ist ein Lügner. Warum sollte man das nicht benutzen? Warum sollte man sich nicht hinknien, um sich später besser erinnern zu können? Oder womöglich ersetzt die Geste den Glauben: »Knie nieder und du wirst jemand anderen glauben machen.« Oder was, wenn die Einladung dazu dient, den eigenen Glauben zu vertreiben, indem man ihn ausübt? Wenn der Glaube einem zu nahegeht und zu überwältigend ist, kann man ihn durch eine ritualisierte Performance externalisieren und als etwas, das außerhalb von einem selbst existiert, behandeln, wie eine Schlange, die um den Stab eines Heilers gewickelt ist. »Finden Sie Ihren Glauben in seiner rohen Unmittelbarkeit zu bedrückend? Dann knien Sie nieder, tun Sie so, als würden Sie glauben, und Sie werden Ihren Glauben loswerden …!«

Schon als Kleinkind überprüfte meine Tochter alles drei Mal. »Lügst du? Lügst du, wenn du sagst, dass du niemals lügst?« Heute bittet sie mich häufig, etwas zu wiederholen, in einem Singsang, damit es wahr wird. (»Sag, dass morgen mein Geburtstag ist. Sag, dass ich nie mehr zur Schule muss.«) Gleichzeitig ist ihr Glaube an die Regeln aus ihren Kinderbüchern unerschütterlich: Ein hübscher Prinz kann einen aus tiefem Schlaf wecken, Monster können freundlich gestimmt werden, wenn man sie nur genug liebt. Sie benutzt diese Geschichten noch heute, um sich selbst zu beruhigen, obwohl sie sie nicht mehr unterhaltsam findet. Sie sind eine Inszenierung einer unveränderlichen, bekannten Welt, die durch Wiederholungen erhalten wird, wie ein Ritual.

Schon früh in meinem kindlichen christlichen Glauben stolperte ich über ein weiteres lästiges Paradox. Das Rätsel im Kern des Protestantismus ist, dass man Erlösung nicht etwa durch gute Taten oder durch das Ausüben von Ritualen erlangen kann. Man kann gar nichts tun, um sich den Zugang zum Himmel zu verdienen. Man ist ein Christ, sobald man Jesus in sein Herz einlädt, und nur ER weiß, ob man aufrichtig ist. Doch (und das ist das Problem) wenn man ein wahrer Christ wäre, würde man gewisse Dinge gern tun: zur Kirche gehen, um IHM und den anderen Brüdern und Schwestern im Glauben näher zu sein, um zu beten und um Gottes Werk unter den Armen und Ungläubigen zu verrichten. Wenn man das nicht will, ist man dann ein wahrer Gläubiger?

Viele Christen gehen zur Kirche, um anderen und sich selbst zu beweisen, dass sie gläubig sind, und die Wiederholung ersetzt schließlich ihren wahren Glauben. Meiner Mutter fiel das auf, als wir in Oklahoma ankamen. »Sie gehen zur Kirche, um ihren Glauben zu zeigen.« Vergessen wir Jesus' Warnung, nicht wie die Pharisäer zu beten, die ihren Glauben in der Öffentlichkeit oder in der Synagoge zur Schau stellen. Wir Menschen haben Codes erschaffen, die die Lehren Jesu ersetzen: Unser Glaube ist wahrer, wenn wir ihn ausstellen.

Fünf Tage nach meinem Kaiserschnitt lief ich im Badezimmer unserer Londoner Wohnung weinend auf und ab und bemühte mich, nicht einen einzigen Muskel in der Nähe meiner Wunde zu bewegen, während ich die schlimmsten Darmbeschwerden meines Lebens durchlitt. Die Schwestern in der Entbindungsstation hatten die jungen Mütter darauf vorbereitet. Die Schmerzmittel in Kombination mit Hormonen und postpartaler Muskelschwäche sorgten dafür, dass man mindestens drei (oder vier Tage) lang an Darmträgheit litt. Je länger es anhält, desto schlimmer wird es. Und bei mir waren es bereits fünf Tage.

Sam und ich hatten uns darauf vorbereitet. Er hatte einen Topf Pflaumen gekocht und das saftige Mus über meinen Porridge gegossen. Er saß da und sah mir zu, wie ich die Schale auslöffelte. Meine Mutter schlief mit Elena im Gästezimmer, das ungünstigerweise nur durch eine dünne Wand vom Badezimmer getrennt war. Und ich bekam eine Stunde für mich allein, nur, um diese eine Sache zu verrichten. Ich konnte sie hören, wie sie in der Wohnung herumgingen, warteten, horchten und sich sorgten. Ich weinte noch ein bisschen, legte Freddie Mercury auf und kroch auf allen vieren herum. Dies war meine Strafe dafür, dass ich das Universum um eine »normale Geburt« betrogen hatte, dachte ich. Ständig meinte ich zu spüren, wie die Nähte aufplatzten.

Nach einer halben Stunde griff ich nach meinem iPhone, um meine

Motivationsmusik zu wechseln. Sam hatte geschrieben: »Du schaffst das, Liebes!« Und dann: »Deine Mutter betet gerade. Hörst du es?«

Ich presste mein Ohr an die Wand, das heißt, ich lehnte mich dagegen, während ich weiter auf der Toilette sitzen blieb. Sie ging im Nebenzimmer auf und ab, nur wenige Zentimeter entfernt, und flüsterte schnelle Gebete. Was sagte sie? War das Farsi? Oh nein, was, wenn sie in die verdammte Zunge der Engel verfällt? Was, wenn sie es vor meinem Baby tut? Kurz überlegte ich, ihr die neugeborene Elena wegzunehmen – ihre Mutter beim Scheißen auf der Toilette zu sehen wäre immer noch besser, als bei einer wahnhaften religiösen Entrückung dabei zu sein. Was, wenn das Zungenreden mich noch mehr blockiert und ich einen Notarzt rufen muss?

Trotzdem lenkten mich die Gebete meiner Mutter von meinen Schmerzen ab. In meiner Kindheit hatten ihre Gebete immer geholfen, und nun hörte ich wieder das vertraute Wispern, das durch die Badezimmerwand drang, ein rituelles Gebet, das ich kannte und auf das ich mich immer verlassen hatte, wenn ich krank war, Schmerzen oder Kummer hatte. Früher hatte dieses Geflüster die Macht, die Realität zu verändern, Verbrennungen und Schrammen zu lindern. Es war nicht Gott gewesen – daran glaube ich nicht. Die Erleichterung war nur eine physische Erinnerung. Und obwohl ich verletzt und aus dem Gleichgewicht gebracht war, erinnerte sich mein Körper daran: Frauen haben all das schon früher durchgemacht. Viele Frauen – seit Jahrhunderten, darunter auch meine Mutter – mussten diese ersten Tage nach einer Geburt durchstehen. Sie machten Witze darüber, und die Hebammen warnten die jungen Mütter auf der Entbindungsstation jeden Tag davor. Und außerdem hatte ich selbst miterlebt, wie viele Leiden verschwanden, wenn die Gemeinde betete. Jetzt erinnerte ich mich daran, dass kollektive Stärke wirklich existiert. Es kam mir albern vor, dass ich mich wegen diesen Schmerzen, die nur vorübergehend waren, so anstellte.

Ich schloss die Augen und presste die letzten Tränen heraus. Jesus, bitte. Ich erinnerte mich an all die Heilungen, die bei den Erweckungsversammlungen meiner Jugend vollzogen worden waren. Betete ich tatsächlich zu Jesus? Vermutlich nicht. Ich wollte nur dieselben Worte sagen wie meine Mutter, um den Moment wiederzuerleben, in dem wir das letzte Mal gemeinsam gebetet hatten.

Ich ertrug die Erinnerung nicht allzu lange. Diese Erweckungsversammlungen, die Gebete werden mich für immer mit Scham und Wut erfüllen. Die Stimme meiner Mutter mag mich für eine Sekunde beruhigen, doch dann werde ich wieder zornig. Denn schon die nächsten Worte könnten Gestammel sein, und dann höre ich die Scharlatane und Betrüger in meinem Kopf: *Lasst die Körper zu Boden fallen! Hingestreckt im Geiste! Sprich es an und nimm es dann.*

Wie grob und schwerfällig nimmt sich die Wahrheit gegen derartige Versprechungen aus.

Religiöse Heiler wissen, dass Rituale Macht besitzen, nicht über den Körper, sondern über den Geist, der die Erfahrungen des Körpers verarbeitet. Und deshalb beginnen sie mit ihrem Betrug in den Wohnzimmern und Kirchen derjenigen, die an den Erweckungsversammlungen teilnehmen. In gewissen evangelikalen Kreisen sind sie Berühmtheiten. Und jeder, der an einem Heilungsgottesdienst teilnimmt, ist bereits ein hingebungsvoller Jünger, der wahrscheinlich mit emotionalen Problemen zu kämpfen hat und deshalb umso mehr an seinem Glauben hängt. Sobald der Evangelist seine künstlich gebräunten Hände auf seine Stirn legt, ist der Gläubige (schon längst) bereit, jede Art von Wunder anzunehmen, und der Heiler muss nur noch dafür sorgen, dass diese psychische Entlastung während des restlichen Gottesdienstes anhält. Die nächsten Stunden verbringt die Gemeinde, die sich in einer Kirche oder einem Zelt versammelt hat, in verzückter Hingabe und ohrenbetäubendem Gebet. Die Schmerzen werden erst am nächsten Tag wiederkommen, wenn der Heiler längst verschwunden ist und die Zweifel zurückkehren.

In Philip Larkins Gedicht *Faith Healing* nähert sich eine Prozession andächtiger Frauen mit »randlosen Brillen, silbernem Haar« einem Priester, der sie mit »tiefer amerikanischer Stimme« fragt, was sie bekümmert. »Mit ihren Schnurrbärten und geblümten Röcken schwanken sie hin und her.« Jede darf zwanzig Sekunden lang in seiner Wärme baden und ihren Kummer vortragen, ihren Glauben ausdrücken und Heilung erfahren. Die Frauen starren den Priester tumb an, spüren, wie ihre Schmerzen plötzlich nachlassen, und klammern sich an die Vorstellung, dass sie einzigartig sind, in Gegenwart eines liebevollen Vaters, und endlich die Liebe empfangen werden, die ihnen ein Leben lang verwehrt blieb.

Was bringt so viele Menschen dazu, zu Boden zu fallen, wenn man ihnen nur einen kleinen Schubs gibt? Oder ein suggestives Wort? Man muss sich im Klaren darüber sein, dass viele Menschen nur so tun, als ob – und zwar bewusst. Es war ein langer Abend, man erwartet von ihnen, dass sie hinfallen. Sie wollen nach Hause, also spielen sie mit, wenn der Höhepunkt der Show erreicht ist. Doch was ist mit den restlichen Teilnehmern?

In vielen Berichten aus erster Hand ist der Kirchgänger zunächst fest entschlossen, nichts vorzutäuschen, er ist zwar skeptisch, aber unvoreingenommen. Diese Unvoreingenommenheit ist alles, was der Heiler braucht, besonders wenn es sich um die Skeptiker handelt, die es in jeder Glaubensgemeinschaft gibt. Sie haben bereits an derartigen Veranstaltungen teilgenommen und begreifen das Spektakel als frommes Ritual, das von den Eingeweihten unterstützt wird. Diese neuen Rekruten verstehen, wie viel das Ritual allen anderen bedeutet, dass alle mitmachen müssen, um eine Welle zu erzeugen, die durch die Masse läuft. Sie wissen auch, dass es allein an ihnen liegt, wenn sie sich nicht mitreißen lassen. Wenn man nichts fühlt, ist der eigene Geist verschlossen, der eigene Glaube zu schwach. Bei einer Erweckungsversammlung ist man umgeben von Gläubigen, die bereits als Kinder »im Geiste hingestreckt« wurden, damals, als der Druck durch die Gemeinde noch ausreichte, um sich ins Zeug zu legen – Menschen, die im Glauben an dieses prägende Ereignis aufgewachsen sind, diesen süßen Tag, an dem sie vom Heiligen Geist überwältigt wurden. Den skeptischen Besuchern wurde bereits seit Stunden suggeriert, Gott sei anwesend und sie würden zu Boden fallen und ein Wunder, ausgelöst von einem bestimmten Lied oder einem Wort, würde Gottes Macht entfesseln. Die Worte »Ruft es laut!« kommen unerwartet, ein Aufschrei, der eine lange, meditative Stille oder eine beruhigende Melodie unterbricht. Die Menge war viele Minuten im Gebet eingelullt und wiegte sich hin und her. Dann kommt, ohne Vorwarnung, das Losungswort, und sie fallen zu Boden. Das ist Hypnose.

Über die Jahre werden die Losungsworte von den Predigern in Sprechakte verwandelt: »Ich verspreche euch, dass diese Worte Macht haben.« Einmal ausgesprochen verändern sie die Realität. Und sind es nicht wir, als Gemeinde und als Gesellschaft, die diesen Sprechakten ihre Macht verleihen? »Ich erkläre euch zu Frau und Mann« kann nur deshalb zwei Menschen in ein Ehepaar verwandeln, weil wir uns (mit unseren Institutionen) darüber geeinigt haben, dass es in einem bestimmten Kontext so sein soll.

Meine Großmutter kam aus Teheran nach London, als sie in ihren Dreißigern war, kurz vor der islamischen Revolution und meiner Geburt. Nachdem sie einer Zwangsehe entkommen war, für die man sie bereits als Kind ausgewählt hatte, verfeinerte sie ihren Akzent und legte sich eine neue Garderobe zu, um den Normen ihrer Kirche zu entsprechen. Sie verabschiedete sich von ihrem alten Ich. Obgleich sie nur ein schmales Budget hatte, gab sie Geld für Scharlatane aus, die ihr Liebe und Wohlstand versprachen. Für sie waren der zukünftige Respekt und die materiellen Belohnungen, die ihr Glaube ihr einbringen würde, ein Zeichen dafür, dass sie aus festerem, frommeren Material gemacht war als die meisten anderen.

Die Evangelisten im Fernsehen sind so dreist: Sie behaupten, Gott habe ihnen absurden Reichtum versprochen, oder beispielsweise einen Jet, weil sie mutig genug waren, danach zu fragen; sie haben diese Dinge von einem Gott eingefordert, der offensichtlich ein Kapitalist ist. (»Wenn Jesus heute unter uns wäre, würde er nicht auf einem Esel reiten.«)

Um ein ähnlich astronomisches Vermögen zu verdienen, sollen die herkömmlichen Gläubigen ihren Glauben unter Beweis stellen und »ein Saatkorn« für ihre Zukunft säen. Diese Summen werden häufig genau beziffert, aus Gründen, die nur der Herr kennt (273 Dollar ist die bevorzugte Summe eines amerikanischen Fernseh-Evangelisten). Da sie die finanziellen Umstände ihrer Zuschauer kennen, versprechen diese Gauner, das Geld werde zu denjenigen zurückkehren, deren Glaube stark genug sei, um sich nur für eine kurze Zeit von einer beträchtlichen Summe zu trennen. Auf diese Weise haben sie Millionen gescheffelt, die aus den Pensionen und Spareinlagen der Einsamen und Hoffnungsvollen stammen. Wie bei einem Pyramidensystem bezahlen die Leute, in der Hoffnung, das Geld irgendwann einmal von jemand anderem wiederzubekommen. Die Fernseh-Evangelisten hingegen geben offen zu, dass dieses »Saatgut« für die Extravaganzen ausgegeben wurde, die sie von Gott eingefordert haben; wenn ein Spender sich beklagte, dass er niemals auch nur die kleinste Gegenleistung erhalten habe, dann war sein Glaube eben zu schwach gewesen oder er war insgeheim ein Sünder.

Für meine Großmutter war der Glaube wider alle Vernunft ein Zeichen dafür, wie groß ihr Vertrauen war, und sie war stolz darauf. Diese Logik verwenden die evangelikalen Kirchen auch, wenn sie die Kinder auffordern, sich in einem Kreis aufzustellen und in Zungen zu sprechen. »Wenn ihr stark genug glaubt, dann könnt ihr es auch! Wenn nicht, dann liegt es nur daran, dass ihr gezweifelt habt.« Es ist gruselig, wie das Lied *Wenn du nur glaubst* Tinkerbell wieder zum Leben erweckt. Als ich in Amerika ankam, fiel mir auf, dass viele Mädchen in meiner Schule an die Macht von Wünschen glaubten; sie stolzierten über den Schulhof in der Überzeugung, dass ihre Wünsche sich erfüllen würden. Sie schrieben Wunschlisten, sprachen sie laut aus, zankten sich dabei und lebten sie aus. Über Mühe oder Opferbereitschaft sprachen sie wenig, im Gegensatz zu meinen iranischen Klassenkameradinnen. Bereits in der dritten Klasse in meiner Schule in der Islamischen Republik wussten alle aufgeweckten Kinder, wie viele Stunden man lernen musste, um den *Konkour* zu bestehen, die

Zulassungsprüfung für die iranischen Universitäten, und wie viele Jahre man studieren musste, um Chirurg zu werden. Wir wussten, wenn wir uns eine Sache kauften, mussten wir auf eine andere verzichten. Wir wussten, dass wir uns selbst um die Verwirklichung unserer Träume kümmern mussten, und wir schätzten uns glücklich, wenn wir die Chance hatten, es zu versuchen. Wer hat den amerikanischen und den britischen Kindern beigebracht, sich für so wichtig zu halten?

Als Kind habe auch ich fantastischen Geschichten zugehört, wenn ich in unserem Dorf zu Füßen meiner Großeltern saß. Westliche Kinderbücher habe ich erst kennengelernt, als ich zehn Jahre alt war, und ich fand sie sehr merkwürdig. Warum sagt man den amerikanischen Kindern, dass sie in schwierigen Situationen die Augen schließen und sich etwas ganz fest wünschen sollen? Dass man nur ein Lied singen muss, um eine Fee vor dem Tod zu bewahren? Wissen sie denn nicht, dass Feen einen meistens hereinlegen wollen? Oder verkleidete Dämonen sind? Wissen sie denn nicht, dass jeder lügt und dass es viele Arten von Lügen gibt, jede mit ihrem eigenen Namen? Wissen sie denn nicht, dass der Tod zu uns allen kommt? Dass es töricht ist, zu sehr an etwas zu glauben? Das Universum ist so riesig und so alt. Wer hat ihnen beigebracht, dass das Leid kleiner Kinder darin eine Rolle spielt? Ständig sterben Kinder auf entsetzliche Weise. Spielten ihre Wünsche etwa eine Rolle?

Ein Sprechakt, selbst ein Hilferuf, kann seiner schützenden Kraft beraubt werden. Ich bin eine Geflüchtete. Jeder kleine Beamte kann diese Aussage entkräften, indem er sagt: »Ich glaube dir nicht.«

Bald lernte ich, dass die Feen nur der Anfang einer langen und bedenklichen Lehrzeit für diese glücklichen Kinder waren. Diese Konditionierung – die Lehre von den wenigen Auserwählten, die ihre Wünsche benennen und erwarten dürfen, dass sie erfüllt werden – bereitet sie auf eine Erwachsenenwelt vor, in der die Gläubigen niemals hinterfragen, warum so viele ihrer Wünsche erfüllt wurden (und dabei ganz vergessen, an die Privilegien von Rasse, Klasse und Nationalität zu denken, an die freundlichen Nachbarn oder die starke Gemeinde).

Es bedeutet auch, dass sie sich in Zukunft niemals derartige Fragen stellen müssen, weil man ihnen beigebracht hat, Geschichte, Wissenschaft und Vernunft komplett zu ignorieren. Denn schließlich ist der Glaube so viel mehr wert, ganz so, wie es in den Märchenbüchern steht. Und die wenigen, die wahre Gläubige sind, werden immer belohnt.

Diese Märchenland-Doktrin ist ein erster, süchtig machender Geschmack von der schmerzfreien Gesellschaft. Sie beruht auf übertriebenen Versprechungen und kollektiver Täuschung, wird durch sanktionierte Rituale und Sprechakte aufrechterhalten und mittels strenger Kontrolle über das Allgemeinwissen bewahrt. Natürlich gibt es Menschen, die all das hinter sich lassen und sich der unzulänglichen, greifbaren Welt anschließen. Doch für diejenigen, für die es in der realen Welt zu viel Leid, Verlust und Ungleichheit gibt, gibt es nur zwei Optionen: sich aufzulehnen oder das Märchen weiterzuspinnen. Womöglich ist das der Grund, warum meine Großmutter sich so bereitwillig der evangelikalen Kirche angeschlossen hat – sie hatte durch die Zwangsheirat ihre Jugend verloren. Und hier bot man ihr eine magische westliche Jugend, als sie bereits in ihren Dreißigern war, eine Fortsetzung von etwas, das schon lange zu Ende gewesen wäre, selbst wenn man es ihr nicht genommen hätte.

»Worte sind mächtig«, sagt meine Mutter – du kannst etwas wahr werden lassen, indem du es mit Überzeugung und Nachdruck verlangst. Sie meint damit nicht, dass Gott nur darauf wartet, die Gläubigen reich zu machen. Ihre Vorstellung ist komplexer, Teil eines sehr viel älteren Mysteriums, das dem jüdischen Kabbalismus ähnelt, der lehrt, dass Worte unsere Realität erschaffen. Gott ist in den Worten. Gott *ist* das Wort. *Am Anfang war das Wort.* Wir können Dinge wahr werden lassen, indem wir sie aussprechen. Manchmal haben wir die explizite Macht (»Ich setze 50 Dollar«), manchmal sind unsere Worte beeinflussend oder indoktrinierend (»Du wirst niederfallen«). »Sag niemals, dass du etwas nicht kannst«, warnte meine Mutter mich, »sonst wird es wahr.« *Tod und Leben steht in der Zunge Gewalt*, heißt es in der Bibel – und in Märchenbüchern.

Sage einen Zauberspruch auf und Leute verwandeln sich in Frösche; Prinzessinnen fallen in tiefen Schlaf. Gelegentlich, wenn sie wütend ist, streckt Elena ihre Faust in meine Richtung aus und macht: »Wshhhhhh.« Das bedeutet, dass sie mich verschwinden lässt. Märchen lehren einen das mächtige »Nein« des inneren Biests, das das Böse aufhalten kann, wenn man mutig genug ist, es auszusprechen. Dieses »Nein« wirkt ein oder zwei Mal nicht, doch schließlich findet der Protagonist die Kraft, sich durchzusetzen.

Antizipation ist ein fruchtbarer Nährboden für die langlebigsten Überzeugungen. Wenn ein Mädchen oder ein Junge in einem Kinderbuch »Nein« sagen, werden sie zunächst ausgelacht, doch man kann darauf wetten, dass dieses »Nein« am Ende ihr Triumph sein wird. Wenn ein Vogel sich auf die Fensterbank einer Gefängniszelle setzt und einen Reim aufsagt, erst einmal, dann zweimal, kann man sicher sein, dass die dritte Wiederholung, die den Reim zum Ritual macht, Freiheit oder Tod bedeutet. Der erste Akt entscheidet über das Ende. Er löst ein Ritual aus und sagt unserem Unterbewusstsein, was es zu erwarten hat. Der erste Akt eines Heilungsgottesdienstes spielt sich im Wohnzimmer einer evangelikalen Familie ab, wo ein Junge fasziniert zusieht, wie Benny Hinn mit einem einzigen Wort fünfzig Erwachsene dazu bringt, sich zu Boden fallen zu lassen, und denkt: Da wäre ich gern mal dabei. Wenn dieser Junge dann schließlich an einem Gottesdienst teilnimmt, gibt er das Spektakel an die nächste Generation weiter, die gebannt vor dem Fernseher sitzt. Er lässt sich mitreißen und lebt seinen Glauben aus. Das Spektakel wird erst zu einer bleibenden Erinnerung, dann zu einem Mythos, einer heiligen Wallfahrt oder Hadsch. Festigt dieser Akt den Glauben, wie Pascal sagt? Oder unterwirft man sich einer höheren Macht (der Gemeinde oder Gottes unergründlichen Wegen)? Jedenfalls ist es eine Erleichterung, einfach das zu tun, was andere von einem erwarten, selbst wenn es sich falsch anfühlt.

Womöglich liegt es daran, dass niemand die Betrüger und die Naiven entlarvt, die vorgeben, in Zungen zu sprechen. Jeder im Raum kann es ahnen, doch es hat keine Macht, bis es laut ausgesprochen ist. 1969 führte der US-amerikanische Philosoph David Kellogg Lewis das Konzept des »Allgemeinwissens« ein. Zwei Menschen können etwas wissen, aber sie können nicht wissen, ob der andere dasselbe weiß. Und sie können beide wissen, dass der andere es auch weiß, aber sie können nicht wissen, ob der andere weiß, dass sie es wissen, und so weiter. Nur wenn die Sache laut ausgesprochen wird, werden sie es sicher wissen, denn dann ist das Wissen allgemein. Deshalb sagt auch niemand etwas, wenn in einem kleinen Raum plötzlich jemand furzt. Etwas zu Allgemeinwissen zu machen ist etwas anderes, als wenn zwei Leute etwas wissen.

Ein faszinierendes Logikrätsel illustriert dieses Allgemeinwissen. Ich gebe zu, dass ich einige Stunden damit verbracht habe, es verständlicher klingen zu lassen. Das ist mir vielleicht nicht gelungen, aber sobald man es verstanden hat, erklärt es sehr viel:

100 blauäugige Menschen werden von einem mächtigen Herrscher auf einer Insel festgehalten. Man sagt ihnen, sie hätten blaue oder braune Augen. Jeden Abend bekommen einige von ihnen die Chance, die Insel zu verlassen, wenn sie die eigene Augenfarbe erraten können. Wenn sie falsch raten, werden sie erschossen. Wenn sie miteinander kommunizieren, ebenfalls. Auf der Insel gibt es keine reflektierenden Oberflächen. Jeder der blauäugigen Inselbewohner kann die anderen 99 blauäugigen Inselbewohner sehen, hat aber keine Möglichkeit, die eigene Augenfarbe herauszufinden. Man erlaubt Ihnen, einem Außenstehenden, die Insel zu besuchen und eine Rede vor den Bewohnern zu halten. Doch wenn Sie dabei irgendwelche neuen Informationen verraten, werden Sie erschossen. Was sagen Sie?

Die Antwort lautet: Ich sehe eine blauäugige Person.

Der Herrscher lacht. Das wissen ja bereits alle. Doch Sie haben es zu Allgemeinwissen gemacht. Stellen Sie sich vor, es würden nur zwei Inselbewohner zuhören. Wenn nur einer von ihnen blaue Augen hat, würde er den anderen ansehen, der braune Augen hat, und könnte die Insel bereits am selben Abend verlassen. (»Die blauäugige Person muss also ich sein!«) Doch am ersten Abend darf niemand gehen. Am nächsten Morgen wird beiden blauäugigen Menschen klar, dass sie beide blaue Augen haben müssen, da der andere die Insel nicht verlassen hat. Und also verlassen sie beide die Insel am nächsten Abend.

Der nächste logische Schritt ist schwieriger zu begreifen:

Die 100 blauäugigen Inselbewohner verlassen alle die Insel am 100. Abend. Wenn nur einer von ihnen braune Augen hat, würde diese Person es spätestens am 99. Abend wissen, wenn alle anderen die Insel verlassen hätten.

Dieses Rätsel lässt sich nicht intuitiv lösen, es ist schwierig aufzudröseln. Ich verlange nicht, dass Sie sich eingehender damit beschäftigen, so wie ich es getan habe – es wird immer unbefriedigend bleiben. Aber eine Frage beantwortet es doch für mich: Warum steht bei einer Erweckungsversammlung nie jemand auf und sagt: »Ich sehe eine Person, die etwas vortäuscht«?

Sogar in der Spieltheorie, einem logischen, mathematischen Konzept, bei dem Aberglaube keine Rolle spielt, gilt: Wenn etwas laut ausgesprochen (oder niedergeschrieben) wird, ist es wahrer als vorher.

Als ich elf oder zwölf und gerade erst in Oklahoma angekommen war, gelang es meinem Vater, diesem unverbesserlichen iranischen Lebemann und Atheisten, sich ein Visum zu verschaffen, um uns zu besuchen. Die meiste Zeit verbrachte er damit, nach anderen Iranern zu suchen, mit denen er ein gutes Pfeifchen rauchen konnte. Er verschlang Banana Splits und donnerte in seinen knallorangen Shorts Wasserrutschen hinunter. Und in einem komischen dritten Akt ließ er es zu, in die Kirche geschleppt zu werden, wo er sehr überzeugend einen protestantischen Konvertiten darstellte, mit fest zusammengekniffenen Augen, die er nur kurz öffnete, um mir zuzuzwinkern, während er die Worte nachsprach. Er ließ sogar eine echte Taufe über sich ergehen. Ich wollte schreien: Könnt ihr denn nicht sehen, dass er nur so tut? Dass er es womöglich nur »für alle Fälle« machte, wie bei Pascals Wette? Oder, was wahrscheinlicher war, einfach aus Spaß?

Vielleicht wussten die anderen es. Jeder konnte sehen, dass er nur schauspielerte, um die Stimmung nicht zu verderben, wie ein Skeptiker, der Benny Hinn und seinen erwartungsvollen Anhängern gegenübersteht. Er verstand es als Höflichkeit einer anderen Kultur gegenüber, in der er nur Gast war: Andere Länder, andere Sitten. Dennoch war es wichtig für uns, dass wir sagen konnten: »Er wurde errettet!« Die Taufe ist ein heiliges Sakrament, eines von nur zweien, die von den Protestanten anerkannt werden. Sie ist auch dann noch heilig, wenn sie als schlechte Komödie aufgeführt wird. Ein Außenseiter macht ein heiliges Ritual nicht zur Farce, wenn niemand ihn laut der Täuschung bezichtigt. Manchmal reicht es schon, einfach zu schweigen, damit der eigentliche Wunsch wahr genug wird, um weiterhin glauben zu können.

Nach Joshs Tod versammelte sich die Familie dreißig Tage lang jeden Abend bei Zoom, um das Kaddisch zu lesen. Wir beteten in Hebräisch, Französisch und Englisch. Ich suchte sogar nach einer Übersetzung in Farsi. Das Ritual begann spätabends am Tag von Joshs Tod, in der Küche mit Sams französischer Familie und unserer Kommune. Manu hatte es vorgeschlagen, und die Idee verbreitete sich schnell über die Telefonleitungen zu Sams verstreuter Familie in England und Amerika, die ihre Kippas heraussuchten, um Joshs Seele zu Gott zu geleiten.

Am ersten Abend las Manu das Kaddisch in Hebräisch, in einem halben Singsang, wie ein Kantor. Ich atmete aus und beschloss, Josh ein paar Worte zu sagen, die aufrichtiger waren als das, was ich Sam vor ein oder zwei Stunden angeboten hatte. Ich sah auf meine Füße und sagte, zu mir oder zu niemand Bestimmtem: »Es tut mir leid, dass ich dir nicht geglaubt habe. Wenn ich es rückgängig machen könnte, würde ich netter zu dir sein. Und dir etwas mehr glauben. Nicht alles, Josh. Aber etwas mehr.«

Dann fügte ich wie eine Verräterin in Gedanken hinzu: Aber du hast gar nicht versucht, dich umzubringen, oder?

Warum empfand ich es als Verrat an seiner Familie? Einige Tage später erwähnte ich meiner Literaturagentin und Freundin gegenüber, dass es womöglich nur ein Hilfeschrei gewesen sei. »Was, wenn er es gar nicht tun wollte«, schrieb ich. Sie schrieb sofort zurück: »Sag das bloß nicht zu Sam.«

Was ist so furchtbar daran, zu denken, dass ein verlorener, gebrochener Josh uns erschrecken wollte und sich versehentlich umgebracht hat? Es würde ihn von einer größeren Sünde erlösen, wenn es die Sünde überhaupt gibt. Sein Onkel, ein frommer Jude, hatte immer wieder gesagt, Josh habe keine Wahl gehabt, ihm würde vergeben werden und er würde ins Paradies kommen. Warum war es dann so furchtbar, zu denken, dass er diese Wahl gar nicht getroffen hatte? Und dachte das nicht jeder? Die Möglichkeit bestand jedenfalls.

Ich glaube, was meine Freundin sagen wollte, war Folgendes: »Mach diese hässliche Theorie und die Tatsache, dass du so denkst, nicht allgemein bekannt, sodass die anderen damit umgehen müssen.« Sie hatte recht; es schien feige zu sein, dem armen Josh auch das noch aufzubürden, diesen letzten ultimativen Patzer. Für viele schien sein letzter Akt mutig zu sein. Ich gebe zu, dass auch ich meine eigenen unangenehmen Erinnerungen unter einer nachsichtigen Schicht Sepia verbarg. »Er hat seinen Frieden gefunden.« »Er ist von uns gegangen.«

Es wurde beschlossen, nach dem Begräbnis eine Schiwe auf Zoom abzuhalten, und ich sollte sie organisieren. Ich würde mich um die Technik kümmern, die Reihenfolge der Redner festlegen und die Zeremonie aufnehmen. Den Tag verbrachte ich als nervöses Wrack, und den Abend mit Trinken, weil die Mitglieder der Kommune mein Glas ständig nachfüllten, und mit Bangen, ob unser wackeliges WLAN standhalten würde. Sam schaltete sich aus dem Garten seiner Eltern in

England zu, zusammen mit der britischen Seite der Familie und ihren Nachbarn. Die provenzalische Fraktion verbrachte einen ruhigen Abend mit kleinen Snacks. Charlie verstieß gegen den Lockdown und fuhr in die nächstgelegene Stadt, um uns indisches Essen zu besorgen. Laleh versuchte Tee zu kochen, aber der Lärm, den der elektrische Wasserkocher machte, beunruhigte mich und sie stellte ihn wieder aus. Jennifer und Manu saßen still wie Statuen, Aleks und Laleh brachten Elena ins Bett. Stundenlang hielten wir den Atem an und sahen Sams Gesicht auf dem iPad-Display, versuchten seine kleinsten Gesten zu deuten und hörten seinen Worten zu. Sam las einige Stellen aus Joshs Tagebüchern vor, aus denen er ein Gedicht gemacht hatte. Es war faszinierend und sonderbar: die fieberhaften kreativen Ausbrüche eines leidenden Mannes, die sein talentierter Bruder, aus dessen Schatten er immer zu entkommen versuchte, in Kunst verwandelt hatte.

Für mich zerfiel die Schiwe in zwei Teile: vorher und nachher. Ich schaffte es, meine Rede zu halten. Die rituelle Austreibung. Ich hatte lange über meine Worte nachgedacht, viel länger, als ich es bei Lesungen mache. In meinem literarischen Leben bereite ich mich nie auf einen Auftritt vor – nach all den Jahren kümmert es keinen mehr, wenn ich es ein bisschen verpatze, und ich behalte die Veranstaltung in besserer Erinnerung, wenn ich ein anständiges Abendessen bekommen habe. Heute war es anders. Ich wollte dezent und würdevoll wirken und dabei unsichtbar werden. Ich wollte die Familie wissen lassen, dass es hierbei nicht um mich ging. Dass ich nicht nur so tat, als ob. Und an dieser Stelle wird es merkwürdig: Irgendwie wollte ich ihnen durch meine Darbietung auch zu verstehen geben, dass ich mir im Klaren darüber war (und wusste, dass sie es wussten), dass ich Josh nie geliebt hatte und nicht vorgeben würde, es jetzt zu tun. Dennoch trauerte ich um ihn; das konnten sie mir glauben, denn ich gab es offen zu: Er war die Verkörperung meiner größten Ängste.

Dazu musste ich meine Worte emotionslos und ruhig vortragen, als befände ich mich in einem Gerichtssaal. Tränen wären zu melodramatisch. »Bitte, lieber Gott«, betete ich, »gib mir die Kraft, aufrichtig zu sein und mich nicht von meinem eigenen Kram überwältigen zu lassen.« Ich sagte der Familie, Josh sei für mich immer ein Rätsel gewesen (jemand, der aus dieser Welt geworfen wurde). Er war unverständlich, wie Kassandra oder ein Glossolalist. In meiner eigenen Mythologie ging es immer nur darum, sich anzustrengen, und Josh hatte damit aufgehört. Vermutlich habe ich mich stets darauf verlassen, dass es genügt, eine jugendliche Flamme im Magen zu spüren. Ich war dem Kult von Leidenschaft und Intensität, von Potenzial und Bedarf beigetreten.

Doch bei allen von Joshs Fehlschlägen habe ich gesehen, wie Sam ihm jedes Mal zu Hilfe gekommen ist; ich habe gesehen, wie sehr Sam seinen kleinen Bruder geliebt hat, mit einer Liebe, wie sie nur selten vorkommt. Vielleicht habe ich Josh nicht geglaubt, doch ich habe geglaubt, was ich jeden Tag bei seiner Familie gesehen habe; ihre Hingabe, ihre Angst – wenn Josh zur Tür hereinkam, heiter, unversehrt, wie sie sich um ihn herumsetzten und seine Worte aufsaugten. Wie sie ihren kleinen Bruder vermissten und den Moment fürchteten, wenn er sie wieder verlassen würde. Selbst die rätselhaftesten und unverständlichsten Menschen zeigen sich gelegentlich im Kummer der anderen. Meine Dosis des echten Josh war greifbar und real; ich spürte ihn, wie man einen Windstoß spürt. Man kann ihn nicht sehen, aber man weiß, dass er da ist, weil sich plötzlich alle Blätter in dieselbe Richtung bewegen.

Ich weinte die ganze Rede über. Wie kam das? Ich war überrascht, genauso wie ein skeptischer Neuling, der an einer Erweckungsversammlung teilnimmt, erstaunt darüber, sich auf einmal zu Füßen von Benny Hinn wiederzufinden. Noch Monate später fragt er sich in Blogs und Chatrooms: »War ich übermüdet? Hypnotisiert? Ergriffen? Habe ich nur so getan?«

Manche Dinge sind zu hässlich, zu unangenehm oder zu schwierig, um sie laut zu sagen. Doch eine unausgesprochene Wahrheit hätte ich Josh gerne noch mitgeteilt.

Wir sind alle Betrüger.

Niemand spricht in Zungen, Josh. Das ist das große Geheimnis, die gemeinsame Gaunerei jedes Stammes unserer Spezies: Niemand ist vollkommen in Ordnung. Es gibt keine Urform des Blattes und niemand weiß, was er tut. Wie heißt es doch: Niemand kommt ungeschoren davon. Kneif die Augen zu, und du wirst früher oder später erkennen, dass alle nur darauf warten, dass du es einfach nur versuchst. Sag die Worte, die üblichen Metaphern, die Silbenfolgen und die Intonationen. Hör den anderen zu, die um dich herum sitzen. Jetzt sag es wie sie, mit ihrer bestechenden Gewissheit. Knie nieder, bewege die Lippen, und du wirst glauben (und andere überzeugen), nicht an eine vage Erlösung, sondern an deine eigenen, ganz besonderen Möglichkeiten.

Doch Josh war gegangen, und ich musste ein Ritual abschließen. Den Rest der Zeremonie und noch viele Wochen lang fühlte ich mich beschämt, wie ein Kind, dem Rotz an der Wange klebt.

Die Ungläubige

9

Mimi wurde in Myanmar geboren, ohne eine Geburtsurkunde. Ihre ganze Kindheit lang wusste sie nie, wann genau ihr Geburtstag war, auch wenn die Mütter im Ort so ihre Vermutungen hatten. Als Jugendliche erfuhr sie, dass das Volk der Karen – eine ethnische Minorität, die seit 1949 für ihre Unabhängigkeit kämpft – von der burmesischen Regierung unterdrückt wird.

Doch eines Tages begann sie, sich aufzulehnen, wie viele junge Karen. Ich weiß nicht, ob Mimi zu einer Aktivistin wurde – ihr Anwalt ging darauf nicht näher ein –, doch ich beschäftigte mich mit ihrer Geschichte und versuchte herauszufinden, was es bedeutet, eine »Aktivistin« zu sein, wenn man zu einer verfolgten Gruppe gehört. Für jemanden wie mich, die Schwierigkeiten damit hatte, sich als Geflüchtete einen Platz in der westlichen Gesellschaft zu erkämpfen, ist Aktivismus eine saubere und respektable Sache. Doch wie steht es mit denjenigen, die sich selbst Gehör verschaffen müssen, weil die Medien sie nicht beachten? Ich habe in Verhandlungsseminaren gelernt, dass man weniger glaubwürdig wirkt, wenn man sich für etwas einsetzt, das einem selbst nützt, daher sollte man immer eine Forderung einbringen, die einem nichts nützt. Was für ein merkwürdiger Luxus. Für diejenigen, die sich bereits im Maul der Bestie befinden, sieht der Kampf ums Überleben mehr wie Agitation und Gejammer aus.

Heute leben viele Tausend Karen als Geflüchtete überall auf der

Welt, sie sitzen in Flüchtlingscamps an der thailändischen Grenze fest, leben als Vertriebene in Myanmar oder in den benachbarten Ländern. 2011 wurden über 73 000 von ihnen in westlichen Ländern angesiedelt, die meisten in den Vereinigten Staaten. Mimi war auch darunter.

Als Jugendliche war sie vor der Verfolgung in Myanmar nach Thailand geflüchtet, wo sie zusammen mit anderen Karen in einem Flüchtlingscamp lebte. Das Leben im Camp war brutal und beengt, und Mimi schlich sich davon, um in Chiang Mai zu arbeiten. Doch schon bald wurde sie von der burmesischen Regierung ausfindig gemacht, die sie zurück nach Myanmar deportieren wollte. Da ihr dort erneute Verfolgung drohte, überdachte Mimi ihre Optionen. In Myanmar würde sie immer ein Bürger zweiter Klasse sein, Schikanen ausgesetzt und ohne Rechte. Doch es gab Orte auf der Welt, die andere Karen aufgenommen hatten, Länder, die die Genfer Flüchtlingskonvention unterzeichnet und sich dazu verpflichtet hatten, denen zu helfen, die kein Zuhause oder Heimatland mehr hatten.

Mimi ist klug und einfallsreich. Sie ist offen und ehrlich in allen Dingen. Doch in diesem verzweifelten Moment, kurz vor der Deportation, ohne Pass oder Geburtsurkunde oder einen anderen Beweis für ihre Identität und Nationalität, begann Mimi nach einem Ausweg zu suchen, um nicht nach Myanmar zurückgeschickt zu werden. Sie kaufte einer Thailänderin namens Dao ihre Geburtsurkunde ab. Damit bekam Mimi einen Pass und ein Visum für die Vereinigten Staaten. In Amerika würde sie sicher eine Karen-Gemeinde finden. Auf jeder Station ihres Weges, auf burmesischen Landstraßen und in thailändischen Flüchtlingscamps, bei der Passbehörde und in der Botschaft, wo sie in ihrem besten Rock in der Schlange auf ihr Studentenvisum wartete, dachte Mimi: Wenn ich in Sicherheit bin, werde ich ihnen sagen, wer ich wirklich bin. Ich will nicht mit einer Lüge leben.

»Sie sehen also«, sagte der Anwalt, »ein gültiges Visum für die USA wurde auf einen Pass mit einem falschen Namen ausgestellt, der in betrügerischer Absicht eingesetzt wurde.« Ich schauderte. Ein bürokratischer Albtraum kündigte sich an.

Mimi passierte die Passkontrolle und stieg in ein Flugzeug. Sobald sie in New York gelandet war, ging sie zur Einwanderungsbehörde. Als sie allein in dem winzigen Raum saß, gab sie alles zu. »Das ist nicht mein Pass«, sagte sie zu den Beamten. Dann erzählte sie ihre Geschichte. »Ich habe dieses Dokument verwendet, um mich in Sicherheit zu bringen, denn ich hatte keine Belege dafür, wer ich bin. Ich habe nie die burmesische Staatsbürgerschaft erhalten, weil ich eine Karen bin. Ich habe nie eine Geburtsurkunde besessen. Aber ich will unter meinem eigenen Namen Asyl beantragen.«

Dann wartete Mimi. Sie hatte den Knopf gedrückt und den langwierigen Prozess ausgelöst, auf den sie sich seit Wochen, vielleicht auch Monaten, vorbereitet hatte. Andere Geflüchtete hatten sie gewarnt und eine Zeile aus einem berühmten Buch zitiert: Wenn er erst einmal begonnen habe, dürfe man den Prozess nicht aus den Augen verlieren. Sie holte tief Luft.

Jeder weiß, dass es Worte gibt, die gewichtiger sind als andere. Manche sind mehr als nur Worte. Sie sagen nicht nur etwas aus, sie verändern auch etwas. »Ich erkläre euch zu Mann und Frau«, »Ich hinterlasse mein Vermögen«, »Ich taufe dieses Mädchen«, »Ich wette einen Tausender«, »Ich verzichte auf einen Anwalt«.

Derartige Aussagen verändern die Realität. In seinem Buch *Zur Theorie der Sprechakte* von 1962 sagt John L. Austin, dass wir Worte nicht nur dazu verwenden, um Informationen zu übermitteln (Tatsachen zu beschreiben), sondern auch, um Handlungen zu vollziehen (diese Tatsachen zu verändern). Diese Sprechakte oder »performativen Äußerungen«, wie Austin sie nannte, rufen entweder eine Reaktion hervor oder verändern einen Zustand, nur indem sie ausgesprochen werden – beispielsweise befehlen, wetten, versprechen, einen Eid ablegen. Solche Worte werden zu Handlungen, nur indem sie ausgesprochen werden.

Mein erster bewusster Sprechakt fand statt, als ich bei meiner Großmutter in London saß, gerade aus dem Flugzeug aus dem Iran gestiegen, und die Worte sagte: »Ich nehme Jesus an.« Ein weiterer Sprechakt war der Tag, als eine Lehrerin an der islamischen Mädchenschule in Isfahan mir ein Megafon in die Hand drückte, damit ich die Sprechchöre anführen konnte: »Tod den Amerikanern! Tod den Israelis!« Der erste Sprechakt machte aus mir eine Christin, der zweite machte mich zum Judas.

Linguisten unterscheiden zwischen illokutionären (die die Realität verändern) und perlokutionären (die eine andere Handlung auslösen) Sprechakten. Illokutionäre Akte sind zeremoniell, rituell: die Äußerung vollzieht die Handlung. »Ich erkläre euch zu Frau und Mann« oder »Sie sind gefeuert!« gehören beispielsweise dazu. Im Islam kann der Mann sich scheiden lassen, indem er drei Mal sagt: »Ich trenne mich von dir!« In diesem Moment wird die Scheidung real und von der Gesellschaft als gültig anerkannt. Ein perlokutionärer Akt wiederum wäre der Aufruf, zu den Waffen zu greifen oder »Feuer« in einem überfüllten Theater zu rufen. Derartige Äußerungen lösen eine Kette von Reaktionen aus, wie ein Zauberspruch in einem Märchen.

Weil performative Äußerungen eher Handlungen als Aussagen sind, kann man sie nicht als unwahr bezeichnen. Sprechakte können nur gelingen oder scheitern. Sie können fehlschlagen, zum Beispiel, weil der Standesbeamte, der die Trauung vollzieht, keine amtliche Zulassung hat oder der Bräutigam ein Heiratsschwindler ist. Womöglich lieben sich die Brautleute gar nicht, auch dann ist das Ehegelübde ein Fehlschlag oder zumindest ein unglückliches Ereignis. Wie auch immer, »Ich erkläre euch zu Mann und Frau« ist weder eine Lüge noch die Wahrheit, sondern eher eine Frage von Gelingen oder Scheitern.

Warum ist die Bezeichnung »China-Virus« Teil unseres öffentlichen Diskurses geworden und taucht in Zeitungsartikeln und Nachrichten auf? Warum ist sie zu einem Teil des pandemischen Narrativs geworden? Schon bevor seine zweite Präsidentschaftskandidatur vorbei war, hat Donald Trump damit begonnen, seine bedrohlichsten Sprechakte zu vollführen, indem er von einem umfassenden Wahlbetrug sprach, eine Anschuldigung, die er später durch unseriöse Klagen bei Gericht zu legitimieren versuchte. Es war offensichtlich, dass er gar nicht daran glaubte, vor Gericht gewinnen zu können. Neben dem üblichen Theater ging es ihm darum, die öffentliche Meinung zu beeinflussen. Die Wahl wurde offiziell vor Gericht infrage gestellt – eine wahre, aber unaufrichtige Geschichte. Inzwischen warteten wir auf einen patriotischen Sprechakt, der niemals kam: »Ich gebe mich geschlagen.«

Am 4. November 2020 twitterte Trump: »Wir haben bereits in Pennsylvania [das keine offiziellen Wahlbeobachter zulässt] gewonnen, in den Bundesstaaten Georgia, North Carolina liegen wir WEIT vorne. Zusätzlich beanspruchen wir den Sieg in Michigan, denn … dort sind eine große Anzahl von Wahlzetteln heimlich vernichtet worden, wie überall berichtet wurde!«

Auf Twitter ging es hoch her. Die Leute fingen an, alles Mögliche zu »beanspruchen«, von haufenweise Geld bis zu den Haaren von Liam Hemsworth. Damit wollten sie sagen: Man kann sich nicht einfach etwas aneignen, indem man sagt: »Hiermit beanspruche ich …«.

Als illokutionärer Sprechakt hat diese Forderung keine Macht. Doch Trumps »Wir beanspruchen Michigan« war nicht als illokutionärer Akt gemeint, wie »Sie sind gefeuert«. Diese Aussage zielte darauf ab, einen perlokutionären Effekt hervorzurufen, wie das »China-Virus«. Er wollte Schaden anrichten und machte sich keine Illusionen über den offiziellen Effekt seiner Beanspruchung. Er hatte schließlich teure Anwälte und einen Instinkt für jede Art von performativen Äußerungen. Perlokutionäre Sprechakte werden vollführt, um andere zu einer Reaktion zu bewegen. Wenn ein Präsident Migranten als »Verbrecher« oder »Kriminelle« bezeichnet, verankert er diese Begriffe in der Geschichte, die Anschuldigung wird die Kinder und Kindeskinder der Migranten noch jahrzehntelang begleiten, sie wird im Unterbewusstsein ihrer Nachbarn, Klassenkameraden und Arbeitskollegen abgespeichert. Simple visuelle Metaphern werden in der öffentlichen Erinnerung zu falschen Fährten. Wenn Geflüchtete erst zu einem Schwarm geworden sind, Mexikaner Vergewaltiger oder Frauen Hexen sind, dann ist es eine Sisyphusarbeit, diese Vorstellungen wieder von der Realität zu trennen – die falsche Fährte verbirgt sich im Zentrum der Geschichte. Damit eine falsche Fährte wieder in Vergessenheit gerät, braucht es eine überzeugende und unstrittige Wahrheit, die sie ersetzen kann.

Warum ist das öffentliche Gedächtnis so wichtig? Vor noch nicht allzu langer Zeit, in den 1960er-Jahren, konnten die Kinder im Süden der USA in ihren Schulbüchern lesen, dass die Sklaven in den Südstaaten es besser hatten als die Fabrikarbeiter im Norden, dass es im Bürgerkrieg nur um die Rechte der einzelnen Staaten ging. Bis vor einigen Jahren benutzten die Schulbuchautoren noch Worte wie »Lohnarbeiter oder »Einwanderer« als Synonyme für die Schwarzen Sklaven in Amerika. Im öffentlichen Gedächtnis werden konföderierte Generäle noch immer als Helden angesehen, weshalb die Leute dagegen protestieren, dass man ihre Denkmäler abschafft.

Nach dem Zweiten Weltkrieg behaupteten viele Deutsche, sie hätten nicht gewusst, was die Nazis taten. Womöglich stimmte das in manchen Fällen auch. Doch »ein Grenzfall der Verformung einer Erinnerung an eine begangene Schuld ist ihre Unterdrückung«, schreibt Primo Levi in *Die Untergegangenen und die Geretteten.* »Hinter dem ›Ich weiß nicht‹ und dem ›Ich erinnere mich nicht‹, das man in den Gerichtssälen zu hören bekommt, steht manchmal der entschiedene Vorsatz zu lügen, aber andere Male handelt es sich um versteinerte, zur Formel erstarrte Lügen.« Die versteinerte Lüge ist das öffentliche Gedächtnis, das letzte Schlachtfeld. Historiker werden womöglich sagen, dass Trump die Wahrheit nicht verstanden habe, dass sie für ihn nicht existierte. Vielleicht stimmt das. Doch für einen Opportunisten und einen Trickbetrüger ist die Wahrheit nur ein dürftiger Ersatz für eine gute Performance. Trump hat vielleicht nicht verstanden, was Wahrheit ist, aber eines weiß er ganz sicher: Wie man sie verändert.

Die wirksamsten Sprechakte kommen in Kinderbüchern vor: Zaubersprüche, Verwünschungen und die Art von Liebe, die jahrhundertelangen Schlaf beenden kann. Ein Beispiel ist das machtvolle »Nein« von Gandalf dem Grauen in *Herr der Ringe*: »Du kannst nicht vorbei.« In einer Episode von *Stranger Things* erzählt der todgeweihte, aber gutherzige Sean Astin (der ideale Schauspieler, um die Kraft des »Nein« zu verkörpern) unserem Helden, er müsse sich nur dem Monster entgegenstellen und ihm befehlen, zu verschwinden. Es würde genügen, die Größe und den Mut seines Herzens zu zeigen – ein fataler Ratschlag.

Wünsche haben keine Macht; sie setzen nur unsere vorhandenen Kräfte frei.

Im echten Leben sind die Sprechakte der Märchenwelt (die auf Tatkraft, Scharfsinn oder Entschlossenheit beruhen und nicht auf finanzieller oder institutioneller Macht) berührend, aber häufig erfolglos. Manchmal kann ein »Nein« einen mächtigen Gegner auf seinen Platz verweisen, aber nicht, wenn es um Geld geht. Gelegentlich wird ein »Bitte« einem Wohlwollen einbringen, aber nicht, wenn für den Gegner etwas Wesentliches auf dem Spiel steht. Die Sprechakte der Märchenwelt funktionieren nur dann, wenn die Mächtigen es zulassen. Und dennoch lernen wir aus unseren ersten Geschichten, dass unsere aufrichtigsten Sprechakte mit Erfolg belohnt werden. Was für eine grausame und gefährliche Fehlerziehung.

Asyl zu beantragen ist ebenfalls ein Sprechakt. Die Äußerung verwandelt den Antragsteller in einen Asylbewerber und legt die Grundlagen für seinen Fall fest. Eine besondere Schwierigkeit für Asylsuchende besteht darin, dass ihr Fall auf den falschen Grundlagen beruht, weil sie sich bei ihrer ersten Aussage geschämt haben zu sagen: »Ich bin homosexuell« oder »Ich wurde vergewaltigt«. Dieser erste Sprechakt legt eine bestimmte Identität fest und die potenzielle Gefährdung des Asylsuchenden wird aufgrund dieser Identität bestimmt. Diese Gefährdung, nicht das bereits erlittene Leid, macht aus einem Geflüchteten jemanden, für den die Genfer Flüchtlingskonvention geltend gemacht werden kann. Dieser erste Sprechakt bindet den Antragsteller an einen einzigen Aspekt seiner Persönlichkeit (eine Geschichte, eine Identität) und löst eine bürokratische Kettenreaktion aus. Damit wird eine Reihe von Fakten etabliert: Name und Herkunftsland, Alter, Familienzugehörigkeit. Auf diese Weise wird man zu einer Person, die in den Akten des Gastlandes existiert: Von nun an ist man im »System«.

Mimis Antrag stellte die Asylbeamten jedoch vor einige Probleme. Er bestand aus drei Sprechakten: Sie beantragte Asyl (»Ich bin eine Geflüchtete«), klärte ihre falsche Identität auf (»Das bin nicht ich«) und gestand eine Straftat (»Ich bin mit einem falschen Pass eingereist«). Daraus entstand ein verwickeltes Knäuel von Widersprüchen, das wieder aus den Akten entfernt werden musste, damit Mimi als sie selbst leben konnte.

Und es gab noch ein weiteres Problem: Die kriminaltechnische Untersuchung des Visums bestätigte, dass es sich um ein legales Dokument handelte, eine Nebensächlichkeit, die Mimi bereits erklärt hatte, die den Beamten dennoch bedeutsam vorkam. Wie konnte der Pass falsch sein, wenn die US-amerikanische Einwanderungsbehörde ihn für glaubwürdig genug gehalten hatten, um ein Visum auszustellen? Durch das Visum war der Pass legitimiert worden.

Die Beamten hatten nun zwei Möglichkeiten: das Knäuel aufzulösen oder das Problem zu ignorieren. Sie entschieden sich für den einfachen Weg und verwandelten ihn in eine Überzeugung: Die Akten irren sich nie. »Sie weigerten sich, den Asylantrag anzunehmen«, sagte Mimis Anwalt. »Sie verwiesen darauf, dass das Visum für die USA gültig sei und dass sie über ihre falsche Identität gelogen habe. Dass sie rechtmäßig mit einem Studentenvisum in den USA sei.« Die Tatsache, dass viele Geflüchtete mit einem Touristen- oder Studentenvisum in sichere Länder einreisen (wie auch meine Familie, wir kamen mit einem Touristenvisum nach Dubai und anschließend beantragten wir Asyl), spielte dabei keine Rolle. Die Gültigkeit des Visums disqualifizierte Mimis Asylantrag demnach nicht. Doch die Beamten entschieden sich dazu, ihre gesamte Vorgeschichte und ihre eigentliche Identität außer Acht zu lassen. Für die amerikanische Regierung war ihr Pass nun legal. Mimi war keine Geflüchtete, sondern nur eine Besucherin mit einem Visum. Mimi, die Karen, war nun Dao, die thailändische Studentin.

Ana Reyes, die amerikanische Asylanwältin, erzählte mir von einem Fall, in dem die Staatsanwälte einen Zeitungsartikel entdeckten, der das Alter eines ihrer Mandanten falsch angegeben hatte. Reyes und ihr Team mussten den Zeitungsartikel widerlegen, damit die falsche Altersangabe nicht in die Akten gelangte, doch das war nur möglich, indem sie massenhaft Beweise und einen renommierten Anwalt hinzuzogen, der bekannt für seine extrem gründliche Vorgehensweise war. Selbst wenn man den Journalisten hätte auftreiben können, hätte sein Wort allein nicht ausgereicht. Ähnlich ist es, wenn ein Dolmetscher eine Kleinigkeit falsch übersetzt: Der Fehler wird als Fakt behandelt, und es reicht nicht, auf die fehlerhafte Übersetzung hinzuweisen. Gleichzeitig können sich Fehler auch unbemerkt einschleichen, durch Wiederholung. Die Medien übernehmen Geschichten aus anderen Medien, ohne die Fakten zu überprüfen, und ein falsches Detail kann in zwanzig Zeitungen wiederholt werden, bevor es jemandem auffällt. Die Wiederholung macht aus diesem Detail keinen soliden Fakt. Und dennoch klingt es nun überzeugender, weil es in der öffentlichen Wahrnehmung verankert ist.

Am 31. August 1994, kurz nach Mitternacht, wurde Anthony Wooden in East Baltimore mit einer 44er in den Kopf geschossen. Zeugen beschrieben, wie zwei Männer in die Nacht davonliefen, und einige gaben an, dass sie vor der Schießerei mit den Männern gesprochen hatten. Niemand wusste, wer sie waren. Doch schon am nächsten Tag stolperte die Polizei über einen Hinweis: Diane Bailey, die zwei Häuserblocks vom Tatort entfernt wohnte, hatte bereits zuvor mit der Polizei kooperiert. Nach einer früheren Schießerei hatte sie ihre Zeugenaussage angeboten, wenn sie dafür ihre Miete bezahlt bekam – ein Vorgehen, das offensichtlich nicht dazu führt, dass man in einem amerikanischen Gericht ausgelacht wird. Auch dieses Mal bot die Polizei ihr an, den Umzug und die Miete zu bezahlen, wenn sie gegen die beiden Hauptverdächtigen aussagte: die Brüder Kenneth »JR« McPherson und Eric Simmons.

Obwohl Bailey bezahlt wurde und behauptete, das Verbrechen aus einem Fenster im dritten Stock aus 50 Metern Entfernung gesehen zu haben, wurde ihre Aussage der Öffentlichkeit als die einer unparteiischen Zeugin präsentiert. Sie wurde zur Hauptbelastungszeugin der Staatsanwaltschaft. Dem anderen wichtigen Zeuge, einem dreizehnjährigen Jungen, wurde mit einer Anklage wegen Mordes gedroht, bis er JR und Eric identifizierte. Dieses Vorgehen ist so üblich, dass es im kollektiven Gedächtnis der Polizei untergeht. Abgesehen von diesen beiden zweifelhaften Zeugen hatte die Polizei keinerlei Beweise dafür, dass die Brüder an dem Verbrechen beteiligt waren.

Vor Prozessbeginn versuchte der Junge, seine Aussage zu widerrufen, aber vergeblich. Wie bei Mimis falschem Pass war seine Zeugenaussage bereits zu Protokoll genommen worden. Während des Prozesses versuchte er es erneut. Es nützte nichts.

JR und Eric verbrachten 25 Jahre im Gefängnis, wegen gemeinschaftlichen Mordes. 2019 wurde der Fall durch eine gemeinsame Initiative des Mid-Atlantic Innocence Project, der University of Baltimore Innocence Project Clinic (UBIPC) und des Conviction Integrity Unit neu aufgerollt, die Alibis der Brüder wurden bestätigt und das schlampige Vorgehen der Staatsanwaltschaft von Baltimore aufgedeckt. Als sie im Mai 2019 freigesprochen wurden, waren JR und Eric 45 und 48 Jahre alt. Ich entdeckte ihre Bilder bei Facebook, wie sie fröhlich vor meiner Collegefreundin Frances Kim Walters herliefen, der Anwältin, die JR vertreten hatte (Eric wurde von UBIPC vertreten). 25 Jahre. Ich sah mir das Foto lange an. Sie wirkten so hoffnungsvoll, trotz allem. In diesen 25 Jahren waren ihre Anwälte erwachsen geworden. Meine Freundin Frances verwandelte sich von dem Mädchen mit Tennisschläger und einem Stapel braun eingeschlagener Schulbücher in eine Anwältin, die sich für fälschlich verurteilte Menschen einsetzt und die öffentliche Meinung infrage stellen und neu prägen kann. 1994, als die Brüder verurteilt und eingesperrt wurden, waren Frances und ich 15 Jahre alt, in einer Highschool am anderen Ende des Landes. Während wir uns in ihrem Studentenwohnheim in Princeton als Charlies Engel verkleideten, uns um Schmetterlingshaarspangen stritten und darum, wer besser im Wirtschaftskurs abgeschnitten hatte, hatten JR und Eric bereits ein halbes Jahrzehnt verloren.

Zum Glück wussten sie damals nicht, dass sie noch zwei Jahrzehnte warten musste, dass Frances jetzt Diät-Snapple trank und sich nach ihrem ersten Job umsah; dass ihre anderen Anwälte ebenfalls noch jung und unsicher waren und noch sehr viel lernen mussten, bevor sie die Namen JR und Eric zum ersten Mal hören sollten. Frances musste noch zwei Abschlüsse machen, einige Praktika, den ersten Job, dann einen weiteren. Sie musste anfangen, sich für Jura zu interessieren, sich an der Juristischen Fakultät bewerben, umziehen, Hunderte von Seminaren besuchen, heiraten, Kinder bekommen, sich zig Mal die Haare schneiden lassen und unzählige Tassen Kaffee trinken, sich jeden Tag die Nachrichten anschauen und sich fragen: Wo bleibt die Gerechtigkeit in dieser Welt? Sie musste nächtelang aufbleiben, mit ihren Babys auf dem Schoß, sich über Rassismus und Vermögensungleichheit aufregen, viele unserer Collegefreunde verlieren, die ihre Ideale gegen einträgliche Jobs eingetauscht hatten, bis sie schließlich beschloss, ihr Talent dem Innocence Project zu widmen, wo sie dann in einer Akte über JRs und Erics Namen stolperte. Über die Worte »bezahlte Zeugin«, »Widerrufungsversuch« und »fünfundzwanzig Jahre«. Es kann Jahrzehnte dauern, eine Geschichte neu zu schreiben, die in wenigen Stunden konstruiert wurde. Und dennoch kann diese Geschichte mit Worten geschrieben werden, die mit Mietgeld von verbissenen, gleichgültigen Polizisten gekauft wurden, mit Aussagen, die einem verängstigten Kind in den Mund gelegt und nicht widerrufen werden konnten. Wahrheit oder Lüge, unschuldig oder schuldig, sprechen Sie niemals mit der Polizei, raten die Anwälte uns, denn damit schaffen Sie nur die Grundlage für spätere Ungereimtheiten. Unschuldig oder nicht, die Chancen, dass eine Aussage bei der Polizei einem nützen wird, liegt exakt bei null; sobald etwas zu Protokoll genommen wird, ist es unmöglich, es wieder auszuradieren, und sobald es eine Erzählung gibt, hört das System auf, nach der Wahrheit zu suchen, und verlegt sich stattdessen darauf, diese Erzählung zu beweisen, wie lächerlich sie auch klingen mag. Gelegentlich ist der Ausgangspunkt nicht das, was man gesagt hat, sondern eine stark vereinfachte Version davon. Und wenn man ein junger, Schwarzer Mann ist, der von der Polizei verhört wird, sollte man versuchen, keinerlei Eindruck zu hinterlassen, keine Informationen zu geben, um keinen zweiten Besuch zu riskieren – am besten ist es, wenn sich die Polizisten gar nicht an einen erinnern.

»Wir beobachten immer wieder, dass die Polizei anhand der ersten Identifikation eine Theorie erstellt und sofort damit anfängt, Informationen zu sammeln«, sagte Frances mir. »Alles, was dazu passt, erscheint glaubwürdig, alles andere gilt als Lüge … Dieser Tunnelblick entsteht, wenn man überzeugt davon ist, dass jemand schuldig ist, oder wenn man unter Druck ist, eine Verhaftung vorzunehmen.« Zum Zeitpunkt unseres Gesprächs konnten in den Vereinigten Staaten bei 1500 von 2505 Berufungsverfahren Meineid oder falsche Zeugenaussagen nachgewiesen werden. Frances denkt, dass »die Öffentlichkeit skeptisch geworden ist und glaubt, dass alle Menschen von Natur aus eigennützig sind. Schuldeingeständnisse sind glaubwürdig, während Unschuldsbeteuerungen pauschal abgetan werden.«

»Die Leute werden also zu einer Aussage gedrängt«, fragte ich, »und dann daran gehindert, sie zu widerrufen, weil jede Lüge eigennützig sein muss? Ist es denn nicht menschlich, Fehler zu machen, besonders wenn man unter Druck gesetzt wurde? Oder Schwäche oder Reue zu zeigen?«

Frances seufzte. Dann schickte sie mir die Akten zu Lamar Johnson, einem Mann, der 13 Jahre im Gefängnis verbrachte, für einen Mord, den er nicht begangen hatte.

Die vierzehnjährige Ashia sitzt in einem stickigen Vernehmungsraum und starrt auf die Fotografien von Männern. Sie kennt einige von ihnen. Ein Beamter liest ihr etwas vor, dann steht er einfach nur da, mit verschränkten Armen, und wartet. Sie würde jetzt gerne gehen. »Wenn du einen auswählst«, flüstert eine Stimme in ihrem Kopf, »dann können wir gehen. Wir hätten einfach die Klappe halten sollen.« Sie hat den Mann nur ganz kurz gesehen, er ist so schnell gelaufen. »Wähl einfach einen aus, der ihm am ähnlichsten sieht.«

Am 26. März 2004, mitten am Tag, während etwa dreißig Passanten in der Nähe waren, hat ein dunkelhäutiger junger Mann mit einer Beanie-Mütze dreimal auf Carlos Sawyer geschossen und ihn im Rinnstein sterben lassen. Die Schießerei fand an einer belebten Kreuzung in Baltimore statt, wo sich Läden, Restaurants, eine Kirche sowie ein Gemeinde- und ein Gesundheitszentrum befinden, eine Straße, in der sich die Nachbarn grüßen, beim Namen oder vom Sehen kennen und miteinander tratschen. Viele haben die Schüsse gehört und einige haben sogar mit Sawyer und dem Schützen gesprochen, bevor Sawyer gestorben ist. Die Polizei befragte zuerst eine Pastorin, die in einem nahe gelegenen Jugendzentrum arbeitete. Sie hatte nicht viel gesehen. Anschließend wurde ein Plakat aufgehängt, um Augenzeugen dazu zu bringen, sich mit der Polizei in Verbindung zu setzen. Es dauerte nicht lang, bis jemand »Bullen verpisst euch!« auf den Aushang gekritzelt hatte. Gerüchte über den Spitznamen des Schützen begannen sich in der Nachbarschaft zu verbreiten. Innerhalb eines Tages trieb die Polizei einen Informanten auf, der ihnen sagte, der Schütze sei »BooBoo, der mit CeeCee zusammen ist«. Daraufhin zeigten die Polizisten ihm erkennungsdienstliche Fotografien von Einheimischen, die bereits zuvor verhaftet worden waren. Er identifizierte Lamar Johnson als BooBoo.

Die Polizei hätte nicht lang gebraucht, um herauszufinden, dass niemand Lamar Johnson unter dem Namen BooBoo kannte. Wegen eines früheren Drogendelikts (für das er nicht verurteilt worden war) befand sich Lamars Name in der Maryland-Lotus-Notes-Datenbank. In dieser Datenbank gibt es auch eine Spitznamen-Suche, die zeigt, dass Lamar auf der Straße als »Mar« bekannt war. Die Polizei wusste ebenfalls, dass es verschiedene andere Männer gab, die BooBoo genannt wurden, dennoch gibt es keinerlei Hinweise darauf, dass sie befragt wurden.

Bereits kurz nach der Verhaftung und Anklage von Lamar Johnson sagte die Familie aus, dass er nicht der Schütze sei. »Wir wollen nicht, dass der Mord an Carlos eine weitere Tragödie nach sich zieht.« Doch zu diesem Zeitpunkt hatte die Polizei sich bereits auf Lamar eingeschossen, und nur das Geständnis des wahren Täters hätte sie wieder davon abbringen können. Die Polizei legte keinen einzigen konkreten Beweis vor, der Lamar mit dem Verbrechen in Verbindung brachte. Außerdem gab es überhaupt kein Motiv für die Tat – der Jury wurde der Eindruck vermittelt, es handele sich einfach um eine kriminalitätsbelastete Gegend, in der Gangster ohne besonderen Grund aufeinander schießen.

Am Tag nach dem Mord, etwa zu dem Zeitpunkt, als der Informant der Polizei gesagt hatte, der Täter sei »BooBoo, der mit CeeCee zusammen ist«, erhielt die Polizei einen Anruf von zwei Mädchen, Cousinen, die behaupteten, sie hätten auf dem Weg zum Einkaufen mehrere Schüsse gehört. Als Ashley (17) und Ashia (14) am 27. März auf das Revier gebracht wurden, wirkten sie eingeschüchtert und nervös. Sie waren noch nie auf einem Polizeirevier gewesen, und wenn das, was mit dem Aushang passiert war, ein Anhaltspunkt sein konnte, dann galt es in diesem Viertel als nicht besonders klug, in einen Mordfall verwickelt zu werden. Dennoch hatte Ashleys Schwester die Polizei angerufen, und da waren sie nun. Die Mädchen erzählten den Polizisten, sie hätten nach den Schüssen einen dunkelhäutigen Mann, zwischen 17 und 20 Jahren alt, davonlaufen sehen.

Einige Tage später, am 31. März, wurden die Mädchen erneut aufs Revier geholt, um sich die erkennungsdienstlichen Fotografien anzusehen. Der Detective las ihnen das Protokoll vor: Unter den Fotografien könne sich das Bild der Person befinden, die die Tat begangen habe, oder auch nicht. Bei ihrem zweiten Besuch waren Ashia und Ashley immer noch nervös, sie hörten dem eintönigen Vortrag des Detectives nur mit halbem Ohr zu. Weil sie für diese wichtige Aufgabe extra noch einmal auf das Revier bestellt worden waren, glaubten die Mädchen, sie müssten einen der sechs Männer auf den bereitgelegten Fotografien auswählen. Und wenn der Mann nicht darunter war? Um den Detectives zu helfen, dachten sie, sie müssten zumindest denjenigen auswählen, der dem Schützen am ähnlichsten sah. Man zeigte ihnen in zwei Reihen aufgehängte erkennungsdienstliche Fotografien von sechs jungen schwarzen Männern.

Frances sagte mir, dass diese sogenannten »Six-Packs« nicht mehr üblich seien, heute würden die Beamten dem Zeugen ein Foto nach dem anderen vorlegen. Doch auch bei den Six-Packs wurde jeweils nur ein Verdächtiger mit anderen Fotos aus der Datenbank präsentiert. Wir wissen nicht, wie es kam, dass Lamars Foto in die erste Auswahl von Verdächtigen geriet, aus der der Informant den Mann auswählte, von dem er dachte, es handele sich um BooBoo. Hat die Polizei jemals ein Six-Pack mit verschiedenen jungen Männern aus dem Viertel zusammengestellt, die tatverdächtig sein konnten? Bevor der Informant Lamar als BooBoo identifizierte, hatten sie sicherlich keinerlei Grund, ihn zu verdächtigen. Sein Foto musste also als Platzhalter für einen anderen Verdächtigen benutzt worden sein. Hatten sie eine Auswahl von Fotos aller jungen Männer, die vorher an der Kreuzung gesehen worden waren, zusammengestellt? Wenn ja, dann hatten sie einen schwerwiegenden Denkfehler begangen – wie bei dem Duke-Lacrosse-Fall von 2006, bei dem es in der Fotoauswahl keine Platzhalter gab, nur

Spieler aus dem Duke-Lacrosse-Team, »ein Multiple-Choice-Test, bei dem es keine falschen Antworten gibt«.

Nachdem Lamar von dem Informanten identifiziert worden war, wurde er zum Hauptverdächtigen und gelangte damit in die Fotoauswahl, die erst Ashia und anschließend Ashley vorgelegt wurde. Bei Ashia befand sich Lamars Fotografie oben in der Mitte, bei Ashley unten links. Auf diesen Fotos saßen die fünf nicht Verdächtigen vor einem hellen Hintergrund, in weiterer Entfernung von der Kamera, ihre Gesichter waren kleiner. Lamars Foto schien vergrößert worden zu sein: Sein Gesicht wirkte bedrohlich nah, sein Hemd und der Hintergrund waren viel dunkler als bei den anderen. Das Foto schien zu rufen: »Wähl mich!«

Und das taten die Mädchen auch. Ashia konnte sich nicht gut erinnern, der Mann war so schnell weggerannt und sie hatte ihre Brille nicht auf. Ashley erkannte Lamars Gesicht, weil sie ihm in der Nachbarschaft bereits begegnet war, aber den Schützen hatte sie vorher noch nie gesehen. Doch sie fühlte sich unter Druck, eine Wahl zu treffen, und dieser junge Mann mit der dunkelsten Haut und dem dunkelsten Hemd sah am ehesten wie der Schütze aus.

Ich beschloss, einen kleinen Test zu machen. Ich rief Elena und zeigte ihr das Foto. Ich hatte die Unterschriften der Verdächtigen mit einem Textfeld abgedeckt, damit sie nur das sah, was auch Ashley und Ashia gesehen hatten. Ich sagte: »Elena, such einen von diesen Männern aus.«

Beide Male tippte sie auf Lamar. Als ich fragte, warum sie ihn ausgesucht habe, zuckte sie mit den Schultern. »Ich habe einen ausgesucht. Komm, lass uns spielen!«

Bei ihren Zeugenaussagen wirkten die Mädchen nervös und desinteressiert. Sie waren unterwegs gewesen und hatten etwas gehört. Auf dem Revier, das kann man sich leicht vorstellen, fühlten sie sich eingeschüchtert und wünschten sich, sie hätten den Mund gehalten, wären in den Laden gegangen, hätten sich Socken gekauft und hinterher zu Hause Saft getrunken und Kekse gegessen.

Lamar Johnson wurde am 1. April verhaftet und in das Büro der Mordkommission gebracht. In dem Glauben, er solle nur befragt werden, schwieg er nicht – was die Polizei ihm auch vorlas, es hatte für ihn keine Bedeutung. Er dachte nur immer wieder: Ich will keine Zeugenaussage machen. Anstatt gar nichts zu sagen, bestand er darauf, überhaupt nicht in der Nähe des Tatorts gewesen zu sein.

Bei der Verhandlung versuchten die Mädchen, ihre Aussage zu widerrufen. Ashley wurde der Kommentar vorgelegt, den sie auf die Rückseite der Fotoauswahl geschrieben hatte: Lamar sei der Schütze (nicht: sah so ähnlich aus.) Sie sagte: »Ja, aber ich war aufgeregt, als ich das aufgeschrieben habe.« Der Staatsanwalt ignorierte es. Später sagte Ashley, sie habe Lamar in der Nachbarschaft gesehen und kenne ihn seit fünf Jahren, den Schützen habe sie jedoch noch nie zuvor gesehen. »Als ich auf dem Revier war, dachte ich, ich müsse jemanden auswählen«, sagte Ashley aus. »Aber niemand hat dich dazu gezwungen, oder?«, sagte der Staatsanwalt. »Das ist meine Frage, Ashley. Hat irgendjemand dich dazu gezwungen?«

Im Verhandlungsprotokoll wird deutlich, dass die Polizisten und der Staatsanwalt die Mädchen von oben herab behandelt haben. Jedes Mal, wenn die Mädchen ihre Bedenken äußern wollten, betonte der Staatsanwalt erneut, dass niemand sie unter Druck gesetzt habe, dass die Polizisten es nur gut mit ihnen gemeint hätten. Er bestand darauf, dass ihre Aussage vom 31. März glaubwürdiger sei als jeder ihrer späteren Versuche, sich zu erklären und ihre Aussage zu widerrufen.

Ein aufrichtiger Zuhörer würde beide Aussagen gleich gewichten. Ein unaufrichtiger Zuhörer beschränkt sich auf den Teil, der seine Sicht begünstigt, und ignoriert alles andere. Staatsanwälte sind keine aufrichtigen Zuhörer. Ihre Aufgabe ist es, den Fall, den sie zugeteilt bekommen haben, zu gewinnen – einen Fall, der aus einer selektiven Auswahl der Beweismittel besteht, die den ersten Verdacht eines Polizisten bestätigen.

Dieser erste Verdacht ist der Keim der Story, die an die Öffentlichkeit gelangt. Die ersten aufgenommenen Hinweise verstärken den Verdacht, selbst wenn die Spurensicherung mangelhaft war. Der Staatsanwalt lässt sich nicht mehr davon abbringen. Sobald Ashleys und Ashias Unterschriften unter Lamars Foto standen, konnten sie sagen, was sie wollten – die Story war bereits dabei, sich zu entfalten.

Als Ashia in Lamar Johnsons Prozess in den Zeugenstand gerufen wurde und das genaue Datum des Mordes nicht mehr wusste, bat der Staatsanwalt sie, aus dem polizeilichen Aussageprotokoll vorzulesen, um ihre Erinnerung aufzufrischen. Er sagte Dinge wie: »Ich beziehe mich dabei auf Ihre erste Antwort, die sich auf der zweiten Seite befindet, können Sie sich erinnern …?«

Während sie ihre eigene Aussage vorlas, sagte Ashia plötzlich: »Boo hatte eine Waffe.«

Der Verteidiger erhob Einspruch. Als ich an dieser Stelle des Verhandlungsprotokolls angelangt war, hielt ich den Atem an. Würde irgendjemand darauf hinweisen, dass sie ihn Boo genannt hatte, in ihrer Aussage, die sie nur Tage nach der Schießerei gemacht hatte, bevor sie Lamars Foto gesehen hatte? Doch der Einspruch des Verteidigers bezog sich auf eine weitere Absurdität: »Der Staatsanwalt hat die Zeugin gebeten, ihre Aussage vorzulesen, anstatt sich selbst zu äußern.«

Es wundert mich, dass Ashia den Polizeibericht überhaupt zu sehen bekam. Wäre es nicht sinnvoller gewesen, wenn man sie erneut befragt und ihre beiden Aussagen miteinander verglichen hätte? Ist die Gesellschaft nicht überzeugt davon, dass es ein Anzeichen für eine Täuschung ist, wenn Geflüchtete und Hilfsbedürftige sich nur lückenhaft erinnern? Als das Gericht den Einspruch gelten ließ, wies der Staatsanwalt Ashia an: »Du sollst die Aussage nicht vorlesen. Schau sie dir nur an, danach kannst du deine Aussage machen.«

Ashia tat, was ihr gesagt wurde.

Während des Kreuzverhörs durch den Verteidiger ergriff Ashia die Gelegenheit, um zu sagen, dass sie sich nicht scher sei, dass sie die Tat von der anderen Straßenseite aus gesehen und ihre Brille nicht getragen habe, dass sie eigentlich nur sagen wollte, der dunkelhäutige Schütze habe Lamar ähnlich gesehen. »Sie haben mich gefragt, wie der

Täter aussah, und dann, ob er so wie Lamar ausgesehen habe, und ich habe Ja gesagt. Das habe ich gesagt.« Als sie gefragt wurde, ob sie den dunkelhäutigsten der sechs Männer ausgewählt habe, sagte sie wieder Ja, die anderen wären zu hellhäutig gewesen. Aus der Distanz, ohne ihre Brille, während überall Leute herumrannten, war alles, was Ashia erkennen konnte, verschwommene bunte Flecken.

Wenige Minuten bevor Carlos Sawyer erschossen wurde, saß ein Mann namens Watkins auf der Treppe vor einer Bar und stritt sich mit Lavar, besser bekannt als BooBoo. Watkins kannte BooBoo seit 2000, sie waren nicht befreundet. Beide hatten ein Kind mit derselben Frau. Jetzt traf sich BooBoo mit Watkins' Nichte CeeCee. An diesem Nachmittag regte sich BooBoo gerade darüber auf, dass Watkins ihm seinen Wagen nicht leihen wollte, als Carlos Sawyer auf Watkins zukam, um sich zwei Tütchen Gras zu kaufen. Als Watkins wegging, um das Gras zu holen, wurde BooBoo wütend, und Carlos lachte. BooBoos Ärger verlagerte sich auf Carlos, und die beiden Männer gerieten in Streit. Carlos zog ein Messer. BooBoo ging davon. Carlos dachte, es sei vorbei, und ging zu der Garage eines Freundes, wo er sein Motocrossrad stehen hatte. Zehn Minuten später hörte Watkins Schüsse, rannte herbei und sah, wie sein Freund Carlos im Rinnstein starb.

Er dachte an den Streit mit BooBoo und lief zu CeeCees Haus. BooBoo war dort. »Er war aufgeregt«, sagte Watkins bei der Verhandlung, wo er richtigstellte, dass Lavar, nicht Lamar Johnson, BooBoo sei. »Er schwitzte, wischte sich das Gesicht ab … er schwitzte sehr stark. Er kam auf mich zu und wischte sich das Gesicht mit seinem Hemd ab … Kennen Sie das, wie jemand aussieht, der tief getroffen ist, also, wenn ich zum Beispiel auf die Beerdigung eines Verwandten oder eines Freundes gehe, dann bin ich doch betroffen. So ähnlich sah er aus.«

Als er verhaftet wurde, wusste Lamar Johnson von all dem nichts. Er wusste nur, dass er beschuldigt wurde, Carlos ermordet zu haben, und merkwürdigerweise auch behauptet wurde, er sei mit Watkins' Nichte CeeCee liiert. Später in der Haftanstalt begegneten sich Lamar und Watkins zufällig. Lamar sagte, er sei wegen des Sawyer-Mords hier, und fügte hinzu: »Die sagen, ich hätte mit deiner Nichte herumgemacht.«

Da verstand Watkins, was geschehen war. Die Polizei glaubte, Lamar sei BooBoo, der Freund von CeeCee, der Carlos erschossen hatte. Es handelte sich um eine simple Verwechslung, und die Polizei lehnte es ab, sie anhand der Aussagen der Nachbarn aufzuklären, die seit Jahren im Viertel lebten. Ich frage mich, ob es in einem anderen Viertel einfacher gewesen wäre, die Polizei dazu zu bringen, diese Tatsache zur Kenntnis zu nehmen. Die Unterhaltung zwischen den beiden Männern offenbart, dass beide es längst für unmöglich hielten, sich mit der Polizei über die simpelsten Fakten zu verständigen, selbst wenn diese Fakten sich anhand der polizeilichen Datenbank belegen ließen.

»Und da habe ich zu ihm gesagt, du musst einfach dran glauben … du musst an deinen Anwalt glauben und ihm vertrauen – und auf Gott, denn ich wurde auch für einen Mord verurteilt, den ich nicht begangen habe, und ich weiß, wie sich das anfühlt.«

Erreichten diese berührenden Worte die erschöpften Jurymitglieder und die Beamten im Stadtgericht von Baltimore? Wer hält sich damit auf, jenen fehlgeleiteten Männern zuzuhören? Wenn man immer wieder im Gefängnis landet, ist es schon fast normal, fälschlich eines Mordes bezichtigt zu werden. Ihre Geschichten verschwinden, auch wenn sie noch so aufrichtig sind, weil sie das Ergebnis eines fehlerhaften Systems sind. Watkins' Aussage hatte keine Wirkung auf die Jury. Womöglich lag es an der Art und Weise, wie er sprach, oder daran, dass er ein ehemaliger Sträfling war. Lamar und Watkins gehören nicht zu den Männern, die wissen, wie man die Jury für sich einnimmt, sie kennen die Codes nicht, die die Richter dazu bringen, die Hände zu ringen und zu sagen: »Wir können doch nicht zulassen, dass so ein vielversprechendes junges Leben zerstört wird.«

Ich erzählte Sam diese Geschichte bei einem Waldspaziergang. Er fragte: »Wenn du etwas über ein Verbrechen wüsstest, das irgendwie dubios ist, würdest du dann zur Polizei gehen? Was würdest du tun?«

»Machst du Witze?«, sagte ich. »Ich würde die Sache meinem Anwalt übergeben und auf meine Vorladung warten.«

Watkins' Geschichte klingt glaubwürdig, sie steckt voller alltäglicher Details: wie BooBoo sich das Gesicht mit seinem Hemd abwischt, wie CeeCee im Leben beider Männer eine Rolle spielt, das Motocrossrad, der Streit um den Wagen. Watkins war nicht mit Lamar befreundet und er hatte keinen Grund, eine Aussage zu machen, besonders da BooBoo seiner Nichte nahestand. Am Tag nach der Schießerei erzählte Sawyers Frau der Polizei, dass ihr Mann Carlos über den Schützen gelacht habe und dieser, kurz bevor er abdrückte, gerufen habe: »Worüber lachst du jetzt, du Mistkerl?« Das sagte sie der Polizei, bevor sie von Watkins' Aussage erfuhr, die mit der Geschichte von Lamar übereinstimmte. Und zu diesem Zeitpunkt hatten sowohl der Informant als auch Ashia den Schützen mit Lamars Spitznamen bezeichnet.

Warum wurden all diese Hinweise auf berechtigten Zweifel nicht erkannt?

Die unentschlossene Jury wurde mit der Androhung eines zusätzlichen Verhandlungstags unter Druck gesetzt. Inzwischen gab Lamars Anwältin eine miserable Vorstellung: Sie stellte die falschen Fragen auf die falsche Art und Weise, und verzichtete darauf, neu zu formulieren, nachdem Einspruch eingelegt wurde. Der Richter musste sie an die Grundlagen erinnern, dass man keine wilden Behauptungen aufstellen darf (wie eine Belohnung in Höhe von 2000 Dollar, von der niemand je gehört hatte), ohne sie belegen zu können. Denn Belege zu finden gehörte ebenfalls zu ihrem Job; wenn eine Belohnung die Mädchen dazu brachte, die Polizei anzurufen, und die Anwältin sich nicht darum kümmerte, Belege für die Existenz dieser Belohnung zu finden, um sie im Kreuzverhör verwenden zu können, dann handelt es sich um grob fahrlässiges Verhalten.

Als der Richter sie daran erinnerte, dass sie bei einem Einspruch Gegenbeweise erbringen müsse, sagte sie nur: »Hä?«

Immer wieder patzte die Anwältin, brachte Fragen durcheinander und rief unvorbereitete Zeugen auf. Ein Zeuge musste unter Haftandrohung einbestellt werden, weil die Verteidigung es versäumt hatte, eine Vorladung auszustellen. In dem Bemühen, den Fall noch zu retten, holte die Anwältin Lamar in den Zeugenstand – am selben Tag, ohne jegliche strategische Vorbereitung. Sie fragte Lamar, ob er Carlos kenne (nein), ob er Carlos getötet habe (nein), was er am Tatort getan hatte (mit einem Mädchen geredet), und warum er den Detectives gesagt habe, er sei nicht dort gewesen (er hatte Angst gehabt, Zeugen eines Mordes werden oft umgebracht). Für diese offensichtlichen Antworten, die sie leicht in ihrem Schlussplädoyer hätte präsentieren können, setzte sie Lamar einem Kreuzverhör aus – ein schlechter Schachzug.

Im Kreuzverhör brach Lamar zusammen. »Sie wollen nur eine Verurteilung. Es ist Ihnen egal, ob ich es wirklich getan habe. Sie werden bezahlt, egal, ob ich für etwas in den Knast gehe, das ich gar nicht getan habe.«

Warum führen derartige Ausbrüche von Frustration dazu, dass andere uns nicht mehr glauben? Ich bin oft am meisten frustriert, wenn ich die Wahrheit sage und niemand mir zuhört. Elena geht es genauso, bei einer solchen Ungerechtigkeit bricht sie in Tränen aus.

Im Februar 2006 wurde Lamar Johnson zu einer lebenslangen Freiheitsstrafe plus zwanzig Jahre Haft verurteilt.

Lamar ging in Berufung, zur Begründung führte er (neben anderen Beschwerden) die suggestive Fotoauswahl und die Fehler seiner Anwältin an. Doch das Gericht war der Ansicht, »eine Fotoauswahl muss nicht aus Klonen bestehen, um ausgewogen zu sein«. Außerdem habe es sich um erkennungsdienstliche Fotografien aus einer Datenbank gehandelt, daher sei ihre Größe und Farbgebung vorgegeben gewesen. Das Vorgehen sei zulässig gewesen – im Hinblick darauf, ob die Polizei Lamars Foto in suggestiver Absicht eingesetzt hatte. »Nachdem das Berufungsgericht entschieden hatte, dass das angewandte Prozedere, das dazu dienen sollte, die vorprozessuale Identifikation sicherzustellen, nicht in unzulässiger Weise suggestiv gewesen sei, sah das Gericht keine Notwendigkeit, die Zulässigkeit dieser Identifikation zu prüfen.« Kafka hätte diesen Satz geliebt. Es spielte keine Rolle, dass das Foto an sich suggestiv war, nur, ob die Polizei es auf diese Weise eingesetzt hatte oder nicht.

In der gesamten westlichen Welt sind die Gesetze voller solcher logischer Widersprüche. Ein US-amerikanischer Strafverteidiger würde beim Lesen gähnen und sagen: »Gut, aber dabei geht es nur um die Zulässigkeit. Man kann immer noch argumentieren, dass es sich um ein unzureichendes Beweismittel handelt.« Richtig – aber erst, nachdem die Jury es vorgelegt bekommen hat und davon beeinflusst wurde. Ich habe es nie verstanden, warum die Richter in Verhandlungen häufig sagen: »Die Jury wird dies nicht zur Kenntnis nehmen«, wenn ein besonders belastender Umstand vorgelegt wird. Erwartet das Gericht etwa, dass wir unsere Voreingenommenheit und unsere Anfälligkeit für Beeinflussungen einfach ablegen, sobald wir die Schwelle zum Verhandlungssaal überschreiten?

Was die berechtigten Zweifel angehe, sei es nicht die Aufgabe des Berufungsgerichts, den Fall wieder aufzurollen, wurde Lamar gesagt. Die Rolle des Berufungsgerichts besteht weitgehend darin, die Staatsanwaltschaft im günstigsten Licht erscheinen zu lassen und nur zu fragen, ob ein vernünftiger Mensch Lamar für schuldig gehalten hätte. Wenn ja, dann bleibt das Urteil bestehen, selbst wenn es berechtigte Zweifel geben sollte. Wenn man einmal fälschlich verurteilt worden ist, dann hat man keine Chance mehr, man gilt nicht mehr als »unschuldig, bis das Gegenteil bewiesen ist«.

Über die Jahre hielt die Familie von Carlos Sawyer daran fest, dass Lamar nicht der Schütze gewesen sei. Schließlich wurde der Fall vom Mid-Atlantic Innocence Project und dem Conviction Integrity Unit der Staatsanwaltschaft wieder aufgenommen. Und Lamars Geschichte lebte in der Nachbarschaft weiter. Noch Jahre später lastete sie schwer auf denjenigen, die dabei gewesen waren. Nach und nach meldeten sich neue Zeugen. Obgleich sie sich nicht kannten, identifizierten sie alle denselben Mann als den Schützen. Zwei von ihnen waren an dem Tag der Schießerei in der Nähe gewesen. Und in den Wochen danach, als Lamar bereits in Untersuchungshaft war, hatte ein dritter Zeuge gehört, wie der Schütze zugab, auf Carlos geschossen zu haben.

Lamar verbrachte 13 Jahre im Gefängnis, bis das Innocence Project nach jahrelanger Recherche und Lobbyarbeit beweisen konnte, dass das Urteil unbegründet war. Nachdem das Mid-Atlantic Innocence Project die Staatsanwaltschaft überzeugen konnte, dauerte es nur einen Tag, bis ihr gemeinsamer Antrag genehmigt und Lamars Schuldspruch aufgehoben wurde. Einen einzigen Tag.

»Endlich habe ich Gerechtigkeit bekommen«, sagt Lamar. In Interviews wirkt er dankbar, hoffnungsvoll, dass seine Geschichte richtig erzählt werden wird. Doch was ist Gerechtigkeit, wenn die Welt aus einem Chor lauter und voreingenommener Stimmen besteht? Auf der Basis einer großen Pyramide befinden sich die Verletzlichen, deren Stimmen so leise sind, dass sie nur diejenigen erreichen, die sie lieben. Ein ganzes Viertel kann jahrelang eine Geschichte herausschreien, und dennoch wird sie nicht gehört. An der Spitze der Pyramide können die Privilegierten dieselbe Geschichte an einem einzigen Tag für wahr erklären lassen. Alles, was man tun kann, ist, Berufung an höherer Stelle einzulegen und zu hoffen, dass die Wahrheit ans Licht kommen wird.

Das Innocence Project warnt, dass viele Menschen aus vulnerablen Gruppen fälschlich verurteilt werden, weil sie schlechte Anwälte haben, die überarbeitet, erschöpft, unvorbereitet sind. Andere wieder sind ausgebrannt oder sogar betrunken. In einem besonders stressigen Moment, als ihr Fall schon so gut wie gescheitert war, wendet sich Lamars Anwältin an eine Zeugin. Ich stelle mir ihren müden Blick vor, ihre kalten Hände. Sie sagt: »Könnten Sie bitte in die Mikrowelle sprechen?« War »Mikrowelle« nur ein Versprecher oder ein Tippfehler eines Gerichtsreporters? Jetzt ist es aufgezeichnet und für immer Teil unserer kollektiven Geschichte.

Während der langen, trostlosen Tage, die er abgeschlossen von der Welt verbrachte, ohne Arbeit oder Familie, holte Lamar seinen Collegeabschluss nach. In den Nachrichten von 2017 sieht man, wie eine Frau auf ihn zuläuft und ihn umarmt. Im Hintergrund, ignoriert von den Fernsehkameras, steht Frances und fotografiert dieses freudige Wiedersehen. Denn heute weiß sie, dass alles, was man nicht selbst dokumentiert, wieder verschwinden kann.

An einem nebligen Morgen in Florida im Februar 2013 schlüpfte ich aus dem Hotelbett, um mich von den Fehlern zu befreien, die ich in meinen Zwanzigern gemacht hatte. Ich besuchte den Iowa Writers' Workshop. In Florida konnte man sich scheiden lassen, ohne dass die andere Partei anwesend sein musste. Im Gerichtssaal saß ich, mit verquollenen Augen und einem festen, nassen Dutt, neben anderen Scheidungswilligen und hörte mir die Geschichten der 13 Leute an, die vor mir dran waren. Schließlich schlurfte ein alter Mann nach vorne. Er hatte seine Frau seit über zehn Jahren nicht mehr gesehen und wollte sie freigeben. Die Richterin war verblüfft, dass er so lange nichts von ihr gehört hatte, und stellte Fragen. Bald wurde klar, dass die Frau wahrscheinlich tot war. Doch anstatt es dem alten Mann zu sagen, stimmte die Richterin der Scheidung zu. Sie sagte dem alten Mann, er sei nun frei und unverheiratet. Ihre Worte wurden zu Protokoll genommen.

Was würde geschehen, wenn der alte Mann in seiner Nachbarschaft verkündete, er sei nun geschieden? Wenn die Mutter seiner Frau, die ihren Schmerz erneut durchleben musste, verlangte, dass er den Tod ihrer Tochter anerkannte? Wenn der Gerichtsreporter die mitleidigen Worte der Richterin als Scheidungsurteil festhielt?

Mimi, die Karen aus Burma, musste sich schließlich an ihre Community wenden, um die falsche Geschichte endgültig loszuwerden. Mimis Anwältin rief jeden an, der sie kannte. Über ein Jahr lang sammelte sie Briefe und stellte Anträge. Sie erklärte immer wieder, dass die Regierung in Burma das Volk der Karen nicht als Burmesen anerkannte und ihre Mandantin daher keine Geburtsurkunde bekommen konnte. Ja, sagte das Gericht, aber Mimi müsse dennoch belegen, dass sie eine Karen war und dass sie die Person war, die sie zu sein behauptete. Mimis Anwältin rief Pastoren, Lehrerinnen, Spielkameradinnen und Frauen an, die auf Mimi aufgepasst hatten, als sie fünf Jahre alt war. Sie sammelte eidesstattliche Aussagen und trieb eine Dolmetscherin in New York auf, die stundenlang mit Mimi sprach und bestätigte, dass sie eine Muttersprachlerin war.

Nach einem Jahr wurde Mimi eine zweite Anhörung gewährt.

Und was war mit der anderen Identität, für die sie bezahlt hatte? Mimi hätte sich für den einfachen Weg entscheiden können. Mit ihrem Studentenvisum hätte sie eine Ausbildung machen und einen Job finden können. Für fähige Menschen ist dieser Weg nicht allzu schwierig. Man muss gar nichts Besonderes sein, man braucht nur einen amerikanischen Arbeitgeber. Sie hätte ein gutes Leben führen können. Doch dieses Leben mit Daos Identität wäre eine einzige Lüge gewesen.

»Ich habe selten jemanden getroffen, der so integer war«, sagte Mimis Anwältin. »Sie wollte auf gar keinen Fall mit dieser Lüge leben. Sie sagte, sie würde sich nicht für den einfachen Weg entscheiden.«

Jeder Geflüchtete weiß, dass dein Richter dein Schicksal bestimmt. Mimis viele Briefe von Freunden und Nachbarn, die sich für sie verbürgten, ihr verzweifelter Wunsch, eine *Green Card* mit ihrem eigenen Namen zu bekommen, und die Tatsache, dass sie es viel einfacher hätte haben können, rührten den Richter. »Von da an«, sagte ihre Anwältin, »war der Richter nicht mehr dazu zu bewegen, dem Regierungsvertreter auch nur einen Zentimeter nachzugeben. Häufig sind es die Richter, die die Menschen vor den Regierungsvertretern retten.«

Über zehn Jahre später arbeitet Mimi für eine burmesische NGO. Sie ist eine Aktivistin. Seit sie einen amerikanischen Pass hat, sind ihre Motive den Amerikanern nicht länger suspekt. Sie weiß noch immer nicht, wann genau sie geboren wurde. Oft wird sie gefragt: »Wie kannst du deinen Geburtstag nicht kennen?« Dann zuckt sie nur mit den Schultern. Es geht nicht mehr um Glaubwürdigkeit, es ist nur ein merkwürdiges Detail aus einem langen, ereignisreichen Leben.

10

»Du bist gar keine Gläubige!«, murmelte meine Mutter unter Tränen in einem belebten Amsterdamer Restaurant. Das war eine Anschuldigung, die in unserer Familie besonders vernichtend war. Meine Mutter hatte für ihren Glauben gelitten, war aus ihrer Heimat geflohen und hatte ein neues Leben angefangen. Erst 2009, als ich fast dreißig war, konnte sie sich meinen lebenslangen Zweifeln stellen. Es laut auszusprechen war etwa so, als würde sie die Hand über den Tisch strecken, um mir meine Perücke vom Kopf zu reißen. Die Leute starrten uns an. Mir stieg die Röte ins Gesicht. Sie habe keinen Einblick in mein Herz und meine Gedanken, schrie ich. Aus dem Augenwinkel sah ich einen jungen Mann, der aufmerksam zuhörte und anscheinend meiner Meinung war. Hatte auch er eine Mutter, die für seine Seele betete? Wir stritten uns eine ganze Weile und vergaßen darüber unser Essen. Ich sagte die falschen Worte. Mein Unglaube war noch so neu. Was ich sagen wollte, war, dass ich nicht das Gefühl hatte, eine höhere Macht würde die Verletzlichen beschützen oder für Gerechtigkeit sorgen, und dass ich letztlich erkannt hätte, dass der Glaube an IHN eine reine Ablenkung war, die all den dringlichen menschlichen Geschichten, die auf eine Reaktion warteten, die Nahrung entzog.

An wen sollte ich glauben, nach all den massiven Fehleinschätzungen? Gibt es eine Methode, so sehr zu glauben, dass ich, selbst wenn ich falschliege, dennoch sicher sein kann, mein Bestes getan zu haben und nicht unmoralisch gehandelt zu haben? *Gib mir die Möglichkeit, mein Bestes zu tun.*

Als Elena zwei Jahre alt war, setzte sie sich immer zu mir, wenn ich traurig war, zog sich in einer großmütterlichen Geste den Rock über die Knie und fragte: »War es ein Krokodil?« Manchmal nickte ich. Manchmal sagte ich auch Nein, und dann fragte sie, ob es ein Krebs oder ein Hummer gewesen sei. Irgendwann musste ich etwas aussuchen, damit sie nicht beunruhigt war und noch schlimmere Tiere vorschlagen musste. Dann, nachdem das geklärt war, presste sie ihre heiße Wange an meine, und um mein Leiden zu beenden, sagte sie: »Ich glaube dir, Mami.«

Ich kämpfe mit der Scham, eine Blenderin zu sein. Häufig wünsche ich mir, es wäre so leicht wie in meiner Kindheit, den Kopf zu neigen, sich hinzuknien, meine Lippen im Gebet für jemand anderen zu bewegen, die Rituale der anderen zu befolgen, wie ich es tat, als ich meiner Großmutter zuliebe Jesus annahm, oder wie mein Vater, als er sich bei seinem Besuch in Oklahoma wie nebenbei taufen ließ.

Als Elena fünf Jahre alt war, war ich neugierig, an was sie wohl glaubte. Also fragte ich sie. »Elena, bist du *in* deinem Körper oder bist du dein Körper?«

Sie runzelte die Stirn. »Ich bin mein Körper.« Sie zögerte kurz und fügte dann in ihrem französisch-englischen Mischmasch hinzu: »Und wir alle, *tout le monde*, leben in einem riesigen *baleine.*«

»In einem riesigen Wal?«, fragte ich. »Wir alle leben in einem Wal?«

»Ja, und es ist ein magischer *baleine multicolore* und wir können ihn um Sachen bitten.«

In einem gottlosen Zuhause hatte Elena sich ihren eigenen Gott geschaffen. Womöglich an dem Tag, an dem sie sah, wie ihre Mutter von dem Krokodil oder dem Krebs in die Knie gezwungen worden war. Sie sehnt sich nach einem existenziellen Mythos, den sie ausgestalten und ihr Leben lang beschützen kann.

Psychologen wie Daniel Kahneman sind schon lange davon überzeugt, dass der menschliche Verstand nach Homöostase strebt, genauso wie die Körperfunktionen versuchen, einen relativ stabilen Zustand aufrechtzuerhalten. Obgleich die äußeren Umstände sich ständig verändern, versucht der Körper, Temperatur, Puls, Blutzuckersättigung und andere Variablen stabil zu halten. Auch der Verstand strebt danach, ein Gleichgewicht aufrechtzuerhalten. Seine Grundüberzeugungen sollen erhalten bleiben, damit die Vorstellung vom eigenen Ich nicht ins Wanken gerät. Deshalb schafft er gedankliche Abkürzungen, die dazu dienen, den schnellen Informationsfluss verarbeiten zu können, einzig und allein, um das zu erhalten, was er bereits weiß.

Ich mag Geschichten, die vom Versuchen handeln, von Fähigkeiten, die zu Waffen geschärft werden, von Menschen mit Überzeugungen, die ihre Handlungsmacht entdecken und Nein sagen. Sind das meine Heilsgeschichten? Und wann werden sie zu einem Dogma werden und mich blind gegenüber den Verbrennungen und Verletzungen machen, die in der Welt, die ich kenne, nicht vorkommen? Habe ich, wie meine Mutter, einen religiösen Fiebertraum gegen einen anderen eingetauscht? Bin ich dazu fähig, Wahrheiten zu erkennen, die nicht in mein Weltbild passen? Sollte ich den Unglücklichen schreiben, die mir ihre Geschichten anvertraut haben, und ihnen mitteilen, dass auch meine Sicht getrübt ist? Sollte ich ihnen sagen, dass ich eine Zynikerin, eine Ungläubige bin?

Woher weiß man, dass man ein schlechtes Herz hat, wenn man nur das eine hat?

Mein merkwürdiger Kampf mit dem Glauben hat mich von blinder Überzeugung über eine leidenschaftliche Ablehnung des Glaubens meiner Mutter zu Simone Weil gebracht. »Du hast die heilige Simone gefunden«, schreibt meine Freundin, eine Professorin für christliche Ethik an der Emory University. »Oder besser gesagt, sie hat dich gefunden.«

Weil, eine christliche Mystikerin, schreibt, dass falsche Dinge den Eindruck von Wahrheit erwecken können und wahre Dinge falsch erscheinen können. Dass die Fähigkeit, die Wahrheit zu empfangen, Arbeit erfordert. Als ich daran scheiterte, in Zungen zu sprechen, dachte ich, ich hätte nicht genug daran gearbeitet, Gott zu empfangen, dass mir ein Muskel oder ein Gen fehlte. Später hielt ich alles für einen Schwindel. War das mein Überlebensinstinkt? Um zu überleben, schreibt Weil, verwenden wir Unwahrheiten wie einen Panzer, der »gleichsam das Untüchtige absondert, um der Gefahr zu begegnen«. Ohne diesen Panzer würde dieses Untüchtige ein natürliches Ende finden, aber: »Es gibt in der Seele eine Art Phagozystose; alles, was die Zeit bedroht, sondert Lüge ab.«

Der Stolz überlebt viele Erniedrigungen, schreibt Weil, dank diesem Panzer aus Lügen. Wenn wir uns erlauben, unser schlechtestes Selbst zu erkennen, könnten wir daran zerbrechen. Mein Stolz sondert ebenfalls Lügen ab, Täuschungen, die ich unbedingt sehen möchte, so wie ich den Panzer meiner Mutter und meiner Großmutter sehen kann.

Vielleicht sollte ich das, was mich scheitern ließ, einfach sterben lassen. Weil vergleicht das Unbegriffene und das Unbegreifliche mit Staub auf einer Fensterscheibe und der Landschaft dahinter. Vernunft macht das Glas erst transparent. Doch wir sehen das Glas (die Vernunft) nicht, sondern nur den Staub oder die Landschaft – wir wischen den Staub von der Scheibe, um die Landschaft zu sehen. »Das Unbegriffene verbirgt das Unbegreifliche und deshalb sollte es beseitigt werden.«

Diesmal möchte ich unbedingt alles verstehen. Ich lege meine Notizen beiseite und lasse die Geschichte von KV erst einmal ruhen. Wochenlang lese ich Texte über den Glauben in der westlichen Philosophie. Sie sind dicht, beruhigend. Ich hätte sie besser im College studieren sollen, als ich mich mit Kapitalwerten und Blasen am Aktienmarkt beschäftigt habe. Ich tappe im Dunkeln und suche nach Hinweisen, es gibt so viel Neues, das zuvor unsichtbar gewesen ist, wie beim herbstlichen Pilzesammeln entdeckt man ständig neue Formen und Farben. Wir sehen die Dinge nicht, nach denen wir nicht suchen. Monate nach einem Ausflug in den Wald erkennen wir vielleicht jeden einzelnen grauen Pilz, aber wir übersehen die vielen

Murmeln, die auf dem Dorfplatz verstreut sind und langsam ihren Glanz verlieren, bis wir hingehen, um nach der Murmel zu suchen, die unsere Tochter verloren hat.

Im Jahr 1877 ersann der Philosoph William Clifford ein moralisches Dilemma: Ein Schiffseigner will ein Passagierschiff über den Atlantik schicken. Er weiß, dass das Schiff nach vielen Fahrten alt und morsch ist. Dennoch verkauft er Fahrscheine und sagt sich dabei, dass das Schiff bisher immer sein Ziel erreicht hat. Und sollte er nicht auf Gott vertrauen, der all die armen Auswanderer an Bord schon beschützen wird? Und überhaupt, warum sollte er unfreundliche Gedanken über die ehrbaren Schiffsbauer und Leiharbeiter hegen? Auf diese Weise überzeugt der Schiffseigner sich selbst davon, dass sein Schiff sicher und seetüchtig ist, er formt eine »sichere und bequeme Überzeugung«. Er verkauft Fahrscheine, belädt das Schiff, winkt den Passagieren leichten Herzens zum Abschied nach und wünscht ihnen aufrichtig alles Gute. Als das Schiff mit Mann und Maus untergeht, sammelt er die Versicherungsprämie ein.

Clifford sagt, der Schiffseigner sei schuld am Tod der Passagiere, weil es »angesichts der vorliegenden Beweise ungerechtfertigt war, daran zu glauben, dass das Schiff seetauglich sei« und er nicht durch eine sorgfältige Untersuchung zu seiner Überzeugung gelangt war, sondern dadurch, dass er seine Zweifel unterdrückt habe.

Cliffords berühmtes Diktum lautet: »Es ist immer, überall und für jeden falsch, etwas auf der Grundlage von unzureichenden Beweisen zu glauben.« Das beinhaltet auch die Aufrechterhaltung einer Überzeugung über einen längeren Zeitraum: Es ist immer falsch, relevante Beweise einfach zu ignorieren oder sie auszublenden, selbst wenn man gute Gründe für die eigene Überzeugung hat, oder neue Beweise zu übergehen, die dagegensprechen, oder fehlerhafte Daten zu präferieren, die sie unterstützen. Wir sind verpflichtet, uns gegebenenfalls über die intuitiven Antworten, an die wir glauben wollen, hinwegzusetzen. Dass man dabei keine böse Absicht verfolgen muss, ist keine Entschuldigung dafür, in Ignoranz zu verharren oder gar Schaden anzurichten.

Doch was wäre gewesen, wenn das Schiff sein Ziel sicher erreicht hätte? Würde das die Schuld des Schiffseigners verringern? Clifford sagt: »Keinesfalls. Wenn eine Handlung einmal ausgeführt wurde, ist sie für immer richtig oder falsch; kein zufälliges Ausbleiben ihrer guten oder schlechten Folgen kann daran etwas ändern.«

Diese Geschichte ließ mich an den Glauben an Gott denken; heute denke ich dabei an den Klimawandel.

Doch wie verhält es sich mit Joshs Tod? Nach Cliffords Logik erhielt ich die Information (über Joshs Plan) aus erster Hand, und ich glaubte sie nicht. Also bin ich schuldig. Und ich wäre auch schuldig, wenn er noch leben würde. Aber würde das nicht bedeuten, dass seine Drohungen unglaubwürdig waren? Der Schiffseigner weiß, dass sein Schiff schadhaft ist, doch ich konnte nicht in Joshs Inneres blicken. Ich glaubte, Josh wäre seetüchtig, aber ich habe ihn nicht aufs Meer hinausgeschickt. Ich war nicht der Schiffseigner, ich war vielmehr diejenige Person, die ihm ins Ohr geflüstert hat, dass er sich keine Sorgen zu machen braucht.

Der amerikanische Philosoph William James, ebenfalls ein Erkenntnistheoretiker, hat einige Einwände gegen Cliffords Prinzip vorgebracht. Er schuf Raum für die »lebendige Hypothese«, denn nur wenn eine Option »eine geistige Möglichkeit ist«, ist sie lebendig und man kann sich mit ihr auseinandersetzen (beispielsweise mit der Frage nach der Existenz Gottes, die man sich ein Leben lang stellen kann). Doch wie lebendig eine Hypothese ist, hängt teilweise auch von der Gesellschaft ab. Wissenschaftler sind sich beispielsweise nicht länger uneinig, was die Evolution angeht. Würde James sie dennoch als lebendige Hypothese ansehen?

James, der die philosophische Tradition des Pragmatismus formte und populär machte, argumentierte, dass die Wahrheit per se nützlich ist. Wenn man ihr entsprechend handelt, sind die Resultate vorhersehbar und zuverlässig. »Welchen konkreten Unterschied macht es im täglichen Leben, ob ein Glaube wahr ist?«, fragte er. »Welche Erfahrungen werden dadurch verändert? Kurz gesagt, was ist der Barwert der Wahrheit?« Eine Wahrheit ist nur dann wahr, wenn sie nützlich und umsetzbar ist und durch Erfahrung erworben wurde.

Der Barwert. Diese seltsame Metapher gibt mir immer zu denken. James verwendete sie häufig, was bei seinen Zeitgenossen umstritten war. Damit meinte er, wir sollten nicht auf einer abstrakten Ebene debattieren, sondern fragen, welchen konkreten Unterschied eine beliebige Wahrheit für das eigene Leben, für physische Wahrnehmungen und Erfahrungen macht. Manche sahen darin einen Beleg für James' kapitalistisches Weltbild. Der Pragmatismus ist eine uramerikanische Philosophie, sie entwickelte sich in den 1870er-Jahren und hat seither Unternehmer, Politiker und Wirtschaftsstudenten im ganzen Land inspiriert. Dennoch wird sie falsch ausgelegt. Moderne Hochstapler jagen Profiten nach und halten das für moralisch, weil sie einen Wert (für irgendjemanden) geschaffen haben. Ich glaube, James würde es nicht gefallen, dass seine Ideen derart durch die Mangel gedreht worden sind. Womöglich würde James freundlicher mit mir umgehen als Clifford: Ich glaubte, Joshs Drohungen hätten keine praktischen Auswirkungen, weil er nur bluffte. Joshs Ernsthaftigkeit war eine lebendige Hypothese für mich, aber nur nebensächlich, denn ich musste ja keine konkrete Wahl treffen. Ich gehörte nicht zu den Experten oder den Entscheidern.

Die Experten schickten Josh nach Hause. Aber hatten sie genug studiert und praktiziert? Wussten sie auch, was sie nicht wussten? Wie sachkundig sind die Menschen, die entscheiden, ob wir leben oder sterben?

In dem Film *Backdraft – Männer, die durchs Feuer gehen* gibt es eine Szene, in der Robert De Niro das Feuer als ein Lebewesen beschreibt: »Es atmet, es frisst, es hasst.« Er sagt zu William Baldwin, dass das Feuer hingehe, wo es wolle, dass seine Überreste eine Geschichte erzählen und dass man lernen müsse, wie das Feuer zu denken, wenn man es besiegen wolle.

»Lange Zeit beurteilten Feuerwehrleute anhand der Beschaffenheit eines Feuers, ob es sich um Brandstiftung handelte«, sagt meine Freundin Frances, die Anwältin. Dieses Alltagswissen wurde von Feuerwehrmann zu Feuerwehrmann weitergegeben. Mit der Zeit waren die Leute davon überzeugt, dass es sich dabei um echte wissenschaftliche Erkenntnisse handelte. Überall im Land präsentierten sich Feuerwehrleute als gewichtige Stimmen in Brandschutzfragen. Schließlich kenne niemand das Feuer besser als sie, sagten sie. »Doch solange man keine wissenschaftliche Methode anwendet, um die vielen Feuer zu analysieren, die man gesehen hat, ist das nichts als bedeutungslose Angeberei.«

Früher hieß es, ein Feuer brennt immer nach oben. Wenn ein Fußboden verbrannt war oder Löcher hatte, weil das Feuer sich nach unten durchgefressen hatte, dann musste es daran liegen, dass ein Brandbeschleuniger auf den Boden gekippt worden war. Die Feuerwehrleute sagten dann selbstbewusst: »So arbeitet ein Feuer nicht. Ich bin mir sicher, dass irgendetwas das Feuer dazu bewegt hat, sich nach unten durchzubrennen.« Eine weitere Alltagsweisheit besagte, dass natürliche Feuer nicht heiß genug seien, um Aluminium zu schmelzen – dafür brauche man einen Brandbeschleuniger. Also wurde geschmolzenes Aluminium zu einem weiteren Indiz für Brandstiftung.

Während der 1990er-Jahre bekamen die Feuerwehrleute es mit einer Serie von katastrophalen Waldbränden in Kalifornien zu tun. In vielen der ausgebrannten Häuser fanden sie Löcher im Boden und geschmolzenes Aluminium vor. Einige begannen sich zu fragen, ob sie Vermutungen als Wissen ausgegeben hätten. Im Jahr 1990 brach in Jacksonville, Florida, ein Feuer aus, dem zwei Frauen und vier Kinder zum Opfer fielen. Das sogenannte Lime-Street-Feuer wurde zu einem Wendepunkt in Brandschutzfragen. Gerald Lewis, der Mann respektive Bruder der beiden Frauen, entkam mit seinem dreijährigen Sohn. Draußen sah er fassungslos zu, wie das Haus, in dem seine Familie gefangen war, niederbrannte. Er behauptete, das Feuer sei dadurch entstanden, dass das Sofa sich versehentlich entzündet habe. Doch als die Feuerwehrleute Streifen einer Flüssigkeit auf dem Fußboden entdeckten, wurde Gerald wegen Brandstiftung mit Todesfolge als sechsfacher Mörder verurteilt.

Hier kommt ein Skeptiker der Feuerwissenschaft ins Spiel: John Lentini. Auch er vertrat die Meinung, jedes Feuer würde eine Geschichte erzählen, doch er war neugierig und durchaus bereit, die Überzeugungen der Feuerwehr infrage zu stellen. Er holte sich die Genehmigung, das Feuer in dem verlassenen Haus nebenan nachzustellen. Beide Häuser waren zur selben Zeit erbaut worden, von denselben Leuten, die dieselben Materialien verwendeten, und sie hatten denselben Grundriss. Für eine genaue Rekonstruktion des Feuers besorgte Lentini ein entsprechendes Sofa, kleidete die Innenräume mit den gleichen Rigipsplatten aus und besorgte ähnliche Möbel, Tapeten, Vorhänge und Teppiche. Dann zündete er das Sofa an. Ohne einen Brandbeschleuniger erwarteten Lentini und sein Team, dass es zwanzig Minuten dauern würde, bis das Feuer übersprang, doch nach nur vier Minuten stand bereits das ganze Haus in Flammen. Hinterher waren Streifen auf dem Fußboden sichtbar, die nicht vom Ausgießen eines Brandbeschleunigers stammten.

»Nur vierundzwanzig Stunden später sollte ich meine Aussage machen, die dazu hätte führen können, dass ein Unschuldiger auf den elektrischen Stuhl gekommen wäre«, sagte Lentini. »Diese Erfahrung hat mich demütig gemacht. Mein Berufsleben war danach nicht mehr dasselbe.«

Und dennoch verbreiteten sich die schockierenden Erkenntnisse aus dem Lime-Street-Feuer nur langsam. Die alten »Brand-Experten« verwiesen weiterhin auf die vielen Feuer, die sie gesehen hatten. Sie hielten an ihren überkommenen Erkenntnissen fest und schickten damit Menschen ins Gefängnis. Als Michael Ledford, der Autist, dem mit der Reid-Methode ein falsches Geständnis abgerungen worden war, Ende 1990 vor Gericht gestellt wurde, hatte die Gewerkschaft der Feuerwehr bereits einen Leitfaden zur Untersuchung von Bränden und Explosionen herausgegeben. Dennoch gab es keine gültigen Richtlinien, an denen das Gericht sich hätte orientieren können. Bei der Verhandlung des theatralischen Dru sagte die Staatsanwaltschaft, mehrere Brandquellen seien ein sicheres Zeichen für Brandstiftung, trotz der neu gewonnenen Erkenntnis, dass es so gut wie unmöglich ist, die Brandquelle zu identifizieren, nachdem das Feuer sich ausgebreitet hat. Wenn es das gesamte Haus erfasst hat, gibt es keine Geschichte mehr, die sich in seiner Asche verbirgt.

In Erinnerung an den Lime-Stree-Fall wies Lentini darauf hin, dass sich wissenschaftliche Erkenntnisse immer nur sehr langsam durchsetzten. Irrende Experten lassen sich nie davon überzeugen, dass sie falschliegen – sie müssen ersetzt werden. Das Innocence Project hat zahlreiche Akten von Fehlurteilen (wie die von Michael und Dru) gesammelt, von Menschen, die Jahrzehnte verloren haben, weil sie aufgrund von überholten Forschungstheorien zum Brandschutz oder dem Schütteltrauma-Syndrom verurteilt wurden.

2004 wurde Cameron Todd Willingham aufgrund einer mangelhaften Expertise wegen Brandstiftung zum Tode verurteilt. Diejenigen, die dieses Urteil verteidigt haben, sagen, die Brandermittlung sei nur ein Aspekt gewesen, die Beweise hätten überwiegend auf seine Schuld hingewiesen, womöglich gab es häusliche oder finanzielle Probleme.

Sie wollen nicht glauben, dass sie so falschliegen konnten, und deshalb kämpfen sie für das, was sie bisher als wahr angesehen haben.

»Einen Staatsanwalt davon zu überzeugen, sich für unsere Seite zu entscheiden, ist eine schwierige Aufgabe«, sagt Frances. »Selbst in Fällen, in denen DNS vorliegt, kämpfen die Staatsanwälte häufig, um ihre Meinungen beibehalten zu können.« Wer will schon eine alte Wunde wieder öffnen, indem er an ein zweites Opfer glaubt? »Die kognitive Dissonanz könnte kaum größer sein.« Doch die bedrückende Erkenntnis ist: Diese Überzeugung wurde nicht allein durch ein Motiv oder eine Fülle von Indizien belegt, sondern auch durch das Gutachten eines sogenannten Experten.

»Solche Geschichten«, sagt Sam, »sind Teil der amerikanischen Glaubenslehre: Geld weiß es am besten. Alles ist möglich. Jeder kann alles erreichen, und zwar schnell. Fachwissen ist ein Mythos.«

Womöglich liegt es daran, dass Amerikaner sich so schwertun, echten Experten zu glauben (den grantigen alten Ärzten und Wissenschaftlern, die nichts mit heroischen Feuerwehrleuten oder hübschen jungen Krankenschwestern gemein haben), warum sie echtes Fachwissen als elitär bezeichnen und ein natürlicheres, lebensnahes Alltagswissen bevorzugen. Doch nicht jede Disziplin lässt sich durch Anschauung oder Instinkt erlernen. Für manche Dinge braucht es ein langes, gründliches Studium bei den Experten aus der vorhergehenden Generation. Die herausragendsten menschlichen Entdeckungen gehen mit Opfern und jahrelanger Arbeit einher, sie werden den wenigen zuteil, die den Verstand und die Neugier haben, sich ernsthaft für etwas einzusetzen. Nichts daran ist selbstverständlich. Wir geben dieses Wissen weiter, damit wir unser kollektives Wissen nicht von Neuem lernen müssen.

Sam und ich kamen an einem kleinen Bauernhof vorbei und winkten. Vorher hatten wir uns über Josh unterhalten und über den Ur-Urgroßvater, der sein eigenes Grab geschaufelt hatte. Sam erzählte mir, in der französischen Provinz würden Technikfeindlichkeit, Impfskepsis und ökologische Landwirtschaft zunehmend mit dem Leugnen des Holocaust einhergehen. Irgendwie war der Antisemitismus Teil dieser Blase geworden, genauso wie der Hass auf Macron und das Tragen von Secondhand-Kleidung. Je öfter dieses Leugnen laut ausgesprochen wird, desto akzeptabler wird es. In diesen Gruppen verbreiten sich die Zweifel immer mehr.

»Die Klugen sind am beunruhigendsten«, sagte Sam. »Wie redet man 2021 mit einer Person, die gebildet ist und genau weiß, wie man im Internet recherchiert, und dennoch all diesen Unsinn glaubt?«

Eine diskreditierte alte Studie ist kürzlich in der Provence wieder aufgetaucht und hat abwegige Zweifel angefacht. Der von den Amerikanern finanzierte Leuchter-Report (1988) war eine sogenannte Expertenanalyse, auf die sich eine ganze Generation von Holocaust-Leugnern beziehen konnte. Sie behauptete, in den Desinfektionsräumen der Lager seien mehr Bestandteile des blausäurehaltigen Zyklon B gefunden worden als in den Gaskammern. Daher, so folgerte der Report, sei Zyklon B nur zur Säuberung eingesetzt worden. Echte Experten wiesen schnell nach, dass die Gaskammern zerstört wurden und ihre Überreste der Witterung ausgesetzt gewesen seien, während die Desinfektionsräume noch intakt seien, und dass Zyklon B dreißig Minuten am Tag dazu eingesetzt wurde, Menschen zu töten, während es in den Desinfektionsräumen vierundzwanzig Stunden lang an den Wänden blieb. Der Report wurde von der Gedenkstätte Auschwitz als »ein Versuch, hinter einem akademisch wirkenden Deckmantel von Diagrammen, Analysen und Berechnungen die Leser in die Irre zu führen, die keinen Zugang zu wissenschaftlicher Literatur haben – oder die auf der Suche nach eben der Art von Schlussfolgerungen sind, die Leuchter anbietet«.

»Erschreckend daran ist, dass es wie Wissenschaft klingt«, sagte Sam. »Wenn ein Landwirt zufällig nur diesen einen Report liest, der in wissenschaftlicher Sprache verfasst ist, dann bestärkt er seine dunkelsten Fantasien.« Und eines Tages könnte dir dieser Landwirt aus der Provence eine biologisch angebaute Tomate anbieten und dich vielleicht davor warnen, dass dein elektronischer Gaszähler dich überwacht. Dann könnte er sagen: »Wussten Sie, dass es in den Gaskammern keine Rückstände von Blausäure gab? Also, ich finde, das sagt alles.« Dieser Landwirt sieht sich selbst nicht als Antisemiten. Er sucht nach einem Erkennungszeichen. Würde man antworten: »Das ist doch der reinste Unfug«, dann wäre man ein Outsider. Würde man eine offen rassistische Antwort geben, dann wäre das ebenfalls falsch.

Aber was, wenn man nicken, in die Tomate beißen und »interessant« murmeln würde?

Nicht alle Meinungen sind gleichwertig. Ich bin keine Suizid-Expertin. Aber die Feuerwehrleute waren auch keine Brandermittler. Wie kann ein durchschnittlicher Mensch überhaupt urteilen? Wem vertrauen wir, wenn unsere eigenen Kenntnisse nicht ausreichend sind, um die Umstände zu beurteilen?

Meine Suche führte mich zu Immanuel Kant, der die Grundannahme, jeder Glaube sei gleichwertig, infrage stellte. Ich lese weiter, in der Hoffnung, mein Unglaube würde ebenfalls nicht zählen. In seiner *Kritik der reinen Vernunft* und später in den *Vorlesungen über Logik* unterscheidet Kant drei Typen des »Fürwahrhaltens«. Er definiert sie folgendermaßen:

Wissen bedeutet, etwas als wahr anzusehen, weil jeder vernünftige Mensch, der dieselben Informationen hat, zu diesem Schluss kommen muss. Wenn man auf die Straße geht, weiß man beispielsweise, dass es gerade nicht regnet. Jeder vernünftige Mensch muss das akzeptieren.

Glauben bedeutet, etwas als wahr anzusehen, weil man bereit ist, es zu akzeptieren, auch wenn andere vernünftige Menschen es nicht tun (religiöser Eifer fällt in diese Kategorie).

Meinen (im Sinne von Vermuten) bedeutet, etwas als wahr anzusehen, selbst wenn es sowohl subjektiv als auch objektiv unsicher ist.

Kantianer haben oft über den Unterschied zwischen Glauben und Meinen debattiert. Kant sagt, die logische Voraussetzung ergebe sich häufig aus der Lebensweise einer Person. Ein gottesfürchtiges Leben beweise, dass die Existenz Gottes logisch gesehen notwendig für diese Person sei.

Ich glaube zwar, dass Zucker Gift ist (ich habe die Studien gelesen), aber eben habe ich einen Keks gegessen. Die Überzeugung,

Zucker sei Gift, ist für mich also nur eine Meinung. Als Meinung ist sie vollkommen angebracht, aber das reicht offensichtlich nicht aus, um sie zu akzeptieren, und daher kann sie für mich nicht als Glaube gelten. Wenn jeder, der einen Löffel Zucker isst, tot umfallen würde, dann wären wir alle aus rein logischen Gründen gezwungen, zu akzeptieren, dass Zucker Gift ist. Die Überzeugung würde zu einer bewiesenen, universellen Wahrheit werden. Doch so ist es nicht. Es ist nur eine Meinung, beispielsweise die von mir, einer Person, die gerade einen Keks verspeist hat. Ich habe eine Freundin, die seit einem Jahrzehnt keinen raffinierten Zucker gegessen hat. Für sie ist »Zucker gleich Gift« ein Glaube, keine Meinung, und der einzige sichtbare Beweis dafür ist, dass sie so gelebt hat. Das Ganze dreht sich im Kreis, aber wie sollen wir sonst die Vollmacht des Individuums etablieren?

Kant nennt das Beispiel eines Arztes, der nach der Untersuchung eines Patienten vermutet, dass dieser an Schwindsucht leidet. Diese Feststellung wird von einer Meinung zu einem Glauben, sobald der Arzt den Patienten entsprechend behandelt. Wenn die Behandlung schnell anschlägt, würde die Diagnose vermutlich zu dem Wissen werden, dass der Patient an Schwindsucht leidet.

An welchem Punkt wird der Glaube vieler Experten zu Wissen? Wenn ein Experte aus logischen Gründen gezwungen ist, eine Sache als wahr anzusehen, und wenn dann, Jahrzehnte später, tausend andere Experten ebenfalls so denken, wissen wir es dann irgendwann alle?

Womöglich besteht die Aufgabe eines Experten darin, uns alle auf Kants Stufen der Akzeptanz hin und her zu bewegen. Wenn genügend Experten von einer Meinung zu einer Überzeugung gelangen, dann schließt sich die Kluft zwischen individueller Überzeugung und kollektivem Wissen. Die Überzeugung eines Durchschnittsmenschen mit der von tausend Experten gleichzusetzen ist falsch. Experten zu ermahnen, Raum für die Überzeugungen eines Durchschnittsmenschen zu schaffen, ist irrational. Simone Weil schrieb in ihren Meditationen *Schwerkraft und Gnade*: »Es ist nicht erforderlich, dass man sich zwischen verschiedenen Ansichten entscheidet. Man soll sie alle gelten lassen, aber die auf entsprechenden Ebenen einander über- und unterordnen.« Um die Mysterien des Universums – Gott, die Schöpfung, das Leben nach dem Tod – zu begreifen, braucht es einen Verstand, der »scharfsinniger, durchdringender, strenger und unnachgiebiger« ist als jeder andere.

Heute stellen amerikanische Politiker bedenkenlos Expertisen und öffentliche Meinungen auf dieselbe Ebene, sie verlangen, dass in Schulen Evolutionslehre und Kreationismus als gleichwertige Theorien unterrichtet werden, oder stellen die Meinungen von Unternehmern und Lobbyisten mit denen von Klimaforschern gleich, um anschließend behaupten zu können, die ganze Sache sei noch nicht entschieden oder strittig, wie eine »lebendige Hypothese« von William James. Ich frage mich, was James, der Erkenntnistheoretiker, dazu sagen würde, wie wir heute offene Fragen und flüchtige Gedanken durch Kurzsichtigkeit, Sturheit und magisches Denken künstlich am Leben halten. Wenn man die Augen nur fest zusammenkneift und die Außenwelt ignoriert, können Fragen, die längst abgehakt sind, wieder in die öffentliche Debatte geworfen werden, egal, wie ermüdend es für diejenigen ist, die mehr davon verstehen.

Weil glaubte an eine strikte wissenschaftliche Praxis; sie ging hart mit der modernen Wissenschaft ins Gericht und verlangte, dass sie sich nicht nur ihrem schmalen Forschungsfeld, sondern größeren Wahrheiten zuwendete. Wenn sie das gesamte heutige Wissen sehen könnte, würde sie vermutlich sagen, Gott habe einen Teil des Mysteriums durch die Evolutionslehre enthüllt und wir sollten demütig genug sein, um es anzunehmen. »Es gibt nichts, das wahrer Demut mehr ähnelt als Intelligenz … denn wir wissen, selbst wenn wir im nächsten Moment zum Idioten werden würden und für den Rest unseres Lebens einer bleiben würden, würde die Wahrheit dennoch weiterhin unverändert existieren.«

Expertise beginnt demnach damit, etwas aus einem bestimmten Blickwinkel zu beobachten und zu erkennen, wie vieles man nicht sehen kann – die vielen Engel, die sich unserem Blick entziehen. Dann kann man womöglich akzeptieren, dass man sterben wird, bevor man das ganze Bild gesehen hat, und einfach weitermachen.

Als ich McKinsey verließ, war ich voller Selbstvertrauen. Ich wusste, wie man eine Verhandlung für sich entscheidet und wie man den anderen dazu bringt, nachzudenken, bevor er einem widerspricht, eine Regel, die ich mir selbst nicht zu Herzen nahm. Der Schlüssel war, dem anderen jede noch so kleine logische Unstimmigkeit unter die Nase zu reiben – Strohmänner, fehlende Daten, überholte Daten, mangelhafte Daten, eine zu große Fehlertoleranz, Ergebnisse, die innerhalb der Fehlertoleranz lagen, zu viele Ausreißer, eine unübliche Datenerfassungsmethode, Scheinkorrelationen, und alles, was mir noch so einfiel – während ich meine eigenen Behauptungen sorgfältig und vorsichtig formulierte: »Meiner Theorie nach …« Für manche Menschen wird eine Theorie, die glaubhaft vorgetragen wird, zur Tatsache. Und die glaubhafte Vortragsweise konnte man einüben, man musste es sogar.

In Harvard gab ich Einführungen über das Netzwerken in der Geschäftswelt für Erstsemester. Ich war voller Leidenschaft und sagte ihnen einfach ganz unverblümt, was sie tun sollten. Bald wuchs meine Zuhörerschaft, und als die Berufsberatung davon erfuhr, sprach ich vor gut gefüllten Auditorien. Um mir selbst gegenüber fair zu sein (was ich immer bin): Ich bekam dafür kein Honorar, ich tat es, weil es mir Spaß machte. Eines Tages bekam ich einen Anruf von einem Kommilitonen aus der Business School. Er fragte mich fast entschuldigend: »Was macht dich eigentlich zu einer Expertin in dieser Sache?«

»Dass ich die PowerPoint-Präsentation erstellt habe«, gab ich zurück.

Er lachte, und wir sprachen über etwas anderes. Ich frage mich, ob er sich noch daran erinnert. Für mich war es ein Moment der Erkenntnis, was Expertise angeht: Ich kann die Leute davon überzeugen, dass ich eine Expertin bin, indem ich Alltagswissen neu verpacke. Später brachten viele meiner Kommilitonen populäre Bücher heraus, darüber, wie man sich seine Zeit besser einteilt, wie man sein eigener Chef wird, wie man weniger arbeitet, wie man besseren Sex hat. Doch nichts davon war Expertise, es war nur bombastisches Geschwafel. Wir stolpern über etwas Nützliches und machen daraus ein System. Wie junge Finanzberater. Oder Brandermittler.

Schon früh verlangte es mich nach Expertisen, Referenzen, nach allem, was beruhigende Sicherheit versprach. Und dennoch sind mit den Jahren immer mehr Fragen aufgekommen. Tue ich wirklich mein Bestes? Dieser Drang nach Insiderwissen und Gewissheiten hat sich in den letzten Jahren verändert. Heute sehe ich es mehr so: In ihrer Autobiografie *The Writing Life* schreibt die Autorin und Essayistin Annie Dillard über einen Studenten, der Schriftsteller werden will, aber überrascht ist, als er gefragt wird, ob er Sätze mag. »Wenn er Sätze gemocht hätte, dann hätte er einfach anfangen können«, schreibt Dillard, »wie ein fröhlicher Maler, den ich kannte. Ich fragte ihn, wie er zur Malerei gekommen sei. Er sagte: ›Ich mochte den Geruch von Farbe.‹«

Mit 42 bin ich mir nicht sicher, ob ich irgendeine Art von Expertentum erreicht habe. Ganz bestimmt bin ich mir weniger sicher über das, was ich weiß, als mit 33 oder 23. Es gibt nicht den einen Tag, an dem man zum Experten wird, oder? Es dauert lange, und andere Leute entscheiden es für dich. Und es geschieht auch in unserem Privatleben, in unzähligen rätselhaften Fragen, die das, was man glaubt, bereichern oder infrage stellen, und zahlreichen ungeplanten Umwegen. Im Leben gibt es Bereiche, in denen der öffentliche und der private Wissensvorrat weit auseinanderklaffen. Ich glaube, ich habe beides erlebt: Man hat Vertrauen in mich gesetzt, obwohl ich von etwas nur wenig verstanden habe, und man hat mir misstraut, als ich längst das Gegenteil bewiesen hatte.

Heute kann ich keine leidenschaftlichen Reden mehr halten. Ich arbeite mich lieber langsam voran. Ich befürchte, dass ich eines Tages, in einem entscheidenden Moment, nicht mehr wissen werde, was ich nicht weiß. Eines Tages werde ich einen riesigen Fehler machen. Das wird bestimmt geschehen. Eines Tages werde ich dazu beitragen, eine Tragödie zu verursachen.

Heute weiß ich, dass Expertise im Stillen erworben wird, allein in dunklen Stunden, in denen man im Dreck nach Gold sucht, während die Fähigkeiten, dieses Wissen zu präsentieren, merklich nachlassen. Wenn so viele Profis sich mit Zerrbildern zufriedengeben (weil sie nur den Rezeptblock, das Büro, den Anstrich von Expertise im Blick haben), wer soll dann noch den stillen Einsiedlern glauben, die im Fernsehen wie verschreckte Kätzchen wirken? Wir haben uns an unsere gedanklichen Abkürzungen gewöhnt und sind prädestiniert dazu, uns täuschen zu lassen.

Aber ich will nach den Wissensbewahrern suchen, den Epidemiologen, den Rechtsgelehrten, den Handwerkern, die sich auskennen, und ich habe endlich herausgefunden, wo sie zu finden sind. Die Besten ziehen sich ganz in ihr Handwerk zurück; man findet sie, wie sie staunend und amüsiert in die Luft starren (in grellrosa Hemden oder in Segelschuhen, mit schiefen Brillen oder Krümeln in den Haaren), wie sie sich sorgfältig und bedächtig über Jahrzehnte mit einer einzigen Frage beschäftigen und sich niemals umschauen, wie laut der Lärm auch sein mag.

Auf Wiedersehen, McKinsey und dein Vertrauensbildungstraining.

Rilke rät den Künstlern, die Einsamkeit zu suchen und willkommen zu heißen, in sie einzutauchen, um lebendig zu werden. Sich in die Windungen des eigenen Geistes zu vertiefen. Durchlässig für die Geschichten anderer zu sein. Eine Geschichte ist wie ein Staubkorn in einer Auster, sagte ein Mentor zu mir. Die stundenlange Arbeit, die es braucht, um das Staubkorn zu ummanteln, erschafft die Perle. In den Stunden, die es braucht, um die Details abzuwägen, erlischt das Feuer der Jugend.

Vor einigen Jahren war Josh auf einer Gartenfeier erschienen, die wir anlässlich von Sams Geburtstag gaben. Viele unserer Freunde waren da. Wir saßen im Kreis auf dem ungeschnittenen Rasen. Josh war heiter, lebhaft. Doch als er anfing, eine Geschichte zu erzählen, klangen die Worte und das Tempo merkwürdig. Er schweifte ab, kämpfte sich durch die Geschichte, zupfte Grashalme aus dem Rasen und verfehlte fast immer das richtige Wort. Er verwendete nicht die üblichen Metaphern und die Leute hatten Schwierigkeiten, ihm zu folgen. Er war es nicht gewohnt, unter Menschen zu sein, und wirkte wie eine Fälschung, ein Schatten seines gesünderen Ichs.

Um mich von den Philosophen zu erholen, griff ich nach einem Gedichtband, den Sam im Flur vergessen hatte. Ich blätterte darin herum, in dem Versuch, meinen Geist von all dem akademischen Geschreibsel zu befreien. Zufällig stolperte ich über Walt Whitmans *Gesang von mir selbst.* Ein Abschnitt traf mich wie ein Schlag vor die Brust und ich musste an das Gartenfest denken, das einige Jahre vor Joshs Tod stattfand. Vielleicht hatte dieses Buch nur dort gelegen, damit ich es aufschlug und diese Zeilen las, die mich an diese Familie erinnerten, Elenas und Sams Familie, und an Flos Kummer, und an Menschen wie Josh, die ihr Leben lang auf Partys darum gekämpft haben, Menschen wie mich zu überzeugen.

> Ein Kind sagte: Was ist das Gras? und brachte es mir mit vollen Händen;
> Wie konnte ich dem Kinde Antwort geben? Ich weiß es ebenso wenig. …
> Und jetzt scheint es mir das schöne unverschnittene Haar von Gräbern zu sein.

Das unverschnittene Haar von Gräbern. Kinder wissen instinktiv: Das ist Gras. Das ist ein Blatt. Jeder andere Name wäre falsch, ein Ding, das sich als ein anderes ausgibt. Oder vielleicht nicht falsch, sondern eine neue Metapher, die gerade erst erschaffen wurde. Kinder bemerken Lügen und Unstimmigkeiten, aber nur für kurze Zeit. »Das waren mal Blätter, aber jetzt ist es ein Haufen, der knirscht, wenn man darauf herumtrampelt.« Dann überlassen sie sich ihrer Fantasie, einem wundersamen anderen Universum, das sie eines Tages aus dem Blick verlieren werden. Und selbst ein skeptisches Kind wird den Atem anhalten, wenn es durch ein Kaleidoskop schaut, eine Röhre, die mit bunten Glasstückchen gefüllt ist, die durcheinanderfallen und sich zu neuen Mustern ordnen, und flüstern: »Guck mal, Mami, Blätter!«

11

Vor dem Gesetz steht ein Türhüter. Zu diesem Türhüter kommt ein Mann vom Lande und bittet um Einlass, denn das Gesetz sollte jedem frei zugänglich sein. Der Türhüter sagt ihm, er könne jetzt nicht eintreten, und warnt ihn davor, es zu versuchen, da er selbst nur der erste in einer ganzen Reihe von immer mächtigeren Türhütern sei, an denen man nicht vorbeikäme. Eventuell könne er zu einem späteren Zeitpunkt eintreten. Der Mann entscheidet sich dazu, zu warten. Der Türhüter bietet ihm einen Schemel an. Jahre vergehen und der Mann wird alt. Inzwischen kennt er jeden Floh im Pelzkragen des Türhüters. Er gibt dem Türhüter alles, was er besitzt, um ihn umzustimmen, doch der Türhüter akzeptiert es nur, damit der Mann nicht denken muss, er habe nicht alles versucht. Die Bestechung bleibt erfolglos. Mit dem Alter wird der Mann kindisch, er bittet sogar die Flöhe, den Türhüter umzustimmen. Schließlich fragt er, wieso niemand außer ihm in all den Jahren Einlass verlangt habe. Der Türhüter antwortet: »Hier konnte niemand sonst Einlass erhalten, denn dieser Eingang war nur für dich bestimmt. Ich gehe jetzt und schließe ihn.«

Kafkas Parabel *Vor dem Gesetz* wirkt auf mich wie ein nur allzu bekannter Albtraum. Mit dem Türhüter kann man nicht diskutieren. Es ist töricht, das System fehlerhaft zu finden, und ebenso töricht, sein Leben damit zu vergeuden, vor dem Tor zu warten. Hätte der Mann einfach durch das Tor zum Gesetz gehen können? Letztlich kämpfte er nicht mit dem Türhüter. Er blieb draußen vor der Tür, aus Angst und Respekt für eine selbst ernannte Autorität. Er zitterte vor den Regeln. Hätte er hineingehen und den letzten Türhüter herausfordern sollen, anstatt draußen zu hocken, eingeschüchtert und gehorsam?

Im *Prozess* geben ein Geistlicher und ein Maler K Ratschläge. Der Geistliche stellt die größeren moralischen Fragen: Warum setzt man sich dem aus? Im realen Leben haben Geflüchtete nicht die Macht, sich aufzulehnen und über Grenzen und Türhüter hinwegzusetzen. Die meisten von ihnen folgen den Ratschlägen des Malers. Dessen Rat lautet, zu leben und sich an den Lücken zu erfreuen, die das System eröffnet. Entweder die Geflüchteten finden einen freundlichen Beamten, der ihren Fall weiter betreibt (der Maler bezeichnet das als »Verschleppung«) oder sie werden verhaftet und wieder entlassen, immer wieder (wie bei der »scheinbaren Freisprechung«) und vergeuden so ihr Leben. Manche werden nach Jahrzehnten aus diesem Teufelskreis entlassen, es sind diejenigen, die immer wieder an höhere Instanzen appellieren, die nicht akzeptieren, dass man ihnen nicht glaubt, sondern einen Türhüter nach dem anderen beiseitestoßen, bis sie dem mächtigsten von allen gegenüberstehen. Dazu braucht es einen übermenschlichen Willen. Und die Bereitschaft, zu riskieren, dass die Tür endgültig zugeschlagen wird und sie zurück in den sicheren Tod geschickt werden. Für manche ist das besser, als endlos zu warten, wie ein Hund vor der Tür.

Das System ist so angelegt, dass man sein Leben vergeudet und seinen Verstand verliert, sagt Kafka. Kenne deine Macht.

Meint »Eintritt in das Gesetz«, dass man tun muss, was nötig ist, um zum menschlichen Kern, dem rationalen innersten Richter durchzudringen?

Kafkas Geistlicher sagt K, dass er sich selbst täuschen würde. »Das Gericht will nichts von dir. Es nimmt dich auf, wenn du kommst, und es entlässt dich, wenn du gehst.« Hör auf, dagegen anzukämpfen, scheint er zu sagen. »Man muss nicht alles für wahr halten, man muss es nur für notwendig halten.« Egal, wie unaufrichtig es ist, wir müssen einen Weg finden, um innerhalb der Logik eines Albtraums nicht die Kontrolle zu verlieren. »Trübselige Meinung«, sagt K. »Die Lüge wird zur Weltordnung gemacht.«

In der Nähe unseres kleinen Dorfs, am Ende einer schmalen Straße, wohnt eine Schauspielerin. Ihr Haus hat eine eigene Geschichte, und über die Jahre habe ich angefangen, die neue Besitzerin zu mögen, weil sie sich mit viel Mut und Kraft aus sehr bescheidenen Verhältnissen herausgearbeitet hat. Dennoch haben wir nicht viele Gemeinsamkeiten. Trotz ihrer Erfolge ist alles, was die Schauspielerin will, die Maßeinheit für ihren Wert als Frau, ein Ehemann aus der Oberschicht. Ihre Angst kann ich verstehen: Einst ausgeschlossen sehnt sie sich nun nach Geborgenheit und Nähe zu denjenigen, denen die Gesellschaft Sicherheit garantiert, selbst wenn sie nichts tun und nichts zu geben haben. Sie möchte dazugehören, selbst wenn diese Menschen sie nach ihrer Herkunft beurteilen. Manchmal stelle ich mir vor, wie sie einen langweiligen Engländer mit einem Titel und ohne Vermögen heiratet, ihm die Schlüssel zu ihrem Besitz übergibt, mit seinen sehr viel kleineren Erfolgen angibt, nach und nach ihre Karriere vernachlässigt und ihm Tee serviert. Ich will schreien: »Du bist doch endlich frei!«

»Was regst du dich so auf?«, fragt Sam.

»Tu ich gar nicht«, antworte ich. »Wenn man zusieht, wie jemand gleich in einen Hundehaufen tritt, möchte man ihn am Arm greifen.«

Nachdem unsere Kommune sich aufgelöst hatte, traf die Schauspielerin in Begleitung eines jungen Mannes aus der britischen Upperclass ein, einem gut aussehenden blonden Londoner, der behauptete, in der Finanzwelt tätig zu sein. Ich brauchte nur etwa drei Fragen, um festzustellen, dass er weder der Harvard- noch der MBA-Typ war, nicht mal ein Noah. Er verbrachte vier Stunden am Tag damit, einen »kleinen Fonds« zu verwalten, für Investoren, die nicht nach einem talentierten Fondsmanager suchen, sondern die eigenen drögen Söhne einstellen. Und er wollte auch gar keinen anderen Eindruck erwecken. Für ihn war der Job nur ein Mittel, um davon abzulenken, dass er reich geboren wurde. Wie bei einem knappen Kleidungsstück ging es nicht darum, das Darunterliegende zu verdecken, sondern es aufreizend herauszustellen, während man der sozialen Konvention folgt, nicht gänzlich nackt zu erscheinen.

Mein Instinkt verleitete mich dazu, mich besonders hässlich zu geben, im Pyjama herumzulaufen und den Abfalleimer draußen stehen zu lassen.

Während ihres Aufenthalts machte die Schauspielerin Anspielungen auf eine Hochzeit. Er wich aus. Da sie daran gewöhnt war, überall die begehrenswerteste Person im Raum zu sein, ignorierte sie die Regeln, die die meisten Frauen kennen: nicht nach allem zu fragen, was man haben will, nicht zu gierig zu sein, nicht zu sehr zu lieben oder zu viel zu wollen. Ihr dabei zuzusehen, wie sie ohne Drehbuch agierte, war tragisch; über die Jahre war sie in so vielen Liebesfilmen aufgetreten, dass es ihre Vorstellung sprengte, einmal nicht die Hauptrolle zu spielen. Dennoch bewunderte ich ihre unverfrorene Art; für sie war es undenkbar, zurückgewiesen zu werden. Er ließ einmal ganz beiläufig fallen, dass seine Großeltern es nicht gern sehen würden, dass er mit einer Schauspielerin liiert war.

Allein mit Sam schäumte ich vor Wut: »Zumindest *tut* sie irgendetwas!«

Gelegentlich war der Aristokrat freundlich und fürsorglich. Er kochte das Abendessen. Er schickte eine Drohne mit einem einzelnen Schokoladenei herüber. Wie kann man jemanden nicht mögen, der so etwas tut? Und dennoch erinnerte mich eine innere Stimme ständig daran, dass er Teil eines furchtbaren Klassensystems war, das auf Kolonialismus, Imperialismus, Rassismus und Diebstahl beruhte – ein System, von dem ich mir wünsche, dass es untergeht und seine Beute zurückgeben muss. Bei einem Grillabend ließ er eine Spitze gegen Sam los. Er tat es so subtil, dass es eventuell ganz unbewusst geschah. Er hatte einen großen Teil seiner Kindheit in Indien verbracht (wenn ich »Kolonialismus« sagte, zuckte er jedes Mal zusammen), war aber nie mit einer Frau aus Südasien ausgegangen. Während er den Grill im Auge behielt, sagte er ganz nebenbei: »Ich hatte nie Gelbfieber.«

Sam und ich sahen einander verblüfft an. Später fragte ich Sam: »War das eine verdeckte Anspielung oder ein rassistischer Ausrutscher? Ich weiß es wirklich nicht.«

Am folgenden Abend unterhielten wir uns über englische Eigenarten. Er gab vor, noch nie etwas vom *Queen's English* gehört zu haben, dem Akzent der Oberschicht. Die Schauspielerin war verwirrt: »Aber das sehe ich ständig in Drehbüchern!« Danach sprachen wir über unsere Studienzeit. Sam erwähnte, dass er in seinem ersten Jahr in Oxford seinen Essex-Dialekt betont hätte. Damit wollte er signalisieren, dass er es aus eigener Kraft geschafft hatte. Leider taten viele der reichen Studenten dasselbe. Der Aristokrat zählte einige verbotene Wörter auf, an denen man einen Aufsteiger aus der Mittelklasse erkennen kann (*tea* anstatt *dinner*, *serviette* statt *napkin*).

Die Schauspielerin sagte: »Aber neulich Abend hast du doch auch ›Zeit für den Tee‹ gesagt?«

Er lachte: »Das war gar nicht für dich bestimmt, Schätzchen, es war ein Insiderwitz.«

Auf wessen Kosten, fragte ich mich. Der Aristokrat erklärte, dass die Mittelklasse immer versuchen würde, französisch zu klingen. »Was, wenn sie halb französisch sind?«, fragte ich und dachte dabei an Elena. »Dürfte meine zweisprachige Tochter *serviette* sagen?«

Er kicherte und sagte freundlich: »Wenn sie Französisch spricht, schon.«

Verdammt, ich mochte diesen Mann. Er würde einen charmanten Bauern, Arzt oder Mechaniker abgeben, wenn ihm nicht alles Praktische ausgetrieben worden wäre.

An diesem Abend entdeckte ich Nancy Mitfords bissige Texte über die Sprache der englischen Upperclass: wie sich die Aristokraten ganz unauffällig von den Nicht-Aristokraten abgrenzen. Sie geben nonchalant vor, wie die Arbeiterklasse zu reden. *Counter-signaling* bedeutet: Wenn man etwas im Überfluss besitzt, braucht man es nicht mehr hervorzuheben und kann sich benehmen wie diejenigen, die nichts davon haben. Wie der Milliardär in Jeans und Sandalen, die Göttin ohne Make-up. Ihre *Counter-signals* heben sie von der Mittelklasse ab, und das ist das Einzige, was wirklich zählt. Die Sprache der Upperclass ist einfach, schnörkellos, unangestrengt. Die Botschaft lautet, dass die Upperclass nicht darüber nachdenken muss, welche Worte sie benutzt, dank ihrer angeborenen Sensibilität liegt sie immer richtig.

Ich ging an die Decke, knallte meinen Laptop zu und stürmte in Sams Arbeitszimmer.

»Ist dieser vollkommen mittelmäßige Mensch etwa insgeheim der Meinung, ich gehöre nicht zur Upperclass?«

»Natürlich«, antwortete Sam lachend. »Deine Persönlichkeit spricht gegen dich.«

»Was willst du damit sagen?«, fragte ich »Erklär mir das, sofort, denn dieser Snobismus … Ich habe *drei* Diplome!«

»Genau das meine ich«, sagte Sam. »Die Upperclass ist subtil. Du bist wie ein Kugelfisch, wenn dich jemand auch nur leicht anstößt, macht es gleich puff – und die drei Diplome kommen heraus.«

Er hatte einen wunden Punkt getroffen. Aber ich war verwirrt; denn wenn Überfluss heruntergespielt wird, warum spreche ich dann ständig über meine Diplome, die ich ja tatsächlich habe? Womöglich bin ich nicht davon überzeugt, dass sie mir wirklich gehören oder dass ich sie verdiene. Womöglich habe ich etwas verwechselt, wenn ich glaubte, sie würden mir Zutritt zu einem Stamm verschaffen, zu dem der Aristokrat ganz selbstverständlich gehörte.

»Aber ich habe sie mir verdient!«, sagte ich beleidigt.

»Du hängst deine Diplome an die Wand!«, antwortete Sam. »Ich sage ja nicht, dass das falsch ist, aber wenn du mich schon nach diesen Leuten und ihren Regeln fragst: Es ist gar nicht Upperclass, den Kram so zur Schau zu stellen.«

»Wie bei dem Chanel-Logo«, murmelte ich mit verschränkten Armen.

»Was?«, fragte er.

»Vielleicht soll man seine soziale Klasse nicht herausstellen, weil sie gestohlen und unverdient ist und diejenigen das auch wissen«, sagte ich. »Aber ich habe mir meine Diplome verdient! Und außerdem hängen sie in meinem Arbeitszimmer und nicht über dem Sofa im Wohnzimmer. Wenn du mich fragst, dann ist es viel unentspannter, sie unter dem Bett zu verstecken.«

»Sie zu rahmen und aufzuhängen macht jedenfalls mehr Mühe«, entgegnete Sam.

»Man bekommt sie schon gerahmt!« (Stimmt nicht. Ich habe hundert Dollar für jeden Rahmen ausgegeben.)

»Du hast ja recht.« Sam lächelte freundlich. »Aber du nimmst es zu wichtig. Alles ist für dich ein Aufreger.«

Ich gebe es zu, ich bin nicht gerne eine Außenseiterin. Ich werde mit dem Türhüter verhandeln, bis ich sterbe. Und ich werde um die verbotenen Wörter trauern, die so leichtfertig ausgemustert werden. Was für eine Verschwendung. Das erste Mal, als ich hörte, wie ein Engländer *dinner* als *tea* bezeichnete, fand ich es charmant. Vor meinem inneren Auge erschienen einige leichte Sandwiches. Ich hörte das Klingen von Gläsern, das Rieseln von Zucker in eine Tasse heißen Tees. Wie abwegig, jemanden abzulehnen, weil er ein falsches Wort verwendet, während er gleichzeitig Gastfreundschaft anbietet. Und warum? Weil es signalisiert, dass jemand sich bemüht und sich kümmert – das Beste, was ein Fremder tun kann.

Obgleich Insidersprache sich über Generationen entwickelt, hat sich ein Merkmal der Upperclass nicht verändert, weil es sich nicht vertuschen lässt: die Kälte gegenüber denjenigen, die bedürftig sind. Mitgefühl ist eine Eigenschaft, die sie als evolutionäres Versagen der niederen Klassen ansehen.

Einige Tage später, nach ein paar Flaschen Wein, zeigte der Aristokrat uns ein Video, das seine Freunde aus der Privatschule gepostet hatten: Darin war ein alter braunhäutiger Mann zu sehen, der für die Summe von fünf Pfund bereit war, sich auszuziehen und seine

Genitalien vor der Kamera hin und her zu schwenken. Die reichen englischen Jungen lachten hämisch und schlugen dem Mann auf die Schultern, als wäre er ein Freund. »Seht mal, wie gut wir uns mit diesem Mann aus der Gosse vertragen!« In den Kommentaren wurde die Summe genannt; für wie wenig ein menschliches Wesen seine Würde verkauft. Womöglich ist das amüsant, wenn man selbst so viel hat; womöglich ist es ein Triumph, ein derartiges Video für nur fünf Pfund zu bekommen. Sam und ich starrten ungläubig auf das Video, der Aristokrat bemerkte nicht einmal, wie scheußlich es war. Als ich Sams Ausdruck sah, wusste ich, dass er sich vorstellte, wie der alte Mann in stiller Würde dastand, bevor er tief Luft holte und sich vor der Kamera auszog. Wie war die Summe von fünf Pfund berechnet worden? Die Schauspielerin sah ihren gewöhnlichen Mann bewundernd an, mit jedem sehnsüchtigen Blick und jedem Seufzer verlor sie mehr von ihrem Wert.

Als wir zu Hause waren, wirkte Sam zerstreut.

»Jetzt begreife ich es«, sagte ich. »Grausamkeit ist die Währung dieses Stammes.« Sein ganzes Leben lang war der Aristokrat für seine Indifferenz belohnt worden, so wie andere für ihre Mühe belohnt werden.

Sam sah sein Telefon an.

»Hörst du mir zu?«, fragte ich.

»Entschuldigung«, sagte er. Er wolle nicht mehr über den Engländer sprechen. Kürzlich hatte Sam damit begonnen, Bewerbungen für Business Schools zu redigieren. »Übrigens«, sagte er, »ich bearbeite gerade wieder eine Bewerbung von einer McKinsey-Kandidatin. Hör dir das mal an: Ihre Schwester hat versucht, sich umzubringen. Jetzt schreibt sie in ihrer Bewerbung, dass sie ›effektivere Leadership-Skills kultivieren‹ will.«

»So ein Blödsinn«, sagte ich und konnte mir ein spöttisches Lachen nicht verkneifen.

Sam grinste und las in seiner besten Business-Arschloch-Stimme vor: »Indem ich mir meine momentane Verletzlichkeit zunutze mache, bin ich ideal geeignet für eine Managerposition …« Er hielt inne: »Eigentlich schreibt sie ›meine Verletzlichkeit ausstelle‹ … das ist das Verb, das sie gewählt hat: ausstellen.«

»Sie hat ihr Englisch in der Businesswelt gelernt«, sagte ich. »Das kannst du ihr nicht vorwerfen.«

Sam holte tief Luft. Ich fühle mich bloßgestellt, wenn Sam mir Übelkeit erregende Bewerbungen von McKinsey-Kandidaten für Harvard vorliest, die mich an meine Vergangenheit denken lassen. Dann erinnere ich mich daran, dass ich niemals ein derartiges Essay geschrieben habe, dass meine Vorgesetzten mich gewarnt haben, dass ich jung und unsicher klingen würde. Vielleicht habe auch ich versucht, mir meine Verletzlichkeit zunutze zu machen.

»Und alle fragen mich ständig, ob sie einen Preisnachlass bekommen könnten«, sagte Sam.

»Bitte sag ihnen, dass sie das vergessen können«, antworte ich. »Solchen Leuten sollte man nie einen Rabatt geben. Sie wollen ja, dass du Nein sagst. Das bedeutet, dass du es wert bist.«

In dieser Nacht konnte ich nicht schlafen. Ich hatte mich zu sehr verzettelt, indem ich ständig über den Konflikt zwischen Potenzial und Bedarf nachgedacht und dabei die faulen Wurzeln aus dem Blick verloren hatte. Jetzt schien es mir, dass die Lüge im Kern der Welt, in der gesamten Struktur, sichtbar wurde. Wie setzt man seine Verletzlichkeit ein, um gesehen zu werden und glaubwürdig zu wirken?

Die mächtige Oberklasse versteckt sie: Subtilität ist die langfristige Abwesenheit jeglicher Bedürfnisse.

Die Bourgeoisie pflegt sie als Bestandteil ihrer Leidenschaft und ihres Potenzials.

Die Wehrlosen haben keine Wahl: Sie dramatisieren sie. Nackt, am Rand der Gesellschaft, haben sie nichts als ihre Bedürftigkeit, die zur Unterhaltung der herrschenden Klasse zur Schau gestellt und von der Mittelklasse ob ihrer Authentizität beurteilt wird. Letztlich haben die Dinge eine Ordnung. Jeder muss vor dem Türhüter seine Identität beweisen.

Dieses Kastensystem manifestiert sich in jedem Bereich, sogar in der Kunst. Westlichen Studenten wird gesagt, dass gute Geschichten wie ein ruhiger Fluss sind. Das Wasser brodelt unter der Oberfläche, doch auf der Oberfläche bleibt alles still. Man sagt uns, dass wir uns Respekt verdienen können, indem wir unaufgeregte Geschichten schreiben, unsere Leidenschaft verbergen und einen kühlen Kopf bewahren, damit die Leser ihre eigenen Emotionen spüren können. Diese westliche Ästhetik ist aus der europäischen Klassenhierarchie entstanden. Iraner ticken anders. Für uns ist Liebe ein Drama. Schmerz ist ein Drama. Liebende hinterlassen keine subtilen Nachrichten, sie reißen sich das Hemd vom Leib. Es ist beunruhigend und verführerisch zugleich.

Was mich in dieser Nacht wach hielt, war jedoch nicht die McKinsey-Bewerberin, die ihre Verletzlichkeit ausstellt, oder der arme alte Mann, der sich für einen Fünfer ausgezogen hat. Ich kam immer wieder auf die dritte Stufe zurück: Warum lassen wir immer noch zu, dass sie das tun? Warum zanken wir über Meritokratien und Zugangskontrollen und wer welchen Pass verdient hat, und lassen weiterhin zu, dass die Kinder der Kolonialherren ihren Insiderstatus mit sich tragen, wo immer sie auch hingehen?

Kurz vor seinem Tod las Josh Kafkas Parabeln und ich las Kafkas *Prozess*. Das erfuhr ich aber erst, als Sam Joshs Wohnung ausräumte und das Buch auf dem Schreibtisch fand. In diesen Wochen begann Sam, in Joshs Kleidern herumzulaufen, wie ein sonderbares Trauerritual. Erst die Pullover, dann die Wintermäntel. Obgleich Josh immer knapp bei Kasse war, hatte er erstklassige Mäntel, von einem schweren, nach Schaf riechenden Lammfellmantel, den er von einem provenzalischen Onkel geerbt hatte, bis zu gewachsten Barbourjacken für die Jagd. An diesem Nachmittag steckte Sam das Kafka-Buch in die Tasche von Joshs Regenmantel und verließ die Wohnung. Mich juckte es in den Fingern, es durchzublättern. Was hatte Josh auf diesen Seiten gefunden?

»Beinahe hätte ich die Parabel vom Türhüter bei der Schiwe vorgelesen«, sagte Sam. »Denn Josh war der Mann, der an der Tür zur Welt stand und darum bat, hineingelassen zu werden. Er hat nie erkannt, dass die Tür sein Schicksal war.«

Über ein Jahr lang habe ich über KV nachgedacht. Ich fragte mich immer wieder: Was hätte er tun sollen? Zurück nach Hause gehen und den eigenen Tod riskieren? Die Sache in die eigene Hand nehmen, wie Josh es getan hat?

In Kafkas Allegorien auf unsere vertrackte Bürokratie scheint es noch um etwas anderes zu gehen. Kafka deutet an, dass auch wir eine gewisse Macht haben: um Autoritäten abzulehnen, wegzuschauen, uns zu weigern, unsere Rolle zu spielen oder sogar das Messer in der Wunde selbst umzudrehen. Wenn wir das Messer akzeptieren, erwachen wir aus unseren Albträumen. Geht es darum?

Sam hockt über Joshs manischen E-Mails. Ich sitze vor dem ausglühenden Herd, in einem alten Daunenmantel, den ich im Schrank gefunden habe. Kurz frage ich mich, ob er jemandem gehörte, der gestorben ist, aber die Vorstellung erscheint mir albern. Kleider gehen ständig von Hand zu Hand, sie können nur den Lebenden gehören, denjenigen, die die Kälte spüren. Ich frage mich, ob KV das blutgetränkte Hemd noch immer hat.

Im Dezember 2018 – nach zwei Gerichtsanhörungen (2011 und 2014), die die Ablehnung des Asylantrags durch das Innenministerium bestätigten – kam KVs Fall durch die Vermittlung von der Helen Bamber Foundation, Freedom from Torture und Medical Justice vor den britischen Obersten Gerichtshof. Es war ein brisanter Fall, voller dramatischer Theorien. Hatte der Arzt seine Kompetenzen überschritten? Würde ein gesunder Mensch sich foltern lassen, um Asyl zu bekommen? Während über solche Fragen verhandelt wurde, fiel dem Gericht eine irritierende Unstimmigkeit auf: Anscheinend hatte das Berufungsgericht einen wesentlichen Teil des medizinischen Gutachtens fehlinterpretiert. Sie waren davon ausgegangen, alle Narben hätten saubere Ränder, selbst diejenigen, die KV an den Armen hatte. Daher, so das Gericht, müsse er die gesamte Zeit bewusstlos gewesen sein (durch Anästhesie), und nicht nur in dem Zeitraum, in dem er vor Schmerz ohnmächtig geworden sei.

Der Oberste Richter war verblüfft: »Hat das Berufungsgericht diesen entscheidenden Punkt etwa übersehen?«

Als der Fehler aufgezeigt worden war, reagierte das Berufungsgericht ausweichend. Wenn es zu diesem Missverständnis gekommen war, dann deshalb, weil Dr. Zapata-Bravo eine ungenaue oder verwirrende Aussage gemacht habe. Obgleich das schriftliche Gutachten eindeutig war und mit KVs Geschichte übereinstimmte, behauptete das Berufungsgericht, der Arzt müsse an anderer Stelle irgendetwas gesagt haben, was zu dieser Fehlinterpretation geführt habe (Folgerung: Das Gericht ist unfehlbar).

In seinem Urteil vom März 2019 wies der Oberste Gerichtshof diesen Vorwurf zurück und hielt fest: »Von einem Gericht der ersten Instanz sollte man erwarten können, dass es die mündlichen Zeugenaussagen aufnimmt, auf die es sich im Weiteren beziehen will.« Außerdem verwies es darauf, dass Dr. Zapata-Bravo immer klar und deutlich auf die Unterschiedlichkeit der Narben hingewiesen habe und nie von seinem Standpunkt abgewichen sei. Es widersprach auch der Behauptung der ersten Instanz, der Arzt habe seine Kompetenzen überschritten, indem er KVs Geschichte als »absolut schlüssig« bezeichnete.

Die erste Instanz hatte sich selbst ein Bein gestellt, indem sie alle Beweise, die KV vorlegte, mit folgender Begründung abwies: Die Sachverständigen des Gerichts hatten nur zwei Erklärungen für die Narben anerkannt: Folter oder Selbstbeibringung (SIBP). Da Folter nach den vom Innenministerium vorgegebenen Prüfungskriterien nicht nachgewiesen werden konnte, gab es nur noch eine Option. Nein, sie könnten nicht sicher sagen, dass es sich um SIBP handele, doch das spielte keine Rolle mehr.

Man könnte sagen, sie behandelten die Sache wie eine lebendige Hypothese von William James. Sie existierte als eine von mehreren Möglichkeiten, und sie war die einzige, die sie nicht entkräften konnten, also fühlten sie sich moralisch dazu berechtigt, sie zu glauben. Als krönenden Abschluss vollzogen sie eine verblüffende logische Volte. Obwohl sie den Arzt dafür abgemahnt hatten, dass er zu weit gegangen sei, indem er die ganze Geschichte für glaubwürdig erklärt hatte, anstatt nur die Narben zu begutachten, tat die erste Instanz genau dasselbe, indem sie ihr Misstrauen angesichts der Narben auf die gesamte Geschichte übertrug und mit Entschiedenheit verkündete: »Unserer Ansicht nach blieb er nach 2003 in Colombo und zog weder damals noch zu einem späteren Zeitpunkt die Aufmerksamkeit des Militärs oder der Polizei auf sich, bevor er nach Großbritannien kam.«

Die Antwort des Obersten Gerichtshofs klingt wie Cliffords Parabel vom Schiffseigner. Glaubt ihr wirklich, ihr stündet moralisch gesehen auf der richtigen Seite? Kein bisschen. Eine lebendige Hypothese kann nicht nur in einem einzigen Kopf existieren. Sie kann nicht eine bereits geklärte Frage wiederaufleben lassen oder Experten widerlegen. Sie muss im Geist einer Gemeinschaft lebendig sein.

Der Oberste Gerichtshof sagte etwa Folgendes: Wenn man davon ausgeht, dass es zwei reale Möglichkeiten gibt, und anschließend eine davon ausschließt, kann man nicht notwendigerweise behaupten, die andere habe sich ereignet. Man kann nicht mit den Schultern zucken und sagen: »Na gut, es ist die einzige Möglichkeit, die noch übrig ist, also nehmen wir sie.« Man muss beide Möglichkeiten einer sorgfältigen Prüfung unterziehen, bevor man eine von ihnen ausschließt. »Es ist hinreichend belegt, dass es 2009 zahlreiche Fälle von Folter durch die Regierungsbehörden von Sri Lanka gab«, sagte der Oberste Gerichtshof, »darunter auch Brandmarkungen mit glühenden Eisenstangen und das Aufhängen von Inhaftierten an ihren Daumen.« Selbst beigebrachte Wunden bei Asylsuchen kämen dagegen »so gut wie niemals vor«.

2019, acht Jahre nachdem KV in Großbritannien eingetroffen war, wies der Oberste Gerichtshof das Berufungsgericht an, eine Neueinschätzung von KVs Asylantrag vorzunehmen. »Es ist eine extreme Maßnahme«, schrieben die Richter, »wenn eine Person entscheidet, sich selbst schwere Verletzungen und starke, anhaltende Schmerzen zuzufügen.« Außerdem hätte KV die Hilfe eines Arztes gebraucht. Selbst wenn ihm das gelungen wäre, wie ließen sich die Narben auf seinen Armen erklären? Und warum waren es so viele? »Eine oder zwei strategisch platzierte Narben hätten ausgereicht, um ihn als Folteropfer auszuweisen.«

Der Oberste Gerichtshof schloss mit einem Zitat des einzigen Richters aus der ersten Instanz, der sich KVs Geschichte unvoreingenommen angehört hatte. In seinem Einspruch hatte Richter Elias gesagt: »Die Tatsache, dass Verletzungen durch SIBP extrem selten vorkommen, sollte besonders berücksichtigt werden … Aller Wahrscheinlichkeit nach hätte es dazu die heimliche Kooperation eines qualifizierten Arztes gebraucht, der willens gewesen wäre, gegen die grundlegenden ethischen Richtlinien seines Berufs zu verstoßen, und der Zugang zu den entsprechenden medizinischen Geräten gehabt hätte.« Es sei einfach zu abwegig, schloss Richter Elias. »Das war seine Einschätzung«, befand der Oberste Gerichtshof mit der Endgültigkeit der letzten Instanz. »Es sollte auch unsere sein.«

Dennoch hatte KVs Fall die humanitäre Community erschüttert. Aktivisten und Anwälte sahen darin einen beunruhigenden neuen Tiefpunkt in einer Kultur des Unglaubens. Verstanden wir als Gesellschaft nicht mehr, dass manche Wahrheiten nur in der Erinnerung erhalten bleiben, ohne Unterlagen oder Beweise? Vergaßen wir, dass Geflüchtete sich vor dem Gesetz nicht wie Kriminelle rechtfertigen müssen? Das Innenministerium instruierte seine Türhüter mittlerweile ganz offen, unlautere Methoden anzuwenden, regte sie dazu an und bildete sie darin aus, Überlebende mit surrealen Logikspielchen in die Falle zu locken. Wenn jemand Asyl bekam, dann deshalb, weil die Beamten ihr Spiel verloren hatten.

Wird das Innenministerium weiterhin SIBP als Grund für die Ablehnung von Asylanträgen verwenden? Ich würde es nicht ausschließen, denn es braucht seine Zeit, bis die Sachbearbeiter ihre Vorurteile ablegen. Noch beunruhigender ist, dass die Asylbeamten auf der ganzen Welt nach derartigen Tricks suchen und dass sie dafür belohnt werden. Sie werden immer neue finden – die cleverer und noch gefährlicher sind.

Obgleich die Medien KVs Fall kaum beachteten, hörten die Menschenrechtsaktivisten nicht auf, über ihn zu sprechen. Was für eine Farce dieser Prozess gewesen sei. Beweisen Sie, dass es nicht geschehen ist, schienen das Innenministerium und die unteren Instanzen zu sagen. Aber sie wussten es. Sie wussten es, nach Kants Definition von Wissen, weil jeder, der KVs Rücken sah, zu keinem anderen logischen Schluss kommen konnte. Narben auf einem Rücken sind Beweise; sie erzählen eine Geschichte. Wir kuratieren sie nicht. KVs Verhandlungen ließen mich an eine Zeile aus den Notizen des französischen Schriftstellers Joseph Joubert denken, der in der napoleonischen Ära lebte: »Nichts, das bewiesen ist, ist offensichtlich; denn was offensichtlich ist, zeigt sich selbst und kann nicht bewiesen werden.«

Doch dem Innenministerium ging es nicht darum, irgendetwas zu beweisen. Die Gegenseite verstand, wie jeder andere auch, dass ein britischer Pass es nicht wert war, die eigene Gesundheit aufs Spiel zu setzen. SIBP war und ist vollkommen unredlich: ein unbestimmter Sammelbegriff, der allein dazu erfunden wurde, um Fälle abzuweisen, in denen Folter die einzig plausible Erklärung ist. »Es ist eine einfache Ankreuz-Übung«, sagt Juliet Cohen, medizinische Leiterin bei Freedom from Torture und eine von KVs Anwälten. »Sie haben einfach ein neues Kästchen hinzugefügt«, ein erfundenes Kriterium, um die Beweislast aller anderen Kästchen künstlich hochzusetzen.

Als KV seine Geschichte ehemaligen Militärärzten und Sachverständigen für Folteropfer erzählte, hatten ihm zunächst alle geglaubt.

Seine Geschichte enthält zahlreiche singuläre Details. Die Glaubwürdigkeitsfragen entstanden aufgrund einiger unerklärlicher Ereignisse, die vielleicht nicht oft vorkommen, aber sich durchaus einmal ereignen können: Die Behörden von Sri Lanka übersahen KVs Vater; jemand half KV bei der Flucht. Das Leben ist verblüffend, ständig geschehen merkwürdige Dinge. Ist es so unvorstellbar, dass eine Geschichte, die mit bleibender Entstellung und Entwurzelung endet, dennoch einige dieser singulären Ereignisse enthält?

Lange nach KVs letzter Verhandlung saß ich in einem Londoner Büro und sprach mit seinem Anwalt Arun, einem umsichtigen, zuvorkommenden Mann, der sich in den vergangenen Jahren mit KV angefreundet hat. Als KV sich zu uns setzte, war ich überrascht von seiner Ungezwungenheit. Die physischen Details sprudelten nur so aus ihm heraus, ein typisches Merkmal von Trauma-Überlebenden, die sich erinnern, anstatt etwas zu erfinden. KV sprach über seine geschäftige Großmutter, ihre Kochkunst und erklärte, wie man Gold einschmilzt. Während er redete, beobachtete der Anwalt mein Gesicht, als wolle er sagen: »Sehen Sie? Jeder der Beteiligten wusste, dass dieser Mann unschuldig ist.« Dass er wie ein Lügner und ein Krimineller behandelt wurde, geschah aus rein politischen Gründen, nicht weil er unglaubwürdig war.

»Die Leute können doch kein Zertifikat vorlegen, dass sie gefoltert wurden«, sagt Dr. Cohen von Freedom from Torture, »und deshalb schleichen sich Zweifel und Vorurteile ein.« Die erste Reaktion auf die Schmerzen eines anderen Menschen ist Zweifel. Wie Vernehmungsbeamte der Polizei sind auch Asylbeamte anfällig für sogenannte Bestätigungsfehler. Sie benutzen ihre Fantasie. Wenn eine Theorie aufkommt, versuchen sie, diese zu belegen. Wir alle versuchen, Beweise für das zu finden, was wir bereits zu wissen meinen.

Gelegentlich machen die Sachbearbeiter nebensächliche Beobachtungen, die clever erscheinen. Narben auf Körperteilen, die auf der gegenüberliegenden Seite der dominanten Hand liegen, könnten selbst beigebracht sein, doch wenn sie an unerreichbaren Stellen liegen, wird derselbe Beamte vermutlich sagen, es handele sich um einen Fall von SIBP. Dr. Cohen erzählt mir von einem Fall, in dem eine Frau in ihr Heimatland abgeschoben wurde. Sie kam zurück mit frischen Wunden und wurde beschuldigt, sich diese absichtlich zugezogen zu haben. »Aber falsche Verletzungen tendieren dazu, oberflächlich zu sein, an gut erreichbaren Körperstellen, nicht im Intimbereich, und alle weisen dieselbe Methode auf (Kratzer oder Schnittwunden). Oft besteht ein Widerspruch zwischen dem, was die Person beschreibt, und was man als Arzt beobachtet. Die psychologischen Auswirkungen der Verletzungen sind andere, wenn man ein Folteropfer ist, als wenn man sich die Wunden absichtlich hat zufügen lassen.«

Der Auslöser für eine posttraumatische Belastungsstörung (PTBS) ist die überwältigende Angst vor dem Unbekannten. Jemand, der eine Folter anordnet, weiß genau, was passieren wird. Und es ist nicht einfach, einem Arzt mit jahrelanger Berufserfahrung, der etliche Patienten unterschiedlichen Alters und aus verschiedenen Kulturen betreut hat, eine PTBS vorzuspielen. Medizinische Experten verlassen sich nicht auf eine einzelne Narbe oder Wunde als Beweis. Sie nehmen eine ganzheitliche Diagnose vor, zu der weiterführende Fragen und objektive Untersuchungen gehören. »Wir wissen, wie wir sie von ihrem Drehbuch abbringen können. Jeder Mensch ist anders. Manche weinen, andere nicht. Es braucht Erfahrung, um die Auswirkungen festzustellen. Man kann nicht ein einzelnes Verhaltensmerkmal als Zeichen für einen Betrug hernehmen.«

Zwischendurch erzählte mir Arun eine Geschichte von einem Mandanten, der in Sri Lanka von den Behörden gesucht wurde. Er fuhr gerade auf seinem Fahrrad, als mehrere Streifenwagen ihn überholten, die auf dem Weg zu seinem Haus waren. Er wusste genau, warum sie kamen, deshalb radelte er langsam weiter, und sobald die Streifenwagen außer Sicht waren, drehte er um und raste in die entgegengesetzte Richtung davon. Diese Geschichte erzählte er den britischen Asylbeamten nie. Sie war zu kinohaft, zu erstaunlich. »Welcher

Richter würde an eine solche Koinzidenz glauben?« Stattdessen sagte der Mann, er sei nicht zu Hause gewesen, als die Polizei kam, und sei nicht wieder hingegangen, nachdem er von dem Verhaftungsversuch erfahren hatte. Diese wahrscheinlichere Geschichte würde man ihm womöglich glauben.

Ich fragte KV nach seiner Familie. Er sagte, sein Vater sei paranoid und habe klickende Geräusche in seinem Telefon gehört. Einmal hatte er drei Minuten lang mit KV gesprochen, von einem geborgten Telefon aus, um ihn davor zu warnen, dass die Behörden auf der Suche nach ihm seien. Später las ich in KVs Aussage von diesem Telefongespräch. Wie entscheidend drei Minuten in einem Jahr, in einem Leben sein können.

Arun lächelte und bot mir ein Glas Wasser an. Er widmet sich tagtäglich der Aufgabe, solche unwahrscheinlichen Geschichten zu belegen. Ein Advokat in Kafkas *Prozess* sagt zu K, dass Anwälte häufig in Schwermut verfallen, weil die Fälle, die gewonnen werden, bereits dazu ausersehen waren und all die kleinen Siege, die einem während eines Prozesses Freude bereiten, am Ende unbedeutend sind. Das Gericht glaubt, was es glauben will.

Hat es jemals einen Arzt gegeben, der willens gewesen war, gegen jegliche Ethik zu verstoßen, einen Patienten zu sedieren und ihm Folterwunden zuzufügen, für den Preis, den ein Schneider oder ein Juwelier bezahlen konnten? Wir stolpern in die Angst und wir bauen Gerüste um die Wahrheit herum auf. Wir setzen Türhüter ein und wir erhöhen die Beweislast mehr, als es sich der feindlichste Sachbearbeiter auch nur vorstellen kann. Womöglich ist das reine Erstaunen des britischen Obersten Gerichtshofs noch die ehrlichste Reaktion: Es wäre eine extreme Maßnahme gewesen.

Weil ich spät dran war, musste ich mich nach meinem Treffen mit KV beeilen. Er lief mir nach, um sich zu verabschieden. Er sagte mir seinen echten Namen und gab mir seine E-Mail-Adresse. Er war ganz außer sich vor Sorge. Würde seine Geschichte wieder übergangen werden? Warum sollte er mir vertrauen, wenn sie bereits zuvor von den Medien ignoriert worden war? Geschichten verschwinden jeden Tag.

Am Ende von Kafkas Erzählung *In der Strafkolonie* weigert sich der Reisende, dem Hüter der brutalen Maschine zu helfen. Er bezeichnet den Offizier als unmenschlich. Daraufhin klettert der Offizier, der sein ganzes Leben und all seine Gedanken auf die Konstruktion des Apparats verwendet hat, selbst hinein. Gefangen in seiner eigenen Logik unterwirft er sich der Harke, seinem Lebenswerk, und wendet die Strafe auf sich selbst an. Der Reisende kehrt in sein Land zurück. Als zwei Flüchtlinge versuchen, auf sein Schiff zu gelangen, um aus der Strafkolonie zu entkommen, wehrt er sie ab und verweigert ihnen die Rettung.

Welcher der beiden Männer, der Offizier oder der Reisende, hat sich seiner eigenen Überzeugung entsprechend verhalten? Bevor er seinen Körper der Maschine überlässt, gibt der Offizier einen Satz in den Schreiber ein. Er lautet: »Sei gerecht.«

In jenem Winter und Frühjahr musste unsere verwundete Familie mit vielem fertigwerden. Sam rannte über die Hügel und wanderte durch den Wald. Ich schlug Eierschaum für Baisers und las düstere Geschichten. Elena spielte mit dem anderen iranischen Mädchen aus ihrer Schule. Wir trafen uns mit Familien aus dem Ort und fügten uns in die Gemeinschaft ein. Gelegentlich schickte mein Vater mir Voicemails aus Isfahan und sprach über die Pandemie. »Wer hätte gedacht, dass es so gefährlich sein kann, Zahnarzt zu sein?« Er beschrieb den »Astronautenanzug«, den er bei der Arbeit trug, und dass er seine Patienten gar nicht mehr riechen könne durch all die Plastikschichten. Wenn er schon etwas getrunken hatte, sprach er gern über den Dichter Rumi, die Sufi-Mystiker und die Rätsel des Universums.

»Früher einmal«, sagte Baba eines Nachts, »wollte ich Astronomie studieren. Es ist eine wunderbare Wissenschaft, die einem eine ganz andere Welt eröffnet. Wenn man bedenkt, dass uns das Licht aus der Andromedagalaxie noch nach 400 Millionen Jahren erreicht! Und falls dort draußen Menschen leben, dann kommunizieren sie vielleicht mit UV-Licht. Stell dir das doch mal vor … Du lachst. Es ist einfach wundervoll!«

Ich falle verblüfft auf einen Stuhl. Ich stamme von merkwürdigen, wunderbaren Leuten ab; ich setze mich aus ihnen zusammen. Doch ich bin mir sicher, dass nur ich und mein Vater damit einverstanden sind, dass nach unserem Tod nichts von uns bleibt. Abgesehen von seiner falschen Taufe in Oklahoma ist mein Vater irgendetwas zwischen einem Atheisten und einem Sufi. Er liebt die Spiritualität der Poeten und findet Frieden darin, sich nie auf etwas festzulegen. Mir kommt es so vor, als hätte Rumis Islam Ähnlichkeiten mit Simone Weils Christentum; ich will meinem Vater von ihr erzählen, aber ich glaube kaum, dass er eine Ausgabe von *Schwerkraft und Gnade* in Farsi auftreiben kann.

Ich habe Baba einmal erzählt, dass ich lieber meine Zeit der Gegenwart widme, anstatt auf ein Leben im Jenseits zu hoffen, das vermutlich niemals eintreten wird. Er stimmte zu. Dann grummelte er etwas über das Älterwerden. Ich sagte ihm, dass auch ich beginnen würde, die Jahre zu spüren, und er antwortete: »Du bist nicht alt. Ich bin alt, weil es für mich keine Liebe mehr gibt.« Ich musste lächeln; was ist das Leben ohne eine gelegentliche Dosis iranischen Melodramas?

Alt sein, will ich sagen, heißt, dass du das Leben nach dem Tod nicht mehr unberücksichtigt lassen kannst. In der Finanzwelt lernt man, zukünftige Gewinne nach ihrer Wahrscheinlichkeit zu kalkulieren und anschließend eine Diskontierung vorzunehmen, die zukünftige Resultate berücksichtigt. Geld und Freude sind heute mehr wert als in einer unkalkulierbaren Zukunft. Wenn man jung ist, ist es daher irrational, auf ein glückliches Leben im Jenseits zu setzen, anstatt im Hier und Jetzt glücklich zu sein (obwohl die Gläubigen uns gern an die Sache mit der Ewigkeit erinnern). In den *Pensées* sagt Pascal, dass selbst die kleinste Möglichkeit, dass Gott und unendlicher Gewinn existieren, jeden irdischen Verlust aufwiegen. Ich halte dagegen, dass die Kosten mir nicht gering erscheinen. Und selbst wenn sie es wären, lassen null Prozent Wahrscheinlichkeit plus mein persönlicher Diskontsatz von nahezu 100 Prozent auf den Gewinn nach meinem Tod das Paradies zu beinahe nichts schrumpfen. Das erscheint mir unredlich; in meinem letzten Lebensjahr werde ich es vermutlich anders sehen.

Doch genug mit den Kalkulationen über das Jenseits – ich habe aufgehört, an Jesus zu glauben, zumindest an den evangelikalen Jesus. Die Agenda dieses Jesus scheint mir zu sehr mit der reicher Männer übereinzustimmen. Und Motive spielen durchaus eine Rolle, wenn ich entscheiden soll, an wen ich glaube.

Aber ist »entscheiden« das richtige Wort? Kann man seinen Glauben trainieren? Ist es eine Fähigkeit oder ein rein rationales Ergebnis externer Wahrheiten? Auf lange Sicht sind Glaube und Skepsis Teil unserer Identität, eingebettet in den Geist, so wie Pascal nach einer mystischen Vision von Jesus und Gott wie im Fieber sein *Mémorial* schrieb und es in das Futter seines Rocks einnähte, um es den Rest seines Lebens bei sich zu tragen. »Gewissheit, Gewissheit, Empfinden, Freude, Friede.« Pascals *Mémorial* ist manisch. »Vollkommene Unterwerfung unter Jesus Christus und meinen geistigen Führer.« Letztendlich hatte Pascals Glaube nichts mit Mathematik zu tun.

Also bete ich gelegentlich. Das ist nützlich, flüstert mein Freund Joubert mir über die Jahrhunderte hinweg zu – obgleich, so sagt er noch, es das Schicksal nicht beeinflussen kann.

Und wenn ich bete, sage ich »Jesus«. Und manchmal schlafe ich mit dem Gefühl ein, dass jemand mich gehört hat. Dennoch glaube ich nicht, dass dieser Jemand der historische Jesus ist.

Ich bin keine Gläubige. Womöglich bin ich es nie gewesen. Meine Mutter sagt, ein wahrer Christ wird niemals abtrünnig. Vielleicht war ich in meiner Jugend nur ein Mathe-Nerd, der sich absichern wollte.

Manchmal, in Augenblicken des Zweifelns und nahen Erwachens lese ich *The Unbeliever* von Elizabeth Bishop. Sie beschreibt einen

Schlafenden, der oben auf einem Mast sitzt, den Kopf geneigt, die Segel sein Betttuch. Er träumt. Eine Wolke spricht zu ihm. Eine Möwe spricht zu ihm. Sie sehen die Lichtreflexe auf dem Meer, spüren die marmorne Luft und halten sie für die Welt. Der Ungläubige schläft weiter, in seinem unsicheren Nest auf dem Mast, die Augen geschlossen, doch vielleicht nicht mehr lange. »Ich darf nicht fallen. Das gesprenkelte Meer unter mir will, dass ich falle. Es ist hart wie Diamanten, es will uns alle zerstören.« Der Träumer ist klarsichtig, er ist sich bewusst, dass er träumt, und vielleicht auch darüber, dass das Meer der marmorharte Boden seines Zimmers ist. Nur seine eigene Stimme kann den Traum beenden. Das Meer will, dass er aufwacht und die Wolke, den Vogel, den Schlafenden zerstören – den Teil von ihm, der glaubt. Ist es Freiheit oder Tod, wenn man aufhört zu glauben?

Ich genieße das Träumen, ich brauche es zum Überleben.

Eines Morgens im Haus von Flo und Sheldon kam im Radio eine Hymne aus meiner Kindheit, ich weiß nicht mehr, wie sie hieß. Murmelte ich die Worte mit? Flo drückte ihren Teebeutel aus. Sie sagte: »Das ist nicht gerade die Reaktion, die man von einer Atheistin erwarten würde.« Dann ging sie hinaus.

Jetzt, wo meine eigene Mutter in ihren Sechzigern ist, ist sie nicht mehr so streng. Sie nennt mich nicht länger eine Ungläubige. Sie fragt mich nicht nach meinem Glauben und ich frage sie nicht nach ihrem Innenleben. Stattdessen sprechen wir über zusammenfallende Baisers, die unbefestigte Straße, die zu unserem alten Dorf im Iran führte, die Impfungen. Im Februar 2020 machte sie mir ein Kompliment über mein Schreiben. Ich kann sehen, wie es sie juckt, Elena von Jesus zu erzählen. Sie presst die Lippen zusammen, wenn Elena verkündet, dass »wir alle in einem *baleine multicolore* leben«.

Ich verstehe, dass meine Mutter an meine Erlösung glauben muss. Sie will sich nicht vorstellen, wie ihr Kind auf ewig in der Hölle schmort. Man kann ihr kaum böse dafür sein, dass sie sich ein gutes Ende wünscht, eines, das ihr erlaubt, ihren heiligen Mythos zu behalten und das Unvorstellbare abzulehnen.

Mit den Jahren habe ich vielen Gläubigen zugehört, die öffentlich davon erzählten, wie ihre Lieben auf dem Totenbett Erlösung fanden. Ich frage mich, ob nach meinem Tod irgendein komatöser Nachbar meiner Mutter behaupten wird, mich im Traum im Himmel gesehen zu haben, und schwören wird, ich sei insgeheim doch eine Gläubige gewesen. Wahrscheinlich. Es gibt immer jemanden, der bereit für einen derartigen Gnadenakt ist. Die allgemeine Meinung besagt, ich sei, wie mein Vater, vernünftig und geschäftstüchtig: Nachdem ich mich mein Leben lang mit jeglicher Art von Türhütern beschäftigen musste, werde ich bestimmt nicht vor der letzten Tür haltmachen. Das wahrscheinlichste Szenario, auf das man sein Geld setzen sollte, ist: Will man Pascals Kalkulationen glauben, werde ich mich vermutlich erst dann in mein Grab legen, wenn ich alle meine Gebete gesagt habe.

Wenige Tage nachdem unsere Kommune sich aufgelöst hatte, gingen wir mit Sams Cousine Ludivine in den Bergen wandern. Wir schauten in einen Stall mit jungen Lämmern, tranken Suppe und Kaffee aus Thermoskannen und blickten über die winterlichen grünen Hügel des Luberon-Tals. Auf dem Rückweg machten wir an dem Friedhof halt, auf dem Sams Großeltern begraben sind. Elena lief herum, zeigte auf die Grabsteine und fragte: »Wer ist hier gestorben?«, als seien die Toten extra an diesen Ort gekommen, um sich unter einen der Steine zu legen und zu sterben. Sie fragte auf Französisch, was es für mich noch schwieriger machte, zu antworten.

»Wo ist Josh?«, fragte sie und blickte um sich. Und als ich ihr sagte, er sei in Essex, im Haus ihrer Großeltern, sagte sie: »Da ist er? Ich dachte, er ist tot!«

Sam begann wieder in die Ferne zu starren. Ich stieß ihn leicht mit dem Fuß an und wartete.

Wir entdeckten ein muslimisches Grab. Ich hatte keinen Stein dabei, und ich erzählte Sam, dass der Mann, der dort lag, vermutlich in einen weißen, biologisch abbaubaren *kaffan* eingewickelt sei, damit er einfach zu Erde zerfallen kann, anstatt zu einer Pfütze Schlamm in einem Marmorsarg zu werden. Ich dachte an die Reaktion meines Vaters auf die Begräbnisse der Pandemieopfer im Iran: »Nicht einmal die Seele kann diese Hürden überwinden.« Das letzte Mal, als wir Sprachnachrichten ausgetauscht hatten, beschäftigte es ihn noch immer. Er erklärte mir, dass der Körper seinen Platz brauche, selbst im Tod: »Im Islam gräbst du ein Grab, und die Hälfte davon hebst du etwas tiefer aus, dann legst du den Toten mit der Nase voran hinein. Unter seine Arme steckst du zwei Stöcke, damit er sich vor Nakir und Munkir aufsetzen kann, um ihre Fragen zu beantworten und die Namen der Imame aufzusagen.«

Nakir und Munkir sind die fürchterlichen Engel, die den Toten erscheinen, um ihnen die drei wesentlichen Fragen des Glaubens zu stellen. Die Antworten entscheiden, ob die Toten ins Paradies eingelassen werden. »Aber jetzt«, fuhr mein Vater fort, »sind sie so besorgt wegen dem Virus, dass sie ein riesiges Schwimmbecken ausheben und einen in Plastikfolie einwickeln und hineinwerfen. Wenn du arm bist, kümmert sich niemand darum, dass du dein eigenes Begräbnis bekommst. Sie werfen dich einfach in das Schwimmbecken und füllen es anschließend mit Zement auf, damit nichts nach draußen dringen kann.«

»Ich will in einem Grabtuch beerdigt werden«, sagte ich zu Sam, als wir uns die Gräber auf dem Kirchhof ansahen. »Aber steck mir einen Strohhalm zwischen die Lippen, nur für den Fall.«

»Nur für den Fall, damit du, wenn du noch lebst, da unten verhungern kannst?«

»Nein, wenn ich wieder aufwache, werde ich mich herausgraben.« Ich überlegte einen Moment. »Bitte sorge dafür, dass mein Grab nicht allzu tief ist.«

Sam lachte, was nett war. Ein Dutzend alter Grabsteine lehnten an der Kirchenmauer. Sam erklärte, dass man eine Grabstelle nur für hundert Jahre kaufen könne, danach dürfe dort jemand anderes begraben werden.

»Was?«, sagte ich. »Ist das fair?«

Sie stellen die älteren Grabsteine in der Kirche auf«, sagte Sam. »Sie sind historische Relikte.«

»Aber was ist mit den Toten?«, fragte ich.

»Die sind längst verwest«, sagte Sam. In letzter Zeit ist er wie besessen von den Körpern der Toten. Er hat mir ein Foto von Joshs Leiche gezeigt, auf dem seine Augen mit zwei Klumpen Vaseline verschlossen und seine Wangen mit Rouge bepinselt worden waren. Ich wollte es mir genauer ansehen, doch er ließ mich nicht.

»Was ist mit denjenigen, die zu einer Pfütze Schlamm in einem Marmorsarg geworden sind?«

»Die liegen unter den neuen Gräbern«, antwortete er. »Sie wurden sehr tief begraben.«

Wir gingen weiter und versuchten die Daten auf den alten Grabsteinen zu entziffern. »Also werden ihre Steine in die Kirche gestellt und dann einfach vergessen?«, fragte ich.

»Sie haben niemanden mehr, der sie besucht«, sagte Ludivine. »Alle Angehörigen sind längst tot.«

»Ich habe es mir anders überlegt«, sagte ich. »Ich will zu Staub zermahlen werden, den füllst du dann in einen Flakon und trägst ihn um deinen Hals, bis du stirbst, und dann soll Elena ihn tragen, und dann ihre Kinder.«

Sam lachte wieder (zum zweiten Mal. Gut.). »Vielleicht sollten wir ein paar Nägel an die Kette hängen, als ständige Erinnerung? Und ein kleines Mikrofon, aus dem deine Stimme kommt: ›Hörst du mir überhaupt zu?‹«

»Elena«, sagte ich. »Versprich mir, dass du mich an einer Kette tragen wirst, wenn ich tot bin.«

»Gut, Mami«, sagte Elena, die gerade Gänseblümchen für das Grab ihrer Urgroßmutter pflückte.

Nachdem er beinahe vierzig Notizbücher gefüllt hatte, schien es

Joubert, dem Schriftsteller aus der napoleonischen Ära, klarzuwerden, dass er sein großes Werk nicht mehr abschließen würde und all die Erscheinungen und Geschichten aus seiner Erinnerung mit dem Alter verloren gehen würden. Er war besessen vom Alter: »... doch schließlich kommt das Jahr, in dem man bemerkt, dass man alt wird.« In seinen letzten Jahren entwickelt Joubert zunehmend einen morbiden Humor, wie die älteren Dorfbewohner, und wie mein Vater. »Blumen auf dem Friedhof«, schreibt er. »Sie müssen ausgerissen werden, diese Erde verdirbt sie – und lässt die Skelette lächeln. Ein grässlicher Spaß.«

Also ließen wir Elena weiter nach wilden Gänseblümchen suchen.

Auf unserem Weg zum Friedhof hatte Elena angefangen zu singen: *»Josh est déjà mort. Il est vraiement mort, oui? Hyper mort!«* Ich hielt den Atem an.

»Kinder sind hartherzig. Warum?«, fragt Joubert. Ich frage mich, was sein Sohn wohl an diesem Morgen zu ihm gesagt hätte.

Sam schmunzelte über Elenas Gesang: »Ihre Offenherzigkeit ist merkwürdig kathartisch ... Josh ist wirklich tot.«

»Alles neue Denken handelt vom Tod«, schreibt Robert Hass in einem Gedicht. »Darin gleicht es dem alten Denken.« In einer »ersten Welt von ungeteiltem Licht« herrschte eine wortlose Harmonie, es gab physische Dinge und kindliches Staunen über die Dinge selbst, Gestrüpp und Heidelbeeren. Dann kamen Konzepte, Wörter, die Idee, dass »ein Wort die Elegie dessen ist, was es bezeichnet«. Lass dir ein Wort auf der Zunge zergehen. Enthält es dieses wunderbare Ding? Es ruft Kummer hervor, weil die Heidelbeeren oder das Gestrüpp oder das Brot daraus verschwunden sind.

»Hypertot«, sagte ich. Es fühlte sich gut an, so zutreffend. Das Wort »tot« schien der Sache selbst zu ähneln, den Körpern, die direkt unter unseren Füßen lagen. Mehr, als das Wort »Heidelbeeren« den eigentlichen Beeren ähnelte. Elena riss einige Gänseblümchen aus der Erde. Das ungeschnittene Haar der Gräber.

»Er ist tot«, murmelte Sam. »Für immer.« Er nahm Elenas Hand, und wir verließen den Friedhof.

Eines Morgens, als ich gerade dabei war, Elena anzuziehen, sah sie mich mit großen fragenden Augen an: »Mami, wie viele Tage habe ich noch?«

Zuerst verstand ich nicht. »Für was?

Sie suchte in meinem Gesicht nach einer präzisen Antwort. »Wie viele Tage habe ich noch, bis ich sterben muss?«

Es war wie ein Schlag vor die Brust. Ich versuchte mich zu erinnern: Hatten wir zu laut oder zu oft über Josh gesprochen? Hatten wir ihr den Tod von Oskar, Flos geliebtem Hund, richtig erklärt?

Elena wartete noch auf meine Antwort. Da sie mich kalt erwischt hatte, konnte ich nur an Mathematik denken.

»Wenn du gut auf dich achtest, ungefähr 36000«, sagte ich.

Sie starrte mich weiter mit diesen Augen an. »Sind das viele Tage?«

Also begann ich zu zählen: »Eins, zwei, drei …« Ich stellte mir all die zukünftigen Schmerzen und Verwirrungen meiner Tochter vor. In den kommenden Jahren würde sie angelaufen kommen und über eine verlorene Liebe oder eine vernichtende Niederlage weinen, und vielleicht würde ich sie in die Arme nehmen und ihr die noch verbleibenden Tage einzeln ins Ohr zählen: So viele sind noch übrig. Ich würde erst aufhören, wenn die riesige Menge der Zahlen die Sorgenfalten auf ihrer Stirn geglättet, sie zum Kichern gebracht und von ihren Sorgen abgelenkt hätte. An diesem ersten Morgen geschah das bei »43«.

Elena stellt immer wieder ähnliche Fragen: »Wie viele Tage hast du bisher verbraucht?« Aber sie fragt mich nie, wo wir hingehen, wenn wir sterben. Sie lebt ganz im Hier und Jetzt, wie viele Tage, Stunden haben wir noch, um zu spielen, zu schwimmen, Geschichten vorzulesen?

In ihren Meditationen beschreibt Weil, wie sie »in der unerhörten Schönheit der [gregorianischen] Gesänge und Worte eine reine und vollkommene Freude« findet, und fügt hinzu: »Der Gegenstand meiner Suche ist nicht das Übernatürliche, sondern diese Welt.«

In meinen Geschichten spähe ich in dunkle Ecken und finde glänzende Fäden an unvermuteten Orten, die Echos von einem Ding in einem anderen. Ich bete nicht und ich spreche nicht in Zungen. Ich reflektiere all das, was ich mit meinen irdischen Sinnen erfassen kann, wenn auch nur kurz, und ich löse die Nähte der Welt wieder auf. Das ist genug Glaube für heute. Wie die heilige Simone fülle ich die Leere mit meiner Imagination und Logik.

»Von zwei Menschen, die keine Gotteserfahrung haben, ist derjenige, der Gott verleugnet, ihm vielleicht näher«, schreibt Weil. Sie glaubt, dass sich Gott dazu entschieden habe, unsichtbar zu sein, aber wenn wir Gott lieben, obwohl wir glauben, dass er nicht existiert, wird er seine Existenz manifestieren.

Jacques Derrida, der sich selbst einen »Mann der Gebete und der Tränen« genannt hat, stimmt in seinen Reflexionen über das Beten zu, dass Atheisten dem Göttlichen näher stünden als Theologen, dass es womöglich einen Atheisten braucht, um wahrhaftig zu beten. In einem Podiumsgespräch, das 2002 von der American Academy of Religion und der Society of Biblical Literature veranstaltet wurde, fragte man ihn, an wen er seine Gebete denn richten würde, wenn er Atheist sei.

Derrida antwortet mit einer Gegenfrage: Warum sollte man jemandem, der kein Theologe sei, diese Frage stellen?

Derrida sagt, seine Gebete (wenn er denn beten würde) seien geheim; denn ein öffentliches Gebet löse eine Störung innerhalb der Gemeinschaft aus. Im Matthäus-Evangelium weist Jesus auf die Heuchelei von öffentlichen Gebeten hin: »Du aber, wenn du betest, so gehe in deine Kammer und schließe deine Türe und bete zu deinem Vater, der im Verborgenen ist.« (Matthäus 6.6)

Jemand, der betet, spricht nicht zu Gott, sondern zu einem Publikum. Derrida sagt, als Jugendlicher rebellierte er zuerst gegen das übliche öffentliche Beten. Stattdessen verwendete er seine eigenen Worte, immer in verständlicher Sprache (kein Zungenreden für ihn), und behielt sie für sich. Dennoch sind seine Gebete ebenfalls ein Ritual, eine »Mischung aus einer geheimen und heiligen Sprache und einem gebräuchlichen Ritual, bei dem der Körper sich einverstanden erklärt, codierte Gesten auszuführen«. Sie beinhalten kindliche Bildersprache und die Vorstellung von einem Gott, der streng und erbarmungslos, aber auch wie ein gerechter Großvater oder eine vergebende Mutter ist, die an seine Unschuld glaubt. Gleichzeitig beinhalten seine Gebete auch eine erwachsenere Ebene: der Atheist, der Ungläubige fragt sich, mit wem er eigentlich spricht. »Nicht zu wissen, von wem ich eine Antwort auf diese Gebete erwarte, muss Teil des Gebets sein, damit es authentisch ist. Wenn ich es wüsste, wäre das Gebet überflüssig. Es wäre dasselbe, wie eine Pizza zu bestellen.«

Derrida sagt, wir sollten jegliche Erwartung aufgeben und nicht mit einer Antwort rechnen, wenn unsere Worte ein Gebet sein sollen. Womöglich ist es das, was die Kluft zwischen Gott und dem Theologen größer macht als die zwischen Gott und dem Atheisten: Der Theologe ist sich zu sicher. Ihm mangelt es an Demut.

Vielleicht hat sich Gott schon in meiner Jugend selbst von mir abgewendet. Vielleicht hat er gesehen, wie die andere Dina, die sich so sicher war, all die inbrünstigen Gebete, den ständigen Kampf, um irgendwo dazuzugehören, nur belächelte. Das ist ein Trost. Ich werde diese Dina nicht aufgeben. Sie mag zwar grausam sein, aber sie ist auch meine Imagination und meine Vernunft. Womöglich ist sie mein Über-Ich oder ein Panzer für meine Identität. Womöglich verändert sie die Wahrheit, damit ich überleben kann. Und sogar in dieser Hinsicht ist sie mein bester Teil.

Gott würde zustimmen, wenn er ein fühlendes Wesen wäre. Ich stelle ihn mir immer noch mit einem freundlichen, väterlichen Gesicht vor, obgleich ich weiß, dass er nur eine Manifestation ist, die andere Leute meinem Herzen eingeprägt haben. Er ist all die menschliche Güte, die Liebe, die mir erwiesen wurde, die Liebe, nach der ich mich gesehnt habe und die mir aus den Händen geglitten ist, die kleinen Freuden, die mich kurz berührt haben und dann wieder verschwunden sind und mich dazu gebracht haben, ihnen in meiner Erinnerung hinterherzujagen. All diese Empfindungen zusammengenommen nehmen eine götterartige Form an. Manche Menschen verbringen ihr Leben damit, die Konturen abzutasten, anstatt einen Schritt zurückzutreten, um zu sehen, wie (und aus was) das Ganze gemacht ist.

»Jemand, den ich liebe, enttäuscht mich. Ich habe ihm geschrieben. Unmöglich, dass er mir nicht das Gleiche antwortet, was ich mir selber in seinem Namen gesagt habe«, schreibt Weil in *Schwerkraft und Gnade*.

In unserem Dorf brauchen ältere Verwandte häufig unsere Hilfe. 2020 habe ich öfter mit siebzigjährigen Franzosen zu Abend gegessen als in meinem gesamten vorherigen Leben. Ich habe mehr Kuchen gebacken. Ich habe gesehen, welche Schäden ein einziges Jahr anrichten kann.

Eines Morgens klopfte einer der Nachbarn, ein langweiliger Typ, der sich gerne einmischt, an unsere Tür. Eine von Sams Verwandten, eine Frau in den Achtzigern, war wieder auf einen Internetbetrüger hereingefallen. »Sie lässt nicht mit sich reden! Sie weiß, dass sie uns dieses Mal nicht überzeugen kann, also lügt sie!« Alle zehn Jahre hat diese Frau einen neuen Mann angeschleppt. Manche sind geblieben. Manche haben sich mit ihrem Geld und ihren Möbeln davongemacht. Dieses Mal leugnet sie einfach, dass es einen neuen Liebhaber gibt; nein, sie kauft ihm keine zehn Prepaid-Einkaufskarten jede Woche. Sie verkauft nicht all ihre antiken Möbel, um ihm Geld geben zu können. Das Geld, das sie bei anderen Verwandten borgt, landet nicht in seiner Tasche. Es gibt ihn nicht. Wir fantasieren und beschuldigen sie grundlos.

»Armes Ding«, sagen die Dorfbewohner, »sie ist verwirrt.« Dann laden sie sie in die Kirche ein.

»Stell dir mal vor, nur ein einziger Mensch hätte an Jesus geglaubt«, sagt Sam. »Wie würde sich seine Geschichte dann anhören?«

»Stell dir vor, du könntest Pupse mit dem Messer schneiden«, kommentiert Elena mit ernster Miene.

Sam lacht. Ich murmele etwas über die Endgültigkeit des Todes. Elena sagt: »Wenn ich sterbe, dann werde ich sagen, dass ich nicht neben Dina liegen will.« Später beim Seifenblasenmachen verabschiedet sie sich von jeder einzelnen Blase: »Verzeih mir, *chérie*«, flüstert sie ihnen zu, bevor sie platzen.

Der Tod hat sich in unserem Haus breitgemacht. Wir leiden unter den Nachwehen. Sam steckt mitten in der langen, mühsamen Arbeit fest, über Joshs Tod hinwegzukommen.

Auf dem Sonntagsmarkt treffen wir zufällig auf die Leute von der Gestalttherapie-Gruppe, an der Josh unbedingt teilnehmen wollte, mitsamt der ganze Familie. Sam unterhält sich lange mit ihnen. Zu Hause ist er niedergeschlagen. »Ich habe ein Loch in meinem Herzen«, sagt er. »Ich werde immer ein Loch in meinem Herzen haben.« Sams Liebe für Josh ist so überwältigend und fürsorglich. So wie die Liebe, die ich für Sam in MacDowell empfand, und so wie ich Elena liebe, mit einer riesigen, dummen Liebe, die mich aushöhlt und macht, dass ich mir wie ein Geist vorkomme, und dennoch niemals aufhört, auch wenn das Objekt dieser Liebe nur dasteht und sie annimmt oder ungehalten abwinkt.

Draußen wird es wärmer, und Sam und ich nehmen eine Thermoskanne Suppe mit in den Wald. Wir sprechen über unser Schreiben, wie man gutes Feuerholz erkennt, die Ausbildung unserer Tochter. Ich frage nach etwas Praktischem und er winkt nur ab. »Ich kann mich jetzt nicht damit beschäftigen«, sagt er. »Ich habe gerade meinen Bruder verloren.«

»Aber«, sage ich und zögere einen Moment. Es ist Monate her. Dann platzt es aus mir heraus: »Das kann nicht die Antwort auf alles sein.«

Jetzt ist er wütend. Wir streiten. Das erste Mal seit Joshs Tod sagt er das Unaussprechliche zu mir: »Du hast ihm nie geglaubt!«, sagt er. »Und du hast *mir* nie geglaubt.«

Er stürmt davon und lässt mich mitten im Wald stehen. Er geht nicht weit weg, und ich bin hier in Sicherheit. Ich kenne mich aus und habe mein Handy dabei. Welche Geschichte braut sich in Sams Vorstellung zusammen?

Ich suche mir ein trockenes Plätzchen, von dem aus ich den Horizont sehen kann. Der lange, dunkle Winter wird bald vorüber sein. Ich ziehe Flos Mantel fester um mich. Ich denke an die Phasen in meinem Leben, die wie Atemzüge vorübergegangen sind, Einatmen und Ausatmen. Ich denke an Sams älteren Bruder Ilan, der die Familie zusammenhält und jedem Raum für seine Rituale gibt: Menschenrechtsaktivismus, Freitagsgebete, Sonntagspredigten in der Kirche. Er sagt, er finde Weisheit in jedem Glauben, ebenso wie praktische Ethik und eine gute Lebensweise. Zwei Mal habe ich versucht, herauszubekommen, woran er selbst glaubt und warum (»Woran soll ich glauben?«, wollte ich fragen). »Darüber können wir später reden«, sagt er. Er klingt müde.

Habe ich mein Bestes getan? Ich möchte glauben, dass ich gute Entscheidungen getroffen habe. Mehr noch, ich möchte glauben, dass harte Arbeit alles kuriert, dass man das Leben einfordern kann, das man haben will. Ich bin gierig nach Geschichten, die vom Versuchen handeln. Andere Geschichten rufen meine Zweifel hervor. Das ist meine Ideologie, eine Kreatur mit Zähnen, die aus glückseligen und bitteren Erfahrungen besteht. Ich glaube an Disziplin, aber ich will auch gerecht sein. Ich will Elena verständlich machen, dass der Glaube Leid beenden kann, weil er wie die Liebe ist. Ich will nicht, dass sie die Fehler vergangener Generation wiederholt, sich vom Leid anderer abzuwenden oder sich nach Unterwerfung zu sehnen und die Verantwortung jemandem in einer höheren Position zuzuschieben, der vermeintlich klüger und mächtiger ist. Ich will die irdischen Wunden berühren und nicht vor ihnen zurückweichen. Ich will fragen: »Wer hat dir das angetan?« Und wenn ich daraufhin eine merkwürdige, unbegreifliche Geschichte zu hören bekomme, will ich, dass meine Vorstellungskraft über meine Vorurteile siegt, damit ich die Stimmen zum Verstummen bringen, meine Lippen bewegen und sagen kann: »Ich glaube dir.«

Später sucht Sam im Wald nach mir. Ich verstecke mich. »Ich habe Josh nicht getötet«, will ich ihm entgegenschreien. »Und ich wollte bestimmt nicht, dass er sich etwas antut. Ich wollte ihn nur ausschimpfen und ihn dazu bringen, dass er mehr unternimmt.«

Wir sprechen stundenlang kein Wort miteinander und Sam wird zunehmend missmutiger.

Am nächsten Tag eskaliert der Streit und die Vorwürfe spitzen sich zu.

»Du hat ihn gehasst, meinen geliebten Bruder, der gestorben ist, du hast ihn gehasst.«

Am folgenden Tag dann: »Du dachtest, er sei ein Lügner und ein Dieb. Du hast gesagt, im Iran wäre er …«

Ich versuche mich daran zu erinnern, was ich gesagt habe, welches Bild ich dabei vor Augen hatte und wie viel davon nur in meinem düsteren, erbarmungslosen Kopf existiert hat. »Aber«, will ich schreien, »damit habe ich doch nur gemeint, dass irgendein schnurrbärtiger Onkel ihn dazu zwingen sollte, ein paar Kniebeugen zu machen.«

Die Wochen nach Joshs Tod sind lang und zermürbend, jeder Tag ein absolutes Drama, über das ich niemals schreiben werde. Als Sam sich erholt hat, erhält Josh die Absolution, er wird zum Heiligen erklärt, und ich werde zum Bösewicht. Ich merke, wie ich gegen einen imaginären Josh ankämpfe und immer wütender werde.

Das ganze Frühjahr über stolpern wir gegeneinander und entschuldigen uns. Die Wunden in seinem Herzen vernarben langsam und verändern ihn, und er wird nie wieder der Sam sein, den ich gekannt habe.

Inzwischen beginnt Flo zu malen. Ich lese Rilkes Briefe an trauernde Freunde. Es erscheint mir heroisch, wie sehr Rilke sich bemüht, diese gebrochenen Menschen zu trösten und einen Sinn in ihrem Leid zu finden. Er schreibt von einem »kleinen Kern dunkler Freude«, der sich tief in der Trauer verbirgt. Er schreibt von der Zeit und dass abgeschlossene Dinge niemals verloren sind. Sie gehören einer anderen Ära an, die sich immer wiederholt. Er schreibt über den Kummer als eines der schönsten und intensivsten Gefühle im Leben. Was für eine Verschwendung, ihn zu überwinden zu wollen, anstatt ihn zu schätzen zu wissen und ihn zu benutzen, wie andere Leidenschaften. Wie viel großartige Arbeit im verbleibenden Leben eingebettet ist. (»Ist 36000 viel?, fragt Elena.)

Nach vielen Monaten hören wir auf zu streiten. Wir lesen wieder, wir schreiben wieder. Wir finden Freunde auf dem Land: ein fröhliches Pärchen, das zu Yoga und Aperitifs einlädt. Ein Sanskrit-Meditationssänger bringt uns Mantras bei, die wir nicht verstehen. Ein Reisender zeigt mir sein Buch mit französischen Aphorismen. In meinem furchtbaren Französisch versuche ich ihm Tipps zu geben und muss aufgeben, weil mir meine Zunge nicht gehorcht.

Am nächsten Tag erzählt Sam mir, in dem Moment mit dem Franzosen und seinem Buch sei er von Liebe zu mir überwältigt worden. Ich hätte mit so vielen Schwierigkeiten gleichzeitig jongliert: der französischen Sprache, Freundlichkeit und Taktgefühl. Mir fällt auf, wie lange es her ist, dass er das entscheidende zusätzliche Wort benutzt hat: »Ich liebe dich wirklich«, als müsse er sich selbst davon überzeugen. Irgendwann war dieses Wort aus unserem Leben verschwunden.

Sam steigt auf Joshs Lieblingsberg, um einen Stein zu besorgen. Er schleppt ihn nach Hause für die Grabsteinsetzung. Welche Geschichten werden wir aus diesem Jahr mitnehmen, wenn wir das Dorf endgültig verlassen? Die kommenden Tage liegen noch immer im Dunkeln. Doch ich habe beschlossen, mich über meine Ängste hinwegzusetzen.

Flo zeigt uns ihr Gemälde, ein heiterer Josh, der zusammen mit Oscar (Flos Hund, der Josh durch die geöffnete Tür zu jagen scheint) davonfliegt. Flos vier Enkelkinder schicken Geschenke von der Erde mit. Elena lässt ein Einhorn steigen, ihr kleines Gesicht himmelwärts gewandt. Das verwundete Herz des Bildes ist die Ecke, in der Sheldon und Flo abgebildet sind, die versuchen, die Beine ihres jüngsten Sohns mit einem Schal, einem Seil einzufangen, die Arme verzweifelt in die Höhe gestreckt.

Josh sehnte sich danach, einen Zugang zu finden, zu einer sinnvollen Aufgabe, Freundschaft, Liebe. Wir alle wollen hereingelassen werden, durch unsere ganz spezielle Tür. Doch wenn wir bereit sind, uns selbst zu verletzen, dann geht es uns nicht mehr darum. Während ich mir Flos untröstliche Pinselstriche anschaue, denke ich: Die Worte lassen Mütter so oft im Stich. Gott lässt Mütter so oft im Stich.

Tage später kommt eine Künstlerin aus dem Nachbardorf mit ihrer Tochter vorbei. Die Mädchen laufen ins Wohnzimmer, um mit ihren Einhörnern zu spielen. Wir stellen den reifen Käse und den eingelegten Knoblauch vom Markt auf den Tisch und unterhalten uns über Kreativität, die Urform des Blattes und Grashalme, die ungeschnittenen Haare der Gräber. Dieses Jahr haben Sam und ich zu viele schlechte Filme gesehen, um Geschichten noch beurteilen zu können, aber wir sprechen auch darüber, und über Sprache. Wir lachen über unsere gescheiterten Versuche, die vielen Seiten, die wir mit schlechter Prosa gefüllt haben. Und dass Kreativität manchmal wie eine Distel ist, wie bei mir im vergangenen Jahr: kleine Schönheiten, die in einer rauen Umgebung überleben. Und in anderen Momenten, wie in Trauerzeiten, ist sie wie eine Orchidee, eine seltene, erlesene Blume, die verwelkt, wenn sie nicht den passenden Boden hat. Wir sprechen darüber, wie Kunst aus Grausamkeit entsteht, und wie wenige Auserwählte diese erratischen, meisterhaften Striche aus Mühsal und Inspiration sehen können (oder sich erlauben, sie zu sehen). Wie jede gute Arbeit ihr Publikum aus einem Meer von anspruchsvollen Zynikern, Kritikern oder Aristokraten rettet. Wir sprechen über den Barwert eines kreativen Lebens, über Verhandlungen und über die Liebe zu schlechten Schauspielern. Und darüber, wie wenig Raum die Welt den Menschen lässt, um auszuatmen, bedürftig oder hässlich zu sein, oder einfach nur gelegentlich im Weg zu stehen.

Aber eigentlich stimmt das nicht. Wir sprechen nur über die Hälfte dieser Dinge. Die andere Hälfte sage ich zu mir selbst, allein in meinem Kopf, während ich kalten Rosé trinke und nach Pilzen schmeckenden Käse auf meinem Toast verstreiche. Ein Mantra fällt mir ein, das ich irgendwo gelesen habe: »Gib mir die Chance, mein Bestes zu tun.«

Nach einer Pause füllen wir unsere Gläser erneut. Die Künstlerin beginnt eine Geschichte zu erzählen: Sie wuchs mit einer labilen Mutter auf. Die junge Ehefrau versuchte in den 1980er-Jahren alle davon zu überzeugen, dass sie krank sei. Als ihr das nicht gelang, brachte sie sich um. Heute, Jahrzehnte später, erzählt uns ihre Tochter von einer wirksamen neuen Therapie, bei der man den Schmerz nachstellt, der seit Generationen in der eigenen Familie herrscht. Man agiert ihn aus, entlässt ihn ins Leere. Man stellt sich die Gräuel vor, die die eigenen Vorfahren durchleben mussten, und versetzt sich in ihre Körper. Weinen sie in einer Schlucht? Werden sie von Soldaten gebrandmarkt? Nachts aus ihren Häusern getrieben? Sam und ich tauschen einen Blick aus. Er lächelt ein wenig. »Davon haben wir schon gehört«, sagt er.

Dann folgt eine lange Stille. Sie hängt einem Gedanken nach, dann fährt sie fort. »Manchmal fühle ich mich ganz plötzlich von so viel Liebe umgeben«, sagt sie.

Ich halte den Atem an. Sam lächelt erfreut, das erste Mal seit Wochen. Er greift nach meiner Hand. Im anderen Zimmer kichern und gackern die Mädchen. Sie probieren ein Wort aus, das sie erfunden haben. Ich genieße es, die Stimme meiner Tochter zu hören, die mir das Liebste *dans toute la baleine* ist. Wir schweigen, um ihrem heimlichen Gelächter zu lauschen.

Anmerkung der Autorin

Auszüge aus Gerichtsprotokollen, Zitate aus Asylanhörungen und Ablehnungsbescheiden sowie die unredigierten Notizen der Asylbeamten wurden mit Genehmigung der jeweiligen Rechtsvertreter der Betroffenen, der Anwälte des Innocence Project und Freedom from Torture, verwendet.

Auf diesen Seiten habe ich Ereignisse, Orte und Unterhaltungen aus der Erinnerung und aus meinen Interviews zitiert. Die Namen einiger Beteiligter und Orte habe ich geändert, ebenso wie besondere Merkmale und Details wie körperliche Eigenschaften, Berufe und Adressen. Wenn ich keine Nachnamen genannt habe, dann sind die Vornamen ebenfalls geändert, um einzelne Personen zu schützen (falls sie es wünschten), zum Beispiel Mimi, Meredith und Dru. Bei meiner Familie habe ich eine Ausnahme gemacht. KV ist der Öffentlichkeit bereits bekannt.

Wenn ich die Geschichten anderer nacherzähle, habe ich sie dramatisiert und so szenisch wie möglich dargestellt. Ich beschreibe nur Ereignisse, die mir von den Beteiligten und ihren Rechtsberatern oder Ärzten anvertraut wurden, in Rechtsdokumenten niedergelegt wurden oder bei denen ich selbst anwesend war. Im Folgenden habe ich Orte und Daten recherchiert, die Umstände jeder einzelnen Geschichte, und sie mithilfe anschaulicher Details, die ich gefunden oder mir vorgestellt habe, zum Leben erweckt. Für etwaige Fehler bin ich allein verantwortlich.

Ich habe versucht, meine Sprache der jeweiligen Situation anzupassen und Gedanken oder Formulierungen nicht nachträglich zu bereinigen. Wenn ich selbst anwesend war, berichte ich aus meiner eigenen Erinnerung und Perspektive.

Dank

Besonderer Dank gebührt denjenigen, die mir ihre Geschichten anvertraut haben, vor allem KV und seinem Anwalt Arun. Dank an meine Freunde Adam und Frances, die ihre Fachkenntnisse und ihre persönlichen Geschichten mit mir geteilt haben. Dank an die Ärzte, Anwälte und Aktivisten, die mit mir gesprochen und mir Akten zugänglich gemacht haben, sowie dem Innocence Project und Freedom from Torture, besonders Steve Crawshaw, der mich als Erster auf die erstaunliche Geschichte von KV aufmerksam gemacht hat. Dank an das Columbia Institute for Ideas and Imagination in Paris, das meine Arbeit ein Jahr lang unterstützt hat, und an die American Library in Paris, bei der ich Mitglied war, während ich dieses Buch überarbeitet habe. Dank an den Geschwister-Scholl-Preis, der mir das Vertrauen gab, weiterhin kreativ über konkrete Tatsachen zu schreiben (»implizierte Augenzeugenberichte«, möchte ich es nennen), und an die University of St. Andrews, die mich aufnahm, als ich erschöpft von der einsamen Arbeit an diesen Seiten war. Dank auch an Andy Hunter, Megha Majumdar, Andy Kifer, Jonathan Lee, Kate Harvey, Peter Haag und Kathleen Anderson (und meine ganze wunderbare Verlagsfamilie), die erkannt haben, was dieses Buch sein könnte, und mir editorische und persönliche Ratschläge gaben. Zum Schluss Dank an meine Freunde aus der Kommune, der Leader-Familie und an Sam, der mein Leben bereichert, mich zum Nachdenken anregt und mein Herz erfüllt.